中国特色公益服务体系研究

赵立波　著

人民出版社

目　录

前　言

　　到 2020 年,形成基本服务优先、供给水平适度、布局结构合理、服务公平公正的中国特色公益服务体系,是党中央、国务院为推进改革开放和社会主义现代化建设作出的重大战略部署。这一战略部署立足我国长期处于社会主义初级阶段这个最大实际,与 2020 年实现全面建成小康社会奋斗目标相衔接,与中国特色社会主义事业五位一体总体布局相一致,体现了党中央、国务院关于切实加强公共服务、实现基本公共服务均等化的一贯要求,反映了我国公益事业发展的内在规律与人民群众对提高公益服务水平的新期待,因而"在发展中国特色社会主义进程中具有里程碑式的意义"①。

一、体制转型

　　中国特色公益服务体系是具有鲜明中国特色,以政府为主导、事业单位为主体、社会力量广泛参与、市场积极发挥作用的现代公益服务体系。形成中国特色公益服务体系是完善和发展中国特色社会主义制度、推进国家治理体系和治理能力现代化的重要内容,是传统的国家事业体制向现代公益服务体制转型的内在要求,是发展公益事业、不断满足人民群众日益提高的公益服务需求的重要途径。

　　党的十八届三中全会通过的《中共中央关于全面深化改革若干重大问题的决定》指出:"改革开放是党在新的时代条件下带领全国各族人民进行

---

① 梁远:《构建中国特色公益服务体系的时代使命》,《中国机构管理与改革》2012 年第 3 期。

的新的伟大革命,是当代中国最鲜明的特色。"①经过30多年的改革开放,我国发展进入新阶段,五位一体总体布局形成,经济建设、政治建设、文化建设、社会建设、生态文明建设全面推进并取得重大成就。从1978年到2013年,中国经济总量从世界第10位跃升至世界第2位,货物进出口总额从世界第29位上升至世界第1位,外汇储备从世界第38位上升至世界第1位。②2013年,我国人均GDP已达6995美元,处于中上等收入国家向高收入国家迈进过程中。经济快速发展与人民群众生活水平不断提高,也使满足人民群众日益增长的公益服务需求的任务更加艰巨。

我国的公益服务体系源于传统的国家事业体制。国家事业体制是计划经济体制与高度集中行政体制下形成的社会公益事业发展模式与管理体制,这种以国家包办、"两公模式"(公有制、公益性)、政事一体化为主要特征的国家事业体制,也可称为事业单位制度,但"事业单位制度是计划经济时代提供公共服务的制度,现在需要新的制度"③。改革开放以来,伴随社会转型、体制转轨、政府改革,政府职能转变取得重要进展,政事关系开始理顺,事业单位体制机制逐步转换,社会力量与市场机制在公益服务中的作用日益凸显,公益服务新格局初步形成,中国特色公益服务体系正处于形成过程之中。

全面深化改革、坚持依法治国,推进国家治理体系和治理能力现代化,对实现传统国家事业体制向现代公益服务体制转型、加快形成中国特色公益服务体系提出更高要求。当前,我国的改革进入攻坚期和深水区,政府职能体系、组织结构与服务能力还不适应公益服务发展的需要,作为公益服务主要提供载体的事业单位改革相对滞后,引导与鼓励社会力量参与公益服务的政策环境有待优化,市场在公益服务资源配置的作用有待进一步发挥……因此,我国公益事业发展亟待通过系统性的体制机制重塑,将政府转

---

① 《中共中央关于全面深化改革若干重大问题的决定》,《人民日报》2013年11月16日。
② 国家统计局:《中国统计摘要2014》,中国统计出版社2014年版,第178页。
③ 中国(海南)改革发展研究院:《建设公共服务型政府势在必行》,载中国(海南)改革发展研究院:《政府转型——中国改革下一步》,中国经济出版社2005年版,第12页。

型、事业单位改革、社会组织培育、市场机制完善有机结合起来,加快中国特色的现代公益服务体系建设。

形成中国特色公益服务体系要求我们应以强烈的历史使命感,以高度的道路自信、理论自信、制度自信,以促进公益事业发展为目的,调动一切积极因素,创新体制机制,优化发展环境,加快公益服务体制转型,从而不断满足人民群众和经济社会发展对公益服务日益增长的需求。

二、四大任务

加快中国特色公益服务体系建设,形成政府主导、事业单位主体、社会力量参与、市场作用充分的"四位一体"新体系,是我国改革发展事业的一项重大历史性任务,是一个长期而艰巨的推进过程。至少有四项重大任务摆在我们面前:

作为主导公益服务体系建设与公益事业发展的政府,正围绕建设服务型政府目标,以转变职能为中心进行行政体制改革。但政府职能向创造良好发展环境、提供优质公共服务、维护社会公平正义转变,政府组织机构及人员编制向科学化、规范化、法制化转变,行政运行机制和政府管理方式向规范有序、公开透明、便民高效转变的"三大根本转变"尚在推进过程之中;特别是强化公共服务职能、提升公共服务能力、实现公共服务均等化等工作依然任重道远。

事业单位是经济社会发展中提供公益服务的主要载体,是我国社会主义现代化建设的重要力量。虽然2011年中共中央、国务院制定了《关于分类推进事业单位改革的指导意见》,分类推进事业单位改革成为继农村改革、国有企业改革和政府机构改革之后的又一项事关经济社会发展全局的重大改革任务。但改革尚处于为实现改革总体目标奠定坚实基础的阶段,而且相对于其他公共部门改革——政府机构改革、国有企业改革,事业单位改革明显滞后,科学分类、创新体制、完善机制等改革有待取得重大突破。

形成党委领导、政府负责、社会协同、公众参与、法治保障的社会管理体制,与政社分开、权责明确、依法自治的现代社会组织体制,是引导、鼓励社会力量兴办公益事业的体制基础,但两大体制尚须加快形成。因此,在加快夯实体制基础的同时,应努力完善民办公益事业与国有事业单位公平对待的政策体系,优化社会组织培育发展的社会环境,使社会组织在反映诉求、规范行为特别是提供服务方面充分发挥作用,成为公益服务重要提供主体。

如何在公益服务体系建设中处理好政府和市场的关系,如何协调好强化公益属性与发挥市场机制作用的关系,使市场在资源配置中起决定性作用与更好发挥政府作用有机结合,是充分发挥市场在公益事业领域资源配置中的积极作用、构建公益服务新格局亟待解决的重大课题。这要求在加快推进公益服务体制转型过程中,重视发挥市场机制作用,为社会资本投资创造良好环境,建立制度化、法制化的政府购买服务机制,实现公益服务提供主体多元化和提供方式多样化,从而满足人民群众多层次、多样化的服务需求。

三、内容设计

作为重大战略部署,形成中国特色公益服务体系是具有鲜明现实感与对策性的研究课题。但体系形成的逻辑基础何在?传统国家事业体制转型如何可能?政府、事业单位、社会力量、市场"四位"何以成为"一体"?这不仅仅是公共政策制定、实施的问题,也是理论探讨的重要课题。这样,在理论与实践结合的高度进行历程梳理、经验概括、学理阐释,为现实改革发展提供理论支持的同时积累学术资源、推进学术研究,两者同样意义重大、不可或缺。

基于以上认识,本书以组织变革为中心,立足中国特色、现实国情,通过从静态的现象描述到动态的历史——发生学分析,从事件的起源学研究到观念的逻辑推理,将文献梳理、实证调查、对策分析与学理阐释有机结合,以形成对政府、事业单位、社会力量、市场机制"四位一体"公益服务体系的整体观照、深度解析。本书在吸取、借鉴国内外相关研究成果基础上,结合作者前期进行的理论思考,特别是1999年至2014年间进行的有关政府、事业

单位、社会组织、政府购买服务等的多次实证调研,①重点围绕以下九个方面,对中国特色公益服务体系展开分析阐述:

（一）公益事业、公益服务、公益机构

在传统国家事业体制向现代公益服务体系转型过程中,不同主体、不同理论乃至不同研究视角形成了诸多内涵交叉重叠甚至可相互"替代"的概念,如公共服务、公益服务、公共事业、公益事业、社会事业、社会服务等。以公益服务取代、涵盖其他概念,确定公益服务体系建设的合理性、现实性、必要性,必须从中国特色社会主义建设事业五位一体总体布局出发,立足国家治理体系和治理能力现代化,通过文献检索与分析、古今中外比较,界定公益事业、公益服务、公益机构三个核心概念,梳理中国特色公益服务体系的组织谱系,进而为构建公益服务体系提供知识基础与概念框架。②

（二）改革历程、发展现状、未来展望

通过文献整理、问卷调查等方法,对改革开放30多年来公益服务体系改革及演变的过程、成绩与问题进行梳理、总结,并通过规模、分类等描述分析把握公益事业特别是事业单位发展、改革现状;在此基础上,按照国家总体部署并吸收理论探讨的最新成果,从节点把握、总体框架、改革推进等方面对今后一个时期的改革、发展进行前景展望与战略设计。

（三）转变政府职能、优化组织结构

建设职能科学、结构优化、廉洁高效、人民满意的服务型政府,是政府在构建中国特色公益服务体系中发挥主导作用的基础。通过比较现代国家三大部门、三大机制,理顺公共管理者与所有者的职能关系,明确国家在公益

① 加快推进政府职能转变、分类推进事业单位改革、改革社会组织管理制度、加大政府购买服务力度,被视作构建中国特色公益服务体系的四大核心战略。黄文平:《深化公益事业管理体制改革构建公益服务新格局》,《中国机构改革与管理》2014年Z1期。而笔者10余年来对上述四方面进行的实证调查为研究与写作提供了重要基础。
② 明确提出形成中国特色公益服务体系至今只有三年多时间,社会对公益服务体系及公益服务等提法普遍接受尚需时间。而社会事业、公共服务等概念在政策法规、学术论著、日常话语中使用更频繁,因此,笔者在本书中根据具体语境使用不同概念,如在有关政府职能、公务员能力建设等方面的政策法规一般使用公共服务概念,笔者也相应地使用公共服务概念。

事业发展中的职能定位及作用方式;以转变职能为基础,大部制改革为重点,探讨如何通过优化结构以形成适应公益服务体系建设的政府组织体系。

(四)服务能力提升与人事体制转型

加强公务员公共服务能力建设进而提升政府公共服务能力,是公益服务体系建设的重要环节。总结公共服务能力建设10余年的经验与教训,在能力定义及要素分解基础上探讨包含公共精神、职业素养、专业能力的分级分类公共服务能力框架。基于"专业化"逐步淡出能力建设要求的现实,结合对专业化、专业能力等方面的调查与分析,解析通专关系,进而探讨以科学人才理论为指导、以现代公共人事体制为基础的公共服务能力建设路径。

(五)改革动力、改革方向、分类改革

分类改革是事业单位改革的基本战略,而改革动力是否充分是决定改革成败的关键因素之一。来自多方面的阻力导致改革动力不充分,动力机制尚未形成,因而需多方入手凝聚改革共识、强化改革动力。按照政事分开、事企分开、管办分离三大要求,对事业单位进行科学分类。在此基础上结合改革难点、组织选择比较与分析,设计"四方向"分类改革框架与路径。

(六)管办分离认知、内涵与机制创新

通过对管办分离改革历程、实际进展与未来趋势的梳理、总结、展望,结合问卷等实证调查,准确把握各方对管办分离改革的了解、作用评价等情况。结合文献梳理与中外改革比较,揭示管办分离的实质是政府公共管理者职能与所有者职能分离,进而提出管办分离改革框架与机制。结合公共资源交易市场化改革,解析具体领域管办分离面临问题、体制制约与改革理路。

(七)法人、事业法人、法人治理结构

创新体制机制是事业单位改革的核心,建立法人治理结构是体制机制创新的重要环节。通过政策演进梳理、改革文本解析、问卷调查分析,把握改革进程、社会认知与实际绩效,并在学理探讨与中外比较基础上探讨我国法人制度存在的问题及其根源。通过比较借鉴中外各类组织治理结构,解析改革推进过程中值得关注的深层次问题与有价值探索,梳理出建立事业

单位法人治理结构各方制约因素及解决思路。

(八)社会、政社关系与社会组织培育

梳理、总结社会组织发展历程及现状,政社关系模式调整及其依据,以社会组织提供公益服务的主要组织——民办非企业单位为代表,对社会组织现状、特征、培育发展等方面进行分析、展望。在实证调查基础上,对公益事业发展存量改革与增量发展两大基本途径外的"第三道路"——事业单位向社会组织转化,从转化的可能、条件、机理及推进战略等方面进行分析与阐述。立足政社关系变迁,以行业协会商会为例,探讨社会组织由公益服务提供"替代机制"向"优先机制"转化的现实可能、约束条件与制度建构。

(九)市场机制与构建公益服务新格局

市场决定资源配置是市场经济的一般规律,构建公益服务体系同样也需要充分发挥市场机制作用。依据市场作用的广泛性与公益服务的多样性,探讨公益服务多元格局框架,进而梳理、解析市场在三大部门发挥作用的内在根据与具体形式。结合实际调查,对构建公益服务新格局四大核心战略之一的政府购买服务的现状、问题及治理进行分析探讨。

第一章 公益事业、公益服务与公益机构

虽然国家明确了形成中国特色公益服务体系战略目标,但公益服务迄今仍然是在内涵与外延方面均未形成高度共识的概念:"目前现有学术研究成果中还没有对公益服务进行明确界定"。[①] 我国权威性工具书《现代汉语词典》、《辞海》等均未收录公益服务一词。此外,公益事业、公益机构等相关概念的内涵与外延也有待进一步明确,公益服务与公共服务及公共产品,公益事业与社会事业及公共事业,公益机构与事业单位及非营利机构等相近概念的关系也有待进一步理顺。因此,对上述概念、关系进行梳理、讨论、界定,是深入、完整地理解中国特色公益服务体系进而推进其建设的重要基础。

一、公益事业

在相关政策法规与学术论著中,公益服务与公益事业、社会事业等概念经常不加区别地使用,甚至在一个段落、一个完整句子之中连续出现。如《中共中央国务院关于分类推进事业单位改革的指导意见》(以下简称《指导意见》):"为全面贯彻落实党的十七大和十七届二中、三中、四中、五中全会精神,推动公益事业更好更快发展,不断满足人民群众日益增长的公益服务需求,现就分类推进事业单位改革提出如下意见。""……加快发展社会事业、满足人民群众公益服务需求的任务更加艰巨。"

---

① 张海、范斌:《我国政府购买公益服务偏好问题分析》,《华东理工大学学报(社会科学版)》2014年第1期。

但公益服务与公益事业、社会事业等概念在内涵、外延及使用习惯等方面还是存在差异的。

（一）何为公益

2010 年出版的最新版《辞海》对"公益"一词的解释是："社会公众的共同利益。多指卫生、救济等对公众有益的福利事业。如：热心公益。"[①]

1. **"西语"东渐**

公益一词并非古已有之的汉语词汇，公益在古汉语中并不使用。据学者秦晖考证："在古汉语中，笔者尚未查到'公益'一词"。"'公益'一词在十九世纪末首先是日本人用来译西语中 Public Welfare（公共福利）一语的[②]，后来它又为汉语所沿用。"但秦晖个人认为"'公共物品'（Public Goods，即'公共的好处'）之西文本意似更与'公益'之汉文语意相契，民间公益组织，即提供公共物品的民间组织……"[③]另外，与公益关系密切的慈善一词虽古已有之，但现代意义的慈善概念也由日语转译过来，留冈幸助在《慈善问题》一书中把西文的 philanthropy 译为"慈善"。在当代我国话语体系中，慈善有时与公益连用，如十八届三中全会提出"重点培育和优先发展行业协会商会类、科技类、公益慈善类、城乡社区服务类社会组织"；但慈善事业更多体现为"扶贫济困、赈灾救孤、扶老助残、助学助医等慈善活动"[④]，通常属于公益事业的一部分，慈善组织是公益机构的一部分。

《现代汉语词典》将"公益"解释为"公共的利益"（多指卫生、救济等群众福利事业）。而"公共的利益"又可简化为"公共利益"、"公益"："'公共利益'，简称'公益'。相似的用语有：大众福祉、社会福祉、公共福利、社会福利、公众利益等。"[⑤]因而，在汉语中，公益或公共利益可被用来翻译 public interest、public benefits、public advantages、common good、nonprofit 等诸多英语

---

① 《辞海（第 6 版·缩印本）》，上海辞书出版社 2010 年版，第 598 页。
② 留冈幸助：《慈善问题》，东京警醒书社 1898 年版，第 12 页。
③ 秦晖：《政府与企业之外的现代化——中西公益事业史比较研究》，浙江人民出版社 1999 年版，第 169、27 页。
④ 国务院印发《关于促进慈善事业健康发展的指导意见》（国发〔2014〕61 号）。
⑤ 胡建淼、邢益精：《公共利益概念透析》，《法学》2004 年第 10 期。

词语。但 public welfare 等英语词语难以准确而完整体现现代汉语"公益"或"公共利益"一词的内涵:"这些词语显然是存在着意义差异的,它们在汉语'公共利益'的宽泛含义下消失了区别。"①另外,"公益"与"公共利益"在内涵及语法等方面还是存在一些差别,如公益可以与其他词语构成合成词,如公益事业、公益心等,但公共利益通常单独使用。

就现实改革而言,分类改革已经成为事业单位改革的基本战略。"分类的核心概念是'公益性'",但作为事业单位分类核心概念的"公益性","这一术语本身缺乏明确的定义"。② 在翻译"公益"或"公益性"时,中外学者曾使用许多词语。如《面向现代公益事业组织的事业单位分类改革研究》一文认为公益性是事业单位应然的内在预设和实然的价值追求,也是我国事业单位改革的重要考量基础;但作者将"公益性"译为"Public welfare",却将公益事业组织的"公益"译为"Public good"。③ 有学者进而认为公益性似乎还没有一个英语世界里的对应词语,2003 年 8 月世界银行在北京召开的一次会议所提交的论文(见 The World Bank 2003)中,公益性被音译为"gongyixing",又被解释为"nature of 'public benefit' or common good"。④ 在世界银行关于中国事业单位改革的一份研究报告中,公益性音译为"gongyixing",并以"public benefit relevance"加以说明;同时,该报告认为公益性内涵存在相当的模糊性。⑤

2. 公共利益

即使是公共利益概念,其内涵也存在相当多的争议。公共利益在古希腊政治学、哲学等论著中就成为重要概念,亚里士多德认为:"凡照顾到公

① 陶传进:《社会公益供给——NPO、公共部门与市场》,清华大学出版社 2005 年版,第 22 页。
② 世界银行东亚和太平洋地区减贫与经济管理局:《中国:深化事业单位改革,改善公共服务提供》,中信出版社 2005 年版,第 6 页。
③ 管仲军:《面向现代公益事业组织的事业单位分类改革研究》,《北京行政学院学报》2014 年第 2 期。
④ 陶传进:《社会公益供给——NPO、公共部门与市场》,清华大学出版社 2005 年版,第 21 页。
⑤ 世界银行东亚和太平洋地区减贫与经济管理局:《中国:深化事业单位改革,改善公共服务提供》,中信出版社 2005 年版,第 141 页。

共利益的各种政体就都是正当或正宗的政体;而那些只照顾统治者利益的政体就是错误的政体或正宗政体的变态"。①同时,亚里士多德把追求至善作为城邦社会公正的代名词,"公正以公共利益为依归","如果要说'平等的公正',这就得以城邦整个利益以及全体公民的共同善为依据。"②近世之后,诸多学者对公共利益给出多种阐释。边沁的"社会最大多数人的最大幸福"成为有代表性的观点,边沁认为公共利益是这个社会中所有人的个人利益之和而非独立于个人利益的特殊利益:"共同体是个虚构体,由那些被认为可以说构成其成员的个人组成。那么,共同体的利益是什么呢? 是组成共同体的若干成员的利益的总和;不理解什么是个人利益,谈共同体的利益便毫无意义。"③

我国立法中大量使用公共利益概念,但未规定什么是公共利益,以至于公共利益仍被称为"不确定法律概念"④。学者对公共利益也常常是言人人殊。2004年我国宪法修正案的第20条与第22条均将公共利益作为国家对土地以及对公民的私有财产实行征收、征用的理由与条件加以规定。而2005年7月全国人大常委会公布了《物权法(草案)》,该草案第四十条规定"为了公共利益的需要,县级以上人民政府依照法律规定的权限和程序,可以征收、征用单位、个人的不动产或者动产……"(上述文字略加调整后最终被正式写入《中华人民共和国物权法》第四十二条:为了公共利益的需要,依照法律规定的权限和程序可以征收集体所有的土地和单位、个人的房屋及其他不动产。)由于这一规定直接涉及公民财产权保障问题,公共利益及其与个人利益关系等问题引起各方高度关注,相关研讨与争论变得更激烈与更有现实紧迫性。

孙笑侠认为:"公共利益是独立于个人利益之外的一种特殊利益。社会

①　亚里士多德:《政治学》,商务印书馆1965年版,第132页。
②　亚里士多德:《政治学》,商务印书馆1965年版,第148、153页。
③　[英]边沁:《道德与立法原理导论》,商务印书馆2000年版,第58页。
④　范进学:《定义"公共利益"的方法论及概念诠释》,《法学论坛》2005年第1期。

公共利益具有整体性与普遍性两大特点。"①

周义程认为:"公共利益意指符合社会全体或大多数成员需要,体现他们的共同意志,让他们共同受益的那类利益。"②

刘太刚认为:"公共利益是在需求冲突的情况下国家以牺牲冲突一方的合法权利为代价而予以保障的另一方的需求,或者说是在利益冲突的情况下国家以牺牲一方的合法权利为代价而予以维护的另一方的利益。"③

最新版《辞海》对公共利益的解释虽然更认同公共利益是与个人利益相对、具有整体性与普遍性等特征的社会总体利益,但也承认公共利益难以具体指涉而更多是抽象地"作为一种精神和集体行动的指南"。此外,最新版《辞海》还保留其他一些不同观点:"公共利益 共同体的总体利益。具有总体性、宏观性和政治性等特点。行政伦理学的一个基本概念。主要作为一种精神和集体行动的指南。有人将它视为多元利益之间的一种平衡机制,有人认为其实是对个体私人利益的促进和保护。"④

我国台湾学者陈锐雄在梳理多种观点后得出的结论值得深思:"何谓公共利益,因非常抽象,可能言人人殊。"⑤

3. 理解公益

虽有人认为:"在现实中与理论上我们对私益一点都不陌生,对公益也不陌生。""……因而也无法定义(指对公益进行定义,引者注)。但这并不妨碍我们对公益性含义的直观把握,我们只需要将公益与私益对立起来看就可以了。"⑥但这种做法显然失至于"简单化",对公益、公共利益等进行解释、界定是必要的。实际上,近代自日语传来的公益、公共利益以及当下常用的公益性(如作为事业单位分类的标准)等概念,必须回到相应的汉语语

---

① 孙笑侠:《法的现象与观念》,山东人民出版社 2001 年版,第 94 页。
② 周义程:《公共利益、公共事务和公共事业的概念界说》,《南京社会科学》2007 年第 1 期。
③ 刘太刚:《公共利益的认定标准及立法思路———以公共利益的概念功能为视角》,《国家行政学院学报》2012 年第 1 期。
④ 《辞海(第 6 版·缩印本)》,上海辞书出版社 2010 年版,第 594 页。
⑤ 陈锐雄:《民法总则新论》,三民书局 1982 年版,第 913 页。
⑥ 陶传进:《社会公益供给———NPO、公共部门与市场》,清华大学出版社 2005 年版,第 35 页。

境中才可准确予以理解。因而，不妨在译成英语时直接使用汉语拼音"gongyi"、"gongyi xing"，然后根据语境说明其具体含义。当然，对于公益、公益性等如此重要的概念，确有必要立足实际并通过学理探讨进行界定并逐步形成共识。如朱照男等从满足社会需求、服务（物品）提供方的非竞争性、受助方的非替代性三个维度对公益性进行界定，并进而将其分为基础慈善、社会公益、社会创新三个层面。①

就公益服务而言，首先，公益是与社会共同体或社会多数人、社会不特定人群的利益相关，而与个体性的私益乃至放大了的私益——互益相对，互益常常是表现为行业组织、同乡会等具有封闭性组织的团体利益。其次，公益与非经济性的社会工作如教育、科技、文化、卫生、济贫、社会福利等相关，这些领域传统上是事业单位活动的领域。再次，从事公益事业、提供公益服务既是满足民生需要，也与政府职能的履行、社会公平正义的实现有关："政府的任务是服务和增进公共利益。"②最后，包括事业单位、事业、社会事业、公益服务、公益事业、公益等概念，有些是中国特有概念，如事业单位、事业等；有些概念如公益服务、公益事业、公益等，只有联系事业单位、事业、社会事业等概念并在中国特有话语体系中才可以准确地予以理解。

（二）何为事业

理解公益事业需要从理解事业、事业单位、社会事业入手。

1.辞源探寻

古代汉语有"事"有"业"，但两者一般不连用。近代后事业成为常用词语并有多个含义。

《现代汉语词典》有"事业"词条，并列出两个义项："①人所从事的，具有一定目标、规模和系统而对社会发展有影响的经常活动……②特指没有生产收入，由国家经费开支，不进行经济核算的事业（区别于'企业'）：~

① 朱照男、陶传进《第二章 公益性评估》，载卢玮静等：《基金会评估：理论体系与实践》，社会科学文献出版社2014年版，第46—76页。
② 詹姆斯·E.安德森：《公共决策》，华夏出版社1990版，第222页。

费/～单位。"①1980年出版的《辞海》第3版并未收录"事业"词条,但收录"事业单位"词条,对其解释是:"受国家机关领导,不实行经济核算的部门或单位。所需经费由国库开支。"②最新版《辞海》,虽无公益服务、公共服务、公益事业、社会事业等词条,但收入了事业、服务等词条并对事业作出如下解释:"①人的经营成就。②重要工作。③耕稼和劳役之事。④具有一定目标、规模和系统,关乎社会发展的活动。⑤特指没有生产收入,由国家经费开支的社会工作。如:事业单位。"③其中,与本研究直接相关的是其第五条解释:"特指没有生产收入,由国家经费开支的社会工作。"而这一解释与《现代汉语词典》"事业"词条的第二条义项的解释基本相同。

1979年版《现代汉语词典》及第3版《辞海》的编写、出版,是在计划经济时期及改革开放刚刚开始的年代进行的,比较准确地反映当时人们的认知。当然,《现代汉语词典》对"事业"第二条义项的解释有局限性或偏差:事业是一种活动或工作领域,而企业则是一种组织,与企业相对的概念应该是事业单位。但在计划经济时代,几乎全部事业活动都被纳入计划管理范围,而且几乎全部事业活动均由国家举办的事业单位从事,特指的"事业"实际就是事业单位的事业、事业单位从事的活动或活动领域,上述局限性或偏差恰恰是现实实情的一种反映。这给我们的启示是:理解特指的"事业"需从理解事业单位入手。

2. 事业单位

1963年7月22日《国务院关于编制管理的暂行办法(草案)》对事业单位的界定是:为国家创造或者改善生产条件,促进社会福利,满足人民文化、教育、卫生等需要,其经费由国家事业费开支的单位。《现代汉语词典》"事业"第二个义项的解释"特指没有生产收入,由国家经费开支,不进行经济核算的事业",最新版《辞海》对"事业"第五个义项的解释"特指没有生产收入,由国家经费开支的社会工作。如:事业单位。"这两个解释其实就是

---

① 《现代汉语词典》,商务印书馆1979年版,第1042页。
② 《辞海(第3版·缩印本)》,上海辞书出版社1980年版,第57页。
③ 《辞海(第6版·缩印本)》,上海辞书出版社2010年版,第1724页。

《国务院关于编制管理的暂行办法(草案)》对事业单位界定的另一种语言表达形式。

　　关于这一点,有关学者多年前已经指出:"'事业'是一个具有多种内涵的概念,而我们所要研究的'事业单位'中的'事业'仅是一种特指的含义。"①这种含义的"事业","是特指'没有生产收入'、'所需经费由国库开支'的社会工作"。②这样,事业单位即从事事业的组织,而事业单位从事的活动——事业,在概念上与政府文件及日常话语常用的社会事业是相当的。与之对应,企业则从事物质生产活动,其专属活动领域即经济。虽然事业概念与社会事业概念内涵基本相同,但事业更容易使人联想起事业单位、事业编制等概念,而社会事业(常被译为英语 social work 、social undertaking、social service)则更多指向事业所属的社会活动领域、与经济活动相对的社会工作。

　　3.特有概念

　　概括地说:特指的事业是中国特有的、具有浓厚行业或领域色彩的概念,或行业"集"概念。用排除法表示:事业通常是指社会中政治、经济、军事等之外的社会活动领域。用列举法表示:事业是指教育、科学、文化、卫生、体育、环境保护、社会保障、计划生育和人口等社会活动领域,其中,教育、科学、文化、卫生等所谓"文教"部门是传统上最重要、最有代表性的领域。另外,在政府文件(如国民经济与社会发展计划、经济与社会事业发展计划)、日常口语乃至研究论著中,事业又常常等同于社会事业这一概念。如果按照经济建设、政治建设、文化建设、社会建设、生态文明建设五位一体总体布局,事业主要对应的是社会建设(尤其是社会事业)。当然,其他各领域也存在大量事业活动及事业组织,如经济建设中的科学技术事业、文化建设中的文化事业、生态文明建设中的环境保护事业等等。因此,事业(社会事业)是我国特有的概念,虽然无法与国际接轨,也无法与五位一体总体

---

① 黄恒学:《我国事业单位管理体制改革研究》,黑龙江人民出版社 2000 年版,第 2 页。

② 黄恒学:《中国事业管理体制改革研究》,清华大学出版社 1998 年版,第 2 页。

布局一一对应,但在中国特有的话语体系中人们对事业(社会事业)是有大体一致理解的。

一些西方国家(如荷兰、比利时等)使用的"第四部门"概念与我国的事业(社会事业)存在相近之处:"荷兰社会文化规划多年来一直使用'第四部门'这个术语(本报告未使用这一术语,而是用了公共服务部门这一称法)。该部门指的是与公共管理、国防、基础设施、教育、医疗保障和社会服务等传统政府职能相关的一系列服务。"[1]我国也有学者使用"第四部门"或"第四域"概念指称事业单位或公益事业领域。[2] 但荷兰等国"第四部门"中的公共管理、国防显然不包含在我国事业范畴之中,因而此两者不能简单划等号。

(三)公益事业

在计划经济时期,事业活动"'没有生产收入'、'所需经费由国库开支'"。改革开放以来,国家实施事业单位改革,改变政府包办事业的做法,引导社会力量包括市场机制参与社会事业。由此导致的结果,一是事业单位的多样化,通过改革引入经济激励机制,一些事业单位有生产收入并可以进行经济核算,甚至实行企业化管理或改制为企业;二是事业主体的多元化,社会力量以非营利方式或营利方式进入社会事业领域,但国库并不直接为它们"开支",支付"人头费"、"事业费"等经费。《指导意见》在"指导思想"部分明确提出事业单位分类改革"以促进公益事业发展为目的"。这样,在推进事业体制转型与公益事业发展背景下,科学定义公益事业有两个重要问题亟待解决:一是如何将公办事业与社会力量举办的事业(民办事业)分开,二是如何将营利性事业活动与公益性事业活动分开。

---

① 荷兰社会文化规划署:《欧洲公共部门绩效评估——教育、医疗、法律及公共管理的国际比较》,国家行政学院出版社 2005 年版,第 46 页。

② "本文试图提出一个探索性概念——第四域,将笔者对社会公益事业改革出路的思考作一初步的概括和分析。""'第四域'是相对独立于市场(第一域)、政府(第二域)和志愿域(第三域)的由社会公共服务机构组成的领域。"杨团:《探索"第四域"》,《学海》2004 年第 4 期。

1. 法律界定

1998 年国务院发布事业单位与民办非企业单位(即此前的所谓"民办事业单位")两个登记管理条例,将两者在名称、资产来源、机构属性、登记管理机关等方面划分开,这也可视为是对公办事业与民办事业的划分。这是第一步,进一步的问题是如何在批判继承中国古代的慈善事业、计划经济时期的国家事业传统,借鉴国外公益慈善事业做法基础上,通过立法等手段确定公益事业的范围(包括定义公益事业),进而对公益事业活动及组织予以规范、支持以促进公益事业发展。

1999 年颁布的《中华人民共和国公益事业捐赠法》,第一条开宗明义说明了立法目的:为了鼓励捐赠,规范捐赠和受赠行为,保护捐赠人、受赠人和受益人的合法权益,促进公益事业的发展,制定本法。该法未对公益事业进行定义,而是以列举方式确定公益事业的范围:

第三条 本法所称公益事业是指非营利的下列事项:

(一)救助灾害、救济贫困、扶助残疾人等困难的社会群体和个人的活动;

(二)教育、科学、文化、卫生、体育事业;

(三)环境保护、社会公共设施建设;

(四)促进社会发展和进步的其他社会公共和福利事业。

2001 年颁布的《中华人民共和国信托法》,专列一章对公益信托进行规范。与《中华人民共和国公益事业捐赠法》一样并未定义何为公益信托,只是以列举方式确定公益信托的范围:

第六十条 为了下列公共利益目的之一而设立的信托,属于公益信托:

(一)救济贫困;

(二)救助灾民;

(三)扶助残疾人;

(四)发展教育、科技、文化、艺术、体育事业;

(五)发展医疗卫生事业;

(六)发展环境保护事业,维护生态环境;

（七）发展其他社会公益事业。

两法比较，公益事业与为公共利益目的而设立的公益信托涉及的范围是一致的，公益信托涉及的范围也即公益事业的范围："公益信托，是以促进和举办公益事业为目的的信托，为社会公众谋求利益，而不是为特定的个人谋私利。"①

诚然，我国的诸多法律法规提到了公益事业并对之进行规范，但相关法律法规并未对公益事业进行定义。《现代汉语词典》、《辞海》等权威性工具书也未收录公益事业词条进行解释。这使得人们对于上述概念内涵与外延认识存在一些差异，在此情况下，一些学者、国家机关工作人员通过学术探讨、法律释义等方式试图对公益事业进行界定。如：

有学者认为：社会公益事业和社会营利事业是现代商品社会的两大支柱，"公益事业是非营利事业，其目的不是为了谋求利益、获得利润，而是为了造福于他人、社会乃至整个人类，是从文化、精神、体质、社会、环境诸多方面开发人的潜能，为人类社会生存和发展创造各种基本条件的事业。"②

更具权威性的《中华人民共和国公益事业捐赠法释义》对公益事业进行过如下释义："公益事业，顾名思义，是指有关公共利益的事业。本法所指的公益事业还有其特定的含义。首先，公益事业应当是非营利的。国家为了鼓励兴办公益事业，对于公益事业的捐赠给予税收等方面的优惠措施。公益事业捐赠的受赠人不能利用捐赠财产从事以营利为目的的活动，否则既违背捐赠人的意愿，而且也是违法的。其次，公益事业要求其受益人是不特定的人群，即受益人既不能是某个特定的个人，也不能是某个特定的团体或人群，凡是符合公益性社会团体和公益性非营利的事业单位依法成立时所确定的公益目的的人，都可以成为受益人。也就是说，受益人不能是一个封闭的团体或人群，受益人应当是一个普遍的、开放的概念，所有符合条件的人都可以成为受益人。第三，公益事业应限于本条规定的事项。"③这一

① 《中华人民共和国信托法释义》，http://www.npc.gov.cn/npc/flsyywd/jingji/node_2210.htm。
② 伍大荣：《市场经济、营利事业、公益事业》，《现代哲学》1995年第4期。
③ 参见张春生：《中华人民共和国公益事业捐赠法释义》，法律出版社2000年版。

释义相当通俗、"自洽":既将公益事业是指有关公共利益的事业这一常识通俗地予以表达;又从非营利、受益人是不特定人群、公益事业应限于本条规定的事项(即《中华人民共和国公益事业捐赠法》第三条所列事项)三个方面,在对公益事业的特定含义加以限定基础上,指明公益事业的特征及范围。

2. 范围划分

公益事业涉及的范围与事业、社会事业涉及的范围基本相同,但《中华人民共和国公益事业捐赠法释义》根据改革开放以后的新变化,从上述三个方面对公益事业进行限定,从而将事业范围内的私益性活动、营利性行为排除出去。由此可将事业领域多种活动进行分类,公益事业仅仅是事业活动的一部分。因此,从活动性质与举办主体方面可对事业(社会事业)进行如下划分(图1-1):

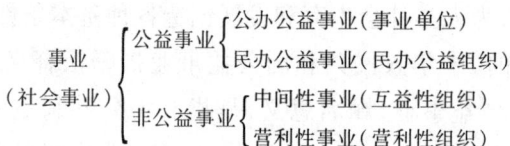

事业
(社会事业)
公益事业{公办公益事业(事业单位)
民办公益事业(民办公益组织)
非公益事业{中间性事业(互益性组织)
营利性事业(营利性组织)

图1-1　从性质与举办主体对事业进行分类

需要说明的是:不严格限定的公益事业大致可相当于非营利事业,因而也可将互益性的中间性事业划入非营利事业、广义的公益事业。另外,在学术论著乃至学科分类(如公共事业管理)中,公益事业又与公共事业内涵相近乃至可以替换使用。

二、公益服务

"社会事业与公共服务这两个范畴内涵接近,很多时候是交替使用的。"①实际上,事业、社会事业、公益服务、公共服务、社会服务②等概念在很多情况下也被交替使用。

(一)何为服务

服务是常用概念。《辞海》对服务是如下解释的:"①为集体或为别人工作。如:为人民服务。②亦称'劳务'。不以实物形式而以提供活劳动的形式满足他人某种需要的活动。服务部门包括为生产和为生活服务的各个部门,都属于第三产业……"③两者都是某种行为、活动,但前者在界定时添加了一些政治、伦理、道义等方面的要求,如为人民服务。后者是从活动方式、活动内容及其成果形式角度进行界定,并与产业划分相联系;根据我国新修订的产业划分标准,所有第三产业都属于服务业。

事业单位与服务的联系早在计划经济时期就已经明确:凡是直接从事为工农业生产和人民文化生活等服务活动,产生的价值不能用货币表现,属于全民所有制单位的编制,列为国家事业单位编制。④ 改革开放之后,管理机构对事业单位的界定也都突出其服务性质:凡是为国家创造或者改善生

---

① 龚维斌:《社会体制的溯源及其内涵》,《中国行政管理》2013 年第 10 期。
② 社会服务是近代西方传入、在我国内涵与外延复杂又多变的概念。相关法规对事业单位、民办非企业单位定义中均出现"社会服务"字样:事业单位是"从事教育、科技、文化、卫生等活动的社会服务组织",民办非企业单位是"从事非营利性社会服务活动的社会组织"。但《指导意见》使用公益服务取代或涵盖社会服务概念。当然也有学者主张以社会服务取代公共服务、公益服务概念,将社会服务体制改革作为社会体制改革的三大内容之一。见王名等:《社会组织与社会治理》,社会科学文献出版社 2014 年版,第 131—138 页。国外对社会服务大致上有广义和狭义两种理解,广义的社会服务与社会福利、公共服务等内涵与外延重叠;狭义的社会服务则特指针对弱势群体的需求进行的干预和公共援助,如国际劳工组织将社会服务定义为针对大多数脆弱群体的需求和问题所进行的干预。同时,社会服务又与社会工作专业关系密切。王思斌认为"社会工作是以利他主义为指导,以科学的知识为基础,运用科学的方法进行的助人服务活动。"见王思斌:《社会工作概论》,高等教育出版社 2006 年版,第 12 页。社会服务翻译成英语可为 social service、social work 等,这又与社会事业、社会工作的英语翻译相同或相近。在职能方面与社会服务联系密切的是民政部门,民政部在《2009 年民政事业发展统计报告》将婚姻登记、殡葬管理作为"对个人和家庭的社会服务",而 2010 年后民政部将全部民政事业作为社会服务,每年发布《社会服务发展统计公报》。但社会服务不限于民政部门职能范围。鉴于此,笔者不使用社会服务概念。
③ 《辞海(第 6 版·缩印本)》,上海辞书出版社 2010 年版,第 527 页。
④ 《国家编制委员会关于划分国家机关、事业、企业编制界限的意见(草案)》,1965 年 5 月 4 日。

产条件,从事为国民经济、人民文化生活、增进社会福利等服务的活动,不是以为国家积累资金为直接目的的单位,可定为事业单位,使用事业编制。[①]1998年10月25日国务院发布的《事业单位登记管理暂行条例》也将事业单位规定为社会服务组织:"本条例所称事业单位,是指国家为了社会公益目的,由国家机关举办或者其他组织利用国有资产举办的,从事教育、科技、文化、卫生等活动的社会服务组织。"

一般而言,事业单位从事的活动属于服务业或第三产业,但服务业或第三产业的范围却大于前者。所以不能将事业活动等同于服务业或第三产业,而需要对事业活动或事业单位从事的服务做进一步限定。

(二)公益服务

迄今,相关立法与政策未对公益服务进行定义,学术界对公益服务内涵与外延也未形成共识。而且将公益服务与事业单位联系起来并将其作为事业单位工作内容、改革方向及组织界定依据,则经历了长期演变、逐步明确的过程。

1.演变过程

中央机构编制管理部门曾在1990年代初从社会功能角度对事业单位进行分类,公益或公益性为分类的标准之一。据中央机构编制管理部门的分析,1990年代初,公益性、福利性事业单位约占70%,生产经营性或开发性单位约占25%,其他类单位(含行政延伸性、机关附属性)约占5%。[②]此时,公益性和福利性的关系尚未理清,公益性与福利性单位尚混杂在一起,而且实际分类更多是依据服务对象进行,还不是系统地建立以职能为基础的事业单位分类体系。1996年,《中央机构编制委员会关于事业单位机构改革若干问题的意见》(中办发〔1996〕17号)提出"根据事业单位的不同情况,分类进行改革"的要求,但也未建立起以职能为基础的分类体系。1990年代后期,按职能对事业单位进行分类的探索逐步深入、系统,并在实际管

---

① 《关于国务院各部门直属事业单位编制管理的试行办法》(讨论稿),1984年全国编制工作会议印发。

② 中央机构编制委员会办公室:《中国行政改革大趋势》,经济科学出版社1993年版,第500页。

理与改革中体现出来。如西宁市对事业单位的分类基本按职能进行,将事业单位分为行政管理型、社会公益型、公益兼经营型、经营服务型、机关后勤服务型五类。2001 年浙江省开始实施事业单位分类改革,将事业单位分为监督管理类、社会公益类、生产经营类、中介服务类四类。2010 年,根据中央编办《关于事业单位分类试点的意见》(中央编办〔2008〕45 号)精神,浙江省将上述分类进行重新调整:监督管理类的事业单位对应承担行政职能的事业单位;社会公益类的事业单位对应为从事公益服务的事业单位(其中纯公益性事业单位对应为公益一类,准公益性事业单位对应为公益二类);中介服务类和生产经营类的事业单位,对应为从事经营活动的事业单位。①

党的十八届三中全会通过的《中共中央关于全面深化改革若干重大问题的决定》虽然多处论及事业单位改革问题,但并未使用公益服务一词。另外,与众多有关公益、慈善、事业单位、社会服务、公共服务等的著作相比,专门研究公益服务的著作甚少,有代表性的是张雅林 2003 年在中国社会出版社出版的《公益服务的体制创新——中国事业单位改革研究》一书,但该书未给出公益服务定义,而且其八章内容全部是关于事业单位及其改革的,即正标题很少涉及而副标题成为该书实际研究探讨的内容。

2. 文献梳理

公益服务内涵与外延的界定需要从发生学角度进行观察、梳理,特别是了解公益服务是如何进入事业体制及其改革视野的。

笔者 2014 年 7 月 7 日以篇名、关键词、主题通过知网期刊检索"公益服务",分别获得 136 条、651 条、1327 条结果;以篇名、关键词、主题检索"公益事业",分别获得 807 条、4362 条、9854 条结果——显然,公益服务的学术关注度及社会影响力远远低于公益事业。以篇名检索为例,通过对检索出的 136 篇文章内容进行分析,发现人们对公益服务概念理解的演变过程可

---

① 《浙江省机构编制委员会办公室关于深化完善事业单位分类工作的实施意见》(浙编办发〔2010〕2 号)。

大致划分为三个阶段:

第一阶段,1980 年代到 1990 年代初(1986—1990 年),共有 4 篇文章。文章使用的公益服务概念基本是针对有偿服务而言的,认为公益服务属于一种无偿、具有公益或普惠性质的服务。如唐作新发表在《图书与情报》1986 年 Z1 期《试论图书情报部门的公益服务和有偿服务》一文(也是篇名检索获得的最早文献),针对随着改革开放与经济发展而出现的各类有偿图书情报信息服务,提出图书情报事业单位也应将其服务分为公益服务(初级服务、一次文献服务)和有偿服务(情报资料经过精加工的)两类。

第二阶段,1990 年代(1993—1999 年),共 13 篇文章。文章研究(包括报道)的范围扩大,提供公益服务的主体包括气象、环保、海事海洋、信息、法律援助、青年团体等部门,服务的内容也日趋丰富。但公益服务的内涵与前一阶段大体相同,还是指公益性、无偿性、志愿性的服务。值得注意的是社团与社会中介组织、非营利组织公益服务问题进入研究视野,史美梁在《当代青年研究》1997 年第 1 期发表的《青年社团是提供公益服务的社会中介组织》,该文论及社会中介组织概念,并认为作为社会中介组织的青年社团也是公益服务提供主体之一。

第三阶段,2000 年以后,共 119 篇文章。这一阶段值得关注以下三个节点:

一是 2007 年后出现多篇文章介绍、探讨湖北省通过乡镇事业单位改革、建立以钱养事农村公益服务新机制问题。如赵鸣骥的《以钱养事:农村公益服务新机制》(《中国财政》,2007 年第 7 期),该文分析、探讨了湖北省对乡镇"七站八所"等事业单位进行改革(包括转制为民间非营利组织),农村公益性服务项目按照"市场运作,政府买单,钱随事走,按绩取酬"的方式运作,建立"以钱养事"农村公益服务新机制和乡镇事业单位改革等问题。

二是 2010 年出现两篇探讨公益服务类事业单位改革的文章。随着事业单位分类改革推进,有人将公益服务作为事业单位的分类标准、公益服务类单位是事业单位的一类(也是最基本类别),而过去常用的相应分类概念是公益性或社会公益性,如公益性或社会公益性事业单位。林永忠在《提升公益服务类事业单位监管水平》(《福建理论学习》2010 年第 6 期)一文中提出对现有事业单位应分为行政管理、公益服务、经营服务三类进行改革,并进一步探讨了在经验摸索(探索)基础上提升公益服务类事业单位监管水平问题。封铁英、戴超的《公益服务类事业单位养老保险基金收支预测与政策仿真——基于养老保险制度参数的优化设计》(《中国软科学》2010 年第 11 期)一文,则以量化分析、案例研讨为基础,对公益服务类事业单位养老保险问题进行系统、深入研究。

三是 2011 年《指导意见》出台后,一些文章结合《指导意见》对事业单位分类改革的总体部署,在解读《指导意见》基础上阐述如何通过科学分类推进事业单位改革,不断满足人民群众的公益服务需求。[1] 这些文章是按照《指导意见》的精神使用公益服务概念,其内涵虽力图符合《指导意见》所提出的形成中国特色公益服务体系的公益服务要求,但并未具体定义何为公益服务。

那么,公益服务是如何进入人们视野的? 人们最初是在什么背景下关注这一概念? 人们对这一概念的最初理解是什么?

通过关键词、主题检索获知,陈怀智发表在《会计研究》1983 年第 5 期的《水利工程供水成本初探》是检索获得的最早涉及公益服务的文章。该文在认同水利部门是社会公益服务事业、国家事业部门的同时,认为水利部门既有非生产部门性质又有生产部门性质,水利工程供水有商品属性,要准确核算供水成本,进而提高整体经济效益(包括提高水费)。1985 年共有 3 篇文章涉及公益服务。史锦屏的《加快改革步伐 搞好有偿服务——全区气象服务工作会议综述》、任卫浩的《为农村产业结构的调整当好气象参谋》均发表在《广西气象》1985 年第 5 期,中心议题均是提出气象工作在服务农业生产发展的同时,应将单纯的无偿公益服务转变为无偿公益服务与针对性强的有偿专业服务分类提供。昕光发表在《情报杂志》1985 年第 4 期的《情报商品化与情报资源共享》,讨论的是科技体制改革、商品经济发展背

---

[1] 王东明:《分类推进事业单位改革不断满足人民群众公益服务需求》,《求是》2011 年第 17 期。

景下科技情报有偿服务与公益服务关系的问题,提出"科技情报工作改革中如何处理好情报商品化与情报资源共享的关系(即有偿服务与公益服务的关系,引者注)是十分重要的。"该文涉及内容与篇名检索的第一篇文章——唐作新发表在《图书与情报》1986年Z1期《试论图书情报部门的公益服务和有偿服务》内容相近。

可见,检索出的早期发表文章均直接或间接对应有偿服务讨论公益服务及两者关系问题的。反映人们意识到传统的事业单位、非生产部门在改革开放形势下,在商品经济大潮冲击下,应主动调整传统的国家举办、财政供养体制,强调事业产品与服务也可具有某种程度的商品性质,除了进行无偿、公益性的服务外,要开展有偿服务。上述认知及变化恰恰与事业单位改革进程是一致的:最初的事业单位改革就是通过引入经济激励机制,实行"事业体制,企业化管理"等改革改变的传统事业体制。此后,很长一段时间事业单位以"放权搞活"、"走向市场"为改革方向。但近年来情况发生逆转,回归公益性呼声渐高并成为事业单位分类改革的基本要求。

3.四种理解

对上述136篇文章做进一步分析,可将文中所涉及的公益服务的内涵大致上概括为以下四个方面:

一是指免费、无偿、普惠、公益性的服务活动,常常与有偿服务对举。公益服务的主体没有特定限制,政府机关、事业单位、企业、公民个人等均可从事公益服务。如马靖在《中国计量》2013第5期发表的《公益服务下基层惠民活动保春耕——沈阳市质监局开展计量公益服务活动》,报道了政府机关及所属事业单位专业人员开展的惠民、便民公益服务活动。

　　二是特指民间组织（现多改称社会组织）①从事的非营利性或公益性活动。姬中宪发表在《江苏行政学院学报》2012年第1期的《园区模式：社会组织发展的一种新路径——以浦东公益服务园为例》，介绍了一种特色社会组织孵化器——通过政社合作、公益组织集聚、旨在扶持公益性社会组织的公益服务园区。宋世明的《公益服务机构发展的国际经验》，则专门介绍国外民间公益组织（非营利组织）的发展经验。②（但"事业单位分类改革中创新财政投入方式问题研究课题组"发表在《中国机构改革与管理》2014年第6期的《公益服务机构财政投入方式的国际经验》一文，该文所使用的公益服务机构既包括民间公益组织也包括多类公立公益机构。）

　　三是指事业单位分类标准，以及通过分类形成的公益服务类事业单位。张善岭在《机构与行政》2013年第12期发表的《公益服务类事业单位改革研究》，探讨在事业单位分类改革中作为事业单位主体部分的公益服务类事业单位改革问题。但公益服务类事业单位在各地事业单位分类中，更多地被称为公益类事业单位或社会公益性事业单位。

　　四是指与公益事业、社会事业相关的服务（活动），或者就是指公益事业、社会事业。如王惠娜在《四川行政学院学报》2006年第3期发表的《公益服务的社会性管制》一文，直截了当地将公益服务指称为科教文卫等社会事业或公益事业："公益服务（科教文卫）具有公共物品或者准公共物品的特性……"

　　此外，通过关键词、主题检索"公益服务"获得更多文献，但这些文献涉及的公益服务内涵仍然可大致划分为前述四个方面。

_____

①　社会组织是十六届六中全会之后取代长期以来一致使用的民间组织概念的，用于指称相当于国外非营利组织、非政府组织、公民社会组织、第三部门组织等的一个本土化的概念。社会组织取代民间组织概念被许多学者特别是社会组织主管部门给与积极评价。本书不细究上述概念的异同，本书在不同场合根据行文需要使用相关概念。一般而言，描述分析十六届六中全会之后我国情况多使用社会组织一词。详细了解上述概念的异同，可参阅以下著作：王绍光：《多元与统一——第三部门国际比较研究》，浙江人民出版社1999年版；王名等：《民间组织通论》，时事出版社2004年版；马庆钰：《中国非政府组织管理与发展》，国家行政学院出版社2007年版。

②　宋世明：《公益服务机构发展的国际经验》，《决策探索（下半月）》2012年第12期。

(三)公共服务

谈及公益服务不能不联系与之相关并更引人注目的概念——公共服务。公益服务与公共服务关系密切,许多政策文件、学术论著常常不加区别地使用二者。而形成中国特色公益服务体系目标在一些政策中也"改写"为"推动中国特色公共服务体系建设和发展"。[①] 张雅林所著、第一次将事业单位改革与公益服务联系起来进行探讨的《公益服务的体制创新——中国事业单位改革研究》一书,不仅多次无明显区别地使用公益服务与公共服务概念,甚至在其摘要的关键词中将公益服务翻译成 public service(公共服务)。[②]

1.检索发现

笔者 2014 年 7 月 7 日通过中国知网,以篇名、关键词、主题在知网期刊上检索"公共服务",分别检索出 10566、19140、43584 条结果,远远多于"公益服务"及"公益事业"的检索结果。

实际上,公益服务与公共服务两者间存在诸多交集、重叠之处。在政策层面,公共服务与公益服务也常常不加区别地通用或互换。《中共中央关于全面深化改革若干重大问题的决定》,并未提及公益服务概念,但在"加快事业单位分类改革"时提到要"加大政府购买公共服务力度"。

此外,在一些有关事业单位及其改革的政策法规中也存在只使用公共服务而没有提及公益服务概念的情形。如 2014 年 7 月 1 日实施的《事业单位人事管理条例》,该条例第一条阐明立法目的:"为了规范事业单位的人事管理,保障事业单位工作人员的合法权益,建设高素质的事业单位工作人员队伍,促进公共服务发展,制定本条例。"对这一表述的正当理解应是事业单位是履行公共服务职能、促进公共服务发展的组织。作为事业单位改

---

① 《国务院办公厅关于政府向社会力量购买服务的指导意见》(国办发〔2013〕96 号):"改革创新公共服务提供机制和方式,推动中国特色公共服务体系建设和发展,努力为广大人民群众提供优质高效的公共服务。"

② 张雅林:《公益服务的体制创新——中国事业单位改革研究》,中国社会出版社 2003 年版,第 1 页。

革配套文件之一的《关于分类推进事业单位改革中加强国有资产管理的意见》，该意见提出"事业单位国有资产是国有资产的重要组成部分，是事业单位履行公共服务职能，促进事业发展的重要物质基础"。同样表明事业单位的职责与功能是促进事业发展、履行公共服务职能。

除上述政策法规外，许多国内外学者都支持事业单位的职能是提供公共服务（"履行公共服务职能"、"促进公共服务发展"）这一观点。如世界银行的报告《中国：深化事业单位改革，改善公共服务提供》认为大多数事业单位建立的目的是提供公共服务，[①]并将事业单位翻译为" public service unit"（PSUS）。显然，公共服务既是比公益服务使用更普遍、更具学理性的概念，也是许多政策法规界定事业单位、规范事业单位行为常用的概念。

2. 理论梳理

关于公共服务，不同学者有不同的理解和界定。[②] 现代意义上的公共服务主要有两个理论来源或理论基础。一是公共产品理论。公共服务和公共产品（公共物品）常常是作为内容相近甚至可相互替换的概念。林达尔在1919年最早正式使用公共产品（public goods）一词，其创立的"林达尔均衡"是公共物品理论最早的理论成果之一。但首次赋予它形式化定义的则是美国经济学家保罗·萨缪尔森。萨缪尔森1954年提出其关于纯粹公共物品的经典定义：每一个人对这种产品的消费并不减少任何他人对这种产品的消费。詹姆斯·布坎南1965年发表的《俱乐部的经济理论》，则系统对非纯公共产品（准公共产品）进行了讨论，提出了"俱乐部产品"理论，即不同时具有非竞争性与非排他性或非竞争性与非排他性不充分的产品。斯蒂格利茨在对前人理论梳理基础上进行了概括与总结，指出："公共物品是这样一种物品，在增加一个人对它分享时，并不导致成本的增长，而排除任何个人对它的分享都要花费巨大成本。"[③]

---

① 世界银行东亚和太平洋地区减贫与经济管理局：《中国：深化事业单位改革，改善公共服务提供》，中信出版社2005年版，第1页。
② 孙晓莉：《中外公共服务体制比较》，国家行政学院出版社2008年版，第1—16页。
③ ［美］约瑟夫·E.斯蒂格利茨：《经济学》，中国人民大学出版社1998年版，第147页。

公共服务另一个来源是公法学。法国公法学家莱昂·狄骥 1913 年就在《公法的变迁》中提出著名的"公共服务(公务)理论",认为"任何因其与社会团结的实现与促进不可分割、而必须由政府来加以规范和控制的活动,就是一项公共服务。只要它具有除非通过政府干预,否则便不能得到保障的特征。"狄骥并大胆断言"公共服务的概念就逐渐取代了主权的概念……公共服务的概念也就因此成为了现代公法的基本概念。"①公共服务成为公法的基本概念,成为政府的基本职能,而国家就是政府为公共利益进行的公共服务的总和。

当代国内有部分学者跳出公共物品(公共物品)、公法理论,运用不同理论、从不同角度对公共服务进行界定。如从公共利益角度定义公共服务:"物品属性不是判定公共服务规定性的依据。政府提供物品的根据是对公共利益的判断,公共利益才是判定公共服务的内在依据,物品只有与公共利益相联系才具有公共服务的特性。""为公共利益提供的各种物品的活动就是公共服务。"②也有学者从人权、公民与国家关系、需求促进供给的功利主义目的,提出公共服务的定义:公共服务"指由法律授权的政府和非政府公共组织以及有关工商企业在纯粹公共物品、混合性公共物品以及特殊私人物品的生产和供给中所承担的职责。"③也有人认为公共服务就是指政府为满足社会公共需要而提供的产品与服务的总称。它是以政府机关为主的公共部门生产的、供全社会所有公民共同消费、平等享受的社会产品。④ 同时,公共服务包括基本公共服务与其他公共服务,"基本公共服务,通常指建立在一定社会共识基础上,一国全体公民不论种族、收入和地位等,都应公平、普遍享有的服务。"⑤而中国政府曾明确将实现基本公共服务均等化

---

① ［法］莱昂·狄骥:《公法的变迁·法律与国家》,辽海出版社、春风文艺出版社 1999 年版,第 53、446 页。
② 柏良泽:《公共服务研究的逻辑和视角》,《中国人才》2007 年第 3 期。
③ 马庆钰:《公共服务的几个基本理论问题》,《中共中央党校学报》2005 年第 1 期。
④ 李军鹏:《公共服务型政府建设指南》,中共党史出版社 2006 年版,第 19 页。
⑤ 陈昌盛、蔡跃洲:《中国政府公共服务:体制变迁与地区综合评估》,中国社会科学出版社 2007 年版,第 6 页。

作为政府重要政策目标,并于 2012 年制定《国家基本公共服务体系"十二五"规划》。

3. 基本理解

英国学者胡德曾在 1987 年给出公共行政的著名定义:"公共行政是关于公共服务供给的制度安排。"但在我国政府的职能定位中,公共服务是与经济调节、市场监管、社会管理并列的四大职能之一。因此,从行为特征与我国政府职能定位分析,公共服务应与公共行政(管理)对称,可将公共服务视为不同于经济调节、市场监管、社会管理等管理行为与职能,定义为有公共权力、公共资源介入的服务性活动,其目的是满足公民生活、生存与发展的某种直接需求。这一界定是基于我国政府的职能定位,与其他理论阐释相比,更具操作性:"对公共服务的概念只有作狭义、具体和明确的界定才能在理论和实际操作上具有实质性意义,即提供公共服务是国家的主要职能之一,有其具体的内容和形式,并且可与政府或国家的其他职能相区分。也就是说,公共服务只是同经济调控、市场监管、社会管理相并列的国家的又一项职能。"①

但如此界定的公共服务范围依然非常广,内容也极其多样,大致可将其概括为公共设施、公共事业、公共信息"三公"。在我国国家领导人首次明确提出建设服务型政府的同时,对公共服务进行过如是概括:"就是提供公共产品和服务,包括加强城乡公共设施建设,发展社会就业、社会保障服务和教育、科技、文化、卫生、体育等公共事业,发布公共信息等,为社会公众生活和参与社会经济、政治、文化活动提供保障和创造条件,努力建设服务型政府。"②

理解公共服务,笔者认为以下两点十分关键:第一,公共服务的责任(提供)主体是政府。萨缪尔森等的公共产品(公共物品)理论、狄骥的公法理

① 赵黎青:《什么是公共服务》,《中国人才》2008 年第 15 期。
② 温家宝:《提高认识 统一思想 牢固树立和认真落实科学发展观——在省部级主要领导干部"树立和落实科学发展观"专题研究班结业式上的讲话(2004 年 2 月 21 日)》,http://news. xinhua-net. com/newscenter/2004 - 02/29/content_1337121. htm。

论均是从国家(政府)职能、公共财政等角度阐述公共服务的责任、正当性及其边界的。因此,公共服务应是由公共机构运用公共权力与公共资源提供的服务。虽有学者将公共服务提供主体放大到非营利组织(非政府公共部门)甚至企业,但一般均承认政府是最主要的责任主体。第二,公共服务范围界定存在差异。据萨缪尔森等经济学者的公共产品理论,广义的公共服务可以包含政府的所有产出以及公务员的所有职务行为:"从范围看,公共服务不仅包括通常所说的公共产品(具有非竞争性和非排他性的物品),而且也包括那些市场供应不足的产品和服务。广义的公共服务还包括制度安排、法律、产权保护、宏观经济社会政策等。"①也有学者按照政府四大职能定位,将公共服务与经济调节、市场监管、社会管理等管理行为分开,将其定义为政府提供产品和服务的行为。这一行为相当于德国、日本等国家与秩序行政相对的给付行政:"通过授益性活动而直接促进社会成员利益的所有公行政活动,都应该视为给付行政。"②

　　作为为了社会公益目的、国家利用公共资源举办、提供服务的事业单位,其行为应属公共服务。那么,为什么《指导意见》提出的目标是形成中国特色的公益服务体系而非公共服务体系? 实际上,公益服务与公共服务等概念"内涵接近,很多时候是交替使用的。"③在许多学术讨论中(包括改革主管部门领导刊发的文章),公益服务与公共服务常常不做区分地使用。④ 甚至有"社会公益性公共服务"⑤这类极富中庸味道的说法。但深入、仔细地分析,公益服务与公共服务存在差异。

　　第一,人们对公益服务的认知通常包含价值判断在内,赋予其高尚、志愿、仁爱、慈善等内涵。一个人、一个组织做了必须要做的、属于职责范围的

① 陈昌盛、蔡跃洲:《中国政府公共服务:体制变迁与地区综合评估》,中国社会科学出版社 2007 年版,第 6 页。
② 杨建顺:《日本行政法通论》,中国法制出版社 1998 年版,第 329 页。
③ 龚维斌:《社会体制的溯源及其内涵》,《中国行政管理》2013 年第 10 期。
④ 王东明:《分类推进事业单位改革不断满足人民群众公益服务需求》,《求是》2011 年第 17 期。
⑤ 黄恒学、宋彭:《正确认识公益事业体制及公益事业单位改革》,《北京行政学院学报》2013 年第 3 期。

"分内之事",人们对这种行为可能会用"尽职"、"敬业"等词语予以肯定,但未必用"公益"、"高尚"等词语进行评价。而个人、机构做了不直接属于"分内之事"而有益于社会、他人的事情,人们才会给与"热心公益"、"多行善事"等评价。因此,人们更倾向于将公益服务归之为民间志愿机构、慈善组织的行为,比如笔者检索公益组织时几乎清一色指的是民间、非官方的非营利组织。提供公共服务则是政府职分(职责、义务),政府做此类事情是应当且必须的。

第二,公益服务体系是在事业单位改革部署中提出的战略目标,而事业单位又是公益服务的主要载体。因此,把公益服务体系而非公共服务体系作为改革目标,凸显改革的针对性——事业单位,改革的重点领域——科教文卫等社会事业或公益事业。虽然,也可以认为事业单位是公共服务的重要提供主体,但公共服务的责任主体更多地指向公共部门的核心部门——政府。《国家基本公共服务体系"十二五"规划》在基本概念中明确指出:基本公共服务,指建立在一定社会共识基础上,由政府主导提供的,与经济社会发展水平和阶段相适应,旨在保障全体公民生存和发展基本需求的公共服务。享有基本公共服务属于公民的权利,提供基本公共服务是政府的职责。在规划实施部分强调:本规划确定的目标和任务,是政府对人民群众的承诺,要切实加强组织领导和统筹协调,建立健全规划实施机制,全力确保完成。虽然该规划也提及事业单位作用,但主要从创新供给模式角度,将发挥事业单位作用作为加快建立政府主导、社会参与、公办民办并举的基本公共服务供给模式的具体内容之一。

4.异同比较

公益服务与公共服务确实存在着差异,将其译成外文也大多使用不同词语,如 public welfare 与 public service。对于公益服务与公共服务的关系,不同学者给与不同的阐释。有学者结合事业单位改革对公益服务、一般公共服务、基本公共服务进行细分:"对社会公益类事业单位的组织功能进行细化和分化,具体可以将现代公益事业组织具体划分为'承担社会公益服务功能'、'一般公共服务功能'和'基本公共服务功能'的三类组织。"承担社会公益服务功能的组织主要通过社会自筹经费满足异质性公共需求,其组织形式是非营利组织及部分公法行政实体;承担一般公共服务功能的组织通过财政支持或专项补助、以及社会经费自筹满足异质性公共需求,组织形式是公法行政实体;承担基本公共服务功能的组织则分别通过国家公共权力和财政的保障满足同质性(基本)公共需求,组织形式是公法行政实体。① 概括该文的观点就是:满足异质性公共需求的公益服务,在社会重要性上低于一般公共服务更低于满足同质性公共需求的基本公共服务。

笔者认为:公益服务应该是以实现社会公益为目标,以政府为主导、以事业单位为主体、社会力量广泛参与、充分发挥市场机制作用,提供教育、科技、卫生、文化、社会保障等多类型、多样化服务的行为体系。公共服务是政府重要职能,是以实现公共服务均等化为目标,在坚持政府负责的前提下,充分发挥社会和市场机制作用,推动公共服务提供主体和提供方式多元化的行为体系。这两者间存在诸多交集,甚至有时可以相互替换。狭义的公益服务多指民间志愿性、慈善性的服务活动,而狭义的公共服务通常属于政府行为。在此意义上,笔者赞同以下观点"公益服务强调在公共利益维护与实现过程中,政府、私营部门、第三部门以及个人的责任与参与,社会正义、社群主义、利他主义以及生态主义等是其核心价值,因此,公益服务具有志愿性、利他性等特征……而我国目前对'公益服务'的概念使用则更倾向于是指'由社会力量,通过整合资源和社会化运作向社会提供的非营利性福利服务'。这构成了公益服务的狭义定义……"②

有学者将公益服务的狭义定义与将公共服务限于政府部门的公共服务狭义定义比较,指出两者存在以下不同(表1–1)。

---

① 管仲军:《面向现代公益事业组织的事业单位分类改革研究》,《北京行政学院学报》2014年第2期。
② 张海、范斌:《我国政府购买公益服务偏好问题分析》,《华东理工大学学报(社会科学版)》2014年第1期。

表1-1　公共服务与公益服务的主要差异①

	公共服务	公益服务
服务性质	纯公共品为主,准公共品为辅	准公共品
供给主体	政府	以社会组织为主
资源来源	国家、政府	政府、市场、社会
覆盖范围	全面覆盖	选择性覆盖
服务依据	国家法律、制度	社会责任
所回应的福利需求特征	标准化的、普遍性的	个性化的、社区性的
服务供给方式	行政化	社会化的多元供给
在社会福利体系中的地位	基础性	从属性

　　需要说明的是:事业单位改革主管部门近年来更多使用公益服务概念,但不能由此简单说公益服务只是事业单位改革主管部门力倡的概念。一方面,公益服务具有中国特色、更能体现以事业单位为主要载体的社会公益事业。另一方面,事业单位改革主管部门也不排斥公共服务这一更通用、更能与国际接轨的概念,如中编办等部门2010年举办的"公益机构改革与公共服务发展"国际研讨会,将公共服务发展作为会议的主题。在《指导意见》公开发布后,中编办、财政部、人力资源与社会保障部负责人就分类推进事业单位改革有关问题回答记者提问时,对《指导意见》的解读既使用了公益服务概念,认为"公益服务是民生的基本内容",同时也多次使用公共服务概念。②

　　从现实改革而言,国家将形成中国特色公益服务体系而非公共服务体系作为目标的意义在于:一是扩展了公益服务的参与主体,除了政府及其政府举办的事业单位,非营利组织乃至企业、公民个人均可在公益服务体系中发挥作用。二是赋予其一定的、正面的价值判断与道义评价,这既有助于鼓

---

① 张海、范斌:《我国政府购买公益服务偏好问题分析》,《华东理工大学学报(社会科学版)》2014年第1期。

② 盛若蔚:《促进公益事业发展 满足人民公益服务需求——中央编办等三部门负责人就分类推进事业单位改革答记者问》,http://politics.people.com.cn/GB/17690822.html。

励和引导社会力量积极参与构建公益服务新格局,又有助于事业单位强化公益属性、回归公益性。三是有助于事业单位分类及分类改革的推进,是否从事公益服务是承担行政职能、从事生产经营活动与从事公益服务的三大类事业单位的分类依据;从事基本公益服务与从事其他公益服务是公益一类与公益二类的分类依据。四是事业单位作为我国特有组织,针对事业单位在我国公益事业中"一枝独秀"现状(约占公益服务提供组织的90%),将公益服务体系作为改革与发展目标,有助于推进事业单位改革,更好地满足人民群众日益增长的公益服务需求。因此,无论在学术探讨上还是在现实操作层面,确定形成中国特色公益服务体系战略目标具有理论支撑、符合中国国情、有助于改革推进。

三、公益机构

形成中国特色公益服务体系的一个重要前提是明确谁提供公益服务,即明确公益服务的组织机构。这就涉及何谓公益机构问题。迄今,公益机构在我国既非法律概念,也非社会各方在内涵与外延方面具有高度共识的概念:"中国的公益机构还不是一个内涵和外延明确的概念,尚没有形成一类界限分明、管理规范的行为主体。因此,有必要对公益服务体系的各类组织进行梳理、分析"。[1] 一项研究认为:"积极发展教育、科技、文化、卫生等公益事业,是推动经济社会协调发展和人类文明进步的重要内容,是满足人民群众公益服务需求的必然要求,也是各国政府应尽的基本责任。中国政府历来高度重视公益事业发展。自新中国成立以来,公益事业不断发展壮大,已建成120多万家事业单位和其他公益服务机构,从业人员超过3200万。"[2]但以上统计是否包含了所有公益机构? 各类公益机构或公益服务机构具体由哪些组织构成? 如何界定各类公益机构并明确其在公益服务体系中的地位、作用? 这些均是亟待研究的重要问题。

---

① 苏杨:《中国公益机构的现状分析及其改革思路》,《行政论坛》2006年第3期。
② 黄文平:《深化公益事业管理体制改革构建公益服务新格局》,《中国机构改革与管理》2014年Z1期。

（一）组织分类

简单地说：人们为实现一定的目的和任务，按照一定的系统与规则组合起来形成的集合体就是组织。

1. 三大部门

现代社会是高度组织化的社会，三大部门又是当今社会组织的基本划分。但更传统的划分却是国家与社会二分，进入 20 世纪后社会又被一分为二：市场经济与市民社会。"……社会分为两个不同的领域，私人部门和公共部门。虽然存在着所谓的准公共部门，或所谓的第三部门组织，在绝大多数国家，将社会分为私人部门和公共部门，是一种基本的划分方法。"[1]"公共管理被看作包括政府机构与非营利组织所从事的活动。严格说，前者是公共部门，是相对于有所有者、合伙人和公司组成的私人部门而言的。很显然，非营利组织部门通常被称为'第三部门'"。[2] 各大部门均有其特有机制：第一部门（政府组织）主要是运用国家机制，以公共权威、公共资源提供公共物品，实现公共利益的公共组织；第二部门（企业组织）主要是通过市场机制提供私人物品，实现私益最大化的营利性组织；第三部门（非营利组织）主要是运用社会机制（也称为"社会志愿机制"[3]）提供准公共物品以实现特定公益最大化的民间组织。

表 1-2　公共服务提供的三种力量[4]

	谁受益	如何获得资金	构建激励因素
市场	顾客	价格	自利
国家	公民	税收	政治利益
志愿	受益人	捐赠	公民权利

---

① ［英］简·莱恩：《新公共管理》，中国青年出版社 2004 年版，第 1 页。

② ［美］格罗弗·斯塔林：《公共部门管理》，上海译文出版社 2003 年版，第 9—10 页。

③ 彭少峰、张昱：《政府购买公共服务：研究传统及新取向》，《学习与实践》2013 年第 9 期。

④ Allen Schick, Modernizing the State：Restructuring China's PSUs Delivering Public Services. Prepared for Worlk Bank, 2004.

2. 法人分类

具有法律人格的组织是法人组织。《民法通则》第三十六条规定,法人是"具有民事权利能力和民事行为能力,依法独立享有民事权利和承担民事义务的组织。"目前,我国的社会组织主要划分为党政机关、事业单位、企业、社会团体、民办非企业单位、基金会六大类,这六类组织在法人分类上分别属于机关法人、事业单位法人、企业法人、社会团体法人(1986年制定的《民法通则》确立)、民办非企业单位法人(1998年制定的《民办非企业单位登记管理暂行条例》确立)、基金会法人(非营利性法人,2004年颁行的《基金会管理条例》确立)。

大陆法系国家的法律,"对整个法律材料的一个根本性的划分,是将法分为公法和私法。"①故形成以公、私法人二元为基础,以社团法人、财团法人两分为主体,对社团法人进一步划分为营利、公益和中间法人的法人分类体系。以法人设立的法律根据为标准进行分类,凡是依公法设立的法人为公法人,依私法设立的法人为私法人;社团法人与财团法人划分一般是对私法人的再划分,划分标准是法人的成立基础(人或者财产);以法人活动的目的作为标准,可将私法人划分为营利法人、非营利法人(公益法人和中间法人),而财团法人一般为公益法人。英美法系国家没有所谓财团法人概念,财团法人制度一般可由信托制度代替。

我国法律关于法人划分有鲜明中国特色:既无公、私法人也无社团法人、财团法人之分,自成体系。从历史发展分析,我国的《民法通则》是改革开放不久、计划体制尚未解体背景下制定的,其对法人的分类延续了计划经济体制下形成的社会组织分类体系,如企业、机关、事业单位和社会团体之分,故学者曾有如下评价:"《民法通则》的法人的分类与国务院'编制管理'核定的机构分类是一致的;更准确地说,《民法通则》把1963年创设的单位分类改写为'法人'分类。但是,'单位'和法人毕竟是两类性质相去甚远的

---

① [德]迪特尔·梅迪斯库:《德国民法总论》,法律出版社2000年版,第5页。

机构。"①

3. 下步调整

虽然包括调整法人分类内容的《民法典》编纂等工作早已启动,但有关民事主体新的分类体系没有形成。只是随着各类组织增加,在原有四大类法人基础上增加新的法人类型如民办非企业单位法人、基金会法人等。法人分类存在的另一个问题是我国的法人制度是由民法确定的,因而有人将各类法人称为"民法法人",相当于大陆法系的"私法人"。近年来,一些学者认为法人这一概念意味着一个组织能够作为权利义务的归属者出现。私法人是私法权利义务的归属者,而公法人则是公法权利义务的最终归属者,是适宜作为独立公法主体的组织。② 而且一些学者认为"公法人不仅包括那些具有独立公法地位的国家机关和兼有行政管理职能的事业单位,也包括那些虽然不具有行政管理职能,但其事业关系到国民生活及社会安定等公共利益,如完全交由私法组织恐难以实施的法人组织(如公立医院、公立高等院校等)。"③但迄今公法人在我国尚属于学术话语而非法律概念。

因此,梳理并界定包括公益机构在内的各类组织,完善我国的法人制度及法人分类体系依然任务艰巨。

(二)公益认定

如何认定公益机构? 由于政策法规对于公益机构(包括公益组织)并未有明确界定,学术界也常常在不同场合、不同范围使用公益机构概念,故有必要进行梳理与分析,把握人们对公益机构的认知。

1. 检索发现

笔者 2014 年 7 月 7 日通过中国知网,以篇名、关键词、主题检索知网期刊"公益机构",分别获得 37 条、313 条、443 条结果。笔者以篇名检索的 37

---

① 方流芳:《从法律视角看中国事业单位改革——事业单位"法人化"批判》,《比较法研究》2007年第 3 期。

② 葛云松:《法人与行政主体理论的再探讨——以公法人概念为重点》,《中国法学》2007 年第 3 期。

③ 田韶华、严明:《论准公益性传媒的法人制度建构》,《河北科技大学学报(社会科学版)》2009 年第 1 期。

篇文章为主进行梳理、分析。37篇文章除谢钟发表在《党校科研信息》1993年21期的《当前我国公益机构中消极腐败现象的特点成因及其治理对策》外,其余文章皆为2000年以后发表的。从内容看,除一篇文章是论述法国公立公益机构(国内大多学者如王名扬等将其译为"公务法人"),一些报道性文章对公益机构未有明确指涉外,人们对公益机构的认识大致可分为以下五类:

一是机关、事业单位等公共机构。《当前我国公益机构中消极腐败现象的特点成因及其治理对策》一文所指的公益机构包括机关、事业单位等公共机构,其研究围绕上述机构的公职人员展开,也可以说该文的公益机构是指由公职人员构成的机构。

二是指营利性机构(企业)外的其他机构。苏杨在《中国公益机构的现状分析及其改革思路》一文中指出:中国的公益机构还不是一个内涵和外延明确的概念,尚没有形成一类界限分明、管理规范的行为主体,成员包括政府机关、事业单位、非政府组织(包括社会团体和民办非企业组织)以及部分国有企业的下属单位等。①

三是指在特定的范围内能够提供一种或多种专门的公共服务,享有公共管理职能,不属于国家行政机关系列,具有法人资格的公共行政机构,一般包括行业协会、公立学校、慈善机构、基金会等等。戚建刚在《法学》2003年第7期发表的《论公益机构行为的司法审查范围》阐述了这一观点,并还交替使用"准政府组织"、"行业组织"、"社会组织"、"第三部门"等概念指称公益机构。

四是将公益机构直接与事业单位等同或基本等同。共有4篇,2篇是中编办等组织举办的两次研讨会报道性文章(《"公益机构改革与公共服务发展"国际研讨会在北京举行》、《公益机构法人治理结构问题专家咨询会议在北京举行》),1篇是在中编办主办的刊物刊发的关于事业单位法人治理结构相关政策解读,1篇是中编办主要领导对建立健全公益机构(事业单位)法人治理结构是一项重大制度创新的阐述。① 说明将事业单位与公益机构联系起来并用"公益机构"代指事业单位的主要是事业单位改革主管部门。另有 2 篇从内容看其所探讨的公益机构多为事业单位,但也涉及社会团体、民办非企业单位等组织。②

五是将公益机构认定为非营利组织(即我国的民间组织、社会组织)数量最多,达 20 余篇。如王明睿发表在《行政论坛》2004 年第 2 期的《对完善公益机构法律机制的探讨》,方成义发表在《福建理论学习》2006 年 11 期的《公益机构运行模式的探讨——中美公益机构之比较》。而胡盛仪发表在《理论月刊》2006 年第 4 期的《国外公益机构登记管理的主要做法与借鉴》则结合我国事业单位改革,明确指出"西方国家并不存在所谓的事业单位,多数国家称其为公益机构,也有的国家称之为非营利性机构或组织。"此外,还有 1 篇反映官办公募基金会的文章,③官办公募基金会是介于政府与社会组织之间的、半官半民机构。

通过关键词、主题检索"公益机构",梳理检索的文章对公益机构内涵的界定,与篇名检索的 37 篇文章基本一致。通过关键词检索"公益机构"有 1124 条结果,其中 2000 年以前只有 10 条;通过主题检索"公益机构"有 1420 条结果,2000 年以前只有 15 条,关键词、主题检索有关"公益机构"的文章也大多为关于非营利组织的文章。也就是说在绝大多数人心目中,公益机构、公益组织其实就是民间公益(非营利)组织的代名词。实际上,公益(包括慈善、志愿)等行为多是指民间组织或个人行为。这正如有关学者比较公共利益与公益概念所得结论:"'公共利益'是一个相对广义的概念,第一、第二、第三部门都涉及公共利益问题,但'公益'确是一个更为狭义的

---

① 张崇和:《建立健全公益机构法人治理结构是一项重大制度创新》,《中国机构改革与管理》2013 年 Z1 期。
② 李玲:《从基层医改看公益机构治理新模式》,《中国机构管理与改革》2013 年 Z1 期。陈少勇:《学校和医院等公益机构收费权质押初探》,《中国资产评估》2013 年第 1 期。
③ 李艺怀:《传媒公益机构将是汇集爱心最好的助力整合——专访芒果 V 基金副秘书长李强》,《社会与公益》2013 年第 11 期。

概念,主要适用于第三部门。"①更极端的说法是"纯公益人"及"公益性"只存在非政府非市场的社会;市场是私益人的世界,作为(我国)唯一制度公益人的政府将退化为私益人。②

值得注意的是:事业单位改革主管部门倾向或力主将事业单位纳入公益机构体系并将其作为公益机构的主体。从数量看,事业单位如果纳入公益机构体系则肯定是公益机构的主体:"已建成120多万家事业单位和其他公益服务机构,从业人员超过3200多万"③,而仅事业单位从业人员就超过3100多万。

2. 民间组织

此外,通过篇名"公益组织"所检索到的160文章,基本是关于非营利组织的,有的在"公益组织"加民间、社会、青年等前缀。从篇名检索看,郑永强发表在《行政法学研究》1997年第2期的《试论我国公益组织的法律地位及其行政行为的可诉性》是检索获得的最早文献,其将公益组织界定为"行使一定范围内行政管理职权的企事业单位,它们所管理的方面几乎都是涉及社会公共利益",其研究结论是应确立它们在行政法律关系中的地位,并认为作为行政法律关系主体其行政行为具有可诉性。这也是通过篇名检索所得唯一一篇发表在上个世纪的文章。隔6年后的2003年有2篇,2篇文章所谓的公益组织均指民间非营利组织,就是从这一年开始公益组织几乎成为民间非营利组织的代名词。2004年2篇(从标题到内容看实际是一篇),2005年3篇,2006、2007年各5篇,2008年6篇,2009年7篇;2010年后开始呈几何级增长,当年超过10篇(11篇),2011年达到28篇,2012、2013年均为34篇。换句话说,市民社会发展、国家对民间非营利组织重视程度不断提高,使得社会各方(包括学者)对市民社会、非营利组织

---

① 卢玮静等:《基金会评估:理论体系与实践》,社会科学文献出版社2014年版,第43页。

② 陶传进:《社会公益供给——NPO、公共部门与市场》,清华大学出版社2005年版,第33、259、119页。

③ 黄文平:《深化公益事业管理体制改革构建公益服务新格局》,《中国机构改革与管理》2014年Z1期。

关注、研究探讨的兴趣不断增长。

通过主题检索"公益组织",1987 年发表了最早的两篇文章,一篇文章论及的公益组织指政府机构(包括我国的事业单位)与民间公益机构;①另一篇则介绍一家公益基金会。② 郑功成发表在《中国社会工作》1997 年第 3 期的《论慈善事业》具有重要开创性意义,该文对公益组织的典型代表慈善组织及其培育发展进行系统论述。如今公益慈善成为连用的词组,并作为民间非营利组织(社会组织)的一类,在《中共中央关于全面深化改革若干重大问题的决定》有关社会体制改革、激发社会组织活力的阐述中,公益慈善类与行业协会商会类、科技类、城乡社区服务类并列为重点培育和优先发展的社会组织,允许其"成立时直接依法申请登记"。

值得注意的是:国外有关公益组织、公益活动的界定也一般指民间非营利组织。如《波兰公益活动及志愿制度法》第一条明确该法调整的范围:(一)非政府组织从事的公益活动,及在执行公共任务范围内,为进行公共行政管理而发生的此类活动的收益;(二)特指非政府组织为公益组织及公益组织的运作;(三)公益活动的管理。③《匈牙利公益组织法》开篇说明立法宗旨:为了保持国内的非政府、非营利组织的传统,使它们在社会中发挥更大作用……该法规定的公益组织类型也是以民间组织为主,包括:除保险协会、政党、雇主利益团体和雇员利益团体以外的民间社团;财团;公法财团;公益性公司;行业公会,但是以规范其成立的法律许可为限。当然,也有国家并不将公共部门排除在公益组织之外,如《捷克公益法人法》规定:"公益法人的发起人可以是自然人、捷克共和国或者法人。"④

(三)组织谱系

就我国而言,典型意义上的公益机构主要指事业单位和民间非营利组织。但广义的公益服务体系包含的组织类型、性质多样,横跨第一、第二、第

---

① G. E. 伊万斯、曾伦兴:《图书馆的特征》,《高校图书馆工作》1987 年第 1 期。
② 杨国忠:《介绍一个新的医学信息机构——世界研究基金会》,《医学情报工作》1987 年第 6 期。
③ 金锦萍、葛云松:《外国非营利组织者法译汇》,北京大学出版社 2006 年版,第 149 页。
④ 金锦萍、葛云松:《外国非营利组织者法译汇》,北京大学出版社 2006 年版,第 169 页。

三所有三大部门,当然既包括法人机构,也包括非法人机构。

1.公共部门

公共部门一般意义上相当于政府部门,但其内涵更丰富、复杂:"公共部门包括那些属于'国家'或'政府'的组织的行为,但是'公共部门'概念比这两个著名的概念更加宽泛,所有层级的所有政府行为、所有各种公共财政,以及公共管制,都蕴涵在公共部门的概念之内。"[1]国际通用的公共部门概念通常包括我国的政府机关、事业单位,此外国有企业(国外更多称为公共企业)也划入公共部门。但我国也有学者认为公共部门主要包括政府机关与事业单位:"从性质上分,政府可以分为行政单位和事业单位。行政单位是指掌握公共权力、为社会提供服务的公共事务管理机构。此外,许多公共事务是很具体的,需要有更专门的机构来从事更加具体的服务。这类接受政府的行政指令,从事更加具体的公共产品提供,并在经济上获得财政支持的机构,我们称为事业单位。"[2]最新的趋势是与国际接轨,如杜金富研究员主持完成的一项研究,以联合国和国际货币基金组织相关指南为编制准则,参考其他国家做法并结合中国实际情况,认为"狭义政府是行使立法权、执法权和司法权的实体;广义政府还包括事业单位、学会、协会等社团组织;公共部门还包括政府控制的企业。"[3]

A.政府部门

作为公益事业的公共管理者与事业单位的出资人,政府肯定是公益机构。一方面,作为公共管理者政府本身无利益诉求,另一方面政府举办事业单位是为了实现社会公益目的。因此,政府作为特殊的公益机构是公益服务体系建设的重要力量,而且在构建公益服务体系中发挥主导作用。《中共中央关于全面深化改革若干重大问题的决定》在"全面正确履行政府职能"部分,要求"政府要加强发展战略、规划、政策、标准等制定和实施,加强

---

① [英]简·莱恩:《新公共管理》,中国青年出版社2004年版,第1页。

② 马国贤:《中国公共支出与预算政策》,上海财经大学出版社2001年版,第145页。

③ 刘铮:《资产负债研究显示:我国政府"家底"较为厚实》,http://news.xinhuanet.com/2014-12/20/c_1113716318.htm。

市场活动监管,加强各类公共服务提供","加快事业单位分类改革,加大政府购买公共服务力度"等。但政府首先是权力机构、管理机关,并非典型意义或社会通常理解的"公益机构",没有必要再为其贴上"公益机构"标签。

B.事业单位

《指导意见》明确指出"事业单位是经济社会发展中提供公益服务的主要载体,是我国社会主义现代化建设的重要力量。"事业单位是我国最典型、最大量、最主要的从事公益服务的公益机构。这也是党中央、国务院为何在关于分类推进事业单位改革的指导意见中提出构建公益服务体系目标的重要原因。

事业单位是建国后形成的我国特有组织。最早的界定来自于1963年7月《国务院关于编制管理的暂行规定》,该规定基于计划经济体制下我国社会组织分类,主要从编制管理角度进行界定,认为"凡是为国家创造或改善生产条件,促进社会福利,满足人民文化、教育、卫生等需要,经费由国家事业费内开支的单位均为事业编制"。1998年颁布的《事业单位登记管理暂行条例》第二条规定:"本条例所称事业单位,是指国家为了社会公益目的,由国家机关举办或者其他组织利用国有资产举办的,从事教育、科技、文化、卫生等活动的社会服务组织。"社会公益目的,从事教育、科技、文化、卫生等社会服务活动,国家机关或者其他组织利用国有资产举办(国有资产国家统一所有,国有企事业单位、人民团体等其他组织利用国有资产举办也可视为国家举办),分别从目标、服务(活动)内容、举办主体三方面对事业单位做出明确界定。其中,教育、科技、文化、卫生等领域的社会服务与《中华人民共和国公益事业捐赠法》界定的公益事业范围基本一致。再加上举办主体(国家机关)与公益目的,将事业单位视为"公益机构"是非常恰当的。

《事业单位登记管理暂行条例》对事业单位的界定没有明确事业单位的组织属性(公共部门还是社会组织)。一些学者借助现代组织理论特别是公法人制度,认为事业单位应属于公共组织、"公法人":"根据我国事业法人的任务属性及相关国家的立法实践,在理论上,我国的事业法人应当归入公法人的范畴之中。"①进一步的研究是从设立依据、行使职能、机构属性等方面进行分析,认为事业单位应属公共机构,事业单位法人应属公法人。② 需要强调的是 2008 年 8 月 1 日国务院发布的《公共机构节能条例》第二条规定:"本条例所称公共机构,是指全部或者部分使用财政性资金的国家机关、事业单位和团体组织。"该法规将事业单位列入公共机构,这在一定程度上认可事业单位的公共机构属性。

C. 分类界定

但在社会转型、组织变迁日益加速的当今时代,机构职能、权责关系等常常交叉重叠、快速变化,泾渭分明的组织界限已难确认,这对传统上同质程度相对较高的公共部门冲击尤为明显:"政府机关、事业单位和国有企业常常交织在一起,使得事业单位和其他公共部门机构之间的界限模糊不清。"③这一方面导致公共部门特别是事业单位组织的分化及异质化,正如笔者1998 年指出的那样:"不能再用简明、统一的定义来概括所有我们归之于'事业单位'名下的组织。"④另一方面导致了事业单位改革的困难,并使得科学分类成为改革的前提。目前,国家提出三大类 + 二小类分类体系,将事业单位分为承担行政职能、从事生产经营活动和从事公益服务三个类别,从事公益服务又分为公益一类、公益二类。承担行政职能、从事生产经营活动的单位将逐步剥离出事业单位体系,未来事业单位仅指从事公益服务的机构。⑤

2. 社会组织

构建公益服务新格局是改革的重要内容,这需要发挥社会力量和市场

① 黄恒学:《分类推进我国事业单位管理体制改革研究》,中国经济出版社 2012 年版,第 271 页。
② 赵立波:《我国事业单位公共性分析》,《国家行政学院学报》2009 年第 5 期。
③ 世界银行东亚和太平洋地区减贫与经济管理局:《中国:深化事业单位改革,改善公共服务提供》,中信出版社 2005 年版,第 3 页。
④ 赵立波:《政府行政改革》,山东人民出版社 1998 年版,第 275 页。
⑤ 但一些省市则采用三大类 + 三小类分类模式,即社会公益类中保留具有一定公益属性、在国家政策支持下可通过市场配置资源的公益三类。但公益三类与生产经营类事业单位在理论解读与现实分类中均难以清晰界定,这恰恰是当今时代组织变迁日益加速的具体表现。

机制的作用。《指导意见》要求"坚持着眼发展,充分发挥政府主导、社会力量参与和市场机制的作用,实现公益服务提供主体多元化和提供方式多样化"。事业单位改革配套文件之一《关于分类推进事业单位改革中财政有关政策的意见》则进一步要求:充分发挥财税政策引导作用,落实支持社会力量兴办公益事业的财税政策。不断拓宽资金来源渠道,形成多渠道筹措资金发展公益事业的机制,丰富公益事业发展形式。

A. 大体分类

非公共部门的公益机构主要类型包括哪些?国外公益机构可泛指非政府、非营利的第三部门——非营利组织。但严格划分,非营利组织可以细分为公益组织(慈善组织)、中间组织(互益组织)。美国的公益机构(public interest organization)是非营利组织的一部分,不得从事政治游说活动,且致力于实现慈善、教育、科学、文化、宗教、济贫等公益目的相关的组织,美国税法第 501 条(c)款(3)项对公益组织进行了列举并给与高于其他非营利组织的税收优惠政策。在英国,官方和大众媒体较少使用"非营利组织"(NPO)或"非政府组织"(NGO)等概念,而更多的使用传统用语"慈善组织"(charity organization),以及"志愿和社区组织"(voluntary and community organization)概念。而且并非所有非营利组织都具有慈善机构或公益机构地位,取得上述地位可在税收等方面获得更多优惠,当然也要接受来自各方面更严格的监管。

《中华人民共和国公益事业捐赠法》第十条规定:"公益性社会团体和公益性非营利的事业单位可以依照本法接受捐赠。本法所称公益性社会团体是指依法成立的,以发展公益事业为宗旨的基金会、慈善组织等社会团体。本法所称公益性非营利的事业单位是指依法成立的,从事公益事业的不以营利为目的的教育机构、科学研究机构、医疗卫生机构、社会公共文化机构、社会公共体育机构和社会福利机构等。"对于事业单位前面已经进行了分析,这里需要说明的是:《中华人民共和国公益事业捐赠法》只认可公益性非营利的事业单位适用本法,一是因为不少计划经济条件下国家举办、经费由国家事业费内开支、产生的价值不能用货币计算而列入事业编制的单位,在市场经济条件下其最佳组织模式是经营性机构(企业)而非事业单位;二是事业单位改革与发展过程中一些不宜列入事业单位的如培训中心、招待所、宾馆等,被纳入事业单位系列。上述机构具有经营性、营利性,从事的事业并非公益事业,随着事业单位分类改革应将其剥离出公益类事业单位体系。

B. 公益社团

公益性社会团体只是社会团体的一部分。1998年发布的《社会团体登记管理条例》第二条规定:本条例所称社会团体,是指中国公民自愿组成,为实现会员共同意愿,按照其章程开展活动的非营利性社会组织。社会团体是非营利组织的典型代表,但其中多数组织如协会、学会、研究会、联谊会、商会等,属于为成员服务的互益性组织。虽然其属于非营利组织或广义公益机构范畴,但按照国际惯例,上述机构应属于中间组织而非严格意义上的公益机构(民法法系)或慈善机构(普通法系),因而通常不能获得公益机构、慈善机构法律地位与相关的免税等优惠政策。而且,社会团体作为成员组织不适宜持续性提供教育、科学、文化、卫生等公益服务,按照莱斯特·M.萨拉蒙等对非营利组织简化的划分(即将12种活动分为服务性与表达性两类),①社会团体更适宜于表达性活动而非服务性活动。但社会团体中的慈善类、环保类、扶贫类、维护妇女儿童权益类、动物保护组织等并非仅为成员服务,而是服务于社会不特定多数人,可属于严格意义上的公益机构,适用于《中华人民共和国公益事业捐赠法》。

C.财团法人

公益性社会团体中最具代表性的组织形式是基金会。但基金会是典型的财团法人,实质上是独立的、无成员的财产("目的财产",即以一定的目的财产为成立基础的法人),与作为人合组织的社团法人成立基础完全不同。在我国,基金会最初被纳入社会团体系列(这显然是"误解")。2004年发布的《基金会管理条例》将其从社会团体分离出来成为独立的社会组

---

① [美]莱斯特·M.萨拉蒙等:《全球公民社会——非营利部门国际指数》,北京大学出版社2007年版,第28页。

织。《基金会管理条例》第二条规定:"本条例所称基金会,是指利用自然人、法人或者其他组织捐赠的财产,以从事公益事业为目的,按照本条例的规定成立的非营利性法人。"基金会虽为非营利性法人,但以从事公益事业为目的,因而属于公益机构。国外财团法人也大多属于公益机构。

民办非企业单位是从原事业体制剥离出来的中国特有组织。改革开放以来,国家改变政府包办公益服务的做法,鼓励、引导社会力量参与公益服务、发展公益事业。这些"体制外"、不需事业编制、财政不给事业费的从事教科文卫等活动的组织,最初被称为"民办事业单位"。由于其在组织属性上属于民间性的非营利社会组织,1996 年国家将其名称改为"民办非企业单位",并将其登记管理纳入民间组织管理体系中。1998 年发布的《民办非企业单位登记管理暂行条例》第二条规定:"本条例所称民办非企业单位,是指企业事业单位、社会团体和其他社会力量以及公民个人利用非国有资产举办的,从事非营利性社会服务活动的社会组织。"民办非企业单位制度实际上是具有中国特色的、"简陋型的财团法人制度"①。国外的财团法人多为公益机构。不否认我国的民办非企业单位总体上是追求公益目标的(至少制度设计的初衷是如此),但确实存在一些(甚至相当多)缺乏公益使命、变相谋取私利的民办非企业单位。这既与制度初创、政策不健全有关,比如,有关法律法规关于非营利性民办学校允许取得"合理回报",组织终止时可以收回出资等规定,这不仅与公益慈善机构要求不符,甚至与非营利组织"非分配约束"底线要求相悖。也与我国现代非营利组织发育不成熟、公益环境不完善有关。因此,民办非企业单位作为新兴的、民间性的社会服务组织,其名称、类型(分为个体、合伙、法人三类)、职能、监督管理等制度尚待进一步完善。但民办非企业单位具有良好的成长前景,是构建公益服务新格局亟待发展的组织形式。

D. 慈善组织

慈善组织不是某种特定组织,其具体形式可以是社会团体、基金会等,

---

① 苏力等:《规制与发展:第三部门的法律环境》,浙江人民出版社 1999 年版,第 128 页。

可视为我国民间公益组织特殊的"一组"组织。有时与公益相连称为"公益慈善类",党的十八届三中全会确定重点培育和优先发展的四类社会组织就包括"公益慈善类"。但在我国话语体系乃至相关立法中公益的内涵大于慈善的内涵,也可以认为慈善事业是公益事业中与生老病死、扶贫济困、救济救灾等相关的最核心、最基础的部分。如有学者将公益行为自下而上分为基础慈善、社会公益、社会创新三个层次,基础慈善"是满足社会中一部分困难群体的需要"①的行为。而国务院最近印发的《关于促进慈善事业健康发展的指导意见》(国发〔2014〕61号)中,慈善事业显然是公益事业的组成部分,该意见要求"大力发展各类慈善组织"、"鼓励社会各界以各类社会救助对象为重点,广泛开展扶贫济困、赈灾救孤、扶老助残、助学助医等慈善活动";为体现"重点培育和优先发展"的要求,该意见提出"坚持政府推动、社会实施、公众参与、专业运作"的指导思想,要求"建立和完善民政部门与慈善组织、社会服务机构之间的衔接机制",并在发展目标、税收优惠、慈善环境、监督管理、内部治理等方面明确了一些政策要求。另外,慈善事业的基本法——《慈善法》有望近期出台。②

3. 市场体系

充分发挥市场机制作用是构建公益服务新格局的重要内容。市场是资源配置最有效的机制,在市场竞争环境与成本硬约束条件下生存与发展的企业,其经营与管理效率通常较其他组织更高,企业参与公益服务通常可以提高资源配置效率。同时,公共部门、社会组织引入市场机制有助于提升管理水平与运行绩效。

A. 公司企业

作为市场主体、"追求利润最大化"的企业(典型代表是民营企业,但也包括公有制企业及混合所有制企业)肯定是营利性组织。但企业可通过市

---

① 朱照男、陶传进《第二章 公益性评估》,载卢玮静等:《基金会评估:理论体系与实践》,社会科学文献出版社2014年版,第75页。

② 2005年民政部提出慈善法立法建议,2006年进入了立法程序;2013年11月十二届全国人大常委会列入立法规划第一类项目并确定由全国人大内务司法委员会主导立法。

场高效配置稀缺资源,提供基本公共服务之外的文化娱乐、体育休闲和健康保健等服务,为人民群众提供广覆盖、多层次的公益服务,形成公益服务"差序格局"。此外,企业可以通过承担"社会责任"的方式,使企业在盈利后从事公益活动以回馈社会、服务社会。

B."社会企业"

尽管社会企业(也有称为社会创业)概念内涵目前还有待进一步明确,但其本质是将公益目标与商业运作结合起来,它可以指非营利组织以商业化方式获取收入,也可指在公共福利领域运行的营利性商业机构……英国贸工部(DTI)于 2004 年给出一个界定:社会企业是具有某些社会目标的企业,盈利主要按照它们的社会目标再投放于其业务本身或所在社区,而非为企业股东和所有人赚取最大利润。引入并培育社会企业,发挥其在创新公益事业体制、改进公益服务供给、促进社会融合等方面的特有功能,有助于加快形成中国特色公益服务体系。

C.市场机制

早在十八九世纪,一些国家的政府就将市场机制引入公益服务(公共服务)领域,采取某些市场化或"准市场化"方式提供服务。但 20 世纪 70 年代晚期兴起的以"市场价值再发现"为导向的新公共管理更广泛、系统地推进了公共服务市场化。"新公共管理理论的基石是市场导向的改革有助于提高公共服务的绩效。"[①]市场化或"准市场化"的服务提供有多重模式与方法。其中,推进政府购买服务是我国公益服务体系建设的重要战略。通过优化各类社会主体平等参与政府购买服务的环境,引导企业等组织积极参与包括基本公共服务等在内的公益服务,可提高政府提供公益服务的效率,又可通过竞争机制促使各类组织提升自身管理与运行效率。

---

① Richard M. Walker, Gene A. Brewer, George A. Boyne, and Claudia N. Avellaneda, "Market Orientation and Public Service Performance: New Public Management Gone Mad?" *Public Administration Review*, 2011(5):707 – 717.

第二章　改革历程、发展现状、未来展望

我国的公益服务体系源于传统的国家事业体制,经过改革开放30多年的发展、演变而正处在形成过程之中。传统政事一体化的国家事业体制也可称为事业单位制度,但"事业单位制度是计划经济时代提供公共服务的制度,现在需要新的制度"[①]。改革开放以来,随着体制转轨、社会转型,经过多轮政府改革、事业单位改革、市场体制完善与社会组织培育发展,政府职能转变取得重要进展,政事关系初步理顺,事业单位体制机制逐步转换,社会力量与市场机制在公益服务体系中的作用日益凸显……那么,上述发展、演变如何展开的? 在经过60余年发展、30余年改革后公益服务体系建设现状如何? 下一步改革如何推进? 回溯、总结、概括上述过程与现状进而设计改革战略,既是现实改革发展的客观需要,也是本书研究的重要内容。

一、改革历程

总体看,从传统国家事业体制到现代公益服务体系,形成以政府为主导、以事业单位为主体、社会力量广泛参与、积极发挥市场机制作用的公益服务多元供给格局,是一个漫长、艰辛并涉及政治、经济、社会等多方面的改革过程,包括政府职能转变、事业单位改革、社会组织发展、市场机制培育等诸多内容。一项反映改革主管部门观点的研究认为公益事业管理体制改革取得的进展主要表现在三个方面:一是政府管理公益事业的职能和方式发

---

① 中国(海南)改革发展研究院:《建设公共服务型政府势在必行》,载中国(海南)改革发展研究院:《政府转型——中国改革下一步》,中国经济出版社2005年版,第12页。

生了重大转变,二是对事业单位管理体制和运行机制进行了重大改革,三是在社会事业的发展中逐步引入社会力量。[1] 由于形成中国特色公益服务体系是在分类推进事业单位改革战略部署中提出的,而事业单位是公益服务的主要载体。行政体制改革是范围更大的改革,事业单位改革通常属于行政体制改革的组成部分;社会组织发展、市场机制完善也不仅是为了在公益事业发展中引入社会力量,更是社会转型、体制转轨的重要内容……因此,对改革历程的回顾、梳理是以事业单位改革为中心展开的,政府管理、社会组织、市场机制等内容穿插其间进行介绍;此外,本书其他各章也涉及改革进程回顾、总结等有关内容,特别是本书第八章专门对社会组织培育发展进行了系统梳理。

事业单位是计划经济体制下形成并逐步发展起来的我国特有的组织。为适应高度集中统一的计划经济体制与行政管理体制,我国的公益事业也建立起高度集中统一的发展模式与管理体制。这种发展模式与管理体制与计划经济体制下我国特定的政治、经济、社会、历史文化条件是相适应的,并形成了独特的职能结构、组织体系、管理方式与运行模式,在经济发展水平还比较低的情况下为社会提供了教育、科学、文化、卫生等基本公益服务,为社会事业发展与经济建设做出了重要贡献。改革开放以来,我国事业单位改革大致经历三个时期,而每个时期又可划分为若干小的阶段。

(一) 第一阶段 (1978—1992 年)

最初的改革或调整在 20 世纪 70 年代末就已经开始。[2] 到 80 年代中期,科教文卫等社会事业体制改革启动,事业单位改革与事业体制改革相结合,有力地推进了事业单位改革。

---

[1] 黄文平:《深化公益事业管理体制改革构建公益服务新格局》,《中国机构改革与管理》2014 年 Z1 期。

[2] 有学者、政府主管部门认为事业单位及其体制改革是 20 世纪 80 年代启动的,前者如黄恒学:《我国事业单位管理体制改革研究》,黑龙江人民出版社 2000 年版,第 12 页;后者见盛若蔚:《促进公益事业发展 满足人民公益服务需求——中央编办等三部门负责人就分类推进事业单位改革答记者问》,http://politics.people.com.cn/GB/17690822.html。

1. 局部探索开始(1978—1985 年)

最初的改革探索在粉碎"四人帮"后不久开始进行。1978 年《人民日报》等首都八大家报社给财政部联名报告,要求实行"事业单位,企业化管理"并得到财政部同意。1979 年 4 月,财政部颁发《关于报社试行企业基金的实施办法》,明确报社是党的宣传事业单位,在财务上实行企业管理办法。由此,"事业单位,企业化管理"既成为具有中国特色媒体的重要标志延续至今,又标志着事业单位改革开始启动。

此后,伴随着改革开放事业的推进,事业单位也在不断探索中进行改革、创新,如适当下放经营管理权,推行行政首长负责制,恢复职称制度,搞活经营机制与内部分配机制,打破条块分割面向社会开展服务,引导社会资源进入事业领域发展民办事业等。

2. 体制改革启动(1985—1992 年)

1985 年是事业体制系统改革的启动年份。党中央、国务院连续出台关于事业体制改革的一系列政策:3 月中共中央下发《关于科学技术体制改革的决定》,4 月国务院批转卫生部《关于卫生工作改革若干政策问题的报告》,5 月中共中央下发《关于教育体制改革的决定》,随后中办、国办转发文化部《关于艺术表演团体改革的意见》。至此,科技、卫生、教育、文化等领域的事业体制改革陆续展开。1987 年,党的十三大进一步明确了事业单位自主经营、自主管理的原则,进一步下放了经营管理权;提出了我国干部人事制度分类改革的构想,探索建立分类管理体制。

这一时期的改革重点从以下几个方面进行了积极探索:初步理顺了教育、科学技术、艺术表演、卫生、体育等管理体制,调整了事业单位机构设置。通过事业单位自主经营、自主管理原则的逐步明确与"放权"、"让利"等措施的实施,扩大了事业单位的自主权,对部分单位实行"企业化管理",强化激励机制,提高了事业单位的经营意识与能力。通过立法(1986 年制定的《民法通则》)明确了事业单位的法人地位。按照"尊重知识、尊重人才"要求为知识分子的成长和作用发挥创造条件,改革职称评审工作,推行专业技术职务聘任制,出台了事业单位专业技术人员和管理人员辞职辞退暂行规定并进行了试点工作,改变了用管理党政干部的单一模式管理所有人员的状况,开始探讨建立符合事业单位特点的人事管理制度。调整事业单位与政府的财政关系,将事业单位划分为全额拨款、差额拨款、自收自支等类型。强化事业单位的机构编制管理,制定并下发了医疗、药检、档案管理、气象台站等事业单位的机构编制标准等等。

(二)第二阶段(1992—2002 年)

随着市场经济体制改革目标的确立,事业单位改革作为行政管理体制和机构改革的组成部分,其改革原则得以明确,其整体谋划开始形成,其改革推进取得重要进展。

1.改革原则明确(1992—1996 年)

1992 年,党的十四大明确经济体制改革的目标是建立社会主义市场经济体制,并提出"下决心进行行政管理体制和机构改革,切实做到转变职能、理顺关系、精兵简政、提高效率"。其中,转变职能为政府改革的重点和中心环节。为适应市场经济发展,以转变政府职能为核心的行政管理体制和机构改革向纵深推进,事业单位改革成为行政管理体制和机构改革的重要组成部分,改革原则逐步得以明确。1993 年,党的十七届二中全会通过的《关于党政机构改革的方案》对事业单位改革专门作出部署,明确改革要实现三个有利于:有利于进一步增强事业单位的活力、有利于经济建设与社会事业协调发展、有利于减轻国家财政负担。确定改革方向:实行政事分开,推进事业单位的社会化。改革具体内容包括减少直接管理,打破部门所有和条块分割,使事业单位成为面向全社会提供服务的独立法人,促进事业单位与经济建设相结合,鼓励集团、企业、个人和各种社会力量兴办事业单位;事业单位在职能、人事制度、工资制度、管理体制等方面与党政机关区别开来;三类经费不同来源单位实行不同管理。同年,李鹏总理在第八届全国人民代表大会第一次会议所作的《政府工作报告》明确提出事业单位改革原则:"事业单位要按照政事分开和社会化的原则进行改革。"

事业单位改革作为党政机构改革的重要组成部分得到各方重视。但这一时期的中心改革任务是建立社会主义市场经济体制,机构改革、行政管理体制改革与之相适应并深入推进。相对而言,事业单位并非是改革重点领域,有时甚至作为国有企业改革、政府机构改革的缓冲带、人员分流的蓄水池。[①] 事业单位人事制度、工资制度等改革成效明显,党的十四大明确提出要按照机关、企业和事业单位的特点,建立分类管理的人事制度。国家公务员制度建立,使传统政事一体化的人事制度受到巨大冲击;工资制度改革初步将国家公务员工资制度与事业单位工资制度分开并使两者自成体系。1995 年,中央机构编制委员会和国家人事部联合在郑州举行的全国事业单位机构和人事制度改革工作会议,是建国以来召开的第一次专门研究和部署事业单位机构、人事制度改革工作的全国性会议。会议讨论起草了《关于事业单位人事制度综合配套改革意见》、《事业单位聘用制暂行办法》等,标志着全国事业单位人事制度改革试点工作全面启动。

2. 系统谋划成型(1996—2002 年)

1996 年中央机构编制委员会出台《关于事业单位机构改革若干问题的意见》,该意见是关于事业单位改革首个系统、全面规划设计的政策文件,提出了事业单位改革的指导思想、总体原则和基本思路,为改革的整体推进明确了改革方向、设计了改革战略、制定了实施措施。1998 年 3 月,罗干同志在九届全国人大一次会议作《关于国务院机构改革方案的说明》提出:"事业单位数量很大,改革任务很重,也有个初步设想,除教育单位和极少数需要财政拨款的以外,其他事业单位每年减少财政拨款 1/3,争取三年基本达到自负盈亏。"2000 年后,教育、科技、卫生等事业单位人事制度改革文件特别是《关于加快推进事业单位人事制度改革的意见》等陆续出台,标志事业单位人事制度改革全面展开。

这一时期的事业单位改革内容不断丰富,力度不断加大。从体制改革、

---

① "人员安排的具体途径,一是充实基层,充实工商管理、税务、政法等部门;二是积极鼓励干部走出机关,充实到实体性公司和事业单位,创办第三产业;三是严格执行离退休制度,接近离退休年龄的,本人自愿,可提前离岗。"罗干:《关于国务院机构改革方案的说明》(1993 年 3 月 16 日在第八届全国人民代表大会第一次会议上),载国务院办公厅秘书局与中央编委办公室综合司:《中央政府组织机构》,中国发展出版社 1995 年版,第 10 页。

机构精简、财政供养方式改革,到人事制度、分配制度以及各项配套制度改革,初步形成从点到面、整体推进的态势。改革的重要成果包括:探索建立适应社会主义市场经济体制、符合政府职能转变要求的事业单位体制成为这一阶段改革的主旋律。伴随行政管理体制改革纵深推进,政事分开原则逐步明确,促使政府职能转变、政事关系理顺纳入了事业单位体制创新之中;社会化原则和发展方向的明确,促使事业单位进一步走向社会、进入市场,面向服务对象进行服务。教育、科研、卫生、新闻出版以及勘探和勘察设计等事业单位的改革分类推进并取得重要进展,"国务院事业单位人员减少100多万,其中60多万人改制进入企业。"[①]1998年,《事业单位登记管理暂行条例》、《民办非企业单位登记管理暂行条例》的颁行,从立法高度初步明确事业组织的分类及两类公益事业组织(事业单位、民办非企业单位)的组织性质、法人地位、管理体制等;同时,事业单位、民办非企业单位法人登记工作开始实行。随着国家公务员制度的建立,政事一体化的人事管理模式打破,事业单位人员分类管理制度初步形成;事业单位聘用合同制及管理人员职员制由试点进入实施阶段;部分科研院所进行了固定岗位与流动岗位相结合、职务工资和课题工资相结合的人事制度和分配制度改革试点;建立事业单位社会保障体系工作也进入实际实施阶段。

科学技术领域(包括勘探和勘察设计类事业单位)改革处于改革前列。1992年,原国家科委等部委印发了《关于分流人才、调整结构、进一步深化科技体制改革的若干意见》,提出稳定支持基础性研究和基础性技术工作;放开放活技术开发机构、社会公益机构、科技服务机构;基本完成科技系统的结构调整。同时,要求尊重知识、尊重人才,充分调动和发挥广大科技人员的主动性、积极性和创造性。1999年,中共中央、国务院作出《关于加强技术创新 发展高科技 实现产业化的决定》,2000年国办转发科技部等部门《关于深化科研机构管理体制改革的实施意见的通知》,上述决定、实施意见对科研机构改革进行了更全面系统的部署,并以分类为基础明确各类科

---

① 宋德福:《机构改革静悄悄》,《中国机构》2000年第9期。

研机构改革与发展方向:应用型科研机构和设计单位实行企业化转制(转为科技型企业、整体或部分进入企业、转为中介服务机构等);社会公益型科研机构实行分类改革(有面向市场能力的科研机构转为科技型企业、整体或部分进入企业,或转为企业性中介服务机构;向社会提供公共服务、无法得到相应经济回报的科研机构,在调整结构、分流人员的基础上,按非营利性机构的机制运行和管理);发展科技中介服务机构(科技中介服务机构属非政府性机构,其中以向社会提供公共服务为主的中介服务机构,经认定后可按非营利性机构的机制运行和管理)。原国家经贸委管理的10个国家局所属的科研机构131个进入企业集团,40个转为科技企业实行属地化管理,18个转为中介机构,24个并入高校,12个转为中央直属大型科技企业。中央20个部门的265个科研机构实施了改革,其中按照非营利性机构运行和管理的公益类院所101个,整体转制为企业的56个。到2004年底,国务院20个部门所属社会公益类的科研机构改革方案批复工作全部完成,通过调整结构、分流人员,形成了100个左右的重点院所和1.56万人的精干研究队伍。①

就事业单位改革而言,上述意见、决定及改革实施有以下三点特别值得注意:一是多种形式的转企成为重要改革方式,推进了事业单位与市场的对接;二是非营利性机构首次进入事业单位改革视野,虽然这一改革并未改变事业单位性质,但借鉴或按照非营利性机构机制运作和管理有利于改变传统的管理与运行模式;三是提出发展非政府机构性质的科技中介服务机构,有助于科技类社会组织的培育发展。

但总体看,事业单位改革与政府改革、国有企业改革相比明显滞后,改革过程中也出现了一些新问题:如服务公平性下降特别是"过度市场化"等问题凸显,脱离实际甚至"甩包袱"式将事业单位推向社会现象存在,政事不分、企事不分、管办不分等长期存在的体制问题不仅未能有效解决,反而在新形势下重叠交叉乃至"改头换面"、"变本加厉"等等。

---

① 王澜明:《事业单位改革的历史与现状》,《红旗文稿》2006年第15期。

（三）第三阶段（2002—2012 年）

在理论探索、经验总结基础上，事业单位改革向管理体制层面深度推进，改革原则有所调整，分类改革正式成为国家层面的改革主导战略。

1. 分类改革展开（2002—2007 年）

党的十六大提出按照政事分开原则，改革事业单位管理体制。十六届三中全会提出继续推进事业单位改革。2005 年后，分类改革成为改革主导战略：温家宝总理在 2005 年《政府工作报告》中提出，要"积极稳妥地分类推进事业单位改革"；十六届五中全会通过的《中共中央关于制定国民经济和社会发展第十一个五年规划的建议》进一步要求"分类推进事业单位改革"。2006 年，中央机构编制委员会办公室经国务院批准，制定了《关于事业单位分类及相关改革的试点方案（征求意见稿）》，提出事业单位分类及分类改革意见并选择浙江、山西、重庆等开展改革试点工作。

分类改革取得的进展主要包括：各地选择了一些领域和若干地市开展分类改革的综合试点。一些省区市出台或研究拟定了分类改革方案，进行了摸底调查、清理整顿、模拟分类与改革试点工作，进展较快的省区市初步完成试点任务。主要做法：一是合理划分政事职责，事业单位承担的行政职能划归行政机关，而政府机关承担的辅助性、技术性、服务性职能移交事业单位；二是重复设置、业务相近、规模过小、任务已完成或严重不足的事业单位予以撤销或合并；三是主要从事生产经营活动的单位转为企业，而部分行使行政职能的单位并入行政机关。此外，结合全国农村进行税费改革试点，从 2003 年开始的乡镇机构改革把乡镇事业单位改革作为改革一个重要方面，实行压缩机构、精简人员、公益性与经营性分离、变"养人"为"养事"等一系列改革；事业单位法人登记制度、引导和鼓励社会力量兴办公益事业、政府购买公益服务等工作逐步展开。

人事制度、收入分配制度、养老保险制度和财政政策等方面的改革有了不同程度推进。其中，人事制度改革是启动最早、进展最快领域，2002 年开始实行聘用制改革，2006 年启动岗位设置管理制度实施工作，聘用制、岗位管理两大基本人事管理制度开始形成，为由固定用人向合同用人转变、由身份管理向岗位管理转变,实现职务能上能下、人员能进能出、待遇能高能低的新型用人机制奠定基础。2006年7月起,开始改革事业单位工作人员收入分配制度,建立岗位绩效工资制度。对养老保险制度和财政政策改革也进行了探索与局部试点。与此同时,结合社会事业体制改革"分业"推进事业单位改革取得进展,特别是文化事业单位改革深度推进。从2003年7月开始,在全国9个地区和35个单位进行了文化体制改革试点工作。改革试点以文化事业和文化产业两分为基础,公益性文化事业以增加投入、转换机制、增强活力、改善服务为重点,经营性文化产业则以创新体制、转换机制、面向市场、壮大实力为重点。通过试点,文化事业单位体制机制改革有了较大突破,大批事业单位焕发了生机与活力。2005年年底,党中央、国务院下发《关于深化文化体制改革的若干意见》,文化事业单位改革全面推进。

2. 改革持续推进(2007—2012年)

党的十七大要求围绕加快行政管理体制改革,建设服务型政府,加快推进事业单位分类改革。十七届二中全会通过的《关于深化行政管理体制改革的意见》,结合深化行政管理体制改革对事业单位改革进行了部署,要求"按照政事分开、事企分开和管办分离的原则,对现有事业单位分三类进行改革。主要承担行政职能的,逐步转为行政机构或将行政职能划归行政机构;主要从事生产经营活动的,逐步转为企业;主要从事公益服务的,强化公益属性,整合资源,完善法人治理结构,加强政府监管。推进事业单位养老保险制度和人事制度改革,完善相关财政政策。"

按照十七大和十七届二中全会要求,有关部门在广泛深入调查研究的基础上,抓紧起草深化事业单位改革的总体方案和配套改革措施。为了探索经验,2008年国务院正式决定在山西、上海、浙江、广东、重庆进行事业单位改革试点。而作为我国改革开放前沿的深圳,自2006年就开始通过"两步走"战略推进事业单位分类改革:第一步将现有机构按照经营服务类、监督管理类和公益类"一分为三",分别实行转成企业、纳入行政序列、保留或撤销等不同方式进行分类改革;第二步是深化事业单位管理体制和运行机制的改革,这是改革的核心内容,目标是对保留下来的事业单位深化改革,真正实现政事分开、事企分开。

人事制度、收入分配制度、养老保险制度和财政政策等方面改革全面展开。

人事制度方面，一是聘用制度推行面不断扩大，截至 2011 年全国签订聘用合同的事业单位工作人员达 90%；二是岗位设置管理制度实施工作全面推开，全国 31 个省区市都已经开始实施；三是公开招聘制度稳步实施，全国参加事业单位公开招聘的有 1850 多万人次，实际聘用 184 万人；四是事业单位人事管理法规建设步伐加快。收入分配制度方面继续完善岗位绩效工资制度，2009 年国务院决定事业单位分三步实施绩效工资：从 2009 年 1 月 1 日起先在义务教育学校实施；配合医药卫生体制改革，从 2009 年 10 月 1 日起在公共卫生与基层医疗卫生事业单位实施；从 2010 年 1 月 1 日起，在其他事业单位实施。改革以形成新机制而非简单的涨工资为目标，从而进一步理顺分配关系、规范分配秩序、完善激励机制。养老保险制度改革在事业单位改革中具有"兜底"的功能，但延续几十年的"双轨制"使得养老保险制度改革推进面临较大阻力。2008 年国务院决定在山西、上海、浙江、广东、重庆五个省市开展事业单位养老保险制度改革试点，与事业单位分类改革试点配套进行。总体看，事业单位养老保险制度改革在平衡协调各方利益关系中艰难推进，进展有限。财政政策改革方面，开始探索从"养人"向"办事"的转变，一些地方根据不同事业单位特点，采取经费保障、经费补助、购买服务等不同的财政支持方式。

同时，以文化、卫生等为代表的各类事业单位改革结合行业体制改革不断推进。如 2009 年 4 月党中央、国务院下发《关于深化医药卫生体制改革的意见》，提出医药卫生体制改革坚持公共医疗卫生的公益性质，实行政事分开、管办分开、医药分开、营利性和非营利性分开，着力抓好基本医疗保障制度、国家基本药物制度、基层医疗卫生服务体系、基本公共卫生服务均等化、公立医院等五项重点改革。2010 年 2 月，卫生部等联合下发了《关于印发公立医院改革试点指导意见的通知》，决定在各省区市已分别选择 1—2 个城市（城区）进行公立医院改革试点的同时，国家选 16 个有代表性的城市进行公立医院改革试点。

二、现状分析

经过 60 余年发展特别是 30 余年改革,事业单位改革与发展进展如何? 人们对事业单位及其改革评价如何? 事业单位发展处于什么状态? 回答上述问题,既是总结、评价以往改革的依据,也是科学制定改革政策并顺利予以实施的条件。

(一)基本情况

不得不承认:有关事业单位机构、人员、分类、资产、收入等基本信息,一直缺少全面系统、连续性、权威性的基本数据发布机制,比如与社会组织发展基本信息发布相比差距是明显的(可参见本书第八章)。故"可以收集到的有关事业单位的数据资料十分有限"[1]几成"惯例"。实际上,早在 20 年前机构编制部门便发现这一问题。[2] 通常情况是有关部门认为需要发布一些数据以推进工作、引发关注、引导舆论等时(如事业单位改革、人事制度改革、加强国有资产管理等),会向社会提供一些资料;而且不同部门(编制、人事、统计、财政等)数据来源渠道及统计方法等存在不同,故发布的数

---

① 世界银行东亚和太平洋地区减贫与经济管理局:《中国:深化事业单位改革,改善公共服务提供》,中信出版社 2005 年版,第 2 页。

② "暴露了我国统计工作的落后状况,全国'吃财政饭'的人数统计在分类上、数字口径上、调查统计制度方法上,都存在若干问题,亟待解决。"中央机构编制委员会办公室:《中国行政改革大趋势》,经济科学出版社 1993 年版,第 236 页。

据存在一些差异。[①] 如张雅林根据 1983 年到 2001 年《中国统计年鉴》整理的事业单位人员数据(1978 年 1963 万、1992 年 2148 万、1998 年 2676 万人等),与编制、人事等部门统计的数据有不小差距。[②] 另外,工资分配、干部数量等信息自计划体制时期至今一直是有密级的,加之一些部门无意或有意对上、对外"截留"某些信息,使获取系统、完整的事业单位基本数据工作相当困难。这不仅给研究造成困难,也不利于决策部门制定政策。

根据公开发布的数据、研究报告、论文著作及媒体报道,加之笔者的调查研究,将收集的各种信息进行整理,以大体上勾勒出我国事业单位的基本面目。

1. 总体规模

近些年最常用的数字是:我国共有 126 万个事业单位,共计 3000 多万正式职工;另有 900 万离退休人员,总数超过 4000 万人。[③] 但这一数字与 8 年前发布的数字几乎没有变化:据有关统计显示,截至 2005 年底,全国事业单位总计 125 万个,涉及教科文卫、农林水、广播电视、新闻出版等多个领域,工作人员超过 3035 万人,是国家公务员的 4.3 倍,占全国财政供养人数的近 80%。[④] 2012 年 8 月中编办在宣布"经过近一年时间的努力,我国事业单位改革的第一步,事业单位清理规范工作已经在全国范围内基本完

---

① 由国务院法制办牵头,中编办、人事部、劳动与社会保障部等参与编写的《事业单位改革与发展》一书出现多个不同数据:第 8 页,机构编制部门统计,1997 年底,我国共有事业单位 114 万个,人员 2846 万人;第 35 页,国家统计局 1998 年 2 月发布的我国第一次基本单位调查数据,事业活动单位 130.5 万个;第 71 页,现有事业单位 80 多万个,2900 多万人;第 140 页,2001 年底,事业单位现有在职职工 2760 余万人,离退休人员 654.4 万人;第 192 页,目前全国有 130 多万个事业单位,人员编制 2800 多万。宋大涵主编:《事业单位改革与发展》,中国法制出版社 2003 年版。另外,在其他著作也有类似情况,"事业单位在编人员也有三个不同数据,2005 年统计年鉴是 2533.6 万人,财政部的数据是 3292 万人,中央编办数据是 2900 万人",马庆钰:《大部门制建设与政府机构的调整》,载魏礼群主编:《中国行政体制改革报告(2012)》,社会科学文献出版社 2013 年版,第 76 页。

② 张雅林:《公益服务的体制创新——中国事业单位改革研究》,中国社会出版社 2003 年版,第 156 页。

③ 孙乾:《事业单位 5 年内剥离经营职能涉及人数超 4000 万》,《京华时报》2012 年 4 月 17 日。

④ 《全国事业单位人数占财政供养人数的 80%》,《中国经济周刊》2009 年 23 期。

成"时,使用过全国事业单位总数 110 多万这个数字。① 2014 年 5 月《事业单位人事管理条例》公布,国务院法制办、中央组织部、人力资源与社会保障部负责人就《事业单位人事管理条例》有关问题回答记者提问时提供过一个大概数字:"我国现有事业单位 111 万个,事业编制 3153 万人。"②但更具体的信息依然缺如,如按照行业、职能、财政支持方式等分类情况,清理规范的机构、人员、编制情况,以及上述数字与机构编制等部门掌握的情况是否一致等等。

实际上,20 年前机构编制部门公布的数字是:截至 1992 年末事业单位共 120 万个左右、从业人员 2533.5 万人;③稍后人事部门公布的数字是:1998 年末事业单位 130 万个左右、人员 2919.8 万,④其中专业技术人员 1713.4 万人,管理人员 515.5 万人,还有几百万工勤人员。总体看,从 1990 年代末至今事业单位机构、人员规模没有太大变化。分析其原因,一是管理部门对于事业单位机构、编制、人员的控制是比较有效的,避免了改革开放之后几乎每隔十年人员膨胀 1000 万左右的情况发生。二是社会组织特别是利用非国有资产举办的民办非企业单位快速发展,成为我国公益服务的重要替代机制,截至 2013 年,共有社会团体 28.9 万个,民办非企业单位 25.5 万个,基金会 3549 个,⑤这大大减轻了社会公益服务需求的不断增长对国有事业单位的扩张压力。

需要面对的一个事实是:事业单位基本数据的权威性及更新的及时性等方面尚存在许多不足。本轮事业单位改革将清理规范作为第一步工作,要求各地对现有事业单位的机构编制、实有人数、经费来源等情况全面调查摸底,这是完整获得事业单位基本数据的重要契机。而各地在事业单位清理规范工作中合并、撤销、核销了一些事业单位机构、编制,如吉林省事业单

---

① 《我国事业单位清理规范基本完成》,http://news.cntv.cn/china/20120829/104022.shtml。

② 《三部门负责人解读＜事业单位人事管理条例＞》,《人民日报》2014 年 5 月 16 日。

③ 张志坚:《中国行政管理体制和机构改革》,中国大百科全书出版社 1994 年版,第 121 页。

④ 陈鹏:《事关全局的改革——我国事业单位人事制度改革综述》,《人民日报》2000 年 8 月 8 日。

⑤ 《民政部发布 2013 年社会服务发展统计公报》,http://www.mca.gov.cn/article/zwgk/mzyw/201406/20140600654488.shtml。

位总数减少了44.9%（但事业编制总数仅减少了2%，机动事业编制总数反而增加了209%）。作为改革试点省市的山西省通过清理规范撤销了1237个事业单位，但"没让一个人下岗，没让一个人的利益受损"；山西省事业单位改革期间提出"四不规定"：一般不新设事业单位，不增加事业编制和领导职数，不改变经费形式，不提高机构规格。但在实际操作中，上述原则有不同程度的突破；对全省总体编制数量是增是减编制部门并未予以回答。①

经过清理规范后全国汇总情况如何？这有待于权威部门提供详实数据。由于事业单位闲人较多（有人提供的研究数据是大致占总人数的30%—40%左右②），清理规范工作应有较大压缩机构、编制与实有人数的空间。③ 但一些地方事业单位编制"实名制"工作不到位，机关事业企业混编情况存在，一些单位、地方存在有意或无意统计不完整问题，如在清理规范工作中把预计压缩的单位数作为实际压缩的数据上报，甚至不把压缩的机构、编制数量统计在年报中。④ 再考虑到人事管理存在混乱及腐败等问

---

① 褚朝新：《山西撤销1237个事业单位 没让一人下岗利益受损》，《南方周末》2012年5月24日。另据笔者调查，清理规范工作实施中遇到各方面不小的阻力，编制部门、许多事业单位特别是其主管部门对压缩机构、编制、领导职数等有抵触；一些地方将预定减少的机构、编制等数量作为清理规范完成的任务上报；一些地方改革主管部门认为清理规范转为"经常性工作"而非"阶段性任务"效果可能更好（即不认为作为阶段性工作的清理规范短期可以完成）。

② 时尚：《事业单位，将脱胎换骨》，《中国人才》2001年第2期。

③ 笔者多年实际调查中了解到：统计事业单位机构、编制、实有人员等是一项困难工作，编制、人事（人社）、财政、统计等部门虽各有其统计系统，但各统计系统并不联通，而且存在统计依据和标准不统一、不连续等问题，致使各部门统计的数据存在差异。

④ 笔者调研时了解到：对地方事业单位机构、编制管理实行总量控制，清理规范中撤销、压缩的机构、编制以后还可继续保留使用；如在统计年报中反映撤销、压缩的机构、编制数量，会对以后恢复、增加机构编制带来麻烦与困难，故存在通过技术处理不将撤销、压缩的机构、编制数反映在统计中的现象。如某地上报撤销10个空壳单位，但在年终统计中并不体现。这使得全国汇总的各级、各地机构、编制、实有人员数据的准确性大打折扣，这也是笔者各地调研时许多地方不愿提供数据，或只提供去掉后三位、四位数字"大数"的原因之一。

题,准确获得事业单位机构、编制、实有人员等信息更加困难。① 笔者认为这应是全国清理规范工作结束后没有发布事业单位完整数据的原因之一。

2. 机构分类

传统的分类主要依据行业、行政层级、财政支持方式等进行。自 1990 年代以来事业单位行业划分不断变化、细化。机构编制管理部门曾有过简化的 12 类分类法,后改为 29 大类、308 小类。② 其他部门如统计局也各有自己分类体系(表 2 - 1),但现行事业单位国家行业分类目录将其分为 24 类,此外还有未列入行业分类目录的事业单位如列入群团组织的计生学会、法学会、贸促会等,承担行政职能的事业单位等。教育、卫生和农技服务(农林水事业)三大类从业人员相加大致上占总人数的 3/4,其中教育系统人员接近一半左右;上述三大类按照机构划分所占比例与人员比例相近,而且这一状况近二十年基本没多大变化。目前,我国 70% 以上的科研人员、95% 以上的教师和医生都集中在各类事业单位。

表 2 - 1 事业单位按行业分组情况③

行业(门类)	事业活动单位数(万个)	比例%

① 如中央党的群众路线教育实践活动领导小组办公室发布的"吃空饷"等专项整治工作进展情况,截至 2014 年 9 月 25 日,全国共清理清退"吃空饷"人数为 162629 人,最多省区市河北省共清理"吃空饷"人员 55793 人,而最少的新疆生产建设兵团和天津清理清退"吃空饷"人数分别为 20 人、94 人。这不包括未统计的山东省等地情况,在编不在岗"吃空饷"者事业单位人员为多。见时圣宇:《全国清理清退公务用车 114418 辆、"吃空饷"162629 人——动真碰硬收实效建章立制防回潮》,《人民日报》2014 年 10 月 6 日。

② 国家事业单位登记管理局、国务法制办政法劳动司编:《事业单位登记管理须知》,团结出版社 1999 年出版。

③ 中华人民共和国国家统计局第一次全国基本单位普查办公室:《关于第一次全国基本单位普查结果的公报》,《中国统计》1998 年第 3 期。此后,国家统计局普查时要对事业单位数量、分布等进行统计,但并不完整公布:2003 年 1 月 21 日《人民日报》发表的《第二次全国基本单位普查主要数据公报》公布法人单位数量,但将机关、事业法人合并;2001 年末,我国共有法人单位 510.7 万个,比 1996 年增加 55.2 万个,增长 12.1%。其中,企业法人 302.6 万个,占 59.2%;机关、事业法人 102.6 万个,占 20.1%;社会团体法人 10.6 万个,占 2.1%;居(村)委会 79.2 万个,占 15.6%;其他法人 15.7 万个,占 3%。据 2014 年公布的第三次全国经济普查数据:2013 年末,机关、事业法人 103.7 万个,占法人总数的 9.6%。《第三次全国经济普查主要数据公报(第一号)》,http://www.stats.gov.cn/tjsj/zxfb/201412/t20141216_653709.html。

总计	130.5	100.0
农、林、牧、渔业	15.2	11.6
地质勘查业、水利管理业	3.1	2.4
交通运输、仓储及邮电通讯业	1.8	1.4
房地产业	1.0	0.8
社会服务业	6.0	4.6
卫生、体育和社会福利业	21.3	16.3
教育、文化艺术及广播电影电视业	73.5	56.3
科学研究和综合技术服务业	3.2	2.4
其他行业	5.5	4.2

数据来源:关于第一次全国基本单位普查结果的公报

经费形式分类法是日常管理主要使用的方法。1989年财政部颁布的《关于事业单位预算管理的若干规定》,明确事业单位实行全额拨款、差额拨款、自收自支"三种预算管理方式"。而自收自支单位实际还包括企业化管理、通过"政策性收费"实现自收自支(这实际等于全额拨款)两类。进入新千年后三类单位人员编制比例大致保持在60%、20%、20%左右;①而1992年的相应数据是全额拨款占61.9%,差额拨款占21.2%,自收自支占16.9%。② 产生上述变化的主要原因:一是实行"三种预算管理方式"的同时提出"两个过渡"要求,鼓励全额拨款向差额拨款过渡、差额拨款向自收自支过渡;二是成立需要财政支持的事业单位难度大,一些主管部门为展开工作组建了一些成立相对容易的自收自支单位,使得自收自支比例上升。但本次事业单位清理规范工作撤销、合并、压缩的单位多是自收自支单位,预计自收自支单位比例将会下降。

早在1990年代初国家就开始依据社会功能(服务对象)对事业单位进

① 宋大涵:《事业单位改革与发展》,中国法制出版社2003年版,第173页。
② 张志坚:《中国行政管理体制和机构改革》,中国大百科全书出版社1994年版,第122页。

行划分。1990年代初期,公益性、福利性单位约占70%,生产经营或开发性单位约占25%,其他类单位(含行政延伸性、机关附属性)占5%;此时的分类主要是依据服务对象进行。① 进入新千年后,社会功能(职能)成为事业单位最重要的分类标准,依据功能进行分类并依据分类设计改革政策成为改革基本战略。有研究认为根据承担的社会功能的不同,可将事业单位分为社会公益类、开发经营类、行政管理类和机关附属类,四者所占比例分别为78%(其中纯公益类、准公益类分别为41%、37%左右)、15%、4%、3%。② 与1990年代初的类似数据比较,开发经营类比例下降,而行政管理类和机关附属类有所提高。《指导意见》明确要求事业单位改革"以科学分类为基础",按照社会功能将现有事业单位划分为承担行政职能、从事生产经营活动和从事公益服务三个类别(以下简称行政管理类、生产经营类、公益服务类),再根据职责任务、服务对象和资源配置方式等情况,将从事公益服务的事业单位细分为两类(公益一类、公益二类)。

目前,关于三类比例的说法不一。汪玉凯认为公益服务类占80%,行政管理类与生产经营类共占20%;③竹立家则认为"126万家中,绝大部分是公益类事业单位,仅15%左右是企业型和行政型事业单位;这其中,约有10%左右属于转企部分⋯⋯"④也有人认为行政管理类与生产经营类占20%—30%;⑤有学者10年前调查研究得出的结论与上述说法存在不少差距。⑥ 实际上,在分类完成并公布前上述各种说法都有推测甚至猜测的性质。

事业单位功能极其复杂,其认定既有技术上的考虑,也有政治上的考

① 中央机构编制委员会办公室:《行政改革大趋势》,经济科学出版社1993年版,第500页。
② 宋大涵:《事业单位改革与发展》,中国法制出版社2003年版,第188页。
③ 孙乾:《事业单位5年内剥离经营职能 涉及人数超4000万》,《京华时报》2012年4月17日。
④ 王晓慧:《事业单位"瘦身"空间仅一成?》,《华夏时报》2012年10月22日。
⑤ 刘霞:《事业单位分类改革应关注的重大问题》,《领导之友》2012年第7期。
⑥ 许多地方事业单位约20%完全或部分行使行政职能,25%为经营开发型单位,50%为社会公益型单位,其它类型约占5%。赵立波:《事业单位改革——公共事业发展新机制探析》,山东人民出版社2003年版,第190页。

虑。如对行政管理类事业单位政策要求"从严认定",以保证两个不突破（政府机构限额和编制总额）。早在10年前就有统计显示我国3000万事业单位工作人员当中从事行政执法、行政管理人员就有300万之多,[①]而目前参照公务员法管理人员仅有90万左右。同时,各地对同一类单位的实际分类及管理存在差异,如县市级农机监理机构,新疆、四川实行参公管理,北京、河北不实行参公管理。[②]

3. 资源占用

国家发改委一项关于事业单位资源占用情况研究结论公布之后成为至今依然常被引用的数据:大约三分之二的非经营性国有资产,以及各级政府综合经常性预算支出的三分之一。[③] 这一使用了十余年的说法是否与今天的情况相符,对此,尚未有权威性研究机构或政府部门提供完整、准确的新数据。

事业单位资产规模经过多次普查特别是近年来每年进行统计,其数据较为详细:据《2005中国会计年鉴》统计,截至2004年底,全国国有资产共11.58万亿元,其中行政事业单位国有资产达到3.84万亿元,约占全部国有资产的33%;事业单位国有资产总量达到2.73万亿元,占国有资产总量的23.5%,占行政事业单位国有资产总量的70.9%。资产清查工作中财政部也发现行政事业单位国有资产管理中存在一些突出问题:"财政部新闻发言人胡静林介绍,这些问题突出表现为家底不清、账实不符;人均资产相差悬殊,不同地区、不同级次、不同部门、不同单位之间,资产配置水平差距较大;资产闲置、低价出租、无偿出借等现象较为普遍,资源整合、共享共用水平较低;一些单位存在资产处置不按规定程序报批、往来款项长期得不到清理、对外投资管理较为混乱等问题。"[④]财政部公布的2007年部门决算数

① 宋大涵主编:《事业单位改革与发展》,中国法制出版社2003年版,第199页。

② 刘太刚、邓婷婷:《参照公务员法管理事业单位将何去何从——对参公事业单位产生的原因及改革趋势分析》,《北京行政学院学报》2013年第3期。

③ 世界银行东亚和太平洋地区减贫与经济管理局:《中国:深化事业单位改革,改善公共服务提供》,中信出版社2005年版,第1—2页。

④ 黄杨:《全国行政事业单位国有资产逾8万亿元》,《中国经济时报》2008年1月24日。

据显示:截至 2007 年 12 月 31 日,全国事业单位资产总额 5.94 万亿元,扣除负债后净资产总额 4.04 万亿元;其中,中央级事业单位国有资产总额 1.06 万亿元,净资产总额 0.76 万亿元。同时,该报道认为事业单位管理存在"事业国资流失惊人"问题。① 此外,事业单位(包括行政单位)资产增长迅速,2010 年底全国 78.7 万户行政事业单位总资产为 119741 亿元,按照近些年每年 10% 左右增长速度计算,②事业单位资产、净资产的规模是相当大的。最新一项研究表明:2013 年我国公共部门净资产为 106.9 万亿元,广义政府净资产为 92.3 万亿元,狭义政府净资产为 55.3 万亿元。广义政府即狭义政府加上事业单位、学会、协会等社团组织,由于纳入公共部门的社团组织规模特别是资产与事业单位资产相差悬殊,广义政府净资产减去狭义政府净资产即 39 万亿元,这接近于事业单位净资产数,其规模远高于 14.6 万亿的国有企业净资产数。③

由于数据来源、统计口径、发布渠道不一现象的存在,数据"打架"问题难免。另外,事业单位总支出及其占财政预算比例这一更重要、更为各方关注的数据,近年来一直未有权威部门公布。

4. 收入分配

包括基本工资、补助工资、其他工资、职工福利费、社会保障费等在内的"人头费"是事业单位支出大头。2006 年的统计数据显示,深圳全市事业经费支出中,约有 70% 用于"人头费"。④ 国家统计局发布的 2008 年工资分类情况是:从企业、事业、机关分组数据看,在岗职工的平均工资最高的是机关,为 33869 元,是全国平均水平的 1.16 倍;其次是事业单位,为 29758 元,

---

① 尚前名:《事业国资流失"暗河"》,《瞭望》2010 年 Z2 期。
② 丁学东:《贯彻落实 < 事业单位国有资产管理暂行办法 > 做好新时期事业资产管理工作》,ht-tp://www.mof.gov.cn/preview/jiaokewensi/zhuantilanmu/cwglzcgl/sydwzcgl/llyj/200807/t200807 11_57354.html。
③ 刘铮:《资产负债研究显示:我国政府"家底"较为厚实》,http://news.xinhuanet.com/2014 - 12/ 20/c_1113716318.htm。
④ 胡谋:《变"政事不分"为"法人治理"变"以钱养人"为"以钱养事"——深圳拟取消事业单位行政级别》,《人民日报》2007 年 9 月 10 日。

是全国平均水平的 1.02 倍;最低的是企业,为 28359 元,是全国平均水平的 97.0%(城镇单位在岗职工工资统计范围未包括城镇的私营企业和个体工商户)。[①] 国家统计局公布的 2009 年上半年全国城镇单位在岗职工平均工资为 14638 元,同比增长 12.9%,机关单位职工平均工资增幅为 15.1%,事业单位增速为 14.7%,企业职工平均工资同比增长仅为 11.9%,增速低于全国平均水平。[②] 此后,笔者没能找到国家统计局公布的机关事业单位与企业职工分类收入情况,实际上国家掌握上述数据。[③] 调查中也很难获得各地各类事业单位人员收入的完整数据,其重要原因是工资收入特别是机关事业单位工资收入是敏感且密级很高的政府信息。以下是笔者 2011 年调研获得的某市市本级及所属市区机关事业单位工资收入情况[④]:

表 2-2 市区机关事业单位收入水平情况

人员类别	人均月收入	人均年收入
公务员	7530 元/月	90360 元/年
机关离退休人员	6195 元/月	74340 元/年
全额事业单位工作人员	5630 元/月	67560 元/年
全额事业单位退休人员	4970 元/月	59640 元/年

---

① 《统计局:2008 年城镇职工平均工资为 29229 元》,http://www.gov.cn/gzdt/2009-04/09/content_1281099.htm。

② 《统计局:机关事业单位工资增幅高出企业 3 百分点》,http://business.sohu.com/20090807/n265775944.shtml。

③ 国家统计局自 2009 年起正式将私营单位纳入劳动工资统计调查范围,分别发布城镇非私营单位就业人员与城镇私营单位就业人员年平均工资,前者远远高于后者,如 2012 年分别为 46769 元、28752 元;同时,不再分类发布机关事业单位企业工资分组数据。但国家实际掌握机关事业单位企业分组工资水平。如河北省发布 2011 年全省城镇非私营单位、私营单位就业人员平均工资分别为 36166 元、25158 元,城镇企业单位(不含私营企业)在岗职工平均工资为 37839 元,比上年提高 4871 元,增长 14.8%;事业单位在岗职工平均工资为 34518 元,提高 2814 元,增长 8.9%;机关单位在岗职工平均工资为 32529 元,提高 1589 元,增长 5.1%。段丽茜:《2011 年河北省城镇在岗职工平均工资 36166 元》,http://news.163.com/12/0504/09/80LCBAQR00014AEE.html。

④ 鉴于提供数据部门要求保密,本课题引用时隐去城市名称并不详细注明资料出处。

差额、自收自支事业单位工作人员	3750 元/月	45000 元/年
差额、自收自支事业单位退休人员	2450 元/月	29400 元/年

数据来源:笔者调查所得。

　　根据该市《国民经济和社会发展统计公报》,2011 年全市在岗职工平均工资为 32763 元(月均 2730 元),2010 年在岗职工平均工资为 28549 元(月均 2379 元)。机关工资收入高于事业单位,事业单位高于企业,在职人员高于退休人员,全额拨款事业单位工资收入高于差额拨款、自收自支事业单位;这与国家统计局前些年公布的数据及笔者在全国各地调查获得的情况大致一致。

　　养老金(退休费)可视为退休后的"工资收入"。由于实行双轨制或多轨制,导致企业、事业单位、机关职工退休后待遇水平、保障方式等差别巨大;2010 年,参加城镇企业基本养老保险人员月人均养老金近 1900 元;事业单位月均养老金是企业退休职工的 1.8 倍,离退休费支出大约一半是财政拨款,一半是自筹;机关公务员退休人员养老金水平是企业的 2.1 倍,财政全额拨款。[①] 机关、事业单位、企业甚至不同预算形式事业单位工资收入、养老待遇差距过大,不仅不利于实现社会公平,而且对事业单位改革特别是社会保险制度改革带来了巨大阻力。

(二)调查分析

　　为更深入了解、分析事业单位发展现状与改革进展、成效,笔者以问卷调查为主并结合访谈、座谈、实地考察等方式进行调查。

1.基本情况

　　问卷为主进行调查的原因是以期通过调查面较广、信息量较大的无记名问卷,在调查对象排除其他干扰、独立作出判断的基础上,了解各方对事业单位及其改革的了解与评价情况。为保持调查的连贯性便于比较分析,本次问卷调查的设计沿用笔者 2010 年调查表,调查问卷分为三部分:第一

---

① 　财政部财政科学研究所:《养老改革勿形成新"碎片"》,《人民日报》2013 年 5 月 24 日。

部分是问卷调查对象的背景情况,第二部分包括 22 个封闭式问题(以李克特 5 级量表为主,另有少量多项选择问题),第三部分是一个开放式问题即"请对事业单位改革提出您的意见、建议"。主要内容包括事业单位现状,事业单位改革进展、改革方向、改革推进、改革难点等。与 2009 年笔者关于事业单位改革的问卷调查相比,增加了管办分离、法人治理结构等问题。

A. 调查过程

问卷调查于 2012 年 5 月—2013 年 5 月间进行。调查地点选择考虑地区分布:包括东部的青岛、温州,中部的武汉、铜陵,西部的重庆、兰州、银川和特殊政策区东北的黑龙江。共发问卷 1800 份,回收有效问卷 1209 份。分析时参考了笔者 2009 年、2010 年的两次问卷调查(三次调查分别简称第一期、第二期、第三期调查)。① 此外,每次问卷调查的同时进行座谈、访谈、实地考察等调查。

另外,第三期调查以 2012 年 5 月作为起点的原因:一是《指导意见》2011 年 3 月 23 日通过,但却是在 2012 年 4 月 16 日由新华社授权公开发布。此后媒体进行广泛宣传,学者进行探讨、解读,社会各界对事业单位改革更为关注。二是各地各方对相关问题认知有一个相对统一、公平的起点。问卷分析以第三期调查为主,但同时比较、分析各期调查及全部三次调查情况。

B. 分析方法

问卷调查获得的原始数据通过整理计算出百分比、平均值、标准差、加权分等结果。其中,经过计算获得某一题目的平均值可以表现调查对象总体上的看法,而标准差则表明这一看法在所有调查对象中的差异水平。由于问卷中选项设计主要采用李克特 5 级量表的形式,因此可以根据调查对象对五个回应等级所作的相应选择计算得到平均值。以对事业单位满意度

① 第一期调查 2009 年 7—9 月以青岛为中心进行,总计发放调查问卷 1322 份,回收有效问卷 1097 份,其中:东部的青岛 1032 份,中部的湖北 40 份,西部的重庆 25 份。第二期调查 2010 年 4—5 月以青岛为中心进行,共发放问卷 650 份,回收有效问卷 455 份,其中:东部的青岛 362 份,中部的武汉 38 份,西部的重庆 32 份,东北的黑龙江 23 份。

调查为例,调查问卷按 5 级李克特量表对五个答题选项分别赋分,即非常不满意为 1 分,不太满意为 2 分,一般为 3 分,比较满意为 4 分,非常满意为 5 分,计算各类群体对该问题所作选择的分数的平均值(式 2 - 1,其中 M 表示该问题的平均值,m 表示选项在李克特量表下的评分(1 - 5 分),n 表示选择该评分的人数,N 表示填写问卷的总人数,i 表示选项),得到分类调查对象对事业单位的评价情况。根据平均值可进一步计算出满意程度(式 2 - 2,S 表示满意程度,I 表示选项数量)。

$$M = \sum_{i=1}^{5} \frac{n_i m_i}{N} \tag{2-1}$$

$$S = \frac{M-1}{I-1} \times 100\% \tag{2-2}$$

C. 调查对象

为体现样本的代表性、普遍性,在调查时将调查对象进行了细分,如将事业单位分为公立学校、公立卫生机构(教育系统、卫生系统员工人数占到事业单位总人数的 60% 以上)和其他事业单位;在服务对象中将国企与其他企业分开;身份属于"农民"的群体是中国人数最多的群体,因此,每期调查都有意识地选择部分从事农业劳动人员。这样,调查对象的从业情况细分为 10 类。10 类人员基本包括社会各类从业人员:政府机关、公立学校、公立卫生机构、其他事业单位、国企、非国有企业、社会团体、民办非企业单位、农业劳动者、其他。需要说明的是,基金会在管理上由省以上民政部门登记管理,调查主要在各地市进行,同时基金会数量极少,无法单独作为一个群体;因此,以社会团体与民办非企业单位代表第三部门或社会组织、非营利组织。(图 2 - 1)。10 类人员可归并为 3 大类:事业单位、事业单位的举办者——政府机关、事业单位的服务对象;少量归入其他的包括两种情况:一是极少数人员难以归入上述 9 类;二是未填写,未填写的主要原因或是难以把握自己属于哪类人员,或是极个别人员忘记填写。由于政府机关、公立学校、公立医院及其他事业单位人员对自己的单位机构属性是很清楚的,故其他类人员基本可以划归服务对象范畴。上述三者基本涵盖了最有代表性的利益相关者(图2-2及表2-3)。

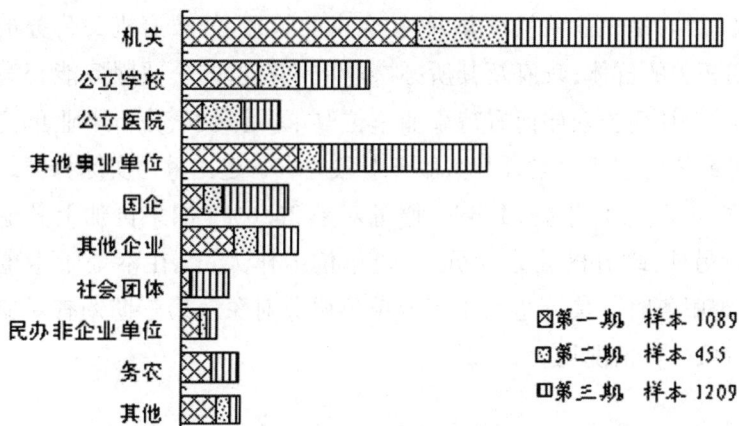

图2-1 调查对象从业情况

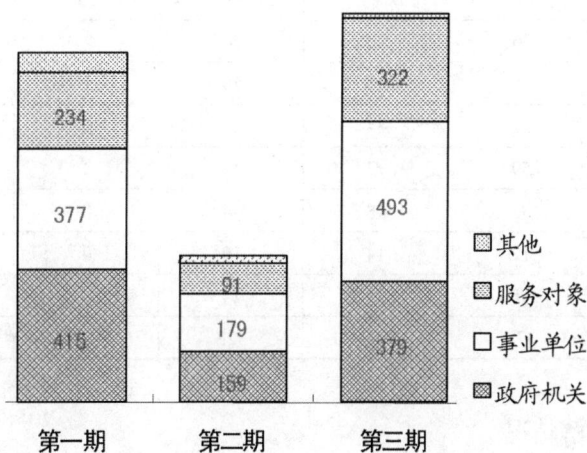

图2-2 调查对象人员分类构成情况

调查对象的选择要求三大类利益相关者保持适当的比例。如在第三期调查中,要求各地选择样本时事业单位人员一般不低于40%、政府机关公务员一般不超过40%以及必要数量的服务对象。原因是:既然是事业单位改革,作为改革对象的事业单位领导、职工自然是利益最相关、最需优先考虑的群体;政府是事业单位举办者、社会事业管理者,政府机关公务员是与改革密切相关的群体;政府及其所办事业单位提供的公益服务能否满足社会公众需要、社会公众如何看待事业单位改革,是观察、分析事业单位及其改革不可或缺的重要因素,因此,服务对象应有一定比重。实际分类结果是事业单位40.8%,公务员31.3%,服务对象26.6%(如果再加上其他则为27.8%);另外,政府机关公务员、事业单位工作人员(在不处于本事业单位、本系统服务时),实际也属于事业单位服务对象。第三期调查对象地区及调查对象分类情况见表2-3。

表2-3　第三期调查对象基本情况

地区	政府机关	事业单位	服务对象	其他	合计
青岛	133	224	99	10	466
重庆	36	37	20	2	95
湖北	46	31	50	1	128
黑龙江	27	44	29	0	100
浙江	59	77	46	2	184
甘肃	51	48	44	0	143
宁夏	12	14	10	0	36
安徽	15	18	24	0	57
合计	379	493	322	15	1209

D. 改革了解情况

从三次调查的总体情况看,调查对象对事业单位改革了解程度是比较低的:不了解群体(不太了解和非常不了解的达到57.3%)高于了解群体(比较了解和非常了解的为42.7%)。积极的变化是对事业单位改革不了解的比例逐次降低(表2-4),第三期调查的了解程度高于前两期,这说明《指导意见》等的出台、各方宣传及改革的实际推进,对人们更深入了解事业单位改革及其作用产生了积极影响。从调查对象分类情况看,按照4级量表进行赋分(非常不了解、不太了解、比较了解、非常了解分别赋1、2、3、4分),计算出的平均值显示:政府机关是了解程度最高的群体,平均值达到2.559,主要原因是政府是事业单位改革主导者,而且公务员比其他群体更关注各项方针政策包括改革政策的学习、落实。作为改革对象、改革参与者的事业单位了解程度位列第二,平均值为2.382,略低于政府机关。服务对象与上述两者差距明显,平均值为2.102,了解程度低的主要原因一是既非改革主导与参与者,也非改革对象,改革对自身影响主要是间接地,因而关切度相对较低;二是由于改革封闭性较强,缺乏外界了解改革政策、改革推进的制度化渠道,故关注程度、了解程度相对较低实属正常。整体了解程度不高不利于改革推进,这要求各方特别是改革主管部门通过积极宣传、强化沟通、加强各方互动等方式使更多人特别是服务对象了解事业单位及其改革:了解有助于理解,更多的了解、理解有助于更顺利地推进改革。

表 2-4 事业单位改革了解程度

选项	第一期	第二期	第三期	合计
非常不了解	18.6%	14.9%	12.0%	15.1%
不太了解	36.7%	47.5%	45.2%	42.2%
比较了解	36.5%	33.6%	37.4%	36.4%
非常了解	8.2%	4.0%	5.4%	6.3%

2. 改革进展

问卷第二部分设计了事业单位满意度、事业单位改革进展、事业单位改革推进等方面问题,以了解调查对象对事业单位及改革的认知与态度。

A. 事业单位满意度

对于事业单位工作效率、服务质量的满意度,从问卷调查结果来看(表2-5),第三期调查对象选择一般的最多,达到39.5%,有36.0%的调查对象选择比较满意,6.3%的调查对象选择非常满意,但是分别有15.4%、

2.8%的调查对象选择不满意或非常不满意。

通过计算发现,第三期样本的平均值为3.275,满意程度为56.9%,高于第二期的53.8%,但低于第一期的64.3%及全部三期问卷加总的59.3%;三期平均值的标准差相近且均小于1,反映出调查对象的看法差异度较小(表2-6)。以上数字可以一般性地反映调查对象的态度,无论是最高的64.3%,还是三期加总的59.3%,满意程度均不高,说明调查对象认为事业单位服务提供与绩效表现不能达到令人满意的程度。从总体上看,满意度呈现由沿海向内陆逐渐降低的态势,这与改革推进有关:以广东、浙江等为代表的东部沿海地区改革推进快于内陆地区,满意度相对较高。地处西北的兰州是第三期调查中满意度最低的地区,满意程度仅为48.3%(调查得知:兰州市包括甘肃省近10多年经济发展缓慢,农民人均收入、城镇居民收入长期处于全国后几位,事业单位发展与改革相对调查的其他地区较为滞后)。而第三期问卷满意度低于2009年进行的调查,究其原因:随着经济社会的发展人们的公益需求快速提高,而在政策明确要求改革全面推开的背景下事业单位改革进展有限(见表2-8、2-9),事业单位受旧体制影响依然很深,绩效、服务等并未有明显的积极变化,因而导致人们对事业单位服务与绩效满意程度的下降。这反过来说明事业单位体制机制不适应公益事业发展需要,与人们不断提高的公益服务需求存在较大差距,因而,加快事业单位体制机制改革创新,提高其工作效率、服务质量是必要而迫切的。

表2-5　事业单位工作效率和服务质量满意度

选项	第一期	第二期	第三期	合计
非常不满意	2.2%	2.9%	2.8%	2.6%
不太满意	10.6%	16.5%	15.4%	13.7%
一般	30.7%	46.6%	39.5%	37.2%
比较满意	40.7%	30.8%	36.0%	37.0%
非常满意	15.8%	3.3%	6.3%	9.6%

表2-6 事业单位工作效率和服务质量满意度

期次	平均值	标准差	满意程度
第一期	3.573	0.952	64.3%
第二期	3.152	0.835	53.8%
第三期	3.275	0.896	56.9%
合计	3.373	0.924	59.3%

B. 不同群体满意度

需要进一步分析的问题是:不同群体满意度如何?从三期调查情况来看,作为事业单位举办者、主管者的政府机关满意度居然最高:62.1%;与之接近的是事业单位:61.5%;而服务对象满意度最低:仅为51.9%,且与前两者相差10个百分点左右(表2-7)。俗话说旁观者清,现代管理心理学则认为人(包括组织)的自我评价往往高于他人的评价;按照当代"顾客导向"的政府管理与服务理念,应更看重服务对象而非自身的评价,因而服务对象的评价"含金量"更高。这反过来说明:包括与事业单位及其改革关系密切、总数超过70%的政府公务员与事业单位工作人员在内的全部问卷,得出的满意程度可能有些"虚高"。如果仅仅依据第三期服务对象的评价(平均值2.987),则满意程度尚不"及格"(假如所有调查者选择一般则平均值为3,一般可用通俗的说法"及格"替代),而全部三期服务对象评价也不过刚刚"及格"(3.077)!

表2-7 不同群体对事业单位工作效率和服务质量的满意度

群体	样本数	平均值	标准差	满意程度
政府机关	951	3.483	0.875	62.1%
事业单位	1046	3.462	0.895	61.5%
服务对象	647	3.077	0.985	51.9%
其他	104	3.337	0.888	58.4%
合计	2748	3.374	0.925	59.3%

C. 事业单位改革进展

满意程度不高,说明事业单位改革势在必行,但改革进展总体看并不顺利。如表 2 - 8 所示,从第三期调查结果来看,认为事业单位改革进展顺利、非常顺利的只有 17.9%、3.3%,加起来不到四分之一;而认为不顺利、非常不顺利的为 27.0%、6.5%,另有近半数(45.2%)的调查对象认为进展一般;其中认为不顺利的比例为 33.5%,高于认为顺利的群体(21.2%)。此外,无论是第三期调查的 2.846,还是全部调查的 2.930,平均值均未达到"及格线"的 3。

表 2 - 8　事业单位改革进展顺利程度

选项	第一期	第二期	第三期	合计
非常不顺利	6.8%	5.4%	6.5%	6.4%
不太顺利	18.9%	24.6%	27.0%	23.5%
一般	44.8%	45.5%	45.2%	45.1%
比较顺利	23.0%	23.2%	17.9%	20.8%
非常顺利	6.4%	1.3%	3.3%	4.2%

表 2 - 9　事业单位改革进展顺利程度

期次	平均值	标准差	顺利程度
第一期	3.034	0.974	50.8%
第二期	2.906	0.859	47.7%
第三期	2.846	0.904	46.2%
合计	2.930	0.929	48.2%

从自身比较看,严重的问题是人们对改革进展的评价呈不断下降趋势。平均值与顺利程度三期调查逐次下降:3.034—2.906—2.846,50.8%—47.7%—46.2%(表 2 - 9)。从横向比较看,笔者 2014 年进行的一项问卷

调查①中有"对社会组织发展总体顺利程度"问题的调查(表2－10),经计算获得的平均值为3.791,远高于前述对事业单位改革进展顺利程度2.930的平均值。

表2－10　社会组织发展顺利程度

选项	频次	百分比
非常不顺利		
不太顺利	16	17.58
一般	32	35.16
比较顺利	38	41.76
非常顺利	5	5.49
合计	91	100

由于问卷调查结果反映的是调查对象的主观态度与评价,因而有必要联系实际进行具体分析。从现实分析:一是随着社会各方对改革更关注,特别是党中央、国务院关于分类推进事业单位改革的重大决策及配套措施出台,相对于改革部署要求与人们对深化改革的更高期待,人们对改革实际进展评价不高是可以理解的。二是包括养老保险等各方关注的重大改革举措推进有限甚至原地不动,使得人们对改革进展的认可度下降。三是改革进入攻坚期,容易改的大多改了,剩下的都是难改的"硬骨头",客观上导致改革难度越来越大。四是改革对象"要价"逐步抬高,既要改革又要稳定,涉及到人、涉及到利益调整的改革推进难度明显增大。笔者在调查中了解到不少地方改革主管部门认为前些年实施转企改制、人员分流等改革相对容易,"身份置换成本"也较低,但如今满足各方利益诉求的难度与前些年早已不可同日而语:如作为全国首批文化体制改革综合试点城市并三次获得全国文化体制改革工作先进地区称号的沈阳市,文化事业单位改革启动早,

---

① 本次问卷调查的具体情况详见本书第九章。

转企改制力度大,转企单位共 45 家,市、区、县涉及人员共 6057 人,支付改革成本 2.17 亿元,按照买断工龄进行身份置换其成本在 8—10 万元左右。2006 年合肥事业单位改革身份置换成本为 73000 元,同期经济发达的杭州则为 24—25 万元。到 2012 年青岛市进行文化体制改革时身份置换成本高到很难以货币支付方式承担,因此很多转企单位人员保留事业身份(人事档案保留事业身份,在职期间执行企业工资福利制度,退休后回到事业单位保险体系)。严格地讲,转企有三个基本判断标准:一是收回事业编制、取消事业身份,二是注销事业单位法人、进行工商注册,三是人员纳入企业社保体系。保留事业身份实在是不得已而为之:既要保证社会稳定又要降低当期改革成本。上述各种原因叠加导致改革推进面临阻力更大、改革者更瞻前顾后、改革进展与预期差距加大。

表 2 - 11   不同群体对事业单位改革进展顺利程度的态度

群体	样本数	平均值	标准差	顺利程度
政府机关	938	2.884	0.944	47.1%
事业单位	1042	2.971	0.894	49.3%
服务对象	642	2.908	0.959	47.7%
其他	100	3.080	0.950	52.0%
合计	2722	2.930	0.929	48.3%

从不同群体分析(表 2 - 11),作为改革对象的事业单位是对改革顺利程度评价最高的群体(49.3%),而服务对象与政府机关十分接近:47.7% 与 47.1%。结合事业单位对自身服务质量、工作绩效评价远远高于服务对象评价,事业单位的上述自我评价是否过高?是否"只缘身在此山中"而"不识庐山真面目"?同时,这一评价与笔者对政府部门、社会公众与事业单位调查获得的信息有差距,也与媒体、学者对有关事业单位及其改革进展的报道、研究有差距。

事业单位满意度与事业单位改革进展顺利程度形成有趣的反差:一是

对事业单位工作效率、服务质量虽谈不上满意,但与事业单位改革进展顺利程度相比满意度明显高,经过赋分计算后的全部问卷与第三期问卷调查结果:前者平均值为 3.373、3.275,均高于后者 2.930、2.846 的平均值。这从另一层面说明:尽管不同群体的态度存在差异,但无论从改革进展本身还是从与事业单位工作效率、服务质量满意度比较角度分析,事业单位改革进展尚难令人满意。

3.改革展望

人们对事业单位的服务与效率满意度不高,对改革进展的评价更低:显然,改革遇到许多困难和阻力。

A.事业单位改革难点

事业单位改革存在哪些难点?从三次调查总体情况分析,机构改制、人员分流、社会保障是改革三大难点,其次是与个人利益密切相关的人事制度、分配制度改革、与机构运营密切相关的财政供养方式改革,而运行机制改革、资产管理改革及其他则不太为人关注(表 2 - 12)。从分期调查结果看,以加权分比重排序总体变化不大:第一期与第三期基本一致,只是分列第五位与第六位的分配制度改革、财政供养方式改革次序对调;第二期调查人员分流位列第一,人事制度改革与财政供养方式改革关注度提升,分别由第四位升为并列第二、第六位升至第五位(表 2 - 13)。

表 2 - 12　事业单位改革难点①

选项	首选	次选	三选	提及率	加权分	加权分比重
机构改制	385	94	75	47.3%	3147	21.6%
人员分流	220	290	97	51.8%	3056	20.9%
社会保障制度改革	161	162	277	51.2%	2372	16.3%
人事制度改革	112	205	181	42.5%	2156	14.8%

---

① 本问题为多选并要求按照重要程度排序。大多数调查对象只对几个选项做出选择并排序,加权分只计算排序位列前三的选择:首选 3 分,次选 2 分,三选 1 分。

分配制度改革	111	96	138	29.5%	1319	9.0%
财政供养方式改革	87	75	121	24.2%	1248	8.6%
运行机制改革	64	49	48	13.7%	435	3.0%
资产管理制度改革	21	50	39	9.4%	693	4.7%
其他	10	6	1	1.5%	164	1.1%

表 2 – 13　分期调查事业单位改革难点加权分比重

选项	第一期	第二期	第三期
机构改制	23.3%	17.5%	21.7%
人员分流	22.7%	18.4%	20.4%
社会保障制度改革	16.8%	14.2%	16.6%
人事制度改革	14.3%	17.5%	14.2%
分配制度改革	6.6%	11.7%	10.1%
财政供养方式改革	7.3%	12.5%	8.1%
运行机制改革	2.9%	2.9%	3.1%
资产管理制度改革	4.1%	5.1%	5.2%
其他	2.0%	0.3%	0.7%

机构改制涉及事业单位组织属性、发展方向及人员身份变化等重大变革,是最大改革难点。从现实情况看:事业单位最希望纳入政府机关体系,但受机构、编制"两个不突破"严格限制使得直接转为机关可能性极微,而确定为行政类事业单位、人员参照公务员法管理也难度较大;事业单位改为企业、社会组织,机构脱离事业体系、财政供养,人员由"国家人"转为"社会人",是大多数事业单位及其主管部门十分不愿接受的选择;改不好则陷入组织震荡、人心不稳乃至人人自危的状况,甚至被认为"翻烧饼"、"瞎折腾",对组织、员工、主管部门乃至社会影响深远,机构改制各方关注高是正常的。

人员分流进入企业、推向社会、下岗待岗,许多人"没了身份"(失去事业编制)。在"冗员沉淀"、闲人充斥、缺乏竞争的事业单位,多数工作人员技能单一、缺乏竞争意识与创业创新能力,除少数"能人"可对此淡然处之外,人员分流对绝大多数人均属十分不利的人事管理行为,故作为改革难点实属正常,其加权分比重为20.9%,仅低于机构改制0.7个百分点而远高于其他选项。因而对事业单位改革中的人员分流问题应慎重、妥善处理,如深圳市事业单位改革有上百单位转企、注销,需要分流的人员却仅有80个,一个单位平均不到1个;许多地方对改制事业单位人员采取允许选择保留事业身份做法,不失为有助于改革顺利推进的审慎办法。

以养老保险为核心的社会保障体系在事业单位改革中具有"兜底"的功能,也是改革一大难点。长期实行"双轨制"的养老保险制度导致机关事业与企业待遇相差一倍左右,2008年制定的、与企业接轨的改革办法虽然符合建立统一的社会保障体系改革方向,由于没有对职业年金制定可操作的实施办法(包括做出资金筹措的具体安排),以及机关与事业单位改革不同步,一旦实施事业单位人员利益严重受损的状况无法避免,这也是5个试点省市改革基本没有进展的原因。

人事制度改革、分配制度改革近些年一直进行。作为改革难点一是改革与个人利益密切相关,各方(包括服务对象)均极为关注,平衡事业单位内部、事业单位与机关、企业利益关系难度大;二是人事制度、分配制度改革的趋势是将机关事业分开,分开后少数人(有专利有技术的科技人员、大医院知名医生、高校某些专业教授等)、少数单位(拥有垄断地位、政策性收费等)可能因之获益,但整体而言事业单位及职工失去的比得到的多;三是人事、分配等改革通常是政府主导,事业单位内部则多是领导说了算,一般职工缺少话语权且参与度与认可度有限,故各方形成改革共识、良好预期较困难。因此,在三次调查中均为关注程度较高的改革难点,其中人事制度改革在第二期调查中甚至位列前三。

财政供养方式改革、运行机制改革、资产管理改革虽然与机构运营、存续密切相关,但上述改革举措不多,对事业单位特别是个人影响不明显,各方关注度相对较低。财政供养方式包括资产管理制度改革通常是统一政策、自上而下贯彻落实,地方与单位政策创新空间小。当然,"以钱养事"、购买服务等财政供应方式改革,以及类别划分(如公益一类、二类单位财政支持方式与力度有所不同)对单位运行及个人利益影响较明显,因而选择率明显高于运行机制改革、资产管理制度改革。但除少数地区、少数单位外,涉及大多数事业单位的财政供养方式改革进展有限。运行机制改革事业单位外部的人关注有限,而在事业单位内部运行机制改革不像机构改制、人事分配等影响那么直接、快速,因而各方关注程度较低,至少近期上述改革不会成为热点、难点。

B. 事业单位改革推进

虽然改革进展有限、改革遇到阻力较大,但当被问及事业单位改革推进态度时,第三期与全部三期问卷调查分别有高达82.3%、81.1%的调查对象明确认为应该推进。其中,分别有65.1%、64.3%认为应该稳步推进,而17.2%、16.8%认为应该快速推进,以上数字均高于第一期调查的74.1%、59.2%、14.9%(表2-14);而且后两期调查对象对改革推进的迫切程度均高于第一期调查。从平均值看,无论是第三期调查的3.900还是全部三期调查的3.861,均明显高于前述各项调查,说明人们即使对改革进展满意度不高,但对改革推进的态度是相当积极的。

表 2 – 14　对事业单位改革推进的态度

选项	第一期	第二期	第三期	合计
不需推进改革	6.3%	1.1%	2.8%	3.9%
暂缓,以后再改	4.9%	1.1%	3.9%	3.8%
无所谓(可改可不改)	14.7%	3.5%	11.0%	11.2%
稳步推进改革	59.2%	74.3%	65.1%	64.3%
快速推进改革	14.9%	20.0%	17.2%	16.8%

表 2 – 15　对事业单位改革推进的态度

期次	平均值	标准差
第一期	3.714	0.991

第二期	4.110	0.606
第三期	3.900	0.825
合计	3.861	0.876

但分群体的调查结果却显示：事业单位是政府机关、服务对象、事业单位三大群体中改革推进迫切程度最低的，而且是唯一低于70%（69.8%）的群体；而政府机关对改革推进态度最积极（74.1%），其次是服务对象（71.6%）。由此可知：改革主导者与作为服务对象的社会公众更迫切希望推进改革，这种态度会通过压力、助力乃至强制力（改革主导者的政府对改革推进具有权威性）等方式传导到事业单位，对改革推进是有利的。作为改革对象的事业单位对改革推进态度相对消极，由于事业单位及其工作人员的态度对改革能否顺利推进具有十分关键的作用，这提醒各方特别是改革主导者一方面要做好宣传动员、政策解读、心理疏导等工作，另一方面在改革政策制定、改革实施中注意保障事业单位工作人员正当权益，逐步提高其对改革的认可程度、坚定其改革信念。

表 2 – 16　不同群体对事业单位改革推进的态度

群体	样本数	平均值	标准差
政府机关	951	3.963	0.754
事业单位	1047	3.794	0.832
服务对象	646	3.862	1.024
其他	104	3.683	1.082
合计	2748	3.864	0.870

整体看，改革进展没有预想那么顺利，改革遇到意料之中或预料之外的难点与阻力较多、较大，政府职能转变、社会环境营造等改革支撑条件尚不够坚实，机构改制、人员分流、社会保障等诸多改革难题有待破解，下面等上面、全国等中央的观望、等待气氛还较浓，担心利益受损、担心引发不稳定心

态依然存在。当然,调查也发现一些积极的变化,如对事业单位改革了解程度提高、对改革推进持更加积极态度等。调查的其他问题及结果,笔者将结合对改革具体内容的论述进行介绍。

(三)简要评价

对 30 编多年改革作出完全客观、系统的评价是困难的。有学者根据A. Charnes 等提出并改进的数据包络分析(DEA)方法[1]对公共服务发展状况进行评估,[2]也可以运用平衡计分卡[3]等对机构战略及发展变化展开评估等。但迄今,各方认同的事业单位改革评价体系尚未建立。评价通常是定性的,一般说法是相对于政府机构改革、国有企业改革,作为公共部门的事业单位改革相对滞后,甚至有"现唯有事业单位的改革始终未真正进行"[4]等说法,而笔者进行的调查也未显示改革取得重要突破与进展。但一笔抹杀改革努力及其成效是不客观的,当然仅仅一句"改革有进展、有成绩"等于没说。合理的评价可从以下四个层面进行:一是改革探索是否不断推进;二是改革探索否具形成了一定的目标模式;三是改革原则是否形成并引导改革推进;四是公益服务的数量与质量是否因改革而得以提高。

第一个问题通过改革历程的回顾与梳理已经给出答案:事业单位改革是在不断探索并在探索中不断推进。改革探索的不断推进,一是说明改革事业是正当的、符合社会发展要求的,而调研显示人们对改革推进持积极态度就是上述正当性的有力佐证;二是说明即使改革探索出现过偏差、改革推进相对滞后甚至在一定时期徘徊不前,但改革探索 30 多年能够持续,就意味着改革在不断努力克服旧体制的束缚与新问题的挑战中不断推进;三是说明作为我国特有组织,事业单位改革无现成模式可套,也无法对国外相关

---

① Charnes, A. , W. W. Cooper, and E. Rhodes, "Measuring the Efficiency of Decision Making Units," European Journal of Operational Research,1978(2):429 – 444.

② 陈昌盛、蔡跃洲:《中国政府公共服务:体制变迁与地区综合评估》,中国社会科学出版社 2007年版。

③ Butler S. , R. letza, and B. Neale, "Linking the balanced scorecard to strategy," Long Range Planning, 1997(2):242 – 253 .

④ 何文杰等:《公益类事业单位改革的立法保障研究》,法律出版社 2012 年版,第 1 页。

改革的有益理论与经验实行"拿来主义",这既意味着改革任务艰巨、难度巨大,也反过来彰显改革意义重大。

1. 目标模式

目标模式包含着对组织属性、存在问题、改革方向某种共识性的认知,对改革战略路径与措施的概括。是否形成改革目标模式,是改革是否经过深思熟虑、是否富有理性并可进行实践验证的重要标志。就事业单位改革而言至少形成了四个改革模式,而这些改革模式程度不同地获得了理论支撑并在改革原则、推进路径等方面有所体现。

第一,按照市场化思路理解事业单位进而推进其改革。在相当长的一个时期"推向市场"曾是改革主导方向。这一模式虽不否认事业单位是不同于企业的组织,但强调事业单位向产业化、市场化、企业化发展是大趋势:"只有实现事业活动的产业化,才能从根本上改革旧的事业管理体制"。[1]"所有事业单位……运用经济手段,对事业单位施加压力,逼其走向市场,在市场竞争中找到自己应有的位置和发展空间……"[2]有人虽然赞同部分事业单位可留在事业体系,但认为"随着事业单位管理体制的改革,大多数事业单位还将逐步改制为企业。"[3]

第二,运用国外非营利组织、第三部门理论理解事业单位进而设计其改革思路。部分学者将事业单位纳入我国第三部门体系并将事业单位改革作为公民社会发展的重要内容,[4]一些学者则认为向非营利组织转化应是事业单位改革与发展的方向:"参考国外普遍通行的非营利单位的体制及运行机制,研究制定出我国事业单位改革的目标模式。"[5]上述观点在新千年前后曾一度成为学者甚至是政策部门"主流"观点:"现今主张以'非营利机

---

[1] 黄恒学:《中国事业单位管理体制改革研究》,黑龙江人民出版社 2000 年版,第 18 页。

[2] 牛励耘、赵昌彦:《事业单位社会化问题探析》,《行政人事管理》2000 年第 6 期。

[3] 宋大涵主编:《事业单位改革与发展》,中国法制出版社 2003 年版,第 143 页。

[4] 康晓光:《权力的转移——转型时期中国权力格局的变迁》,浙江人民出版社 1999 年版,第 92 页。

[5] 成思危:《中国事业单位改革——模式选择与分类引导》,民主与建设出版社 2000 年版,第 11 页。

构'作为我国事业单位改革目标模式的意见,已成为主流观点进入政策规划的领域……"①1999 年在科技体制改革中曾提出部分科研事业单位"按非营利性机构的机制运行和管理。"党的十八届三中全会部分吸纳上述观点,首次明确要求有条件的事业单位转为社会组织。

第三,借鉴欧洲大陆法系法人分类特别是"公法人"理论界定事业单位性质并探讨其改革问题。"我们发现我国的事业单位与大陆法系国家的公务法人在功能方面有很多类似之处,如都是国家依法设立的公益组织,具有特定的行政上的目的,提供专门服务……应当将学校等事业法人定性为公法人的组成部分之一即公务法人"。② 这种观点越来越为国内外学者所接受,有学者系统阐述了事业法人的公法人性质及公法人的构成基础,③一些学者把事业单位作为中国公共部门的机构之一并将其翻译为"public service unit"。④ 虽然改革政策并未系统吸收其理论与政策设计,但一些法规承认事业单位属于公共机构、从事公共服务。

第四,按照计划体制下形成并沿用至今的社会组织分类定性事业单位并设计改革政策。政策部门及部分学者持这一观点。持此观点的人对于事业单位是否属于公共机构、事业单位法人是否属于公法人并不关注,而是依照《民法通则》及《事业单位登记管理暂行条例》对社会组织、各类法人的分类及界定,认为事业是与统治、管理及物质生产不同的活动,事业单位是与党政机关、社会团体、企业不同的社会组织,是国家为了公益目的举办的从事教育、科技、文化、卫生等活动的社会服务组织。事业单位改革按照政事分开、事企分开和管办分离的要求,以促进公益事业发展为目的,以科学分类为基础,以深化体制机制改革为核心,增强事业单位活力,不断满足人民群众和经济社会发展对公益服务的需求。

---

① 郑国安等:《非营利组织与中国事业单位体制改革》,机械工业出版社 2002 年版,第 58－59 页。
② 马怀德:《公务法人问题研究》,《中国法学》2000 年第 4 期。
③ 左然:《中国现代事业制度构建纲要——事业单位改革的方向、目标模式及路径选择》,商务印书馆 2009 年版,第 25 页。
④ 世界银行东亚和太平洋地区减贫与经济管理局:《中国:深化事业单位改革,改善公共服务提供》,中信出版社 2005 年版,第 6 页。

2. 改革原则

伴随经济社会发展、各项改革事业推进特别是事业单位改革不断深入并探索出了多种目标模式,事业单位改革原则也在理论探索与改革实践基础上逐步得以明确。作为政府主导的改革行为,事业单位改革原则的明确,一方面反映人们对事业单位及其改革发展内在规律的认识,并将上述认知转化为自觉引导、推动事业单位变革的依据或准则;另一方面标志着与改革相关的公共政策形成了明确的改革方向、基本的底线约束以及系统化的改革战略。1990 年代早期,我国事业单位改革确定了政事分开、社会化的原则;新千年以后分类改革成为改革推进的战略性原则。十七届二中全会通过的《关于深化行政管理体制改革的意见》进一步要求事业单位改革"按照政事分开、事企分开和管办分离的原则"推进(在有些政策文件中政事分开、事企分开和管办分离又作为三大改革要求)。

由此可知:在经过最初十几年"摸着石头过河"后,随着社会主义市场经济体制改革目标的明确,事业单位改革原则逐步形成,内涵逐步清晰,体系逐步完备。同时,随着环境的变化、改革任务的改变、思想认识的不断深入,改革原则也相应进行了调整,如社会化逐步从改革原则中淡出。迄今,事业单位改革确立了政事分开、事企分开和管办分离三大原则,以及分类改革这一改革推进战略性原则。政事分开、事企分开原则明确了事业单位自身属性、定位、功能作用,政、企、事三者关系及理顺三者关系的方向与内在依据。管办分离原则一方面在政府层面将所有者(出资人)与公共管理者(权力人)职能关系厘清,并指导政府由"办事业"向"管事业"转变;另一方面在事业单位层面为理顺政事关系、明确事业单位自主地位与健全治理机制提供支撑。分类改革原则立足我国事业单位体系职能、组织、运行方式等的复杂性、多样化,以科学分类为基础,重点从战略设计、改革实施、操作程序等层面解决政事分开、事企分开和管办分离原则如何融入推进战略之中的问题,从而做到"在考虑'做什么'的同时必须考虑'怎样做'"①。

---

① ［日］增岛俊之:《日本的行政改革》,天津社会科学院出版社 1998 年版,210 页。

　　改革原则的逐步形成为勾画事业单位改革与发展方向、改革基本内容
与推进战略奠定了基础,并在相当程度上改变了事业单位的改革是"摸着
石头过河",却连河对岸在哪里都还不大清楚,[1]"改革缺乏明确的总体目
标"[2]的状况,促使事业单位改革的方向、针对的问题、设计的策略逐步得以
明晰化,降低了改革试错成本,提高了改革效率与效益,使事业单位改革在
改革原则指导下不断深入。

　　3. 事业发展

　　目标模式、改革原则的明确,有助于推进事业单位改革,激活事业单位
活力,促进公益事业发展,从而不断满足人民群众和经济社会发展对公益服
务日益提高的需求。

　　第一,事业单位快速膨胀问题逐步得以控制。通过体制改革创新,事业
单位科学有效的宏观调控机制与手段逐步形成,引导社会力量参与公益事
业的政策环境不断完善。改革开放以来事业单位几乎每隔一个十年人员膨
胀 1000 万左右:1978 年我国全民所有制机关团体职工为 416.6 万人,全民
所有制事业单位职工为 1173 万人;到 1990 年机关团体与事业单位职工分
别为 903 万人、2157 万人。[3] 全民所有制事业单位、机关团体职工平均年均
增长 5.6%,机关团体、事业单位职工平均年增长率分别高达 6.7%、
5.21%,远远快于同期全国职工人数年均增长 3.3% 的速度。改革开放后
最初十年左右机关团体膨胀率大于事业单位膨胀率,整个 1990 年代机关团
体编制控制较为严格,而事业单位人员年增长率(1990 至 1998 年为
3.86%)虽低于前十年但明显快于机关团体。但从 1990 年后机构数量大致
维持在 120—130 万个左右,工作人员自 1990 年代末至今基本维持在 3000
万人左右(1998 年为 2919.8 万人,而 2014 年 4 月公布的数字是 3153 万
人,机构数则降为 111 万个)。与此同时,按照"支持社会组织参与社会管

---

① 成思危:《中国事业单位改革——模式选择与分类引导》,民主与建设出版社 2001 年版,第 3 页。
② 中国科技发展促进中心"中国事业单位改革与非营利组织建设课题组":《中国事业单位改革:
　　回顾与展望》,《新视野》2004 年第 1 期。
③ 中央机构编制委员会办公室:《中国行政改革大趋势》,经济科学出版社 1993 年版,第 236 页。

理和公共服务"的要求,公共服务社会化、多元化格局开始形成、机制初步建立,社会力量更广泛地参与社会事业,成为提供公益服务的重要力量与公共部门的"替代机制"。

第二,机制僵化导致的效率低下问题得到一定程度的解决。虽然改革中存在过于强调经济激励乃至一定程度的"市场化过度"等偏差或不足,但从总体看,事业单位"服务对象导向"(或"顾客导向")意识普遍增强,事业单位通过面向社会开展服务获取资源的能力得到提高,领导、人事、分配、财务等管理与运行制度逐步建立,内部激励与约束机制开始发挥作用。事业单位运行效率有了提高,财政依赖度下降:目前我国整个事业单位中比例大致是全额拨款占60%,差额拨款、自收自支各占20%左右,而1990年代初上述数字分别为63%、21%、16%。一项研究显示:2002年事业单位经费来自财政预算的占47.6%,而事业单位自身的收入则提高到48.2%。[①] 当然,自身汲取资源能力提升与"推向市场"改革有一定关系,其在增强事业单位自主性与自身效率的同时,可能存在的负面作用是过于关注经济收入而导致公益性弱化。

第三,围绕实现公共服务均等化目标逐步加大公益事业投入。如在教育事业方面,教育作为财政投入的重点领域予以优先保障,持续不断地加大投入,国家财政教育支出从1979年的93亿元增长到2013年21876亿元。在科技事业方面,初步建立了财政科技投入的稳定增长机制,2003—2009年,全国财政科技经费由823亿元增长到2744.52亿元,年均增长22.2%;[②]中国的科技研发强度(GERD/GDP)2012年达到1.98%,是1995

---

① 宋大涵主编:《事业单位改革与发展》,中国法制出版社2003年版,186页;中央机构编制委员会办公室:《中国行政改革大趋势》,经济科学出版社1993年版,第500页;世界银行:《中国:深化事业单位改革,改善公共服务提供》,《经济研究》2005年第8期。

② 本段落与下一段落除注释外,2003—2009年的数字来自王保安在2010年7月举行的"公益机构改革与公共服务发展国际研讨会"发言:《贯彻落实积极财政政策支持事业单位改革和制度创新》,http://www.scopsr.gov.cn/jbc/zbzy/201007/t20100708_13830.htm。2013年、2014年上半年、目前的数字来自《人们对美好社会的向往,就是我们的奋斗目标》,《人民日报》2014年10月1日。

年的 3 倍多,超过欧盟的 1.96%。① 在医疗卫生方面,2003—2009 年,全国财政医疗卫生投入由 831 亿元增加到 3994.19 亿元,年均增幅达 29.9%;到 2013 年达到 8208 亿元。国家在社会保障和就业支出方面由 2009 年的 7606 亿元,增加到 2013 年的 14417 亿元。在文化事业方面,2003—2009 年全国财政文化体育与传媒支出由 441 亿元增长到 1393.07 亿元,年均增长 21.1%,重点保障了公共文化服务体系建设、文化遗产保护、国家重点文化工程及支持文化体制改革等。

第四,各项公益事业取得令人瞩目的发展。我国在"穷国办大教育"条件下,支撑着包括高等教育在内的世界最大规模的教育;2009 年,全国小学净入学率达到 99.4%,初中毛入学率达到 99.0%,全国中等职业教育和高等职业教育招生总规模达到 1187 万人,在校生超过 3000 万人,分别占据了高中阶段教育和高等教育的一半左右;②高等教育进入大众化发展阶段,拥有世界最大规模的在校受教育群体、最大规模的在校大学生人数,普通高等教育毕业人数由 1978 年的 8.5 万人增加到 2013 年的 683.7 万人。医疗机构、卫生人员分别由 1979 年的 176993 个、334 万人,增加到 2013 年的 974398 个、979 万人,平均预期寿命由新中国成立时的 35 岁左右增加到目前的 75 岁左右。到 2009 年我国科技人力资源总量已达 5100 万人,位居世界第一;2007 年我国发表的 SCI(科学引文索引)论文总数已占世界第二位,2014 年公布的全球"高被引科学家"名单,我国(含港、澳)共有 134 名科学家入选,排名仅次于美国(1702 人)、英国(304 人)和德国(163 人)而位列第四。③ 另外,文化体育、社会保障、劳动就业、社会服务、环境保护等社会事业也取得发展,如公共图书馆由 1978 年的 1651 个增加到超过 3100 个,社会养老机构由 1979 年的 8898 个增加到 2013 年的 45977 个。

---

① 孙玉涛、曹聪:《资助需要聚焦科学研究吗?——解读中国研究与开发支出》,《中国科学报》2014 年 10 月 24 日。

② 李卫红在 2010 年 7 月举行的"公益机构改革与公共服务发展国际研讨会"发言:《坚持教育公益性质 大力推进教育事业发展》,http://www.scopsr.gov.cn/jbc/zbzy/201007/t20100708_13822.htm。

③ 吴月辉:《中科院 46 人入选今年全球"高被引科学家"》,《人民日报》2014 年 9 月 1 日。

当然,在肯定成绩的同时,还应看到我国事业单位改革面临许多困难,改革中还走过弯路,传统体制性矛盾尚未解决,而受市场经济冲击等影响导致事业单位改革引发了"过度市场化"等新的问题,政事不分、企事不分、人浮于事、资源配置不合理、公共服务公平性下降等问题还相当突出,与政府改革、国有企业改革相比事业单位改革明显滞后。改革滞后,加上长期奉行"一条腿长(经济)一条腿短(社会)"政策,造成我国社会事业与先进国家及满足人民群众公益服务需求目标相比存在不少差距和不足:从 2004 年到 2012 年,国家加大教育投入,我国财政性教育经费占 GDP 的比重从 2.79%提高到 4.28%,但仍然低于 4.5% 的世界平均水平;2009 年,我国教育、医疗、社会保障等三项公共服务支出占财政总支出的比重合计只有 28.73%,与 2007 年人均 GDP3000 美元以下的国家和人均 GDP3000 - 6000 美元的国家比,分别低近 14 和 25 个百分点。[1]

同时,公益服务体系的形成还面临诸多制约因素:政府职能转变还不到位,组织结构还不够优化,公共服务能力有待提升,公共资源配置效率有待提高;社会力量举办公益事业有形与无形的限制依然存在,社会公益环境有待进一步优化,民间公益组织能力建设、治理结构、自律诚信等方面存在诸多短板;市场机制在公益服务领域作用不够充分,特别是政府购买服务总量不足、绩效不高等等。

对此,我们既要有清醒的认识,又要辩证地看待。导致事业单位改革滞后有多种原因:事业单位及其改革本身是中国特色"话语"与问题,既无前人经验可资,又无国外经验可鉴,只能在改革探索中走自己的道路。决策者为协调改革、发展与稳定的关系,为保证政府机构、国有企业等改革平稳推进而有意识将事业单位改革置于非优先位置,[2]对事业单位改革采取稳健

---

[1] 迟福林在 2010 年 7 月举行的"公益机构改革与公共服务发展国际研讨会"发言:《公共产品短缺时代的公益机构改革》,http://www.scopsr.gov.cn/jbc/zbzy/201007/t20100708_13814.htm。

[2] 《李鹏总理就县级机构改革答〈瞭望〉记者问》:"从改革的步骤上看,还应当从政府机构开始,先改革县级党政机关,然后着手对事业单位进行改革。因为有条件的事业单位还要容纳一部分从机关分离出来的人员。当然,有条件的地方,事业单位也可同步实行改革。"《瞭望》1992 年第 47 期。

的推进方式,甚至作为政府机构、国有企业改革人员分流"蓄水池"。改革原则形成较晚且原则内涵未能及时随社会发展而不断充实、调整,人们对改革原则理解存在偏差,改革原则向政策实施转化不够明晰具体。虽在"摸着石头过河"中探索出一些改革模式、改革路径,但政策连续性、明晰性不够,还时常发生改革"翻烧饼"现象。制约事业单位改革发展的深层次体制问题如政事不分及企事不分、劳动人事社会保障"双轨制"、事业单位机构属性未予明确、事业单位公益性与产业化关系如何处理等问题,始终未能从根本上解决甚至尚未认识透彻、形成共识。

三、推进战略

以《指导意见》2012 年 4 月 16 日公开发布与党的十八大召开为标志,事业单位改革进入全面推进阶段并不断取得新进展。

(一) 改革展望

2012 年 4 月 16 日,新华社受权发布《中共中央 国务院关于分类推进事业单位改革的指导意见》(2011 年 3 月 23 日)(中发〔2011〕5 号),该指导意见"为全面贯彻落实党的十七大和十七届二中、三中、四中、五中全会精神,推动公益事业更好更快发展,不断满足人民群众日益增长的公益服务需求",就分类推进事业单位改革提出指导意见。《指导意见》立足深入贯彻落实科学发展观,重视改革顶层设计与体制机制创新,对改革的重要意义、指导思想、基本原则、总体目标与主要内容等进行整体部署、战略谋划,进一步明确按照政事分开、事企分开和管办分离的要求,以促进公益事业发展为目的,以科学分类为基础,以深化体制机制改革为核心,总体设计、分类指导、因地制宜、先行试点、稳步推进;明确改革总体目标及阶段性目标,改革的总体目标是:"到 2020 年,建立起功能明确、治理完善、运行高效、监管有力的管理体制和运行机制,形成基本服务优先、供给水平适度、布局结构合理、服务公平公正的中国特色公益服务体系。"要求坚持分类指导、分业推进、分级组织、分步实施的"四分"工作方针推进改革。同时,一系列配套政策陆续制定,形成1(总体部署即《指导意见》)+11(11 个改革配套文件)的政策体系,对机构编制、内部治理、人事管理、收入分配、职业年金、财政支持、税收政策、国有资产管理等方面做出了具体规定,分类规范各类单位、各个方面的改革、管理与运行,促使事业单位改革以整体态势推进。

党的十八大进一步提出分类推进事业单位改革的要求。党的十八届三中全会通过的《中共中央关于全面深化改革若干重大问题的决定》,提出加快事业单位分类改革,理顺事业单位与主管部门关系、建立事业单位法人治理结构、加大政府购买公共服务力度、建立各类事业单位统一登记管理制度;同时,在教育、卫生、文化、社会保障改革与人才队伍建设等方面对事业单位改革也提出了具体要求。党的十八大、十八届三中全会以及《指导意见》等立足"五位一体"社会主义现代化建设的总体布局,从全面深化改革的高度,对发挥市场决定性作用、政府职能转变、事业单位改革、社会组织培育等方面做出战略部署,明确了方向与行动指南,指导今后一个时期中国特色公益服务体系建设。

(二)总体思路

目前,我国正处于全面建成小康社会的关键时期,在经济高速发展30余年之后、全面深化改革纵深推进背景下,加快发展社会公益事业、满足人民群众公益服务需求的任务更加艰巨。一方面,2013年我国人均GDP达到6767美元进入"中上等收入国家"后,社会需求结构发生重大变化,公共需求快速增加,对强化政府公共服务职能、完善公共服务体系提出更高要求。另一方面,社会转型促使社会主体多元化格局形成,体制改革导致利益分化与固化问题更加突出,协调利益关系任务加重,这对公共服务公平性的要求提高。因此,根据完善和发展中国特色社会主义制度,推进国家治理体系和治理能力现代化要求,围绕建立公平有效、具有中国特色的公益服务体系目标,进一步明确改革定位,及时调整、充实、丰富改革原则的内涵,以明确公益服务的职能分工、组织形式、合作机制为基础,以理顺政事职能关系为主线,大力实施分类改革战略,推进政事分开、事企分开、管办分离,深化事业单位等公益机构改革,加快中国特色公益服务体系建设步伐。

1.把握节点

"制定任何战略目标,都需要有一个时间节点,即到什么时间,实现什么样的战略目标,完成什么样的战略任务。"①《中共中央关于全面深化改革若干重大问题的决定》明确要求:到2020年,在重要领域和关键环节改革上取得决定性成果,完成本决定提出的改革任务,形成系统完备、科学规范、运行有效的制度体系,使各方面制度更加成熟更加定型。

具体到公益服务体系,到2020年有四个重要体制性改革创新目标要努力实现,一是围绕经济体制改革这个全面深化改革的重点,积极稳妥地纵深推进市场化改革,处理好政府和市场的关系,使市场在资源配置中起决定性作用和更好发挥政府作用。二是建立起比较完善的中国特色社会主义行政体制,实现政府职能向创造良好发展环境、提供优质公共服务、维护社会公平正义的根本转变,实现政府组织机构及人员编制向科学化、规范化、法制化的根本转变,实现行政运行机制和政府管理方式向规范有序、公开透明、便民高效的根本转变,建设人民满意的政府。三是到2020年,建立起功能明确、治理完善、运行高效、监管有力的管理体制和运行机制,形成基本服务优先、供给水平适度、布局结构合理、服务公平公正的中国特色公益服务体系。四是探索出具有中国特色的现代社会组织发展之路,建立健全统一登记、各司其职、协调配合、分级负责、依法监管的社会组织管理体制,营造法制健全、政策完善、待遇公平的社会组织发展环境,构建结构合理、功能完善、诚信自律、有序竞争的社会组织发展格局,形成政社分开、权责明确、依法自治的现代社会组织体制。②

四大目标都与公益服务体系相关,以此为节点具有可预测、可规划、可操作、可评估等特点。因此,它们构成了公益服务体系改革战略整体设计必须把握的节点乃至必须完成的目标任务。当然,公益服务体系建设是需要持续推进的长期任务,即使是完成2020年的各项战略部署,社会公益服务

---

① 薄贵利:《论服务型政府建设的战略目标与战略重点》,《国家行政学院学报》2012年第4期。

② 李立国:《改革社会组织管理制度,激发和释放社会发展活力》,《求是》2014年第10期。

需求依然存在并随经济社会发展而不断提高。因此,节点的把握应站得更高、看的更远,从新中国成立一百年时建成富强民主文明和谐的社会主义现代化国家的高度审视2020年的改革发展目标任务,并战略性、整体性地展望、谋划中国特色公益服务体系建设的远景、任务、路径与措施。

2. 改革框架

虽然形成中国特色公益服务体系是在事业单位分类改革战略部署中提出的,但其内涵极为丰富,并不局限于事业单位改革,而广泛涉及政治、经济、社会、文化、生态文明建设诸多方面,特别是与行政体制改革、事业单位改革、社会组织培育、市场体制完善等关系密切。因此,其改革发展既内涵丰富又任重道远。

形成中国特色公益服务体系的总体战略必须立足社会主义初级阶段这个基本国情,坚持中国特色社会主义发展道路,围绕社会主义现代化建设"五位一体"总体布局,规划设计政府主导、事业单位主体、社会力量参与、市场发挥作用的"四位一体"新体系的改革发展战略。其要点是:加强顶层设计与摸着石头过河、鼓励基层创新密切结合,整体推进和重点突破相互促进,体制转型与组织变革紧密互动,以行政体制改革为先导,以事业单位分类改革为中心,以推进公益事业多元化为支撑,以有效发挥市场机制作用为重要内容,按照分类指导、分业推进、分级组织、分步实施的"四分方针",战略性思考、整体性规划,以2020年为重要节点,力求在重要领域和关键环节改革上取得决定性成果,从而形成中国特色公益服务体系。

3. 主要内容

政府是事业单位的举办者,是公益服务主要责任主体。应围绕建设服务型政府目标,加快推进以政府职能转变为中心的行政体制改革,明确政府公共服务职能定位及"管"、"办"职能关系。以深化大部门制改革为重点优化结构,以提升公共服务能力为目标,以建设现代公共人事体制为基础,强化政府与政府公务员公共服务能力建设。

事业单位是公益服务的主要载体,事业单位改革是构建中国特色公益服务体系的关键环节和中心任务。应按照政事分开、事企分开和管办分离的要求,以促进公益事业发展为目的,以科学分类为基础,以深化体制机制改革为核心,明确改革目标模式与路径,优化改革环境,增强改革动力,健全治理结构,加快推进事业单位分类改革。

构建公益服务新格局是改革的重要目标。应坚持着眼发展,充分发挥政府主导、社会力量参与和市场机制的作用,特别是围绕形成政社分开、权责明确、依法自治的现代社会组织体制,着力培育发展行业协会商会类、科技类、公益慈善类和城乡社区服务类等民间公益机构,创造条件促使其发挥好公益服务的"替代机制"作用,并进而推进其由公益服务的"替代机制"向"优先机制"转化。

市场决定资源配置是市场经济的一般规律,健全社会主义市场经济体制必须遵循这条规律,构建公益服务体系同样也要充分发挥市场机制的作用。以理顺市场、社会、国家关系为基础,揭示市场在不同领域作用的方式与内容,特别是将建立健全政府购买服务作为建设公益服务体系的重要战略,努力实现公益服务提供主体多元化和提供方式多样化。

(三)改革推进

战略推进是复杂的系统工程,涉及政府、事业单位、社会组织等多个主体,涉及政府管理、市场机制、社会志愿多种机制,以及政事、事企、政社等多方关系与教育、科技、文化、卫生等多个行业体制。因此,必须正确处理好改革发展稳定的关系,广泛凝聚共识、形成改革合力,将宏观层面的顶层设计与各地、各单位探索创新紧密结合,将战略规划与细节设计相互衔接,整体推进与重点突破相辅相成,科学决策、有序推进,加快推进中国特色公益服务体系建设。

1. 政府主导与多方参与相结合

政府是公益服务的责任主体,而我国改革又属于政府主导型改革,因而在公益服务改革发展、公益服务体系建设中必须发挥政府主导作用。发展公益事业、构建公益服务体系最终目的是满足人民群众的公益服务需求,中国特色公益服务体系建设必须坚持以人为本。同时,我国的公益服务主要由事业单位、社会组织、公司企业及公民个人直接提供,社会力量及公民个人是公益服务体系建设与改革的重要力量,因而公益服务体系建设既需要政府主导,也需要各方力量积极参与。不可回避的问题是:政府自身既是改革主导者又是改革对象,几千年集权传统与几十年计划经济体制创造了一个体量与能量巨大的全能型、管制型政府,正是这个政府引领并推进我国公益服务体系建设与传统国家事业体制的现代转型;与此同时,公益事业发展面临的许多阻力来自政府,许多体制性障碍来源于高度集中的行政体制,如政事不分、政社不分、公益服务责任不清、政府运行不畅等等。化解上述阻力、破除上述障碍,需要将政府自身革命与社会各方力量推进政府改革有机结合,通过职能转变、机构精简、理顺关系,推进"全能政府"向"有限政府"、"管制政府"向"服务政府"转变:实现这一转变既是公益服务体系建设的基础条件,又是公益服务体系建设的重要内容。因此,应在坚持政府主导基础上,将国家、市场、社会各方力量组合起来,尤其是充分调动作为公益服务主要载体的事业单位及其工作人员改革的积极性、主动性与创造性,促使改革从封闭走向开放、从单一政府主导走向社会多方参与,增强与提升改革的科学性、民主性、回应性,并进而获得推进改革的持续动力。

2. 存量改革与增量发展相结合

经过 65 年的发展特别是 30 多年的改革开放,我国的公益事业体制机制不断创新,公益事业取得重要发展,公益服务总量不断扩大,服务水平也逐步提高。作为体制内提供公益服务的事业单位已成为我国仅次于企业的第二大类组织,甚至在规模上一度超过国有企业而成为最大的公共部门。但是随着经济社会的发展与人民生活水平的提高,人们对公益服务数量与质量的要求会不断提高;与发达国家相比,我国的教育、科技、卫生、文化、社会保障等公益事业发展水平还相对较低。因此,我国的公益事业还要加快发展,公益事业组织体系还要进一步扩大。公益服务体系建设既涉及以政府职能转变为先导特别是以事业单位改革为中心的存量改革问题,也涉及构建公益服务新格局的增量发展问题。但存量改革与增量发展有不同的要求与做法。存量的问题是如何搞活,即以调整国家事业职能为基础,通过管理体制、组织机构、产权制度、人事制度等改革,增强公办事业的活力与发展能力。增量的问题则是如何做大,在不断加大公共投入的同时,坚持社会化、多元化的发展战略,通过举办主体、投资渠道、组织形式的多元化,提高公益服务的供给数量与供给质量。当然,存量搞活与增量做大两者不是截然分开的两个领域,在改革中二者存在紧密衔接、相互补充的关系:搞活存量的相关政策与措施将为做大增量提供职能空间与制度范本,增量发展的进路与对策会为存量改革提供战略思维与方法借鉴。

3. 整体推进与重点突破相结合

形成政府、事业单位、社会力量、市场机制"四位一体"的公益服务体系,涉及的改革内容丰富、触及的利益调整面广,而且"四位一体"的各个主体、各个因素以及各个制度常常相互衔接、环环相扣。因此,改革必将是一项统合各方的系统工程,改革整体设计与推进必须与各个主体、各个行业、各项制度、各个层面的改革统筹协调起来,将行政体制改革、事业单位改革及社会力量参与和发挥市场机制作用有机结合起来,形成整体推进的态势。同时,改革要有问题意识、焦点意识,要根据公益事业发展的要求与相关体制改革的实际进程,有重点、分层次地进行政策设计与改革推进,点面结合、分步实施、逐步到位。从目前看,应把国家事业职能转变与政府结构优化、事业单位分类体系建立与分类改革、管办分离及其机制创新、健全事业单位内部治理结构、培育发展民办公益事业、引入市场机制特别是推进政府购买服务等作为当前改革的关键环节,作为改革的着力点、突破点,以点的突破带动面的推进。

4. 分业推进与体制创新相结合

公益事业包含众多的行业,公益事业体制具体由各个行业体制构成,而公益事业发展直接体现为各个行业公益事业的发展。但是,公益事业各个行业的行业特点、发展现状、改革进度、制度体系等差异较大,因而公益服务体制改革必须结合行业特点、行业体制、行业改革与发展进行,实行分业推进。改革开放以来,虽然我国的教育、科技、文化、卫生等行业体制改革稳步推进,但不可否认的是各行业改革推进的速度、力度、广度、深度有不少差距,各行业改革的价值取向、重点领域、难点问题、政策支持等有不少差异,这导致公益事业改革存在行业分割、苦乐不均、进展不一等问题。公益服务作为与民生密切相关的社会事业、公共服务,在组织体系、行为模式、国家管控等多方面存在内在联系,其体系的构建既要考虑行业特点、行业体制,还要把握其共同特点与内在规律,包括公益宗旨、职能结构、组织类型、产权安排、服务传递、政府监督等,恰恰是这些具有共性要求、基础性的体制构成了公益服务体系最深层的制度体系,不打破这些深层体制的制约,改革不可能取得质的突破。因此,应立足经济社会发展、全面深化改革事业推进创造的物质基础与相关制度体系,以满足社会公益服务需求为出发点,将分业改革与基础体制创新结合起来,整体性、多层面地推进中国特色公益服务体系建设。

第三章 转变政府职能、优化组织结构

公益服务体系建设以政府为主导。深化以转变职能为中心的行政体制改革、构建以公共服务为主的政府职能结构、通过推进大部制改革优化政府结构，既是建设职能科学、结构优化、廉洁高效、人民满意的服务型政府的内在要求，也是建设公益服务体系的重要基础。现代社会通过国家机制、市场机制、社会机制提供各类产品并共同推动社会的发展。转变政府职能要求重新定位国家事业职能，理顺公共管理者职能与所有者职能关系。机构是职能的载体，职能转变需要组织结构的优化与之适应，当前优化结构的中心任务是推进大部制改革。

一、三大机制

在建设服务型政府背景下，构建以公共服务为主的政府职能结构，是行政体制改革与公益服务体系建设的重要内容。"政府的任务是服务和增进公共利益。"[①]但各种服务的提供与公共利益的增进并非政府可以包办。现代社会由国家、市场、社会三大部门构成，三大部门分别通过国家机制、市场机制、社会机制提供不同产品和服务，国家、市场、社会三种机制并存、互补，共同推动社会发展是现代社会的基本特征："当今世界，国家、市场和非营利部门分别能够做什么、应该做什么，是各个层面的社会治理所讨论的核心

---

① [美]詹姆斯·E.安德森：《公共决策》，华夏出版社1990年版，第222页。

话题。"①三种机制各有其优势,也各有其不足。只有立足三元社会的宏观视野,在比较国家、市场、社会三种机制基础上,依据服务型政府建设与公益服务体系建设的需要,界定国家事业职能以及选择何种方式实现国家事业职能,从中发现国家必须做什么、能够做什么、擅长做什么,为转变政府职能进而推进公益服务体系建设奠定坚实基础。

虽然,国家、市场、社会构成现代社会的三大部门,各大部门均有其运行机制,但各大部门、各大机制并非由不可跨越的鸿沟截然分开:"如果用中立的历史眼光去看,会发现各种社会活动一直在域与域的边界上移来移去,而且是有意移来移去。"②20 世纪 70 年代末兴起的新公共管理,通过以"市场价值再发现"为取向的政府改革更多地在公共部门引入市场机制,并加强与第三部门合作共同提供公共产品。因此,部门与部门之间的划分、各大部门与各大机制的关系是复杂的。但三大部门与三大机制的划分及各个部门与相应机制之间存在着对应关系,这依然是现代社会的重要特征。我国公益服务体系建设虽然以政府为主导,但市场机制、社会机制均可在其中独立或与其他机制合作发挥功能与作用。美国学者 E.S.萨瓦斯立足现代社会公私部门、三大机制的复杂关系,与公共服务提供者(安排者)与生产者的可分离性,概括出公共服务的 10 种治理工具或制度安排:"由于服务提供与服务生产之间的区别,我们可以据此确定公共服务的不同制度安排。"③

---

① Jennifer M. Brinkerhoff , and Derick W. Brinkerhoff , "Government - nonprofit Relations in Comparative Perspective:Evolution , Themes and Direction," Public Administration and Development,2002 (22):3 - 18.
② [英]托马斯·马歇尔:《我们能定义志愿域吗?》,载李亚平、于海编选:《第三域的兴起——西方志愿工作及其志愿组织理论文选》,复旦大学出版社 1998 年版,第 87 页。
③ [美]E.S.萨瓦斯:《民营化与公私部门的伙伴关系》,中国人民大学出版社 2002 年版,第 69—89 页。

表 3 - 1　公共服务的不同制度安排

		安排者	
		公	私
生产者	公	政府服务 府际合作	政府出售
	私	合同 特许 补助 代用券	自我服务 志愿服务 自由市场

(一) 市场机制

经济学的一个基本假设是资源是稀缺的,而经济学就是研究社会如何利用稀缺性资源生产有价值的物品和劳务,并将它们在不同的人之间进行分配的知识体系。能够对稀缺资源进行合理配置的最有效机制就是市场。从各国经济发展的长期趋势看,市场配置资源显然比政府以计划、行政命令方式配置资源效率更高。党的十八届三中全会通过的《中共中央关于全面深化改革若干重大问题的决定》明确指出:"市场决定资源配置是市场经济的一般规律,健全社会主义市场经济体制必须遵循这条规律,着力解决市场体系不完善、政府干预过多和监管不到位问题。"但市场不是万能的,理想化、零缺陷的市场现实并不存在。

1. 市场机制优势

现今社会,市场不仅仅是"日中为市"的交易场合,而成为一套复杂、精致的经济运行与组织体系,一个物品的买主和卖主相互作用以共同决定其价格和数量的过程。市场机制作为一种经济组织形式,能够使价格机制、供求机制、竞争机制等各个机制互相关联、互相制约,形成既各自独立运行又可共同发挥功能的有机联系整体,从而使市场主体通过市场有效解决生产什么、如何生产、为谁生产三个基本问题:"市场机制是这样一种经济组织形式,在其中,单个的消费者和企业通过市场相互发生作用,来决定经济组织的三个中心问题。"①正是这种职能优势使市场可在资源配置中发挥决定性作用,而市场机制则被人类选择作为从事社会经济活动的最基本工具之一。市场体系包括消费者、政府、中介组织、企业等多个主体,其中企业是市场最主要的主体。市场机制的优势最主要体现在以下三个方面:

A.经济运行

虽然在人类历史发展进程中,经济活动曾以不同的方式进行组织,"但是市场依然是能够组织起千百万人合作的少数机构建制之一。"②在市场经济环境中,拥有不同资源禀赋的市场主体——消费者、企业等在市场机制作用下结合在一起,通过供求、价格、竞争机制将稀缺性的资源、不同的消费偏好及利益诉求等有机地组织在市场运行中,从而使市场"无意识地协调着人们的经济活动"。③ 因而,市场这只"看不见的手"虽然没有统一的指挥或统一的计划,却使千百万人生产着满足千百万人需要的千百万种商品。

B.传递信息

市场通过价格机制准确反映供求关系,并通过价格信号将生产、分配、交换与消费的各个领域里的无数信息,客观、全面、及时地传递给消费者与生产者,为进行正确的经济决策提供信息保障。因而,市场"虽然不具有统一的智力,它却解决着一种当今最大的计算机无能为力,牵扯到上百万未知数和关系的问题。"④

C.激励创新

市场运行原动力只能是市场参与者的经济利益,而市场是通过利润和亏损解决生产什么、如何生产、为谁生产三个问题:利润追求引导企业进入

---

① [美]保罗·A.萨缪尔森、威廉·D.诺德豪斯:《经济学(12版)》上,中国发展出版社1992年版,第68页。

② [美]查尔斯·林德布鲁姆:《政治与市场 世界的政治—经济制度》,上海三联书店、上海人民出版社1994年版,第7页。

③ [美]保罗·A.萨缪尔森、威廉·D.诺德豪斯:《经济学(12版)》上,中国发展出版社1992年版,第70页。

④ [美]保罗·A.萨缪尔森、威廉·D.诺德豪斯:《经济学(12版)》上,中国发展出版社1992年版,第70页。

消费需求数量较多的领域并选择最有效率的生产技术。竞争是市场机制的灵魂,市场通过竞争机制实行优胜劣汰,从而使努力和创新得到报偿。而对个体(厂商及消费者)的激励能够在客观上激发整个社会的创造力,增加社会财富,增进社会福利,从而产生亚当·斯密所描绘的那种精彩图景:"每个人都在力图应用他的资本,来使其生产品得到最大的价值。……在这样做时,有一只看不见的手引导他去促进一种目标,而这种目标不是他所追求的东西。由于追逐他自己的利益,他经常促进了社会利益,其效果要比它真正想促进社会利益时所得到的效果为大。"

2. 市场机制缺陷

市场在配置资源方面的决定性作用、市场机制的效率只有在一定条件下才能充分地发挥出来。虽然经济学家可以构想出零缺陷的市场环境,但现实并不具备充分的条件使零缺陷的市场得以形成。在有缺陷的条件下市场配置资源可能是低效率或无效率的。此外,经济与政治、社会虽然存在着紧密的联系,但当市场作用扩展到非经济的政治、社会(如大多数公益服务)领域时,其资源配置效率是要打折扣的,或者需要政治、社会等相关制度机制加以配合才能发挥作用。市场缺陷或市场失灵的情形可以列出长长的清单,其最突出表现在以下几个方面:

A. 垄断

完全的市场竞争会带来资源配置的高效率,但现实中的市场常常因规模经济效益、资本需要量、对重要资源的控制特别是政府创造的垄断等,导致一个行业只有一个卖者或少数"寡头"控制某个行业的情况,使竞争无法充分展开甚至完全不存在,竞争不充分或缺失是导致市场低效、无效的重要原因之一。

B. 外部性

关于外部性有许多理论阐述,但简单地说就是:在存在外部经济或外部不经济的条件下,边际私人成本与边际社会成本、边际私人收益与边际社会收益是不一致的,这导致价格机制不能准确传达准确的市场信息,从而无法实现社会资源的帕累托最优配置。

C. 公共物品

与"私人产品是谁付费谁享用"①不同,公共物品没有排他性与竞争性或者排他性与竞争性不充分。非排他性使物品的所有者难以或无法有效阻止他人对该物品的消费,此类物品"经济人"最"理性"的消费方式是他人购买而自己无偿消费;非竞争性则因增加一个消费者不会同时减少其他人对该产品的消费而使公共物品边际生产成本和拥挤成本为零,边际成本为零的产品理论上其价格也应为零,"经济人"通常不会花钱生产价格为零的物品。因而公共物品难以通过市场实现有效供给。

D. 信息不对称

现实市场中交易参与者拥有的信息往往是不对称的,而市场缺乏有效配置信息、矫正信息不对称的机制。信息不对称可能导致消费者或生产者难以获得完全信息以进行正确的经济决策,还会导致交易双方的利益失衡,从而影响市场配置资源的效率,甚至存在掌握信息优势一方在与信息贫乏一方交易时利用信息不对称进行欺诈等问题。

E. 分配不公

一方面,市场竞争、优胜劣汰的结果通常是"马太效应":资源呈集中趋势,财富向少数人集中。另一方面,社会中广泛存在的"社会排斥"导致个人和家庭难以有效参与生产、交换和消费等经济活动,从而被排斥在市场之外或者在市场竞争中处于不利地位。分配不公及其极端化的表现——两极分化,既会引发社会不稳定问题,也不利于市场合理配置资源。

此外,市场机制还存在宏观经济调节盲目性、滞后性问题,缺乏实现可持续发展、保障弱势群体权益机制等先天不足或缺陷。

(二)国家机制

"政府以权威为基础"。② 国家垄断公共权力,并凭借公共权力实现政治统治与社会治理目标。但现代国家的重要特征是政府在履行政治统治职

① [澳]欧文·E. 休斯:《公共管理导论》,中国人民大学出版社2001年版,第114页。
② [美]查尔斯·林德布鲁姆:《政治与市场 世界的政治—经济制度》,上海三联书店、上海人民出版社1994年版,第19页。

能的同时,越来越广泛而深入地参与到经济活动特别是公共服务提供之中。对此,法国公法学家狄骥100年前就已发现国家就是政府为着公共利益进行的公共服务的总和。当代学者艾伦·舍克更明确指出:"在发达世界中,现代国家的边界已经得到了很好地界定,这包括传统的'守夜人职能'如维护法律秩序抵御外来侵略和基本的医疗卫生和安全措施。这些虽然重要,但在大多数国家政府中,这些传统功能征用公共雇员和公共支出的比例越来越小。大部分公共人力资源和财政资源被用于提供直接服务和进行财政支持。在我们的时代,国家最重要的角色皆是成为一名服务提供者或资金提供方……"[1]因此,公益服务成为政府公共政策的重要领域,而公益服务体系建设必须以政府为主导。

1. 国家机制优势

国家作为政治统治与社会治理的核心架构,掌握包括合法暴力在内的公共权力、巨量的公共资源,并建立起纵横交错、规模庞大的组织体系。因此,国家在实现社会公共目标方面承担着多方面的责任,其核心功能是发挥"三个作用,即效率、平等而稳定"[2]。国家机制的优势主要有:

A. 确立基本制度

国家是公共权威的拥有者,法律制度的制定者,市场秩序的维护者,社会经济事务的仲裁者。国家通过确定、维护基本社会制度,保证经济、文化、社会等活动正常进行。在经济领域,国家通过确立财产制度、保护产权、规定市场游戏规则、支持市场体系建设、防止垄断等,从而保障市场机制的有效运行。

B. 调控经济运行

国家拥有财政、税收、金融、产业政策等公共治理与经济调节工具,有责任建立和维持宏观调控体系,保持非扭曲的政策环境,并通过法律、行政特

---

① [美]艾伦·舍克:《代理机构:探求原则的过程》,载经济合作和发展组织:《分散化的公共治理:代理机构、权力主体和其他政府实体》,中信出版社2004版,第45页。

② [美]保罗·A.萨缪尔森、威廉·D.诺德豪斯:《经济学(12版)》上,中国发展出版社1992年版,第79页。

别是财税、金融、产业政策等经济手段调节重大比例关系,实行收入再分配,提供公共产品与服务,以调控社会经济运行、维持宏观经济的稳定。

C. 维护公平正义

市场实现效率、促进发展,政府维持公平并消化市场运行的副作用是现代社会的基本分工。市场竞争与社会排斥带来分配不公及两极分化,首先会影响政治的稳定与社会的秩序,其次是导致市场配置资源的低效率。虽然马克思曾断言"商品是天生的平等派",但市场自身并不必然内含自动实现分配公平的机制,防止两极分化、实现社会公正主要是政府(包括社会机制)的职责。国家运用财政、税收等再分配手段,提供公共物品、建立社会保障体系,保护弱势群体利益,进而实现社会公正并维持社会稳定。

D. 提供公共物品

国家代表公共利益或国家意志,依靠公共权力,通过政治程序"找到全社会意愿和要求的最大公约数"从而实现集体选择,决定公共物品供给种类、数量与质量,并通过强制或说服的方式促成公共物品生产成本的社会化,保障公共物品(包括各类公益服务)的有效供给。

E. 保护生态环境

生态文明建设是"五位一体"总体布局的重要组成部分,是实现科学发展的内在要求。自然资源与生态环境具有非排他性、非竞争性以及不可再生性。市场决策的分散性、市场主体的自利性,难以合理利用自然资源与保护生态环境,导致哈丁所揭示的因过度使用而产生的"公地悲剧"等问题,甚至使资源与环境遭到无法恢复的毁灭性破坏。合理运用资源、保护生态环境等责任主要由非市场的社会机制特别是国家机制承担。

此外,国家在维护国家主权、应对突发事件、减少社会冲突、培育社会组织等方面负有责任。

2. 国家机制缺陷

"国家的存在是经济增长的关键,然而国家又是人为经济衰退的根源"①。虽然国家机制具有弥补市场失灵的功能,但市场机制的缺陷未必就是政府干预的充要理由,因为政府机制自身也存在缺陷(失灵)问题,正如斯蒂格利指出的那样:"对那些提议对市场失灵和收入分配不平等采取干预的人们,经济学家提醒他们也不要忘记政府同私人市场一样是有缺陷的。政府并不是有良好意愿的计算机,总是能够作出对整个社会有益的无私决策。"②国家机制的缺陷主要表现在:

A. 资源配置非市场化

"天下没有免费午餐",政府配置资源必然要发生成本,而上述成本会因政府活动的非经济性趋向极大化。首先,收益与成本相分离是政府运行的一个突出特点。政府具有非价格来源的收入,不必通过组织收入来支付成本、获取收益,而收益与成本相分离通常意味着资源投入量的过大(即公共选择学派所谓的"预算最大化"问题)。其次,从"理性人"假设分析,政府自身没有剩余索取权,提高效率带来的收益并不属于政府机构及政府工作人员,这导致政府机构及其工作人员缺乏提高效益的动力。最后,"唯一性"的政府不存在实在的竞争者,竞争机制的缺失使得政府提高效益缺乏压力,而行政性的垄断则抑制市场竞争并导致资源配置的低效率。

B. 集体选择非理性化

政府是通过政治程序进行集体决策,确定公共产品与服务的种类、质量、规模。但正如 K·J. 阿罗的"不可能定理"指出的那样:不存在将个人偏好加总成为社会一致的偏好次序的机制。集体决策既不等于个人偏好的简单加总,也不是某种抽象公众意志的集体表达。现代社会,一方面社会分化导致利益群体多元化,而各个利益群体"话语权"不对等;另一方面决策过程容易受决策者个人偏好及利益倾向等影响,使获得"社会意愿和要求的最大公约数"的难度加大,公共决策的制定、实施与社会真实需求产生脱节

① [美]道格拉斯·C.诺思:《经济史中的结构与变迁》,上海三联书店、上海人民出版社 1994 年版,第 20 页。
② [美]约瑟夫·E.斯蒂格利茨:《经济学(上册)》,中国人民大学出版社 1998 年版,第 502—503 页。

的现象经常发生。

C. "科层制"与官僚化

现代政府一般选择"官僚制"("科层制")组织模式。这种纵向垂直、巨型规模的科层组织具有权力集中化的趋势,高度集中与命令主义的等级节制,容易抑制下级机构、工作人员的主动性和创造性;庞大的科层组织通常层级众多、关节林立且热衷于繁文缛节,导致机构僵化和运行低效;"官僚制"具有自我复制、快速膨胀的内在动力,叠床架屋的机构体系不仅降低了政府的运行效率,而且增加社会负担;"官僚制"的内部运行是以命令——服从为原则的,这恰恰是对上负责对下不负责的责任机制形成的深层根源,这种责任机制往往导致政府机关高高在上、公务员行为与服务对象需求脱节等现象。

(三)社会机制

随着 20 世纪后半期"全球社团革命"的兴起,公民社会成为与国家、市场并立的第三域,非国家非市场的以志愿求公益的社会机制(也有学者称为"市民社会机制"①、"社会志愿机制"②等)在经济社会中发挥着越来越重要的作用:"'市民社会'的核心机制是由非国家和非经济组织在自愿基础上组成的。这样的组织包括教会、文化团体和学会,还包括了独立的传媒、运动和娱乐协会、辩论俱乐部、市民论坛和市民协会,此外还包括职业团体、政治党派、工会和其他组织等"③。以社会组织为载体的社会机制在提供准公共物品、弥补市场失灵及政府失灵方面发挥着不可替代的作用。

1. 社会机制优势

第三部门曾是 20 世纪 80 年代美国就业增长最快的部门,而管理大师彼得·德鲁克在统计了第三部门雇员和志愿者的情况后,认为非营利组织是"美国最大的就业部门"④。美国学者 L. M. 萨拉蒙在对 20 世纪后半期席

---

① 黄恒学:《分类推进我国事业单位管理体制改革研究》,中国经济出版社 2012 年版,第 119 页。
② 彭少峰、张昱:《政府购买公共服务:研究传统及新取向》,《学习与实践》2013 年第 9 期。
③ [德]哈贝马斯:《公共领域的结构转型》,学林出版社 1999 年版,"1990 年版序言"第 29 页。
④ [美]史密斯-巴克林协会:《非营利管理(第二版)》,中信出版社 2004 年版,前言。

卷全球的"结社革命"系统描述与深入思考的基础上,认为"以志愿求公益"的第三部门"并非政府的替代品"[1],而且已成为"提供集体产品的优先机制"[2]。社会机制优势主要表现在以下方面:

A. 提供准公共物品

公共物品既包括"纯公共产品","也可以包括'公共性'从 0 到 100%其他的一些商品或服务"。[3] 国家是通过集体决策方式决定提供公共物品的数量与质量,集体决策倾向于反映多数人的偏好,因此,政府通常以提供满足多数人需求的公共服务为政策目标。由此导致一部分人对超出上述公共服务的公共物品需求,或者一部分人的特殊公共需求难以满足。社会机制在提供多数人偏好之外的过度需求或特殊需求的某些准公共物品方面具有某些优势。

B. 弥补"契约失灵"

在教育、医疗卫生、社会服务等特定领域,或者是因服务的购买者不是最终消费者,或者是因服务本身过于复杂、过于专业化,导致消费者难以获得准确、充分的信息,难以对服务的数量与质量进行准确判断与评估。在这种情况下,如果由追求利润最大化的营利性企业提供服务,企业可能会通过自己在信息掌握方面的优势地位欺骗消费者以获取更大利润。非营利组织由于营利不是其宗旨,又有"盈余非分配约束"原则限制,从而可大大降低利用信息优势进行欺诈的概率。

C. 社会沟通的优势

社会组织是公民在国家、企业之外,以自愿、自主、自治、自律"四自"方式形成、运行的组织,很多组织更是植根民间的"草根组织"。社会是其存在基础,深入社会基层、贴近社会公众是其一大优势。因而,社会组织能够

---

① [美]莱斯特·M.萨拉蒙等:《全球公民社会——非营利部门国际指数》,北京大学出版社 2007年版,第 34 页。

② [美]戴维·奥斯本、特德·盖布勒:《改革政府——企业精神如何改革着公营部门》,上海译文出版社 1996 版,第 22 页。

③ [美]詹姆斯·布坎南:《民主财政论——财政体制和个人选择》,商务印书馆 1993 年版,第 20页。

在公民与公民之间、社会与国家之间、社会与企业之间架起沟通的桥梁。事实上,中介性是社会组织的基本特征之一。社会组织的这种沟通优势使其能关注社会问题特别是弱势群体的需求,而且社会组织具有自己动手解决自身或身边问题的机制,可以及时反映诉求又可近距离解决自身或身边发生的问题。

D. 组织运行低成本

尽管市场机制在配置资源方面具有效率,政府因掌握公共权力具有强大的社会动员与组织能力而在解决社会问题、提供公共物品方面具有极大优势,但社会机制的一大特点或优势是较低成本。其一是组织灵活,一般没有叠床架屋式的庞大组织体系;其二是能得到政府及私人捐赠的支持;其三是有志愿人员为其提供无偿或低偿服务;其四是与问题距离短或"零距离",信息传递迅速,决策及实施快速便捷。这使得社会组织能够通过较低成本整合资源,解决许多市场与国家"管不了"、"不想管"、"管不好"的问题。

2. 社会机制缺陷

正如市场和政府都可能发生失灵一样,社会机制也存在诸多局限性。莱斯特·M.萨拉蒙曾将这种局限性称作"志愿失灵"(voluntary failure),并归纳为慈善不足、慈善活动的狭隘性、慈善组织的家长作风、慈善组织的业余性四个方面:

A. 慈善不足

传统上,非营利组织主要由各类慈善机构构成并通过慈善捐助获取资源。随着非营利组织的发展壮大,其开支与自身所能筹集到的资源之间存在着越来越大的缺口,志愿捐款在获取资源中的比例越来越低,而政府补贴、经营收入在各国非营利组织预算中所占的比重一直呈上升趋势。一项研究对全球34个国家非营利部门全部收入统计的结果是:来自收费收益、政府、慈善的收入分别占 53%、34%、12%。^① 非营利组织以传统方式动员、汲取资源能力下降,形成慈善组织的所谓"慈善不足"问题。

B. 狭隘性

非营利组织活动的受益对象往往限于某些特定社会群体,如特定的种族、宗教教派、特定地域居民乃至特定的年龄、性别、爱好等。由于不同的社会群体资源动员及自我组织能力差别很大,有些群体(特别是弱势群体)社会服务需求很大却难以建立代表自己利益的组织、募集到支撑服务提供的资金。如英国,2001 年整个志愿部门有 1/3 的资金来自于政府,但是只有10% 的志愿组织享受到了它们。^② 其后果是有些群体可以享受较广泛的服务,而另一些群体的利益有意无意被忽视。此外,志愿活动狭隘性还容易导致资源配置效率低下,如许多群体建立自己专门的慈善机构提供服务难以达到规模效应,致使社会总体的服务成本加大。

C. 家长作风

掌握志愿组织经济命脉的人(如主要的捐赠者、管理者等)对资源使用有很大发言权,但他们所作的决定有时既不必征求受惠人的意见,也不必对社会大众负责。在慈善捐款免税的国家里(如美国),那些接受政府隐性补贴(如免税等)的慈善组织反而不必使其内部决策过程公开化,接受国家、社会、组织成员等监督。由此导致许多国家都曾发生过非营利组织背离公益宗旨与捐赠人意愿等行为,甚至领导人员贪腐等问题。

D. 业余性

当代社会问题大多需要具备专业知识的专业人员来处理。但是,由于志愿组织传统上强调义工服务,且往往不能提供有竞争性的工资待遇,使得它们很难吸引专业人员加盟,这无疑影响了其活动的效率。^③ 虽然,非营利组织越来越注意吸引专业人员并开始按照市场规律汲取资源、提供服务、加

---

① 〔美〕莱斯特·M.萨拉蒙等:《全球公民社会——非营利部门国际指数》,北京大学出版社 2007 年版,第 28 页。

② 王名等:《英国的非营利组织》,社会科学文献出版社 2009 年版,第 135 页。

③ 王绍光:《多元与统一》,浙江人民出版社 1999 年版,第 42—45 页。

强组织管理,但相对于企业、政府组织,志愿组织业余性特点依然明显。

因此,通过"祛魅"——剥除"纯粹善行的神话"、"志愿主义神话"、"纯洁概念的神话"①,实事求是看待社会机制、社会组织优劣长短,积极培育社会组织、推进政社分开,从而发挥社会机制积极作用并防止"志愿失灵",是公益服务体系建设需要深入思考、认真解决的问题。

二、事业职能

"给付行政已经完全成为公共行政的核心"②的当今时代,"政府只有通过提供充足优质的公共服务,才能证明自己存在的价值与合法性。没有服务就没有现代政府。"③公益服务大都属于公共物品或准公共物品,国家机制的职能优势使其在提供公益服务方面能发挥更大的作用。同时,市场机制、社会机制作用虽不可或缺,但其功能作用的发挥是以国家职能正确定位并有效履行为条件的。因此,国家必须承担发展公益事业、提供公益服务职能。事实上,现代国家大都广泛地承担发展公益事业的职能,是公益事业管理与提供的最重要主体。《中华人民共和国宪法》第十九条、第二十条、第二十一条、第二十二条对国家在发展社会公益事业中的职责明确作出了规定:"国家发展社会主义的教育事业"、"国家发展自然科学和社会科学事业"、"国家发展医疗卫生事业"、"国家发展体育事业"、"国家发展为人民服务、为社会主义服务的文学艺术事业、新闻广播电视事业、出版发行事业、图书馆、博物馆和其他文化事业,开展群众性的文化活动。"国家承担的公益服务职能可按照学者常用说法称为国家事业职能(或称为国家公共事业职能)。④

---

① [美]莱斯特·M.萨拉蒙:《第三域的兴起》,载李亚平、于海编选:《第三域的兴起——西方志愿工作及其志愿组织理论文选》,复旦大学出版社1998年版,第19—23页。
② [德]汉斯·J.沃尔夫:《行政法(第三卷)》,商务印书馆2007年版,第3页。
③ 李军鹏:《公共服务型政府》,北京大学出版社2004年版,第30页。
④ 黄恒学:《我国事业单位管理体制改革研究》,黑龙江人民出版社2000年版,第24—38页。

(一)两种事业职能

依据国家职能的性质,可以将国家事业职能划分为公共管理者职能(管)与所有者职能(办)。

1.管理者与所有者

公共管理是国家的基本职能,是以政权为基础并直接由国家行使的公共权力。国家首先是政治统治与公共管理机器,它运用从合法暴力到行政指导、从行政管制到公共服务等各种力量、手段、方法治理国家。所有者职能的基础是国家所有权,是由财产权产生的职能。国家是国有资产(在我国即全民所有财产)的所有者,并通过所有者代表——政府行使国有资产所有者职能。国有资产包括资源性资产、经营性资产、非经营性资产(大致相当于机关事业单位资产)。事业单位是国家利用国有资产建立的社会服务组织,因而国家通过所有权同事业单位建立产权关系,并通过这种关系以提供公益服务的方式履行发展公益事业职能。这样,国家通过两种权力(权利)建立起与公益事业的关系:首先国家通过公共权力对整个公益事业进行管理,其次通过财产权以举办事业单位的方式发展公益事业、提供公益服务。两种国家事业职能的性质不同,其权力基础、作用范围、实现手段也不同。据此,我们可以将国家事业职能划分为对整个公益事业进行管理的公共管理者职能与举办事业单位并对事业单位进行管理的所有者职能,两种职能也可分别称为"管"、"办"职能。

国家公益事业管理者职能面对的是整个社会事业。从事业类型上看,既包括国家事业、民办事业等公益事业,也包括满足多元化、个性化服务需求的可商业化的非公益事业;从事业产出的性质上看,既包括私人物品性质的服务,也包括公共物品范畴的公益服务。国家通过国家机制并引导、调控市场机制、社会机制,促进整个公益事业的发展。国家所有者职能面对的只是国家事业、只是事业单位。事业单位是国家举办、直接从事公益事业的非机关、非企业性质的公益服务机构。国家对事业单位负有举办、监管、供养职能,而事业单位则以直接服务的方式承担着实现国家向社会提供公益服务的职责。

界定国家事业职能首先必须将面对整个社会事业的管理者职能与只是面对事业单位的所有者职能分开,两种职能的性质、权力(权利)基础、作用领域及运行方式不同。计划经济体制形成的单一所有制结构导致只此一家(国家事业)、别无分店,国家要发展公益事业就必须办事业、管事业、养事业;公共管理者职能与所有者职能是一体的,没有分开的必要、基础(这也是管办职能不分的体制根源)。单一所有制问题在公益事业领域至今尚未彻底改变,从人员规模上看,目前国有事业单位占全部公益事业组织的90%以上,政府管理事业的职能依然主要集中在国家事业方面,并常常用管理国家事业的方式管理整个公益事业,所以教育部有"大学部"、卫生部有"医院部"的说法。

正确界定国家的管、办职能,将面对整个公益事业的国家公共管理者职能与面对的只是事业单位的所有者职能分开是调整国家事业职能的基础。从总体上看,在市场经济条件下国家事业职能与各种事业、各个机制对应关系如下:

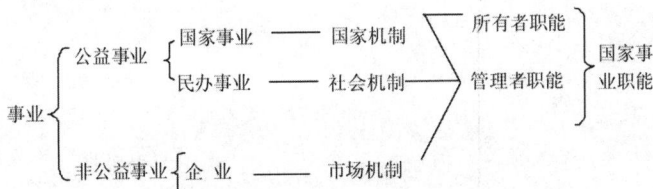

图 3-1　国家事业职能与各种事业、各个机制对应关系

公益事业领域国家两种事业职能的基本内容如图 3-2:

(二)管理者职能

发展公益事业、提供公益服务是现代国家的重要职能。从性质上看,国家首先是政治统治与公共管理机器,发展公益事业是国家作为公共管理者的责任并通过公共管理权的行使来实现的,不论国家是否举办、拥有事业组织,国家都要以公共管理者身份对全社会的公益事业进行管理。

社会转型、体制转轨、政府改革特别是公益事业发展,要求重新、梳理界

性质方向 { 事业性质 / 公益属性 }

基本制度 { 组织制度 / 法人制度 / 产权制度 }

运行规则 { 财务规则 / 经营规则 / 人事规则 }

管理者职能—社会事业

调控监管 { 制定规划 / 财政调控 / 行业管理 / 监督约束 }

国家事业职能

所有者职能—国家事业（事业单位）{ 举办事业 / 财政支持 / 决策监督 / 人事任免 / 编制管理 }

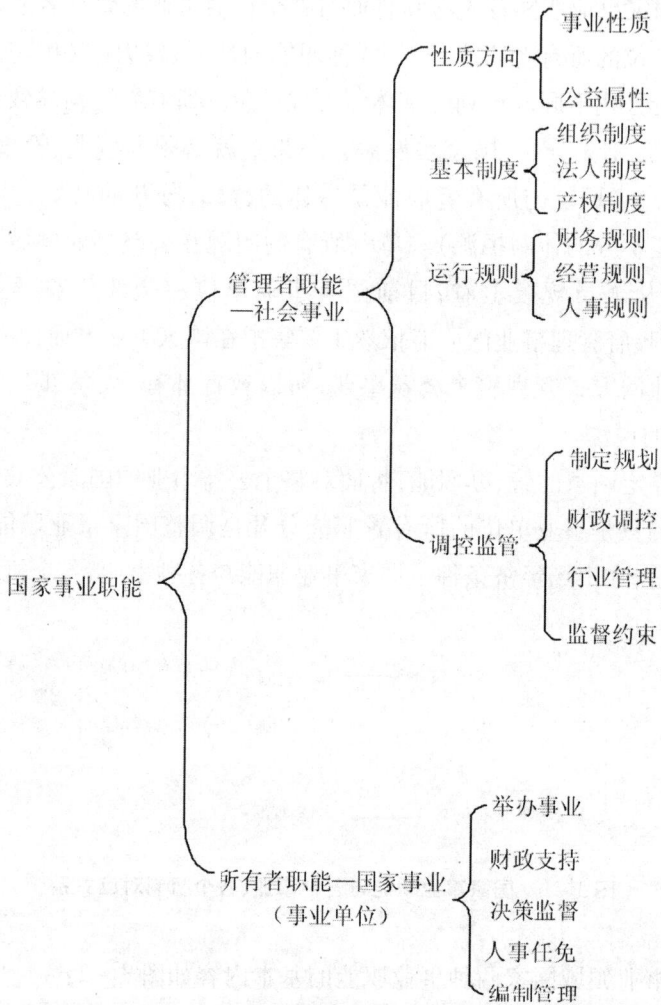

图 3-2　国家事业职能的基本内容

定国家的公共管理者职能。从总体上分析,国家管理公益事业的职能应主要集中在以下四个方面:

1.规定性质方向

A.保证社会主义性质

公益事业是中国特色社会主义事业的重要组成部分,保证公益事业的社会主义性质是我国公益事业健康发展的政治基础。一是应确立公有事业的主体地位。我国是社会主义国家,公有制是社会主义制度的经济基础,以公有制为主体、多种所有制经济共同发展是社会主义初级阶段的基本经济制度。因此,必须保证公有事业在公益事业中的主体地位。同时,应立足我国仍处于并将长期处于社会主义初级阶段这一现实国情,大力促进多种所有制的公益事业共同发展,实现公益服务提供主体多元化和提供方式多样化。二是要把握公益事业发展方向,特别是坚持马克思主义及其中国化最新成果的指导地位,用中国特色社会主义理论指导公益事业建设。

B.明确社会公益属性

包括教育、科技、文化、卫生等事业的大部分是具有公益性或非营利性的社会活动,发展公益事业、提供各类公益服务有助于创造和改善生产条件、满足人民群众公益服务需求、提高社会成员福利水平,因而属于公共物品范畴。正是因为属于公益事业,需要国家包括社会各方面力量的参与,需要政府给予财政、税收、舆论等方面的优惠与支持。一是明确公益事业在总体上的公益性,特别是通过相关立法及制度机制保持公益事业组织的非营利性质,只有强化公益性才能更好地促进公益事业的健康发展。二是积极发挥市场机制作用是构建中国特色公益服务体系的重要内容,不可否认市场机制及公司企业可以介入公益事业并发挥重要作用,而公益事业组织也可以运用市场机制、营利组织的某些技术和方法提高运营效率。但教育、科技、文化、卫生等事业在总体上属于投资回报率低的非营利事业,而如果某一行业在总体上属于市场机制作用充分的领域,那么这一领域在原则上就不应属于公益事业范畴。因此,市场机制的介入应是有限、有效、有益的,应是在政府主导下,在与事业单位、社会组织相互配合下,充分发挥其在资源配置中的作用。

2.确定基本制度

A.组织制度

组织是公益事业的载体。除少数社会公益事业以市场或"准市场化"

（如政府购买服务）方式运行外,大多数公益事业组织属于公益性或非营利性、服务性、实体性组织。同时,可依据举办主体、产权性质的不同,分别建立健全国家事业（主要是事业单位）的组织制度与民办公益事业（以民办非企业单位为代表）的组织制度,前者属于公共机构,后者属于民间公益机构（社会组织）。

B.法人制度

建立健全各类公益服务组织法人制度,有利于使公益服务机构真正成为独立的社会实体,独立开展公益服务活动,从而提高公益服务组织的活力与服务水平。根据我国各类公益机构的组织谱系分析,除政府机关、企业这些非本源意义上的公益服务组织外,一是建立健全事业单位、基金会、民办非企业单位、社会团体等法人制度;二是改革现有法人分类体系,考虑引进公法人、财团法人等制度,完善我国法人制度特别是法人分类制度;三是改变是单位就应是法人（如事业单位）,或本应是法人却根据工商登记模式分为个体、合伙、法人三种类型（民办非企业单位）等问题,依据是否具有权利能力和行为能力、能否独立享有权利和承担义务确定哪些组织可以成为法人,并制定非法人公益服务组织相关制度。

C.产权制度

拥有独立的财产（经费）是取得法人资格的重要条件,而非法人公益服务机构也需要独立财产并与其他组织、个人发生经济往来关系。因此,产权制度是保证公益服务组织公益性、形成治理机制进而保证组织效率的基本制度,必须通过立法予以确认。因此,一是根据产权归属（国有与非国有）、出资目标（营利与非营利）、法人与非法人等,分别建立相应的产权制度;二是通过合理的制度安排保障出资者（委托人）、经营者（受托人）、受益人的权益,保障各类公益服务组织的法人财产权。

3.规范运行规则

A.财务规则

健全财务规则是保证公益事业组织承担经济责任,提高公益事业组织资产特别是国有资产使用规范性、有效性和安全性的重要保障和手段。财务规则包括盈余分配约束、经费收入制度、支出比例规定、成本核算规则、财务公开制度等内容。对国有事业单位,财务规则还应包括遵守财经纪律、防止国有资产流失、提高财政资金使用效益等内容。

B. 运营规则

公益事业总体上属于非营利性事业,因此不能以利润最大化作为自己的最终目的。但公益事业也存在投入产出、经费补偿、组织收入甚至开展商业性活动等问题,因而也存在组织经营问题。国家应在确保公益宗旨、非营利性前提下,明确公益事业组织的活动范围、运营形式、收益分配等规则;同时,允许公益服务组织为目的事业开展必要的经营性活动,通过服务收费、商业运营等方式汲取资源,以更好地开展公益服务。对适用于企业制度的从事公益事业的组织,应严格按企业相关规则运营,其中生产经营类事业单位应通过改制逐步转为企业。

C. 人事规则

人力资源是第一资源,这在服务性、专业性、志愿性等特征突出的各类公益事业组织中体现的特别明显,与人力资源相关的各项制度是公益事业组织重要的制度之一。国家应根据不同性质的公益事业组织(国家事业与民办事业、公益事业与非公益事业),构建相应的劳动人事、社会保险制度体系,制定有利于人力资源开发与使用的人才流动、考核奖惩、收入分配、社会保障等相关制度机制。

4. 宏观调控与监管

A. 制定规划

国家依据五位一体总体布局与经济社会发展的规律、运行状态及资源条件,将市场、政府、社会三大机制有机结合,制定公益事业发展总体规划与分行业发展规划,合理配置资源,协调公益事业发展与经济发展关系,从宏观上引导和调节公益事业的健康发展。

B. 财政调控

从总体上看,公益事业属于补偿机制不充分、财政依赖程度较高的行业。国家应依据公益事业发展需要与国家财力状况,通过财政补贴、税收减免、购买服务等政策和手段,调控事业资源配置、支持公益事业发展;同时,积极引导、鼓励社会力量发展公益事业,充分发挥市场机制作用。

C. 行业管理

公益事业涉及教育、科学、文化、卫生、社会保障等多个领域。国家依据经济社会发展实际与公益事业各行业发展需要,运用经济、法律与行政手段,通过行业发展重点次序选择,行业结构、行业布局调整,制定、实施行业发展规划与政策,引导公益事业均衡、健康发展。

D. 监督约束

公益事业产品与服务与国家经济社会发展、与人们的切身利益息息相关;同时,公益服务也是信息不对称(合约失灵)问题较严重的领域。国家应加强对公益事业产品与服务生产、交换、消费的全过程进行监控,其重点是组织公益宗旨、举办条件、服务标准、从业资格、财务审计、信息公开、绩效评估等方面的监督约束。

(三) 所有者职能

所有者职能是由所有权产生的职能。所有权作为独立的物权,是财产权体系中的一项重要权利。虽然与其他所有权形式比较,国家所有权在主体、客体、取得方式、行使方式等方面具有自己的特征,但国家所有权也是一种所有权法律关系,具有所有权法律关系的一般特征。在传统国家事业体制下,所有权与公共管理权不分,所有者职能与公共管理者职能不分,两种不同权力(权利)、不同职能的混淆既不利于国家参与民事法律关系、不利于国有资产有效利用与保值增值,并容易导致以公共管理权行使所有权。

公有制为主体、多种所有制共同发展是我国现阶段的所有制结构。与所有制结构相适应,国家事业依然是公益事业的主体。国家通过出资举办事业单位拥有不可推卸的所有者职能,但所有者职能应从公共管理者职能中分离出来,实行政事分开、管办分离,进而依托产权纽带重新构筑国家与事业单位的关系,这是重新梳理、界定国家所有者职能的逻辑前提与现实基础。

1. 主要职能

国家为什么必须举办公益事业？原因是大多数公益事业属于公共物品或准公共物品，具有程度不同的非排他性与非竞争性，市场机制提供这类物品会发生"失灵"；社会机制可以提供部分公益服务但不能充分满足社会公益服务需求，特别在当下的中国社会机制主要起"拾遗补缺"作用。由于市场与社会不能承担提供公益服务的主体作用，因而必须由国家利用国有资产举办部分或者大部分公益事业，相应地国家成为公益事业领域的重要所有者。就我国而言，国家在公益服务方面的所有者职能主要包括以下四个方面内容：

A. 举办公益事业

由于存在市场失灵与志愿失灵，举办公益事业、矫正市场失灵与志愿失灵成为国家的重要职能。当今世界，各国都把举办教育、科技、文化、卫生、社会福利等公益事业作为国家的一项基本职能，而且大多数国家政府在提供公益事业服务方面发挥着主导作用。我国存在的问题一是由于计划体制下国家包办事业，导致国家举办的事业单位过多，而且由于改革推进缓慢导致事业单位效率低下，使得财政负担过重、公益服务供给不足；二是随着经济社会发展特别是社会转型、体制转轨，公益服务需求快速增长，各类公益服务特别是社会保障、社区服务、社会福利事业等发展相对滞后。因此，当前迫切需要解决的问题是调整国家事业职能，优化财政支出结构，调整公益事业布局，推进事业单位改革，该收缩的收缩，该加强的加强。在今后一个时期（至少 2020 年以前），事业单位总体规模应保持稳定，依据经济社会发展需要，有选择、有重点的举办少量急需紧缺的公益事业单位。

B. 提供财政支持

计划经济体制下事业单位财政完全供养起来的做法在市场经济条件下不仅行不通而且效率低下，但仅仅是采取"断奶"、推向市场方式也是不可取的。政府应立足社会公益需求与财政能力，以强化公益性与提高财政资金配置效率为目标，实施多样化的财政支持政策，即依据公益服务发展需要与不同类型事业单位经营方式与经费补偿能力，特别是结合事业单位分类改革的推进,以不同的方式给予事业单位不同程度的财政支持。可以是经费保障,也可以是经费补助或购买服务;可以主要提供基本建设资金,日常运营费用更多由事业单位通过开展业务服务组织收入……多样化的前提一是国家承担的事业职能能够得以实现,财政资金应规范、高效使用;二是依据事业单位的科学分类,对事业单位采取不同的经费支持方式;三是围绕实现基本公共服务均等化战略,以保基本为优先目标;四是积极推行政府购买服务这种有助于去行政化、能更好发挥市场资源配置作用的经费支持形式。

C. 参与决策监督

明确事业单位独立法人地位,落实事业单位自主经营权,是事业单位改革的重要内容。但事业单位产权属于国有,国家举办事业单位是为实现公益事业发展目标,因此,国家对事业单位的发展方向、重大投资、组织重组等重大问题应拥有并可行使最终决策权。这既是由所有权自然派生出来的权利与责任,从一定意义上说也是国家作为公共管理者不可回避的义务。同时,国家作为出资者还要从所有者角度对事业单位管理、运行的重要方面进行监督管理,重点包括:事业单位公益服务职能履行情况;国有资产的安全性、财政资金使用的规范性;制度建设的科学性、内部管理的民主性、组织运行的有效性等。

D. 重要人事任免

为履行所有制职能并保证国家对事业单位发展方向、发展战略的影响,政府应对事业单位主要领导人的任免承担责任。当然政府在行使人事任命权过程中应按民主、科学方式选贤任能,充分发挥董事会(理事会)、职工代表大会等决策、咨询机构的作用,集思广益,民主决策。任免权可以是实质性的即相关国家机关掌握人事任免的最终决策权,也可以是程序性的即董事会(理事会)等产生候选人后相关国家机关履行人事任免手续。

E. 管理机构编制

建立制度化的事业单位机构编制宏观调控与监管体系是构建公益服务体系的重要内容。作为所有者,国家应严格控制事业单位的职能结构与总体规模,对事业单位内设机构、编制数额内部调整实施一定的控制。这种调控与监管应根据不同类型、不同财政补助形式、不同行业而有所不同。一般而言,国家应严格控制事业单位基本职能、机构总数与编制总额,事业单位在具体经营范围、内设机构与编制内部调配等方面享有一定自主权;不能或不宜由市场配置资源的、财政经费保障的公益一类单位,国家严格控制机构编制;可部分由市场配置资源的、财政经费补助的公益二类单位,机构编制监管在保障总量控制前提下适当有一定弹性;对于一些地方尚保留的公益三类单位通过转企改制,或者剥离企业性经营职能逐步改为公益二类,也可以借鉴新加坡、香港及我国深圳等地的做法改为"法定机构"。

2. 职能扩张

从历史上看,教育、科学、文化、卫生等公益事业大多由各类民间组织(宗教团体、宗族世家、乡里组织等)、民间人士举办,国家只负责其中一部分。资本主义兴起特别是进入"行政国家"后,国家开始大量介入公益事业领域。因此,举办公益事业,弥补市场失灵与社会力量的不足,成为各国政府的基本职能。第二次世界大战以来,西方资本主义国家从"行政国家"进一步转向"福利国家",政府举办的公益事业组织日趋增多,公共服务支出不断增长,相应地国家事业职能亦不断膨胀。据欧盟统计局统计,2009年27个欧盟国家政府一般支出已占国民生产总值的半数以上(50.8%)。

但国家能力是有限度的,而且国家以行政化方式配置事业资源存在效率不高问题。因此,如何界定国家所有者职能的限度、给市场与社会发挥作用预留职能空间,成为决定公益事业发展的重大问题。所有者职能是以财产所有为基础产生的,也是以财产所有为限度的。确定国家所有者职能的边界有三个基本因素:一是物品性质,由于公益服务所含公共性存在差异,国家不应包办全部公益事业。二是职能分工,现代社会包括三大部门,各部门均可参与公益事业,因此多元机制条件下合理划分各部门职能成为确定国家所有者职能边界的重要标准。三是财政能力,虽然《指导意见》提出"加大财政对公益事业发展支持力度……着力构建财政支持公益事业发展长效机制。"由于国家财政能力总是有限的,国家不能将公益事业包揽下来,如何以有限财力举办事业单位、发展公益事业成为所有者职能界定最直接、最有硬约束的标准。

这样,问题的关键就是国家应举办(包括资助)哪些公益事业? 由于事业单位国有资产主要由国家财政产生,国家所有者职能也具体体现为国家财政职能,因此,财政的有限性决定了所有者职能的有限性。从理论上讲,公共财政保障公共物品供给,反过来说对公共财政支持范围的界定也就是一定时期公共物品范围的界定。这样,界定国家所有者职能便转化为有限的财政力量如何支持公益事业举办、运营的问题。

从现状上看,一方面国家财政承担了大量甚至过多的发展公益事业职能(如各级政府综合经常性预算支出的三分之一左右),财政压力巨大,另一方面,部分有待发展、急需国家财力支持的公益事业(基础教育、基础研究、公共卫生与基本医疗保健服务、社会服务、社会保障等),却因得不到充分的财政支持而发展缓慢。尽管 30 多年来随着经济迅速发展,国家财力不断壮大,但我国依然而且还将长期属于发展中国家,财力不足问题将长期存在。财力不足加上财政越位与缺位并存,是国家财政及国家事业职能亟待解决的两大问题。因此,正确界定并转变国家所有者职能在现实性上就是界定财政事业支出、优化财政事业支出结构问题。

3.职能界定

物品的性质是确定财政供给范围的标准,不同性质的物品由不同的部门运用不同的机制供给。按经济学的一般理论,公共财政供给范围是以市场失灵为界。对于具有排他性与竞争性的物品(私人物品)市场是最有效的供给机制。对于不具有或不完全具有排他性与竞争性的物品(公共物品),市场配置会发生有效供给不足即市场失灵问题,因此,公共物品由非市场机制配置。传统的理论一般认为市场失灵所在便是政府职能的起点。20 世纪后期第三部门兴起后,人们重新意识到公共物品可以由非市场、非国家的第三部门运用社会机制提供。因此,应重视第三部门在提供公共物品方面的作用。当然,政府与其他部门在提供公共物品方面存在着分工:一般而言,纯公共物品由政府提供,准公共物品可更多地由"第三部门"提供;基本公共服务主要由政府保障,而其他公共服务可更多发挥社会机制及市场机制作用。

这样,用排除法界定:首先,将私人物品排除出去;其次,将可由第三部门提供的准公共物品排除出去;剩余的物品从理论上说就是公共财政的供给范围。当然,在市场提供私人物品、第三部门提供准公共物品过程中,政府制度供给及程度、方式不同的支持与监管是上述两大部门有效运转的重要条件。

明确财政供给一般标准与范围,我们便能结合我国公益事业的现状、问题与发展要求,进一步明确国家所有者职能在各类事业中的具体体现、公共财政在各类事业中应具体承担的责任。[①] 从事业单位类别分析,我国的事业单位包括 29 大类、308 小类,[②]但最主要、最典型的公益事业是与十七大确定的"努力使全体人民学有所教、劳有所得、病有所医、老有所养、住有所居"目标相关的义务教育、劳动就业、公共卫生及基本医疗事业、社会保障、保障性住房,与"保障人民基本文化权益"相关的公共文化服务。进一步扩展,则是《国家基本公共服务体系"十二五"规划》涉及的基本公共教育、劳动就业服务、社会保险、基本社会服务、基本医疗卫生、人口和计划生育、基本住房保障、公共文化体育、残疾人基本公共服务九大类基本公共服务。

随着经济社会发展与服务型政府建设推进,基本公共服务范围逐步扩大、政府更多承担公益服务供给职责是大势所趋。依据笔者合作进行的关于我国公共文化服务绩效评估研究,该研究运用 A. Charnes 等提出的数据包络分析(DEA)方法,Banker 等人又进一步加以改进的 BCC 法来计算我国

---

① 我国的公益事业涉及众多领域。从财政支出范围分析,公益事业支出主要包含在社会文教支出范围内,社会文教支出包括教育事业费、科学事业费、卫生事业与计划生育事业费、文化事业费、体育事业费等。上述经费支持的角度是事业而非单位,因此,部分文教事业费支付给了企业及其他组织,但大部分用于支持事业单位。除文教事业费外,其他财政经费也有一部分转到事业单位中,如在经济建设支出中农村水利气象等事业费、地质勘探费、工交商业部门事业费等也有一部分拨付给了事业单位。这也是事业单位经费在财政支出中的比重难以准确确定的原因之一。

② 国家事业单位登记管理局、国务法制办政法劳动司编:《事业单位登记管理须知》,团结出版社1999 年出版。

地方政府的公共文化服务效率。[①] 依据《中国文化文物统计年鉴2011》公开发布的数据资料,对全国及各省市区公共文化服务绩效水平进行分析评估,得出的结论包括:全国公共文化服务总体效率水平是0.622,属于明显没有效率。对该效率进一步分解,发现纯技术效率是0.920,属于边缘非有效率;规模效率是0.672,属于明显没有效率。说明当前我国的公共文化事业没有达到帕累托最优效率的主要原因是公共文化规模过小,投入产出不足。其他结论有:公共文化服务效率的地域特征明显;西部地区公共文化规模效率低,西部与东北文化发展水平与东中部相比仍然存在较大的差距,效率值低的省区市如黑龙江、青海、西藏、吉林和内蒙古等大多在西部、东北。[②]

表3-2　地区公共文化服务效率分类

有效率	上海	江苏	浙江	安徽	河南
边缘非有效率	广东				
明显非有效率	湖北	重庆	北京	河北	四川
	山西	福建	天津	江西	湖南
	山东	广西	云南	甘肃	陕西
	海南	宁夏	辽宁	新疆	贵州
	内蒙古	吉林	西藏	青海	黑龙江

由此可知,投入不足是公共文化服务绩效不高的主要原因。国家公共文化服务体系建设需进一步加大投入和扩大产能,特别是通过财政转移支付等方式加大西部、东北地区公共文化投入;此外,通过公共文化机构体制改革以激发活力,也是提高公共文化服务绩效的重要工作。以公共文化服务为例的研究可以推知,公益服务体系建设一方面要通过分类改革、创新体

---

① Banker, R. D., A. Charnes, and W. W. Cooper, "Some Models for Estimating Technical and Scale Inefficiencies in Data Envelopment Analysis," Management Science, 1984(30):1078-1092.

② 朱艳鑫、赵立波:《公共文化服务绩效评价:基于DEA的实证研究》,《山东行政学院学报》2013年第1期。

制机制,以增强事业单位活力、提高管理运营效率;另一方面要调整、强化政府事业职能,优化财政支出结构,创新财政供给方式以提高财政资金使用效率,特别是按照国家基本公共服务均等化战略部署与《指导意见》要求,加快建立健全公共财政体系,加大财政对公益事业发展支持力度,调整支出结构,着力构建财政支持公益事业发展长效机制。

三、优化结构

组织是职能与权责的载体,转变职能、强化公共服务职能、推进公益服务体系建设必须优化政府结构。结构优化包括区划结构、层级结构、部门结构的优化,但当前改革的关键环节与重点内容是通过推进大部门体制(或大部制)改革以优化部门结构。自党的十七大提出"探索实行"大部制改革后,大部制成为各方关注的行政改革热点与焦点。但迄今两个基本问题依然有待进一步明确:一是如何准确定位大部制改革? 二是如何战略性规划及实施大部制改革? 前者涉及什么是大部制、大部制改革在行政体制改革中所处位置问题;后者涉及如何在战略性思考基础上科学规划及推进改革问题。

(一)大部门制

大部制(large department system)改革是源自英国20世纪60年代启动的以机构及职能归并、精简并优化组织结构为目标的行政改革。

1.福利国家

无论封建时期还是资本主义早期的小政府时代,政府职能与机构有限,如美国建国时联邦政府只有国务院、财政部、陆军部三个部门。近代"行政国家"特别是二战以后"福利国家"在西方国家形成后,伴随政府职能增加,大政府逐步取代传统的小政府,政府部门叠床架屋、权责交叉、机构"肥大"、人员膨胀等问题越来越突出。如何适应社会发展、时代变化并通过机构重组实现职能健全、规模适度、机构设置合理成为各国普遍关注的问题。其中,三个日益突出的问题亟待通过部门重组予以解决:一是如何在职能变化特别是快速增长情况下控制机构规模、优化机构设置;二是如何抑制官僚制下理性"行政人"扩权、"预算最大化"、"机构最大化"三大冲动,避免政府机构不必要的扩张;三是如何解决帕金森第一定律所揭示的机构自我膨胀问题。大部制改革恰在此背景下应运而生。

虽然行政学概念(指行政法)出现于德国、行政学理论诞生在美国,但20世纪后半期至今,包括大部制在内的许多重大行政改革却发生在最早宣称建成"福利国家"、曾患有严重"英国病"的英国:"从摇篮到坟墓"全民福利的承诺使政府承担过多服务职能,"英国病"则加深问题的严重性与改革的紧迫性。

2. 英国实践

二战后英国政府患上严重"机构肥大症",1951年内阁部门多达27个。1960年代英国开始探索实行大部制改革;作为系统化的改革战略、体制性的机构重组,则是1970年代由希思首相领导的保守党内阁实施的。政府将一系列部门合并成为所谓"超级大部"(giant department),如:环境部合并原来的住房和地方政府部、公共建设和工程部及运输部,接管原属内阁办公厅的污染控制署;贸易和工业部合并原来已属大部的技术部和贸易委员会,并从就业和生产力部接管垄断和兼并事务的职责。此外,为研究解决跨部门的问题,政府在内阁办公厅设立一个跨领域、跨学科的中心政策评审小组。改革虽获得一定成效,但政府存在的诸多问题并未很好解决,特别是机构的归并并未解决职能的有机统一问题。1974—1979年工党执政其间,由于执政理念不同,特别是大部制改革存在的自身问题没有解决,一些大部重新分拆,改革告一段落。

从深层分析,政府部门设置受"二律背反"两个原则支配:着重行政协调、设立大部;着重专门性质、不同公务各自成为一部。[1] 两个原则导致大部门与专门化两种改革取向:"专门化进程会使得官僚机构变得更加差异化和零散化,去专门化进程则是将以往独立的组织进行结构性整合,这两个

---

[1]　王名扬:《比较行政法》,北京大学出版社2006年版,第129页。

进程常常会有明显的区别。"①两者间存在难以协调的内在矛盾,而一定时期的改革常常偏重某一方面。英国的大部制改革偏重前者,对后者及两个原则协调问题未能充分关注并予以解决。英国人对于大部制改革的评价是"这些实验的结果好坏参半","认为全面管起来好的推论,在机构小反而效果更好的现实面前又碰了壁"。② 1979 年保守党重新上台,虽然撒切尔夫人追求与大部制相似的改革目标——小政府,但却走另一条路径,即运用新公共管理理论启动"专门化"的结构调整:决策与执行分离、建立执行局、实施分散化公共治理。1997 年工党再次执政,走"第三条道路"的布莱尔针对新公共管理改革导致的"权力碎片化"、"政府空心化"等问题,重启相反的改革进程,但其理论基础却是"整体性政府"、"协同治理"等所谓"后新公共管理",改革不是传统官僚制基础上机构、职能的归并,而是在部门分工基础上通过建立正式或非正式协调机制来实现部门间的整合:"……改革的重点已经从结构性分权、机构裁减和设立单一职能的机构转向整体政府",③因此"整体性政府和大部门体制作为两种不同的政府运行模式,对行政改革提出了各自的理念、价值与发展路径"④。

类似英国大部制式的改革在欧美其他国家及日本、韩国也都实施过,但改革的基础、重点、方式乃至名称均有不同。如日本在 1960 年代使用"定员法"、"加一减一"等方式推进机构精简;进入新千年后日本以"省厅再编"方式大刀阔斧地将中央政府 1 府 22 省厅压缩成 1 府 12 省厅,除 6 个省厅不变外其余 6 个省厅均为原有部门合并或改组而成,特别是职能重复或互补性高的 11 个省厅统合改组为 4 个省。目前发达经济体内阁部一般在 11 个

---

① [英]阿利斯泰尔·科尔:《引言:欧洲的行政改革与行政合并——研究课题与实证挑战》,载国际行政科学学会等:《国际行政科学评论》,中国人事出版社 2011 年版,第 4 页。

② 《英国的首相与白宫文官》,载杨百揆:《现代西方国家政治体制研究》,春秋出版社 1988 年版,第 202 页。

③ [挪]Tom Christensen,Per Lagreid:《后新公共管理改革——作为一种新趋势的整体政府》,《中国行政管理》2006 年第 9 期。

④ 王佃利、吕俊平:《整体性政府与大部门体制:行政改革的理念辨析》,《中国行政管理》2010 年第 1 期。

到 18 个,经合组织国家平均值为 16 个。虽然机构整合是行政管理与改革的永恒命题,实现机构精简是行政管理与改革的普遍追求,但典型意义上的大部制改革应特指 1970 年代前后英国实施的一种部门归并的改革行为。

3. "廉价政府"

就我国而言,建立"廉价政府"、实现精简统一效能始终是政府管理与改革的目标与原则,甚至早在延安时期边区政府就实行过"精兵简政"。改革开放以来,我国进行 7 次大的政府改革,每次改革不管是否使用大部制概念,机构重组、裁并等工作始终是改革基本任务之一。1981 年到 2011 年,国务院各类机构从 100 个减少到 74 个,组成部门从 52 个减少到 27 个;2008 年国务院首次推出大部制改革,虽然政府组成部门仅由 28 个减为 27 个,但涉及调整变动的机构共 15 个,正部级机构减少 4 个。2013 年启动的新一轮改革国务院按照"稳步推进"大部制改革要求,又进行一定幅度机构整合。

从整体看,机构精简(包括十七大后实施的大部制改革)是有成效的,机构规模得以控制乃至压缩,而职能结构也逐步适应市场经济需要,各种关系初步理顺,行政效能得以提高。但作为体系化的机构重组,大部制改革仅仅是迈出门槛、走出关键的一步,艰难的"爬坡"过程任重道远。

(二)理性定位

准确定位是改革顺利推进的前提。大部制改革究竟是什么? 抛开各种精美、漂亮的话语与外界附着在其身上的过多"内涵",简单说大部制改革就是一种以结构优化并精简机构为目标的组织重组行为。对此,笔者赞同周志忍教授观点:大部制或大部制改革"是一个机构重组与整合的过程,其标志是同级别部门的归并"①。更系统、准确的定位应从纵横两个维度进行:横向维度是从政府改革总体目标、整体框架确定大部制在其中的位置;纵向维度是从政府改革沿革过程把握其生成基础与推进过程。

---

① 周志忍:《大部制溯源——英国改革历程的观察与思考》,《行政论坛》2008 年第 2 期。

1. 横向重组

大部制改革属于优化结构层面的改革。优化结构主要包括优化横向部门结构、纵向层级结构以及行政区划结构三大内容。大部制改革针对的是部门结构横向优化问题。当然，政府改革具有整体性、联动性特征，横向部门结构调整会影响行政体制的其他方面，部门的分合重组会直接或间接导致职能结构、权责体系、人员构成、运行机制等变化。但从极端意义上说，只要机构进行了整合、部门由小变大，不管是否转变了职能、理顺了关系、精简了人员均属大部制改革。

值得注意的是：此次国务院改革方案的全称是"国务院机构改革和职能转变方案"，与以往相比增加"职能转变"字样，显示本次改革将转变职能置于突出、优先位置。事实上，自 1988 年机构改革引入转变职能要求后，行政体制改革的核心内容一直是职能层面的改革。当然，机构是职能的载体，机构调整总会直接或间接影响职权配置、职能结构等；而职能的调整又会涉及机构变化，职能真正转变到位必须与实现组织结构优化相适应。可将职能与机构分别视为行政体制的"魂"与"体"，机构层面的改革如不涉及职能转变，改革后形成的只能是顶着部门空壳、魂不守舍的"大部门"；转变职能必然导致机构的变化，否则剥离、增加、调整的职能将"魂不附体"。因此，机构与职能、结构重组与职能调整存在密不可分的关系，但严格地说转变职能是另一个层面的改革。然而，职能是"无形"的，相对空泛，而机构却是可感可知的实体存在，没有什么事情比一个现实存在的政府机构轰然倒下或突然生成更引人关注并印象深刻；另外，多年来转变职能特别是政府向社会、向市场放权进展有限，使得学者、社会公众、政府官员等对于机构分分合合、生生灭灭产生更大兴趣。

2. 阶段任务

从纵向维度分析，大部制改革是现代政府一定时期的改革行为。尽管早在 20 个世纪 80 年代后国内学者开始介绍有关国外大部制改革情况，[①]

---

① 杨柏华等：《资本主义国家政治制度》，世界知识出版社 1984 版，第 229 页。

2004 年就有研究机构向改革主管部门提出大部制改革设想,①但党的十七大提出探索实行大部门体制改革及随后改革的实施还是引起各方高度关注。② 高度关注、各方呼应对改革推进是有利的,但如果不切实际高估大部制改革意义、不合常理放大大部制改革内涵,则可能对改革产生副作用。至于"'大部制'将引领机构改革"、"大部制改革引领行政管理体制改革"等说法纷纷出现,虽不尽准确恰当但又可理解:不断创新改革方式、变换改革话语是使"轮次性改革"③保持活力必要手段。1982 年后在精简统一效能、精简机构是革命等说辞引导下连续进行五次政府改革后,"审美疲劳"在所难免;第六次改革引入大部制改革,在五年一轮频繁改革导致机构"改革免疫力"提高、公众"改革疲劳症"形成背景下,一种新的思路、新的话语既可吸引各方关注,又可激发改革活力。然而,大部制既非新生事物,也非老生常谈;既非改革核心,也非无足轻重。

笔者强调的是:大部制改革主要是涉及结构优化与机构精简问题的政府改革,且在解决机构问题上也非包治百病的灵药,只是诸种改革选择中的一种;改革是阶段性改革战略与行为,是在政府改革进入攻坚期、计划体制形成的全能型大政府难以再用既有改革模式"瘦身"、社会转型要求强化政府公共服务与社会管理职能、多番改革导致"改革疲劳症"发生背景下启动的阶段性改革。虽然随着职能调整特别是政府公共服务、社会管理职能强化,机构重组、机构调整将不断进行下去,但大部制改革终究会有终止之时、

① 温墨等:《朱光磊:大部制改革有必要从政府扩展到党群》,http://news. sina. com. cn/c/sd/2013 – 03 – 14/141826531518. shtml.

② 笔者《第十二届全国人民代表大会第一次会议关于国务院机构改革和职能转变方案的决定(草案)》2013 年 3 月 14 日批准通过不久的 2013 年 3 月 28 日,通过"中国知网"以题名检索"大部制":到 2007 年 9 月 30 日只有两篇文章,一篇讨论企业组织结构问题,一篇是法学学者周汉华发表在《公法研究》的《独立监管与大部制的关系》;2007 年 10 月党的十七大召开后,有关大部制文章以几何式速度剧增:至 2008 年 1 月 1 日有文章 11 篇,至 2008 年 3 月 30 日就达 241 篇,一年后(2008 年 9 月 30 日)达到 498 篇;2012 年 10 月党的十八大提出稳步推进大部制改革,至 2013 年 3 月 28 日共有文章 1120 篇,甚至超过"行政体制改革"的文章(915 篇);这其中既有学术性论文,也有报道、采访、评论等新闻性文章。

③ 赵立波:《政府行政改革》,山东人民出版社 1998 版,第 296—297 页。

会被其他提法与内涵的改革取代。笔者预测：大致在建立起比较完善的中国特色社会主义行政体制、国务院组成部门精简为接近经合组织国家平均值（20个）以下时，大部制改革会告一段落，而新的改革思维、新的改革战略将会形成、推出。

3. 独立价值

自现代官僚制形成后，"机构肥大症"成为各类组织均难以避免的通病，机构分合、裁并、重构便成为经常性的组织管理与组织改革工作。因此，组织重组、机构精简本身就有独立的价值。

具体而言，三个原因使机构整合成为现代政府无法回避的重大改革议题。一是职能的客观增长。随着社会分工不断细化、社会职能不断增多，特别是近代"行政国家"、"福利国家"形成后，政府职能尤其是公共服务职能扩张及机构相应膨胀便成为一种常态。二是理性人的自利性行为。官僚制模式下行政官员依据"理性人"原则行为，个人利益最大化使得扩权、追求"预算最大化"等冲动最终导致"机构最大化"。三是机构自身的自然膨胀。机构犹如生命体，一旦生成维持其存续便成为机构的终极使命，不管职能是否变化、职权是否增加，机构总是努力维持生存并不断膨胀，正如"帕金森第一定律"揭示的那样：不论工作量有无变化，只要机构存在便会以年增5.17－6.56%的速率膨胀。因此，即便不考虑职能转变等问题，定期进行结构重组特别是机构精简是组织管理必须进行的工作。当然，结构重组、精简机构可以采取细水长流、渐进方式展开，也可采取集中性乃至轮次性改革进行，后者更能产生轰动效应、激发改革热情，包括获取更大政治利益、更多社会支持等。

（三）战略设计

从党的十七大提出"探索实行"大部制改革，到十八大要求"稳步推进"大部制改革，改革大势不可逆转。而且，即使是阶段性改革任务，大部制改革、机构精简以及职能有机统一、职责体系健全等要求，体现了政府管理与改革的核心价值与基本理念。当前的工作既要落实第二轮改革各项任务，更需围绕建设职能科学、结构优化、廉洁高效、人民满意的服务型政府目标，着眼长远、着眼整体,找出改革关键环节与主要障碍,系统性地进行改革战略设计。

大部制改革的直接目标是通过机构横向重组与整合优化组织结构及职能结构;但改革不能仅着眼于机构、权力、职能自我循环式的内部调整,部门整合根本目的是更好地推进转变职能、履行政府社会治理与公共服务职能。因此,大部制改革一是立足协调好综合性与专门化两大原则,二是将部门结构优化与政府职能转变结合起来,三是吸收借鉴国外大部制改革以及新公共管理"分散化公共治理"、后新公共管理"整体性治理"改革理论与实践,从内外两个维度进行战略设计:其中,外部维度以调整政府与社会职能关系为主线,通过理顺政企关系、政资关系、政事关系、政社关系四大关系为大部制改革创造条件;而内部维度以机构重组为中心,通过优化部门结构、职能结构、层级结构三大结构推进大部制改革。

1. 优化部门结构

现代政府均由诸多法律地位不一、职责权限不等、责任机制不同的机构组成。就我国而言,通过本轮改革国务院正部级机构减少 4 个(其中组成部门 2 个),副部级机构增减相抵数量不变。改革后,国务院共设置 25 个组成部门,1 个特设机构,15 个直属机构,7 个办事机构(国务院台办等三个办事机构一个机构两块牌子,列入中共中央直属机构序列),13 个直属事业单位;此外,还有部委管理的国家局 19 个(其中 3 个是一个机构两块牌子,列入中共中央直属机关的下属机构序列)。虽然用来与国外内阁部比较的国务院组成部门仅 25 个,与经合组织平均值 16 个相差并不太悬殊;但林林总总机构加起来数量达到 71 个,如果再加上议事协调机构等机构数量更为可观。

事实上,在内阁组成部门之外形成一系列承担多类型行政任务的机构是发达国家的通常做法,也是现代行政的发展趋势。以大部制发源地英国为例,英国中央政府组织结构复杂,除内阁部门外,还有大量政府及非政府类机构承担一定的行政职能,根据法律地位不同主要有:执行机关,非内阁部委(类似我国部委管理的国家局),非部委公共机构,其他公共机构如中央银行(如英格兰银行)、公营公司(如 BBC)、国民健康服务机构等。[①]
2001 年"中央省厅再编"改革后的日本政府有内阁机构 4 个,内阁省厅 12
个;省厅下辖职能司局、部属外局(共 15 个,类似我国部委管理的国家局)、
独立行政法人(共 98 个)、地方派出机构。[②] 美国联邦政府除 15 个内阁部
外,还有 12 个总统行政首脑办事机构,60 多个独立管制机构与政府公司;
其内阁部除下辖一般司局外还设置具有较大独立性的司局。综观国外政府
机构体系,以下几点是共同的:一是内阁部是最重要的行政机构,地位独立,
履行政府基本职能,大部制通常在内阁部层面实行;二是为提高行政首长与
内阁决策能力与统合能力,设置一定数量承担决策辅助与综合协调功能的
行政首脑办事机构;三是设置相当数量独立程度、法律地位不同的公共机构
(如英国的执行局与非部委公共机构、美国的独立管制机构等),执行某些
管制、执行、服务、协调、仲裁等职能相对单一、独立性较明显的行政任务。

　　因此,我国政府机构复杂、众多不足为奇。但存在的突出问题:一是组
织法律体系不完善。1982 年制定的《国务院组织法》过于简约,约束力与可
操作性不高,极易导致执行的随意性;而且多类机构没有纳入其中。《国务
院行政机构设置和编制管理条例》虽对上述缺陷进行修补,其第六条规定
基本包含各类机构:"国务院行政机构根据职能分为国务院办公厅、国务院
组成部门、国务院直属机构、国务院办事机构、国务院组成部门管理的国家
行政机构和国务院议事协调机构。"但该条例属行政法规,立法层次低,约
束力有限。二是虽则各类机构性质、法律地位乃至行政级别存在差异,但上
述差异多是形式上的,比如直属机构与组成部门无实质区别,保监会、银监
会、证监会之类的正部级事业单位更像行政机关。三是机构规格管理规范
性不高。除组成部门明确为正部级外,其他机构规格未有明确统一规定,如
许多直属事业单位、议事协调机构办事机构为正部级,而纳入《国务院组织
法》、更为正式的直属机构多为副部级;部委管理的国家局通常为副部级,

①　马宇驰:《英国政府及公共部门基本架构》,http://www. mofcom. gov. cn/aarticle/i/dxfw/jlyd/
　　201001/20100106724355. html.
②　沈荣华:《国外大部制梳理与借鉴》,《中国行政管理》2012 第 8 期。

但此次机构改革国家海洋局(海警局)却配备了正部级干部。四是存在名实不符问题,实际运行中各类机构区别不明显。例如改革推出后不久公布的《国务院公布重点工作部门分工意见》①,其中关于"进一步增强农村发展活力"分工部门包括组成部门(农业部等)、直属机构(工商总局等)、办事机构(法制办)、直属事业单位(银监会等)、部委管理的国家局(能源局等)、议事协调机构办事机构(扶贫办)共24个部门,这实际对各类机构在管理运行层面上一视同仁。《国务院行政机构设置和编制管理条例》规定"国务院组成部门管理的国家行政机构由国务院组成部门管理,主管特定业务,行使行政管理职能。"《国务院关于部委管理的国家局与主管部委关系问题的通知》规定:国家局工作中的重大方针政策、工作部署等事项"由主管部委部长(主任)对国务院负责"、"国家局原则上不直接向国务院请示工作",国务院将工作直接布置到部委管理的国家局与上述规定是否不一致?

形成科学、规范机构体系是大部制应有之义,大部制需要相应组织实体作为依托,因此,优化部门结构成为大部制改革的中心环节。优化结构必须重理行政部门体系,依法、规范、科学设置各类行政机构。

第一,加强法制建设。落实《中共中央关于全面推进依法治国若干重大问题的决定》关于加快建设法治政府要求,"完善行政组织和行政程序法律制度,推进机构、职能、权限、责任法定化"。一是完善《国务院组织法》,重点是明确部门设置原则、程序,细化机构设置方面规定,将实际存在的各类机构纳入组织法规范范围;增加有关机构编制控制与运行方式方面的规定,以遏制机构膨胀并优化运行机制。二是考虑制定《国务院部门组织法》或《国务院机构设置法》,明确规定部门(机构)类型,规范各类机构设置,细化机构规格、内设机构、责任机制、编制员额等规定,真正使机构废立、结构优化及职能调整依法进行。

第二,形成以组成部门为中心的机构体系。宪法明确规定:(国务院)

---

① 《国务院公布重点工作部门分工意见(全文)》,http://news.sina.com.cn/c/2013-04-03/182426727378.shtml。

规定各部和各委员会的任务和职责,统一领导各部和各委员会的工作,并且领导不属于各部和各委员会的全国性的行政工作。上述规定明确部委是具有独立性、履行基本的行政管理职能的政府部门,与其他机构性质、地位、作用存在实质性的不同。必须落实上述宪法规定,实质性提高部委在国务院机构体系中的地位;大部制主要依托组成部门实施,通过合并职能相近部门、收编其他类型机构,从而扩展其职能并压缩部门数量;可借鉴国外内阁部长为内阁成员的做法,在推进大部制改革的同时,增加国务委员数量(如韩国近年来修订《政府组织法》将国务委员从原来的 16 人增加到与政府部委数量相等的 17 人),扩大国务委员(包括副总理)兼任部委首长做法,甚至所有部委首长均由国务委员(副总理)担任。

第三,规范、整合其他各类组织机构。主管各项专门业务的直属机构、协助总理办理专门事项的办事机构以及部委管理的国家局,回归其履行专一性、专门性行政职能机构属性;直属事业单位中的某些行政性机构转为专业性职能机构或整合进入组成部门,其他单位剥离行政职能、回归事业单位体系;精简议事协调机构办事机构,确定其存在时限,逐步将其职能转移到相关部委。

第四,以强化政府决策领导权为目标,完善以办公厅为核心的决策辅助机制与综合协调机制。国务院办公厅是国务院秘书长在总理领导下,负责处理国务院的日常工作的机构。应强化信息咨询、统计调查、综合协调、决策督查、改革推进等职能,将机关事务管理等机构以内设司局或"外局"等形式纳入其中,逐步改造成"大综合、大协调、强辅佐、强服务"行政首脑办公机构。

2. 优化职能结构

机构是职能的载体,职能关系不理顺,仅仅是数量增减、形成"拼盘式"机构组合,改革既无意义也难持续。马凯明确指出:"这次机构改革是同职能转变紧密结合、同步推进的,许多问题通过职能转变来解决,比单纯的机构调整更有意义。"①因此，必须围绕转变职能推进大部制改革。职能转变包括两个层面问题：一是政府与外部（市场、社会等）职能关系重构；二是政府内部职能结构优化，换成政策术语即"健全部门职责体系"。目前亟待解决的突出问题，一是部门职责分工不尽合理，存在职责交叉、分散问题；二是精简的机构虽有限，但职能及机构变动至少涉及国务院18个单位。因此，优化职能结构、健全部门职责体系是本轮大部制改革的重要任务，更是大部制改革最终能否成功的重要前提。职能结构调整必须防止两个误区：

一是只有将一项社会事务全部集中到一个部门，才能实现职能有机统一。当今世界新事物层出不穷，社会分工越来越细，事务间的内部与外部联系越来越密切，使得政府职能配置难以覆盖所有的社会问题，各机构职能难以绝对的互不交叉、重叠；要求将一项事务或解决事务全部职能集中一个部门是不现实的，政府各部门职责权限划分完全做到泾渭分明只能是原则要求，"九龙治水"之类的现象完全杜绝几无可能。

二是部门设置越综合越好、越大越好。一方面，机构设置综合性与专门性两大原则之间存在矛盾；另一方面，任何部门都有一定的"职责宽度"，"宽职能、少机构"有一定限度。过度追求机构数目少、部门大而全，会制造出职能不堪重负、权责自我冲突、内部协调困难的"超级大部"，这既不利于政府职能有效履行，容易导致部门内部及部门间职责配置失衡，又使权力监督与责任追究变得困难。

因此，在多重约束条件下优化职能结构，应以加快形成权界清晰、分工合理、权责一致、运转高效、法治保障的机构职能体系为目标，通过职能归并，尽可能将内在联系紧密的公务归入同一部门；通过职能理顺，解决职责交叉、推诿扯皮问题；通过职能加强，强化宏观管理与公共服务；通过优化配置，使职能结构与机构设置有机衔接。

第一，依据社会需要与变化趋势明确整合框架。一般而言，履行传统政

---

① 《国务院秘书长作机构改革方案说明实录》，http://news.sina.com.cn/c/2013 – 03 – 10/112126486755.shtml。

治统治与管理的部门如国防、外交、公安等应相对保持稳定;而深受计划体制影响的经济管理部门职能需向宏观、综合方向调整,社会管理与公共服务部门需充实、强化其职能(这恰恰与公益服务体系建设密切相关),这是亟待理顺职能结构并可实施大部制的两类机构。职能整合大方向是非组成部门或向政府组成部门整合,或向专门性、专一性的机构方向转变,而组成部门则向职能综合的"大部门"方向发展。

第二,依据职能的内在关系进行整合。硬性归并职能间缺乏有机联系的机构形成的拼盘式大部难以持续运行。因此,必须立足部门的统合性与整体性,组合相同或相近职能,分拆性质相异且利益相反职能:对职责交叉、过于分散问题,按照同一事项一个部门负责原则进行职能归并;业务相同或相近但机构设置过于分散问题,通过机构整合将上述业务纳入同一部门;资源交易、信用信息、政务网络体系等各类公共平台,应本着资源共享、提高效能原则进行整合。

第三,依据决策执行分离原则理顺运作职能。一是在政府层面决策中枢与职能部门相对分离,将决策、监督职能上移,决策、监督辅助职能向首脑办公机构集中,部分监督职能向审计、监察等专门监督机构转移;执行职能向部门下移,解决决策中枢能力不强、职能机构权力过大问题。二是在部门层面,决策、协调职能向综合性的部委集中,执行性职能向主管专门业务、办理专门事项等的直属机构、办事机构及"外局"等集中。三是部门内部通过职能整合形成大部委—大司局—大处室格局,决策辅助与协调职能向综合司局转移,分散、分割的执行性职能向专业司局集中;[1]同时,打破原有机构体系固化的利益格局,调整、精简内设机构设置,为优化内部职能结构创造条件。四是各"外局"在机构保持相对独立的前提下将其职能与主管部委实现有机整合,要点是"外局"主要从事执行性任务,其重要决策在主管部委的指导下形成或由部委确定。

---

[1] 胡象明等:《"大司局"视野下大部制改革内部运行机制探微》,《南京社会科学》2011 年第 5 期。

3. 优化层级结构

我国是中央集权的单一制国家,中央层面的大部制改革必然向各级地方政府延伸,因此,优化层级结构是大部制改革应有之义。层级结构优化既涉及行政层级设置问题,更涉及中央部门体制与地方部门体制关系协调问题。此次改革重要特点是强调发挥中央和地方两个积极性,要求改革原则上下统一,但机构设置不搞上下对口,给地方机构改革探索留下余地。这既体现中央对改革及自身领导能力的自信,又强调尊重群众首创精神,鼓励地方大胆创新;既要求关注顶层设计,又秉承"摸着石头过河"的实践理性精神,通过预留探索空间不断完善改革决策。

但单一制体制条件下上下级政府存在领导与被领导关系,下级服从上级、全国服从中央是基本的制度要求;长期封建统治、30 年计划经济体制及官僚制组织模式,既强化了中央集权,又形成了"部门主义"、"条条专政"等现象;特别是机构编制方面中央对地方政府的规模、规格、指数、员额等实行严格控制,导致地方政府实际作为特别是创新能力有限。为顺利推进大部制改革,突破"下动上不动动了也白动"、"上改下不改越改越难改"等改革难题,防止改革"翻烧饼"、上下脱节、左右掣肘,必须把优化层级结构纳入大部制改革目标体系,在鼓励地方积极探索、大胆创新的同时,强化改革原则的统一、改革推进的上下联动。

第一,加快权力下放。我国行政体制纵向权力格局,一方面,中央政府是权力源头,在权力配置中占绝对主导地位;另一方面,从中央与地方行政职权上下基本"一般粗",大多数职权从中央贯通到底。权力下放既是转变职能的内容,又是大部制改革的条件:只有从上做起,层层放权并最终实现权力社会回归,各级政府才能"瘦身"、层级关系才能理顺。应落实"推进职能下放,着力解决国务院部门管得过多过细问题,充分发挥中央和地方两个积极性"①改革要求,通过权力下放优化层级权力结构、职责体系,调整近 20

---

① 《国务院秘书长作机构改革方案说明实录》,http://news. sina. com. cn/c/2013 - 03 - 10/112126486755. shtml。

年来日趋强化的"强中央弱地方"格局,解决地方政府财权事权不对称问题,特别是公益服务有责无权、有权无钱问题。

第二,优化部门结构。机构设置不搞上下对口是正确且有法规依据的,《国务院行政机构设置和编制管理条例》第二十四条规定:国务院行政机构不得干预地方各级人民政府的行政机构设置和编制管理工作,不得要求地方各级人民政府设立与其业务对口的行政机构。现实行政管理环境中,上下级政府部门设置过于不对应,既会导致运行上的诸多困难,又可能对行政管理"统一"原则乃至单一制体制形成冲击。优化各层级部门结构,一方面应给予地方一定自主权,因地制宜、或粗或细设置某些机构;另一方面政府主要部门应保持上下基本一致,特别是实施大部制的部门上下基本对应、左右基本看齐,从而有利于归并职能的整合、管理运行的通畅与大部制改革的顺利推进。

第三,上下整体推进。宪法明确规定"国务院统一领导全国地方各级国家行政机关的工作",而且改革事业有效推进客观上要求全国一盘棋。大部制改革必须在中央统一领导下进行,在原则、职能定位、核心部门设置、运行规则方面全国应基本统一,在推进目标、步骤、方式方面有规范要求,形成上下联动、整体推进态势。既要防止块块自行其是,借改革扩权、增编、巧立名目乱设机构,又要防止"条条专政",干预下级机构设置、职能配置。同时,对各地改革加强指导,鼓励创新,及时总结经验,适时面上推广,以点的突破带动面上改革纵深推进。

第四章 服务能力提升与人事体制转型

人事是"行政之本",人才是"成事之基"。在"公共服务是政府全方位的最基本职能"[①]的今天,按照党的十八大"推动政府职能向创造良好发展环境、提供优质公共服务、维护社会公平正义转变"的要求,以科学人才观为引领,以人事体制转型为基础,推进公务员公共服务能力建设,提升政府公共服务能力,进而加快中国特色公益服务体系的形成。

一、回顾总结

2003 年原人事部印发的《国家公务员通用能力标准框架(试行)》,提出包括政治鉴别能力、依法行政能力、公共服务能力、调查研究能力、学习能力、沟通协调能力、创新能力、应对突发事件能力、心理调适能力的公务员九大通用能力标准框架,并对公共服务能力进行粗线条规定:牢固树立宗旨观念和服务意识,诚实为民,守信立政;责任心强,对工作认真负责,密切联系群众,关心群众疾苦,维护群众合法权益;有较强的行政成本意识,善于运用现代公共行政方法和技能,注重提高工作效益;乐于接受群众监督,积极采纳群众正确建议,勇于接受群众批评。《国家公务员通用能力标准框架(试行)》作为具有指导意义与规范作用的能力建设标准,九大通用能力以此为基础开始长达十余年的建设实践及与之相关的理论研究工作。

---

① 高小平:《新时期行政改革的重点:创新体制建设服务型政府》,《行政论坛》2012 年第 1 期。

(一)形成过程

《国家公务员通用能力标准框架(试行)》虽然强调了公共服务能力建设并提出公务员公共服务能力的四方面内容,但该框架并未给出公共服务能力定义并对其构成要素、能力体系、推进战略等进行系统而深入的阐释。实际上,自 2000 年底原人事部提出要"研究提出不同层次公务员的能力素质标准",到 2003 年正式推出《国家公务员通用能力标准框架(试行)》,公共服务成为公务员通用能力经历"从无到有"的变化过程。[①]"从无到有"过程一方面反映了政府公共服务职能的不断强化与人们对公务员应具备通用能力认识的不断深化;一方面说明"有"的生成较匆忙,对公务员公共服务能力认识尚是初步的,因而没有给出定义且定位不高、概括较粗,未充分体现公共服务作为我国政府四大职能之一在公务员能力建设中的重要地位、公共服务能力在公务员能力构成中的应有位置,如许多地方将其作为"初级能力"、"普通文员"必备的"应知应会"能力。[②]

[①] 2001 年初提出国家公务员队伍和高中级公务员培训必须努力提高五种能力:政治鉴别能力和抵御腐朽思想腐蚀的能力、总揽全局的战略思维能力、领导经济工作和驾驭市场经济的能力、科学决策和依法行政能力、统筹协调的组织能力和处理复杂问题的能力;2001 年 9 月提出重点提高全体公务员七个方面能力:政治鉴别能力和抵御腐朽思想腐蚀的能力、培育和发展社会主义市场经济的组织领导能力、依法行政能力、专业化行政管理能力、调查研究能力、创新能力、学习能力;2003 年 11 月正式下发的《国家公务员通用能力标准框架(试行)》明确包括公共服务能力在内的公务员必备九种通用能力。

[②] 如《甘肃省处级以下国家公务员公共能力建设标准(试行)》将公务员能力分为"基本能力"、"初级能力"、"中级能力"和"高级能力"四个能力层次,公共服务仅属于与调查研究、沟通、协调、行政执行等并列的"初级能力"。《2006—2010 年苏州市公务员能力建设纲要》将公务员分为三类:担任各级机关领导职务及相当级别的人员(第一类)、机关内设机构领导职务及相当级别的人员(第二类)与上述二类以外的其他公务员,公共服务能力排除在前两类人员能力要求之外,仅仅是普通公务员(第三类)应具有的核心能力;其"具体要求、实现和检验途径"是:"能够起草公函、简报、工作总结等工作文稿,具备基本的外语阅读、口笔译能力。熟悉现代办公技术,能够用计算机网络技术办公,对统计资料进行分析研究,为领导决策提供依据。能够与有关业务部门、人员密切合作,取得工作上的支持与配合,准确出色完成会议的组织筹备工作,熟悉公务接待礼仪。"公共服务能力成为或下降为掌握机关基本知识、办理日常事务、热情服务、礼貌待客等"应知应会"能力。

(二)各方探索

由于存在上述局限,自原人事部推出《国家公务员通用能力标准框架(试行)》后,就有学者未按原界定而是结合政府转型、政府公共服务职能强化趋势等展开深层次探讨,一些研究引入新公共服务理论、能力素质模型等解析公务员公共服务能力。[①] 甚至一些专门培训教材也突破上述框架进行定义,如邱霈恩等将公务员公共服务能力分为专业服务能力、由基础性行政能力与运行性行政能力构成的一般性公共服务能力。[②] 一些研究成果则被吸纳进了公务员能力建设实务创新。其中,值得注意的是湖北省参考陈芳教授及其课题组的研究,自 2010 年起推行公务员能力席位标准建设,要求各机关及岗位制定出能力席位标准。[③] 虽然该标准体系并未整体突破《国家公务员通用能力标准框架(试行)》对公共服务能力的界定,但有所创新:一是将能力标准与公务员职业发展联系起来;二是将能力标准制定具体到各公务员职位;三是将公共服务能力定位为"基础能力"之上的"政治与行政能力"而凸显其重要性;四是结合不同职级、不同职位等制定能力席位标准,因而能力具体要求乃至名称有所不同,如公共服务能力、团队管理能力,省直机关厅局级职务的要求、名称分别是公共服务能力、战略性团队建设能力,而科办员职务的要求、名称分别是服务基层能力、团队合作能力等等。

(三)初步总结

对十年来公共服务能力建设进行梳理、总结,从积极意义上分析:一是适应政府转型与公务员能力建设趋势,将公共服务作为通用或核心能力纳入公务员能力建设体系;二是对公共服务能力的一些特征、要求进行描述、

① 潘劼、杨晓锋:《基于新公共服务理论视域下公务员服务能力提升研究》,《企业导报》2009 年第5 期;窦泽秀、赵立波:《公务员公共服务能力建设的模型构建与路径选择》,《学习论坛》2011 年第 5 期。

② 邱霈恩等:《国家公务员公共服务能力》,中国社会科学出版社 2004 年版,第 49—58 页。

③ 张广科:《中南财经政法大学研究成果将在湖北公务员系统施行》,http://www.hb.chinanews.com/news/2010/1230/69467.html。

概括,为开展能力建设创造条件;三是探讨形成了分类分级甚至结合具体职位的公共服务能力标准体系,并在录用、晋升特别是培训等实际工作中发挥了作用,一定程度上提升了公务员公共服务能力;四是一批培训教材、研究报告、论文著作等出版发表,深化了公务员公共服务能力及其建设研究。[①]

笔者依据自身调查分析并参考学者、社会公众及管理者的调研、评价,形成如下基本观点:公务员制度走过 20 余年发展历程的今天,公务员包括公共服务能力在内的能力总体上与经济社会发展、社会公共服务需求相适应,基本满足政府工作需要(对此,国家公务员局给出"公务员队伍建设全面加强,整体能力素质不断提升"的评价[②]);也正因此,政府公共服务职能得以履行(对此,党的十八大用"基本公共服务水平和均等化程度明显提高"予以肯定),经济社会取得了较快发展。但公务员公共服务能力现状与能力建设工作的相关性有待进一步研究,如某省 1.5 万名公务员用几个月时间的培训、自学公共服务能力,考试优秀率为 96.8%,因而"达到了预期的效果",[③]但实际成效并非如量化的考试优秀率那么"明了"。值得注意且极为明显的事实是:虽然政策法规对政府公共服务能力要求越来越高、学术研究对政府公共服务能力越来越重视,但十年前隆重推出的九大通用能力建设已不再是关注热点,甚至在真正实质性开展过公共服务能力建设的培训领域也近乎销声匿迹。笔者并不认为公务员公共服务能力建设问题已经解决或不再重要,而是一些基本的理论问题、政策问题有待解决,甚至这些问题在将公共服务能力匆忙纳入《国家公务员通用能力标准框架(试行)》

---

① 在一些关于公务员管理、公务员能力建设等论著中也有有关公共服务能力的探讨,代表如:程连昌:《公务员能力建设读本》,人事出版社 2004 年版。吴江:《公务员通用能力教程》,人事出版社 2007 年版。张国臣、程伟:《公务员能力建设论》,人民出版社 2009 年版。景亭:《中国公务员职业化研究》,南京师范大学出版社 2010 年版。苏保忠:《基层公务员素质与能力建设》,清华大学出版社 2009 年版。安应民:《特区服务型政府公务员行政能力建设研究》,人民出版社 2009 年版。

② 王宝杰:《尹蔚民出席全国行政机关公务员管理工作会议并讲话》,http://www.gov.cn/gzdt/2013-01/09/content_2308066.htm。

③ 袁锋、王爱国:《全省 1.5 万名公务员参加培训公共服务能力》,《海南日报》2007 年 9 月 24 日。

时就未理清。

这样,在十年实践推进与理论研究积累了工作经验与教训、思想资料基础上,在环境、制度、法律甚至公务员主管部门等都发生巨大变化条件下,进行系统性地总结与研讨、战略性地展望与规划,既十分必要又有可能。这其中,三个问题亟待解决:一是如何对公共服务能力进行定义与定位? 二是如何解析其要素并科学设计能力标准体系? 三是在新的条件下如何系统而有效地推进公共服务能力建设?

二、能力解析

公共服务能力建设的前提是明确什么是公共服务能力? 何以构成? 现状及存在问题如何?

(一)能力及要素

无论是实务界还是理论界,对何为公务员公共服务能力尚未取得共识。各方对其内涵和外延的认知存在的不同很大程度上是受对公务员、公共服务和能力三个概念认知差异的影响。

1.公共服务能力

A.公务员

我国推行公务员制度后公务员内涵与外延有较大变化,1993 年颁布的《国家公务员暂行条例》对国家公务员的界定是"各级国家行政机关中除工勤人员以外的工作人员",将公务员的范围限定在国家行政机关范围;其他党政群机关和具有行政管理职能的事业单位工作人员虽然依照或参照公务员制度管理,但并不称之为国家公务员。2005 年颁布的《公务员法》(该法用公务员替代国家公务员概念),对公务员界定采用了以三个基本构成要件列举形式予以规范:"本法所称公务员,是指依法履行公职、纳入国家行政编制、由国家财政负担工资福利的工作人员。"依此规定,我国公务员的范围涵盖各级共产党机关以及人大、行政、政协、审判、检察、民主党派机关工作人员;此外,还有两类人员实质也属于公务员:工、青、妇等群团机关工作人员,经有关部门批准的"法律、法规授权的具有公共事务管理职能的事业单位中除工勤人员以外的工作人员",二者均参照公务员法管理。据国家公务员局公开的数字,截止到 2012 年,我国共有公务员 708.9 万人。① 另外,截止到 2010 年,参照公务员法管理的群团机关、事业单位工作人员 88.4 万。② 需要说明的是:国外公务员范围大都远大于我国,包括公立学校、公立医院等在内的公共机构工作人员通常具有公务员身份,而我国拥有 3000 万职工、作为政府举办的公共服务机构的事业单位,其工作人员不属于公务员,虽然政府公共服务大多通过其提供。

B. 公共服务

公共服务是内涵丰富的概念,可从不同学科、不同视角以及不同研究需要去定义。据萨缪尔森等经济学者的公共物品理论,政府的所有产出以及公务员的所有职务行为都可视为公共服务。但从行为特征与我国政府职能定位(经济调节、市场监管、社会管理、公共服务)分析,公共服务应与公共行政(管理)对称,公共服务应视为不同于管理的行为、职能,可定义为有公共权力、公共资源介入的服务性活动,其目的是满足公民生活、生存与发展的某种直接需求。公共服务范围非常广、内容极其多样,大致可概括为公共设施、公益事业、公共信息"三公":"公共服务。就是提供公共产品和服务,包括加强城乡公共设施建设,发展社会就业、社会保障服务和教育、科技、文化、卫生、体育等公益事业,发布公共信息等,为社会公众生活和参与社会经济、政治、文化活动提供保障和创造条件,努力建设服务型政府。"③

C. 能力

能力是一个在多学科理论研究和社会实践中广泛使用的概念。从心理学上讲,能力是指顺利完成某一活动所必需的主观条件,是直接影响活动效

① 《公务员局:2012 年底全国公务员总数为 708.9 万人》,http://www.gov.cn/gzdt/2013 - 06/27/content_2435500.htm.
② 赵超:《我国公务员数量约 689 万人 近两年年均增长 15 万人》,《共产党员》2012 年第 10 期。
③ 温家宝:《提高认识 统一思想 牢固树立和认真落实科学发展观——在省部级主要领导干部"树立和落实科学发展观"专题研究班结业式上的讲话(2004 年 2 月 21 日)》,http://news.xinhua-net.com/newscenter/2004 - 02/29/content_1337121.html。

率并使活动顺利完成的个性心理特征。依据当代人力资源管理理论,能力一般意义上讲是指行为主体有效工作时所需要的技巧、知识、经验、品质和行为,[①]也可简要将其概括为行为主体相对于给定任务的胜任程度。

由此,笔者借鉴美国心理学家大卫·麦克利兰(David McClelland)1973年提出的能力素质模型(competency model),[②]与20世纪80年代兴起的能力管理运动相关理论,[③]特别是按照党的十八大对服务型政府与高素质公务员队伍建设要求,对公务员公共服务能力进行定义与定位:所谓公务员公共服务能力就是公务员为履行公共服务职能、从事公共服务活动应具有的主观条件及其在公共服务行为中表现出的胜任程度,是公务员思想、品德、知识、技能、智能、体能等的高度统一与综合体现。需要强调的是,在公共服务取代主权概念成为公法基础(狄骥)、服务型政府建设成为我国政府改革与发展方向的背景下,公共服务能力在公务员能力体系中应居于中心位置,是公务员各方面能力素质的综合体现。同时,在"管理就是服务"语境下,政府管理活动与服务活动无法截然分离,公共服务能力的具体要求也体现在一些公共行政行为之中。因而,公共服务能力高低直接或间接影响公务员其它能力的提升与作用发挥、政府公共服务及公共行政职能的有效履行。

2. 要素解析

在定义与定位基础上,应进一步通过对能力构成要素分析,架构起体现分类分级要求的公务员公共服务能力标准框架体系。

麦可利兰的能力素质模型把能力素质划分为知识(knowledge)、技能(skill)、自我概念(self-concept)(包括态度、价值观和自我形象等)、特质(traits)、动机(motives)五个层次。并认为知识和技能等属于基准性素质("门槛性能力")(threshold competencies),概念、特质、动机等属于鉴别性

---

① (英)希尔维亚·霍顿:《能力运动》,载希尔维亚·霍顿等:《公共部门能力管理—欧洲各国比较研究》,国家行政学院出版社2007年版,第4页。

② competency model 在我国有能力模型、胜任力模型、胜任素质模型、胜任模型等多种译法。

③ 在欧洲各国兴起的能力管理运动是当代人力资源管理发展的新趋势,在能力管理模式下,行为主体相对于给定任务的胜任度成为衡量行为主体能力的关键核心指标。

素质(differentiation competencies),真正能够把优秀人员与一般人员区分开的是鉴别性素质。依据我国政府性质与公务员能力建设基本要求,参考能力素质模型及其他相关理论,笔者将公务员公共服务能力在结构上分为公共精神、职业素养、专业能力三个层次:由宗旨观念、权力观念、群众观念以及责任意识、服务意识、诚信意识、效率意识、职业道德、敬业精神等构成的公共精神与职业素养是公务员公共服务能力的鉴别性能力素质,其作为行为先导的观念、意识和动机等,决定行为的方向和持续程度,也制约其它能力要素的发挥水平。与现代公共服务手段、技术、工具、程序等相适应的有关知识、技能等专业知识和技能,则是公务员的基准性能力素质,可以被直接观察和运用现代测评技术进行有效测评。相对而言,鉴别性能力素质养成要比基准性能力素质获得更艰难。因此,公务员公共服务能力建设在全面提升能力素质的同时,应将着力点放在鉴别性能力素质上。

A. 公共精神

公共精神是超越个人、部门、集团利益而追求公共目标、实现公众利益的精神,是政府公共性的内在灵魂,集中体现为指引政府行为的价值导向。在社会主义的中国,为人民服务、做人民公仆是政府、公务员的宗旨、基本义务:《公务员法》将全心全意为人民服务作为公务员应当履行的基本义务;《国家公务员通用能力标准框架(试行)》将"牢固树立宗旨观念和服务意识,诚实为民,守信立政"作为公共服务能力的第一位要求。正是宗旨观念和服务意识使公共精神成为一种正确对待权力、超越个体私利、摆正自身与公众关系的价值准则和精神追求,它潜在地存在公务员的意识深处,成为履行公仆职责、开展公共服务的精神支撑与动力基础,成为决定其职业素养、工作动机、行为模式的深层因素,是公务员鉴别性素质的核心要素。公共精神内涵丰富,从公共服务角度看,现代政府以公共精神作为公共行政的灵魂,以公民的意志作为公共行政的首要原则,把回应社会需求、服务公众、实现公共利益作为政府宗旨,把公共服务作为政府最重要职能,"公共精神要求政府必须密切关注和认真回应公共利益需要和人民群众的愿望及要求。从理念上看,这要求各级政府和官员必须坚持'以人为本',一切着眼于人民,一切为了人民,从而实现社会公共利益的最大化。"①

B. 职业素养

职业素养指个体表现出的组织化的素质和涵养,是个体在职业过程中形成并表现出来的综合品质,反映职业内在的规范和要求。其核心是敬业精神与合作意识。任何职业均有具备个性特征的职业素养要求,同时,职业素养也存在一些共同性的特征、要求,如美国《哈佛商业评论》评出了职业人应该遵循的基本职业素养:诚实、正直、守信、忠诚、公平、关心他人、尊重他人、追求卓越、承担责任。公务员的职业素养主要包括职业道德、职业意识、职业作风等方面,其中一些要求是与其他职业的职业素养相同的,如敬业、合作、诚实、正直、守信、忠诚、公平、责任心等;另一些要求则是与公务员职务、与政府公共服务密切相关的,如《国家公务员通用能力标准框架(试行)》列举的公务员公共服务能力构成要素中的诚实为民、守信立政、责任心强、对工作认真负责、积极采纳群众正确建议等。公务员职业素养的具体要求,其上端与公共精神贯通,其下端又与专业能力相连,内涵丰富、作用重要。虽然实现公务员职业化是现代公务员制度的重要要求,但职业素养不是一蹴而就的,其形成是长期培育、训练、潜移默化的养成过程,因而"职业素养的培养将是公务员队伍职业化的重点"②、公务员公共服务能力建设的重要环节。

C. 专业能力

虽然知识和技能等专业能力属于基准性素质,属于代表能力表层特征、只占整体1/8的所谓"能力冰山"水面以上部分,但却是与公共服务密切相关,直接作用、表现于服务行为的能力,是公务员从事公共服务必备能力。包括专业化在内的"四化"是干部队伍建设方针,党的十五大明确提出建立高素质专业化的公务员队伍目标更突出了专业化要求。一方面,职业化公务员从事的公共服务本身已是一种高度专业化的工作,正如美国学者莫石

---

① 吴开松:《简论公共精神的现代内涵》,《光明日报》2008 年 11 月 4 日。
② 艾烨:《关于公务员职业素养培养的思考》,《法制与社会》2010 年第 2 期。

指出的那样,公共服务不再是传统的服务性的工作,而是管理精英启动变革和领导社会发展的工作。而且随着社会分工日趋复杂多样,各类公共服务专业化需求日益强烈,公共管理、公共服务已不是仅有"综合素质"的"聪明的门外汉"就可胜任的工作:"从全球范围看,由于科技进步和经济、文化的快速发展,各国政府所管理的公共事务的范围日益扩大,内容更加广泛,划分也更为详细,使政府行政管理的专业化得到了前所未有的强化。"因而公务员必须"改变'万金油'的形象"①,提高公共服务的专业化水平。另一方面,虽然我国公务员多从事管理事务,与事业单位等工作人员直接提供公共服务有所不同,但公共服务所涉及的教育、卫生、文化、公用事业等均是属于高度专业化的工作,即使不直接从事操作性的服务提供活动,要做好决策、监督、协调等事务也必须掌握相应的专业知识与技能,这其中既包括管理知识与技能,更包括与上述公共服务相关的专业知识与技能。因此,专业能力是公共服务能力不可或缺的重要组成部分。

(二)通专关系

专业化是必须的吗?公共管理与公共服务需要通才还是专才?在公共服务能力中专业能力占据什么位置?早在改革开放之初邓小平同志就提出干部队伍"四化"方针,强调"实现干部的革命化、年轻化、知识化、专业化,是革命和建设的战略需要"②。专业化既是针对我国要有一支坚持社会主义道路的、具有专业知识和能力的干部队伍的要求,而干部队伍专业知识、技能相对匮乏的现状提出的;同时,专业化也是符合当今世界各国公务员成为专门职业、在专才基础上实现通专结合发展趋势的。不容讳言,与"四化"方针乃至与"四化"中的革命化、年轻化、知识化其他要求相比,专业化要求贯彻的持续性、有效性相对不足,人们对专业化要求内涵、意义、如何落实等问题还存有不少认识误区。为此,笔者对包括公务员专业化在内的公务员管理、公职制度建设等问题进行了调查,以期深入、系统地描述现状、梳

---

① 艾烨:《关于公务员职业素养培养的思考》,《法制与社会》2010 年第 2 期。
② 邓小平:《精减机构是一场革命》,《邓小平文选(1975 – 1982 年)》,人民出版社 1983 年版,第 351 页。

理问题、剖析原因,进而理出协调通专关系、加强公务员能力建设的思路。

1.调查基本情况

调查于 2009 年 11 月—2010 年 9 月(以下简称 2010 调查)以青岛为中心进行,以处科级公务员为主体,以问卷调查为主要方式,同时辅之以座谈、访谈、案例分析等方法。调查的问题不仅局限于专业能力、专业化,还涉及公务员管理进、管、出多个方面。为扩大调查覆盖面,在西部的重庆、中部的洛阳、东部的天津、福州选取部分样本。共发放问卷 400 份,回收有效问卷 253 份。同时,为观察、分析长期变化趋势,结合笔者 1999—2000 年、2002 年、2004 年开展相关调查(以下分别简称 1999、2002、2004 调查)①进行比较分析。

调查对象的地区、工作年限、职业、职级分类等基本情况如下:

表 4 - 1　调查对象地区分类情况

地区	数量	百分比②
青岛	135	53.4
天津	31	12.3
福州	23	9.1
洛阳	39	15.4
重庆	25	9.9
合计	253	100

① 1999 年调查向青岛市党政干部发放问卷 130 份,回收 110 份。2002 年调查向青岛市公务员发放问卷 90 份,回收 80 份。2004 年调查发放问卷 180 份,回收 142 份。调查对象为:青岛市一般调查对象,主要是公务员及少量企事业工作人员;青岛市人事干部;青海省处级公务员。其中,1999 年、2004 年调查形成的论文分别是:《关于党政干部选拔任用存在问题的调查及对策研究》,《理论学刊》2000 年第 4 期;《关于完善党政领导干部选拔任用机制研究》,《理论学刊》2005 年第 6 期。

② 调查表的百分比均为有效百分比,下同。

表4-2 调查对象工作年限情况

工作年限	数量	百分比
3 年以下	7	2.8
4-10 年	59	23.4
11-20 年	49	19.4
20 年以上	137	54.4
有效问卷	252	100
缺省	1	
合计	253	

表4-3 调查对象职业、职级情况

职业	数量	百分比	职务	数量	百分比
党政机关	212	84.5	局级	1	0.4
事业单位	32	12.7	处级	154	63.4
国有企业	5	2.0	科级	74	30.5
其他	2	0.8	其他	14	5.8
有效问卷	251	100	有效问卷	243	100
缺省	2		缺省	10	
合计	253		合计	253	

2. 专业是否对口

最直接、最直观反映专业化程度及专业能力实际状况的是公务员专业对口情况。公务员目前专业对口情况及公务员对专业化重视程度如何呢？

表4-4 目前从事工作与专业对口程度、专业化重要程度

工作与专业对口程度	数量	百分比	专业化重要程度	数量	百分比
不对口	23	9.1	不重要	12	4.7
不太对口	22	8.7	不太重要	11	4.3
一般	74	29.2	一般	67	26.5
比较对口	84	33.2	比较重要	97	38.3
对口	50	19.8	重要	66	26.1
合计	253	100	合计	253	100

按5级李克特量表赋分,计算调查对象对问题所作选择的平均值。从总体上看,调查对象对专业对口情况的评价尚可:19.8%认为对口,33.2%认为比较对口,认为不对口、不太对口及一般的分别是9.1%、8.7%、29.2%。平均值为3.462,大致介于一般与较对口之间(假如全部选择一般或较对口其平均值分别为3.0或4.0)

表4-5 不同职业、工作年限人员目前从事的工作与专业对口程度

职业	平均值	工作年限	平均值
党政机关	3.392	3年以下	3.286
事业单位	3.781	4-10年	3.356
国有企业	3.800	11-20年	3.388
其他	5.000	20年以上	3.540
全部样本	3.462	全部样本	3.460

表4-5反映出的问题值得重视:除其他只有2人不具代表性不计外(下同),在机关、事业单位、国有企业三大公共部门中,机关公务员专业对口程度最低(平均值为3.392,需要说明的是由于国有企业样本数过少,在此只做参考),而且是唯一低于全部样本平均值3.462的群体,国有企业、事业单位职工的平均值分别达到3.800、3.781。这既与企业、事业单位工作对专业的要求相对更高有关外,又与近些年来公务员选拔录用以及考核培训等突出"综合素质"、淡化专业化要求有关。另外,从变化趋势看,工作年限越长专业对口程度越高:工作年限20年以上、11-20年、4-10年、3年以下专业对口程度分别是3.540、3.388、3.356、3.286。改革开放后相当长一段时间党和国家重视专业化要求,早在1980年8月邓小平同志提出了逐步实现各级干部"四化"要求,江泽民同志在1989年12月29日对"四化"方针做了进一步阐释:"我们制定的干部队伍革命化、年轻化、知识化、专业化方针,是一个有科学含义的、相互联系的完整方针,是德才兼备原则在新的历史条件下的具体体现。"工作年限20年以上的群体恰恰是那个时期参

加工作或已经参加工作的,这一群体成为专业对口程度最高的群体。

20世纪90年代以后,一些人认为专业化问题已解决或已不突出,专业对口、专业能力要求有所淡化,公务员录用、晋升等工作对专业要求降低,而所谓的"综合素质"成为公务员录用、晋升等的重要标准,"综合素质"高人员(从另一角度说也即所谓"万金油"式干部)似又重新受重视,致使工作时间越短专业对口程度越低。

3. 专业化是否重要

专业对口程度总体情况虽尚可,但与专业化重要性比较,调查对象对实际专业对口程度的评价低于对专业化重要性的评价。将表4-4两组调查进行对比:认为专业化重要、比较重要的比例为26.1%、38.3%,高于认为专业对口、比较对口的比例;认为专业化一般、不太重要、不重要的比例为26.5%、4.3%、4.7%,低于认为专业对口程度一般、不太对口、不对口的比例;以平均值计,专业化重要程度问题全部样本的平均值为3.781,高于工作专业对口程度问题3.462的平均值。重要程度高于实际对口程度,至少说明调查对象在主观上认为专业能力还需要进一步加强、专业对口程度还需要进一步提高。

表4-6 不同职业、工作年限人员对专业化重要程度的态度

职业	平均值	工作年限	平均值
党政机关	3.731	3年以下	3.571
事业单位	4.031	4-10年	3.814
国有企业	3.800	11-20年	3.673
其他	5.000	20年以上	3.796
全部样本	3.781	全部样本	3.770

表4-7　不同年龄人员对专业化重要程度的态度

年龄	平均值
30 岁以下	3.846
30-45 岁	3.783
45 岁以上	3.720
全部样本	3.770

　　从不同职业对专业化要求看,事业单位对专业化要求最高,以下是国有企业、党政机关,平均值分别为 4.031、3.800、3.731,而且机关公务员是唯一平均值低于全部样本平均值 3.781 的群体。事业单位是政府举办、提供公共服务的组织,其对专业化要求最高说明公共服务是具有高专业要求的工作,而这一要求是可以、应该传导到政府公务员特别是从事公共服务工作的公务员群体。同时,公务员也认为专业化重要程度高于实际专业对口程度(平均值 3.731∶3.392),因此,以公务员为主体的调查对象意识到社会转型和结构分化、社会分工日趋复杂多样、专业化需求日益强烈的当今社会,公共管理、公共服务已不是"聪明的门外汉"就可胜任的工作,公务员本身成为一种职业,仅有"综合素质"难以适应时代发展特别是政府管理与服务工作的需要。

　　从工作时间看,工作年限 20 年以上、11-20 年、4-10 年、3 年以下的群体认为专业化重要程度的平均值分别为 3.796、3.673、3.814、3.571,大趋势是工作年限越长平均值越高,3 年以下依然是平均值最低的群体,但 4-10 年龄组(人数仅次于工作年限 20 年以上人数)却是对专业化要求最高的群体。这说明:与客观上工作时间越长专业对口程度越高不同,工作时间长短与专业化要求高低并非是简单的正相关关系。关于这一点,可以不同年龄组群体的态度进一步予以佐证:调查显示越年轻的人越认为专业化重要,其中 30 岁以下年龄组是平均值最高的群体。这说明专业对口程度、专业化重要性不高乃至降低的原因不是出于年龄、工作年限及公务员主观要求,而是源自录用、晋升、考核、培训等人事管理理念、管理制度、管理方式,特别是制度设计、制度运行导致上述结果。

4. 变化趋势

与 2002 年调查比较(表 4-8),公务员专业对口程度与专业化重要程度均有下降趋势。

表 4-8 2002 年调查工作与专业对口程度、专业化重要程度

工作与专业对口程度	数量	百分比	专业化重要程度	数量	百分比
不对口	5	6.25	不重要		
不太对口	9	11.25	不太重要	4	5.00
一般	17	21.25	一般	13	16.25
比较对口	31	38.75	比较重要	39	48.75
对口	18	22.50	重要	24	30.00
合计	80	100	合计	80	100

2002 年调查中,目前从事的工作与专业对口程度问题的平均值为 3.600,专业化重要程度问题平均值为 3.988。与 2010 年两项调查平均值比较(3.392、3.731,由于 2002 年调查对象全部为公务员,2010 年调查只计算公务员的平均值),相同之处均是专业化重要程度高于专业对口程度,说明时间跨度虽超过 7 年但调查对象依然认为实际专业对口程度还应进一步提高、公务员专业能力还需进一步加强。不同之处是专业对口程度与专业化重要程度平均值 2010 年调查均低于 2002 年调查(3.392:3.600、3.731:3.988),因而实际专业对口程度与人们对专业化重视程度 7 年间均有较明显下降。如前所述,由于制度设计淡化专业化要求,制度长期运行的结果自然导致公务员专业对口程度乃至对专业化重视程度的下降。

(三)原因分析

导致公务员专业能力不高、专业化要求程度不高并呈下降趋势的原因是多方面的,但制度是根本性的。制度设计与运行集中反映人们特别是决策者对专业化、专业能力的价值判断、具体要求,以及相关工作实施力度。当然,制度设计与运行不仅关乎专业化、专业能力,而且与公共精神、职业素

质也有密切关系。

1. 录用制度

录用是公务员入口,因而录用制度在落实专业化要求、加强专业能力建设方面具有初始、基础的作用。公务员法明确录用担任主任科员以下及其他相当职务层次的非领导职务公务员,采取公开考试、严格考察、平等竞争、择优录取的办法。迄今,公务员凡进必考基本已实现,而表4-9显示凡进必考满意度平均值明显高于其他三种方式,说明公开考录制度在实现公平选人用人方面表现突出,在提高选人用人效率方面也发挥了积极作用,是最为各方认可的选人用人形式。但公务员录用制度存在的问题也是有目共睹的:

第一,强调职业化、在专才基础上形成通专结合已经成为各国公务员能力开发、制度建设的趋势。但目前公务员考试内容、方式忽视专业化要求,不利于选拔专才、识别专业能力。笔试阶段只考申论、行政职业能力测试,这两种考试基本不体现专业知识、专业技能;结构化面试有利于降低录用成本,并使所有考生均面对同一试题、同一评分标准因而有助于公平选人,但结构化面试并不适宜专业能力测试(事实上结构化面试实际题型主要测试通用能力、"综合素质")。

第二,上述笔试、面试方式使用多年,已形成套路、模式,考生通过辅导、模拟、自测等方式以及利用人事测评本身的"学习效应",逐步掌握应对方式,使考试的信度、效度大大降低。

第三,不必要资格条件限制多,如学历限制、年龄限制、区域限制、身高限制等等,甚至出现过人为"量身制作"资格要求现象,不利于拓展选人视野;比较三次调查,后两次调查平均值较明显低于1999调查,说明凡进必考在选人用人公平与效率方面面临诸多挑战。

第四,一些政策因素(如接收安置军转干部等)导致专业人员或具有一定专业知识、技能的人员所占比重趋低,在一些地方政府职能部门军转干部等非专业人员所占比例甚至超过半数,这不利于公务员队伍整体专业能力的提升。

表4-9　三次调查各种选拔任用方式满意程度

期次　各种形式	1999调查	2004调查	2010调查
传统方式	2.527	2.766	3.391
公开选拔	4.063	4.050	4.043
竞争上岗	3.909	3.818	4.075
凡进必考	4.500	4.171	4.186

2. 开发培训

开发培训是提升公务员能力的重要途径。公务员法第六十条规定:机关根据公务员工作职责的要求和提高公务员素质的需要,对公务员进行分级分类培训。目前公务员开发培训诸多不足导致公务员能力特别是专业能力难以有效提升。

第一,培训机制不健全。公务员法规定的初任培训、任职培训、对从事专项工作的公务员进行专门业务培训、更新知识与提高工作能力的在职培训等四种培训,目前已经制度化的主要是以胜任职位的综合能力培训为主的初任培训、任职培训,而专门业务培训、更新知识等培训开展有限。培训资源缺乏整合,竞争性培训体系未形成;各方、各路培训机构重复设置、资源浪费,而一些培训机构特别是县级行政学院(校)师资力量极为薄弱、难以提供有质量的培训。

第二,培训绩效不彰。由于以分类为基础的公务员能力框架体系尚未形成,将能力体系转化为教育培训清晰的目标要求与内容更是"无从做起"或"有心无力",致使按需施教难以有针对性地展开,培训的有效性、专业化水平不高。

第三,多样化的开发机制未形成。表4-10显示:在岗培训、岗位转换、工作丰富化等与工作相关的能力开发方式最为调查对象认可;离开或暂时离开工作岗位的离职培训、业余自修及咨询指导也是重要的开发方式;另外,工作扩大化也得到部分调查对象的认可。因此,调查对象对多种开发形式都给予程度不同的认可,说明公务员能力建设特别是专业能力提升是一项系统工程,需要从多个方面、以多种方式进行,但如何组合好、运用好各种开发方式还有待进一步探索、实践。

第四,"干中学"运用不充分。在岗培训、岗位转换、工作丰富化成为调查对象特别认可的能力开发形式,特别是在岗培训,其加权分1171分、首选率44.7%明显高于其他方式。上述三种均是不脱离岗位、低成本的开发形式,通过履行岗位职责以及有意识的人事管理、合理的制度设计(岗位转换、丰富职位内容等)来开发潜能、提高素质。因此,如何做好在岗培训,如何有意识地运用人事管理相关活动如岗位转换等,如何设计好与工作职位相关的激励方式(工作丰富化、工作扩大化等),对能力提升具有特殊重要的作用。但从总体看,"干中学"各种开发方式尚处于摸索阶段,实施的系统性、制度化不够。

表4-10　能力开发有效方式①

选项 选择	咨询指导	在岗培训	业余自修	工作丰富化	岗位转换	离职培训	工作扩大化
第一位	12	89	5	34	36	18	5
第二位	8	38	17	29	50	18	9
第三位	12	32	28	26	36	23	8
第四位	27	14	29	29	11	25	16
第五位	25	8	33	25	16	20	14
第六位	34	5	22	15	9	22	29
第七位	26	2	18	4	6	22	56
选择但未排序	7	17	8	9	11	10	4
加权分	497	1171	586	803	892	615	365

3.晋升制度

公务员法将竞争晋升原则予以明确:"机关内设机构厅局级正职以下领

---

① 说明:按照第一位得7分,第二位得6分,第三位得5分,依次下来,第七位得1分;只划勾没排序的,统一按照4分来计算。

导职务出现空缺时,可以在本机关或者本系统内通过竞争上岗的方式,产生任职人选。厅局级正职以下领导职务或者副调研员以上及其他相当职务层次的非领导职务出现空缺,可以面向社会公开选拔,产生任职人选。"这比传统单一委任制干部选拔、职务晋升方式有较大进步。表4-9也表明,人们对凡进必考、公开选拔、竞争上岗等竞争性选人用人方式的满意度,要高于以单一委任制为特点的传统方式。但业绩导向、竞争性的晋升机制还不完善。

第一,能力主义要求难以在实际晋升中落实。包括专业能力在内的能力及其体现——业绩应是职务晋升的基础,在其他条件相同或接近情况下正是能力、绩效将能者、平者、庸者分开。但一些政府机关工作可鉴别程度低,业绩不容易衡量,加之用人不正之风等影响,导致能力本位、业绩导向的晋升原则难以落实。

第二,竞争不充分。竞争是择优进而实现选人公平、效率的重要基础,实际工作竞争上岗限于机关或系统内部,竞争上岗、面向社会公开选拔存在针对特定个人或群体设置竞争条件的问题,加之竞争程序缺乏刚性、领导特别是主要领导作用过大等,使竞争难以充分地展开。

第三,晋升程序规定较为概括。公务员法第四十四条关于公务员晋升领导职务设定了民主推荐、组织考察、讨论决定、办理手续四步程序。上述程序规范过于简约几至"网漏于吞舟之鱼",对职位这一公共组织的最重要激励资源如何进行配置难以形成硬性约束,也难以防止用人唯亲、跑官要官、决策不民主及考察失实等问题发生。

第四,晋升与专业因素相关度低。专业在晋升中的作用几乎可以忽略不计:表4-11显示,在2010、1999调查中,专业在影响干部升迁各因素中位列倒数第二,仅高于经济实力(指经济实力强的地方、部门容易出干部,更指具有经济实力的人可通过自身经济实力的影响谋取职位),而在2004调查中专业甚至在各因素中垫底。机遇、关系、政绩成为决定干部升迁的最重要因素:三次调查三者均位列前三位。而2004、2010调查中关系、机遇甚至取代政绩成为影响升迁最重要因素,这是不正常甚至危险的:协调关系能力是领导干部必备能力之一,但如果干部将主要精力用于营造关系,甚至通过经营关系谋取职位则是非常有害的。机遇上升为首选因素其消极影响也是显而易见的:对晋升工作缺乏合理预期乃至必要信任,导致公务员工作进取心下降;机遇安排不仅无法预期而且不平等,升迁取决于机遇本身就是一种不公;许多机遇因素常常是人为造成的,如"伯乐"机遇、门坎机遇、时势机遇等,特别是许多所谓"机遇"与用人唯亲、决策不民主等问题存在较高相关性,用人唯亲、决策不民主等的核心问题是领导以主观偏好、个人亲疏好恶择人,个人对此难以控制,只好将其归之于所谓"伯乐"等机遇。由于以上种种原因导致部分公务员认为与其在艰难的能力素质提升特别是专业能力提升方面下功夫,不如营造关系、跑官要官等更容易获得晋升,这在客观上对专业能力及其他素质能力的提高产生了负面影响。

表 4 - 11　影响干部晋升主要因素调查 单位:%

1999 调查排序			2004 调查排序			2010 排序		
主要因素	首选	次选	主要因素	首选	次选	主要因素	首选	次选
机遇	32.7	7.3	关系	29.6	16.2	政绩	33.5	37.5
政绩	24.5	39.1	政绩	23.2	10.6	机遇	30.7	11.9
关系	24.5	12.7	机遇	19	22.5	关系	20.3	17.6
处世方式	10.9	10	年龄	8.5	9.9	处世方式	4.7	8.5
学历	5.5	9.1	处世方式	7.7	13.4	年龄	4.2	6.3
年龄	0.9	9.1	学历	7	7	学历	3.3	9.7
专业	0.9	8.2	经济实力	2.1	6.3	专业	1.9	4.5
经济实力	0	4.5	专业	0	2.8	经济实力	1.4	4.0

4. 官风吏治

与前述晋升、录用、开发等问题相关的是官风吏治问题。官风吏治问题的核心是选人用人问题。目前选人用人方面存在问题还较突出,用人唯亲等问题始终未能有效解决,导致公务员能力建设动力缺失,许多公务员将精力放在营造关系、搞"庸俗关系学"、甚至跑官要官方面。

表 4 - 12　选人用人存在的突出问题调查 单位:%

主要问题	1999 调查		2004 调查		2010 调查	
	首选	次选	首选	次选	首选	次选
用人唯亲	37.3	16.4	23.9	12.7	22.9	20.1
论资排辈	28.2	14	21.1	10.6	22.9	13.0
跑官要官	14.5	20	16.2	17.6	19.0	21.9
决策不民主	9.1	17.3	14.8	8.5	15.7	15.4
考察失实	8.2	16.4	11.3	16.2	10.0	11.8
卖官鬻爵	2.7	10.9	3.5	7.0	5.7	8.9
不反映民意	0	4.9	7.7	9.9	3.8	8.9

　　第一,存在多年的选人用人问题"依然故我"。2010 调查与 1999、2004 调查结果比较,从各选项第一选择看,除 2004 调查不反映民意超过卖官鬻爵排序由第七变为第六外,其余排序完全一致;从第一选择与第二选择所占百分比看,前三位排序完全一致,只是后四位排序略有变化。用人唯亲、论资排辈、跑官要官分列前三位且选择率明显高于其他选项,说明这是选人用人存在的三个突出问题,而且十年间未有变化:曾经存在的问题五年后、十年后依然存在,且各个问题严重程度排序也无重大变化。由此需要我们深思的问题是:多年来我们在治理用人不正之风、用人腐败等方面的努力是否达到了预期目标?

　　第二,用人唯亲被公认为选人用人的最突出问题。用人唯亲与我党提倡的五湖四海、用人唯贤原则截然对立,是用人腐败的典型表现,其危害最严重,其实质是公权私有,其深层根源则是"非我族类,其心必异"与"家天下"的封建思想、宗法意识。

　　第三,跑官要官已成为选人用人日益突出的问题。从选择率看,三次调查第二选择均位列第一;如按照加权分排序(表 4 - 13),2010 调查跑官要官加权分高达 873 分,接近并仅次于用人唯亲的 896 分,远高于论资排辈的797 分。这反映出当前部分官员职业取向乃至理想信念出现偏差,对职位渴望越来越强烈、对晋升欲求越来越迫切,甚至突破官风吏治底线要求、铤而走险采用跑官要官手段。

第四,决策不民主选择率上升。2010 调查第一选择比十年前高出 7.5 个百分点,而且 796 加权分仅比论资排辈少 1 分。这既说明决策不民主问题是存在而且越来越突出的,也反映出人们越来越重视选拔任用运行特别是决策过程中存在的问题。此外,考察失实、不反映民意、卖官鬻爵也是人们关注的问题。特别是考察失实加权分达到 625 分,明显高于后两者,而从第一选择看,2004、2010 调查比 1999 调查选择率呈上升趋势。考察失实集中表现为干部评价、干部考察工作不够全面、客观、准确、深入,这其中有责任心、工作能力等问题,但技术特别是制度问题不可忽视。

表 4-13　选人用人方面存在的突出问题①

选项	加权分
用人唯亲	896
跑官要官	873
论资排辈	797
决策不民主	796
考察失实	625
不反映民意	486
卖官鬻爵	444

以上基于问卷调查进行的分析,不仅涉及通专关系与公务员专业化问题,与公务员能力建设、公共人事制度的诸多方面均有关系,据此我们可以对公务员能力建设展开更有针对性的分析、探讨、设计。

三、建设路径

在干部队伍建设取得重要进展、人才工作开创新局面、基本公共服务均等化总体实现的条件下,在科学技术是第一生产力、人才资源是经济社会发

---

① 说明:按照第一位得 7 分,第二位得 6 分,第三位得 5 分,依次下来,第七位得 1 分;只划勾没排序的,统一按照 4 分来计算。本章下同。

展的第一资源背景下,提高公务员公共服务能力成为服务型政府建设、高素质公务员队伍建设的战略任务,成为加快构建公益服务体系的重要内容。

能力建设需要科学的理论指导、明确的问题导向、坚实的制度支撑、良好的组织环境。因此,在总结十年建设经验与教训基础上,针对公共服务能力现状及存在问题,按照十八大提出的建设人民满意的服务型政府与完善公务员制度的要求,以科学人才观为指导,以制度建设为中心,以能力建设为主题,坚持能力本位、业绩导向,突出专业化,大力加强公务员公共服务能力建设。

(一)科学人才理论指导

人才理论创新对人才发展具有基础性、先导性、引领性作用。[①] 科学人才观作为马克思主义人才理论中国化最新成果,是立足世界多极化、经济全球化深入发展、知识经济方兴未艾条件下社会主义现代化建设实践,积极吸取当代人才学、人力资源管理与人力资本理论等的最新发展而形成的人才理论体系。科学人才观是科学发展观在人事人才工作领域的集中体现和具体运用,它科学地回答了中国特色社会主义条件下人才怎样发展与实现什么样的发展等重大问题,是我国公务员能力建设的行动指南与理论支撑。

1.领会精神实质

科学人才观坚持马克思主义关于人民群众是历史发展主体、"人的自由全面发展"的思想,继承和发展了党在革命、建设、改革各个时期形成的丰富人才理论,立足当代人才工作实践,深入探索中国特色社会主义人才发展规律,形成了以人为本的价值取向,与促进人人成才、人的全面自由发展的人才观念,特别是在党管干部基础上进一步明确党管人才原则,成为具有中国特色与时代精神的人才理论体系。科学人才观的形成过程、基本内涵鲜明地体现了解放思想、实事求是、与时俱进、求真务实的精神实质,对指导公务员能力建设、提升公共服务能力具有重要的世界观和方法论意义。

---

① 李源潮:《总结经验,把握规律,提高党管人才工作水平》,《人民日报》2012 年 10 月 8 日。

2. 把握理论体系

科学人才观内涵丰富,对人才理论和实践的重大问题进行了全面而系统地阐释:明确了人才的本质属性——创造性;揭示了人才的价值即人才资源是第一资源、是推动我国科学发展的关键因素;提出了德才兼备、以德为先的选人用人标准;特别是形成了能力本位的人才发展理念,要求以能力建设为核心,"重点培养人的学习能力、实践能力,着力提高人的创新能力"。[①]把握科学人才观的理论体系有助于不断深入探索、自觉遵循公务员成长与能力建设规律,进而将理论自信转化为行动自觉推进公务员能力建设。

3. 发挥引领作用

将科学人才观内化为包括公务员在内的全社会的理论认知,通过宣传、教育与理论探索,为公务员制度创新、能力建设提供思想动力与理论支持。这需要将科学人才观转化为战略部署,统领公共服务能力建设,当前重点是学习贯彻十八大、十八届三中全会、四中全会关于服务型政府与法治政府建设、完善公务员制度与人才队伍建设的相关精神,坚持党管干部、党管人才原则,以公务员能力优先发展推动政府转型与公共服务职能的有效实现;加快体制机制改革和政策创新,形成激发公务员创造活力的制度优势;坚持以人为本,开创公务员人人皆可成才、人人尽展其才的生动局面,科学有效地指导公务员公共服务能力建设。

(二)现代公共人事制度

对于能力建设,"制度问题更带有根本性、全局性、稳定性和长期性"[②]。公共性是现代政府的本质特征,也是现代政府人事管理的本质特征。构建公共人事制度是政府人事制度改革与发展的方向,是提高公务员公共服务能力的基础性工作:"干部人事制度改革的最终目的就是要建立公共人事制度,其重点在于'公共'二字:一是强调公共人事权力归人民享有的宪法理念,二是强调公共人事制度建设的法制化,三是强调公共人事治理的科学

---

① 《中共中央国务院关于进一步加强人才工作的决定》,《人民日报》2004 年 1 月 1 日。
② 《邓小平文选(第 2 卷)》,人民出版社 1994 年版,第 333 页。

化。建立凸显'公共性'的人事制度将是一个艰难困苦的历程……"①

1.彰显公共精神

公共精神是现代公共行政的基本价值、政府公共性的精神表达。现代政府的公共性是指政府存在的目的是为了维护公共利益,实现公共目标,履行公共职能;强调政府公共权力来自社会公众,公平正义是政府的核心价值,满足社会日益增长的公共服务需求是政府的主要职能,也符合党的十八大提出的"推动政府职能向创造良好发展环境、提供优质公共服务、维护社会公平正义转变"要求。应将公共性及其精神表达作为公共人事制度的核心理念与指导原则,把服务社会的宗旨转化成公共行政与公共服务的价值追求与庄严承诺:"公共行政的精神意味着对于公共服务的召唤以及有效管理公共组织的一种深厚、持久的承诺"②,从而形成包括民主的精神、法治的精神、公正的精神、服务的精神等的公共精神,引导、促使公务员不断提升素质能力。

2.公共人事制度

广义的公共人事制度在我国应包括公务员制度、事业单位人事制度及公共企业人事制度;狭义的公共人事制度相当于公务员制度。构建现代公共人事制度是制度建设的目标:公共人事制度作为公共行政体制、干部人事制度的重要组成部分,其公共性主要体现为坚持党管人才(干部)原则与革命化、知识化、专业化、年轻化方针,以为公众提供优质高效的公共服务为宗旨,体现公共精神的政府人事制度体系;公共人事制度将公职视为共有、公用的公共资源,实行"公职开放",公开、平等、竞争、择优选择公务人员;公共人事制度强调能力本位,以管理特别是服务能力作为人事任用、开发培训、考核奖惩等工作的基本依据。

3.推进现代转型

现代人力资源管理与传统人事管理核心区别是把人视为资源,一种通

---

① 刘俊生:《中国人事制度概要》,清华大学出版社 2009 年版,前言。
② [美]乔治·弗里德里克森:《公共行政的精神》,中国人民大学出版社 2003 年版,第 2 页。

过有效开发而能力不断增长、价值不断提升的资源。因此,应坚持以人为本,立足人才资源是第一资源,坚持能力本位与绩效导向,以激发、调动和积极发挥公务员能力、促进公务员能力发展与提升为目标,分解传统大一统的干部人事制度并转化为现代型、以科学分类为基础的公共人力资源管理制度;引入战略性人力资源管理理念及相关技术、方法,战略性地谋划、实施分类管理、选拔任用、考核评价、激励奖惩、培训开发等一系列管理活动,并使之制度化、法治化,从而整体性地开发包括公共服务能力在内的各项能力。

(三)分类分级能力框架

不同层级、职务、职系等公务员公共服务能力的具体内涵与外延存在差异,因此,应构建分级分类能力标准框架从而更有针对性进行能力建设。

1. 借鉴各国经验

建立分类分级的能力标准是发达国家和地区公务员能力建设的通行做法。如英国 2005 年提出的基于 PSG 公务员胜任力(competency)框架,包括领导力、核心技能、专业技能、广泛的经验四个层面的胜任力,针对不同层级公务员提出不同的能力要求,并设计了广泛、多样化的建设路径与方式方法。[①] 美国将公务员分为初级、中级和高级三个层次,对每个层次的公务员能力标准分别作了规定。其中高级公务员能力标准包括:领导变革、对人的领导能力、结果驱动、敏锐的商业管理、建立联盟和沟通;其中每项能力都包括多项内容,如结果驱动能力包括六个方面的能力要素:责任、客户服务能力、决策能力、企业家能力、解决问题的能力、可靠的专业技能。[②] 澳大利亚更加重视高级公务员能力建设,建立了高级公务员五项核心能力框架,分别是塑造战略思维能力、取得结果的能力、开拓建设型工作关系的能力、成为个人进取和正直诚实的表率、有效交流的能力。

---

① 唐亚林、鲁迎春:《基于 PSG 胜任力框架的英国公务员能力建设推进战略及其启示》,《中国行政管理》2011 年第 12 期。
② 祁光华:《美国高级公务员的能力架构及对我国公务员能力建设的启示》,《探索》2005 年第 3 期。

2. 总结改革探索

实际上,2003 年原人事部拟定的《国家公务员能力标准框架(讨论稿)》除包括公共服务等基本能力外,还对科级、处级、司局级领导职务公务员分别提出能力标准(见表 4－14)。在正式下发的《人事部关于印发＜国家公务员通用能力标准框架(试行)＞的通知》(国人部发〔2003〕48 号)中,基于职务层级的公务员能力标准取消,改之以要求"各地、各部门在公务员培训、录用、竞争上岗、考核等工作中,要以标准框架为参考依据,并根据不同职务公务员的特点制定细化的标准。各地、各部门要在实践中不断完善公务员通用能力标准……"这等于给出政策,让各地、各部门结合实际及工作推进具体制定细化的标准。一些地方如甘肃、重庆、湖北等形成各具特色、分层级的公务员能力体系。对上述探索进行系统总结、科学归纳,可以揭示公务员能力建设的规律,进而形成能力框架。

表 4－14　人事部公务员能力标准框架

公务员基本能力	科级领导 职务公务员能力	处级领导 职务公务员能力	司(厅、局)级领导 职务公务员能力
政治鉴别能力、依法行政能力、公共服务能力、调查研究能力、学习能力、表达能力、创新能力、心理调适能力	除公务员基本能力外还应具备:组织执行能力、沟通协调能力、激励能力	除科级领导职务公务员能力外还应具备:综合分析能力、计划统筹能力、组织管理能力	除处级领导职务公务员能力外还应具备:战略思维能力、科学决策能力、知人善任能力、应对突发复杂事件能力

资料来源:《国家公务员能力标准框架(讨论稿)》,2003 年。

3. 设计能力框架

能力框架不仅是各种能力的列表,也是表达、评估和测量能力的工具(Stabler,1997)。[①] 从公共精神、职业素养、专业能力三个方面分层分级提炼出各种能力并进行列表,对各种能力予以科学、精确、简明的刻划、描述,形成可用于能力培训、人事任用、评估测量等的能力标准指标体系,为测定、评价和提升公务员能力提供依据。笔者认为,建立包括公共服务能力在内

---

① ［英］希尔维亚·霍顿:《能力运动》,载希尔维亚·霍顿等:《公共部门能力管理—欧洲各国比较研究》,国家行政学院出版社 2007 年版,第 5 页。

的公务员能力标准框架,应借鉴国外有益做法与经验,梳理、总结我国工作推进与理论探讨获得的经验教训与研究成果,依据机关性质、工作职能、政府层级、职务层次等因素,围绕公共精神、职业素养、专业能力三大能力素质,以服务为核心理念,以分类管理为基础,精心提炼、科学规划、具体设计,设计体现不同机关、不同层级、不同岗位、不同职责任务的公务员公共服务能力内涵、要求、建设战略与措施,形成更具可操作性的公务员公共服务能力标准体系。

公务员能力框架在工作性质层面将公务员分为综合管理类、专业技术类、行政执法类三大类;在纵向层级层面将公务员分为中央政府、地方政府和基层政府三大类;在职能运作层面将公务员分为战略决策层、监督管理层、执行操作层三大类;在职务序列层面将公务员分为初级、中级和高级三个层次(初级公务员包括科及科级以下公务员,中级包括处级公务员,高级包括司局及司局级以上公务员)。以此为基础,提炼出各类公务员包括公共服务能力在内的应有能力,并对各种能力予以精确、简明地刻划、描述,设置用于评估、测量能力的指标体系,为开发、提升公务员公共服务能力奠定基础。

(四)能力开发培训机制

能力是开发出来的。面对市场经济发展、知识经济兴起与全球一体化不断深化,一方面公务员要不断提高能力以应对快速变迁时代不断出现的新问题、新变化,另一方面日新月异的科技革命使知识衰变、折旧速度加快,公务员必须在应对新知识和新技术挑战的同时,不断学习、提高素质、解决"本领恐慌"问题。因此,完善公务员开发机制成为构建公共人事制度的重要主题与加强公共服务能力建设的中心环节。

1.能力发展体系

首先,依据组织战略设计能力发展体系。引入SWTO等战略管理、战略规划分析工具,通过组织诊断、环境分析,明确组织使命,形成组织发展愿景、战略目标及推进措施,通过战略性思考形成组织发展战略。其次,将组织发展战略与人力资源开发与管理紧密结合,一方面在制定组织发展战略时将组织人力资源现状与发展趋势作为重要依据,另一方面根据组织战略、发展定位检视人力资源现状、问题及其原因,根据组织发展战略确定人力资源开发与管理目标、战略及措施,使人力资源的增长与组织发展、公务员能力开发与公共服务能力素质要求紧密结合。最后,将人力资源视为最重要的战略性资源、第一资源,将开发、调动和发挥公务员能力作为组织管理、增强组织核心竞争力的基础性工作,突出能力建设主题,强化专业能力开发,设计包含组织整体与公务员个体的能力发展体系。

2. 多元开发机制

针对不同职能、不同层级、不同职责等的公务员,健全包括与专门学习相关的培训、与岗位工作相关的"干中学"(learning by doing)、与丰富实际经验相关的轮岗交流、与个人工余时间有效利用相关的自我开发等多元化、多层次的开发机制。努力构建学习型组织,健全政府主导的多元投入机制,完善激励约束机制,提升个人发展意愿、强化学习动机,形成有助于终生学习、持续开发与共同学习成长的组织氛围与政策环境。完善培训体制与运行机制,在培训主管部门、培训主渠道——行政学院、政府部门所属各类培训机构、高等院校等之间,形成管办职能分离、主渠道作用充分、各类施教机构良性互动、资源合理整合、有序竞争的公务员培训体制,健全培训需求调查、目标与内容设计、培训实施、效果评估等完整的运行、监控体系。依据分类分级能力标准框架,针对组织需求、职位工作、职业发展等要求,借鉴各国先进的培训理念、培训方法,科学设置培训内容,有针对性地开展培训,不断提升培训质量。

3. 强化专业能力

现代公共管理与公共服务日趋专业化,专业能力成为公务员管理与服务必备的基本能力,而"公务员制度的建立,本身就是现代政府行政管理专业化发展的必然结果,符合时代发展的潮流",[1]因而必须突出专业性、专业

---

[1] 蓝志勇、胡威:《论人力资源管理工作中公务员的专业化问题》,《中国行政管理》2008 年第 6 期。

能力,增强开发的针对性。各部门特别是公共服务部门应把握公共服务的公共性、服务性、专门性等特点,围绕公共精神、职业素养、专业能力,完善多样化开发培训形式、制度机制。针对公务员公共服务能力方面存在的不足,特别是公务员队伍建设曾确立的"高素质、专业化"两大目标中的"专业化"已淡出的现实,人们对专业化要求内涵、意义、如何落实等问题还存有不少认识误区,专业化要求贯彻的持续性、有效性相对不足等,导致公务员专业能力提升缓慢甚至存在下降趋势。因此,有必要在"建设高素质公务员队伍"的总体目标下明确专业化要求,或将专业化、专业能力作为"高素质"的内在要求与构成要素。同时,结合公务员从事的具体工作,从专业精神、专业知识及专业技能三个层面,合理设计培训内容、选择培训方法,加强标准化、操作性训练,促使公务员掌握现代政府管理与服务理念、程序、技能、手段与工具,提高专业能力,从而成为具有现代公共精神、高度职业素养、精通专业知识与技能的复合型行政管理人才。

(五)公平优先用人机制

选贤任能是人事管理的中心环节。从本质上讲,公职是一种政治资源,政治资源分配首先应关注公平问题。当然效率(具体表现为选人用人准确性、及时性等)也是重要的,但公职资源配置公平是第一位的。同时,形成公平的用人导向、用人环境,用人唯亲、跑官要官及卖官鬻爵等行为就会受到遏制,能力、业绩成为人才评价、使用的基本标准,能力建设可以在良好组织环境下展开。

1.坚持"三公"原则

用人是否公开、公平、公正是前述调查对象最关心的问题。调查显示:选人用人最突出的问题是"用人唯亲",而"用人唯亲"首先是用人不公问题;凡进必考、公开选拔、竞争上岗得到更高评价的原因主要是由于较好地体现了平等参与、公平竞争等原则。因此,应按照《党政领导干部选拔任用工作条例》要求,坚持"三公"原则,完善选人用人机制,公开、公平、公正地分配、使用公职资源,让民众更多地参与公职的选择、管理、监督。另外,公平也是提高选人用人有效性的保障:平等参与、公开竞争有助于扩大用人视野、强化监督,从而更好地选贤任能;机会平等、结果公正有助于树立良好的用人导向与组织氛围,引导公务员成长与能力提升。因此,在建构公务员选拔任用机制过程中必须坚持"三公"原则,把解决"用人不公"作为改革的首要目标。

2. 严把进、管、出三关

入口决定一个组织由什么人组成,因而是决定一个组织整体素质的初始的、最重要关口,楼梯口决定组织内部各层级由什么人构成,而出口决定什么人可以、应当离开本组织。把住入口、管好楼梯口、畅通出口既是人事管理最主要的环节,也是从源头做好能力建设的重要手段。把好三关最关键的是科学确定三个关口的"门槛"标准,"门槛"标准确定了,公务员进出上下以及由此开展的管理与开发工作便能科学进行。"门槛"基本标准应依法设定,各地各部门可在此基础上围绕建设高素质公务员队伍目标有针对性地进行具体化。从我国公务员现状与能力建设目标看,标准确定的基本思路是按照"四化"方针与能力本位要求,逐步抬高入口、楼梯口"门槛",真正做到选贤任能;加大流动力度,拓宽出口,留住专业对口、有能力、有业绩人员,及时将不适于公务员职务、能力素质达不到标准人员交流出公务员队伍,使公务员进出有序,人力资源适才适所。

3. 推进决策民主化

以决策民主为中心,以扩大参与为基础,健全公开、平等、竞争、择优的选人用人机制。"少数人在少数人中选择少数人问题"是用人不公、择人不当甚至用人腐败的直接原因。解决上述问题的关键是以决策民主为中心,以扩大参与为基础,健全制度化、民主化的公开、平等、竞争、择优的选人用人机制。当前,应在总结各地改革经验的基础上,重点进行以下创新:首先,探索建立用人决策票决制,更好地集中大多数领导成员的智慧。其次,以扩大公民有序政治参与为目标,积极创造条件使群众能参与选人用人各个环节;落实群众公认原则,在公务员晋升、考核、举荐等工作中,将群众满意不满意、支持不支持、拥护不拥护作为基本标准。再次,严格选人用人程序,按照《党政领导干部选拔任用工作条例》规定的动议、民主推荐、考察、讨论决定、任职五大环节,既要将民主推荐结果作为选拔任用的重要参考,又要防止"以票取人"。最后,逐步扩大竞争性选人用人范围,严把入口,坚持"凡进必考";完善内部竞争上岗制度,不断扩大公开选拔范围,提高公推公选的职务层次。

(六)优化建设制度环境

能力建设是在一定环境中进行的,形成有助于能力建设、引导公务员提升学习、实践与创新能力的组织氛围与制度环境,是有效激励与规范公务员能力建设的重要条件。因此,应将能力建设主题贯穿于公共人事制度设计与公务员开发管理的全过程,形成基于能力管理的制度环境。

1. 群众认可导向

各类人才工作性质、问责机制、评价标准存在差异,因此改进各类人才评价机制首先需要明确考核评价导向。中央明确提出党政人才重在群众认可、企业经营管理人才重在市场和出资人认可、专业技术人才重在社会和业内认可,这为完善考核评价机制明确了方向与原则。群众认可导向有助于改变公务员"对上而不对下负责"问题,促使评价考核民主透明、有制度化保障。对于直接面对社会公众的政府公共服务,形成重在群众认可的考核评价并将其制度化,可引导公务员增强服务意识、公共意识、客户意识,强化政民互动,实现工作"重心下移",进而着力提高服务能力,根据公众的合理需求,为基层、企业、城乡居民提供高质量服务。

2. 完善评价机制

坚持注重实绩、群众公认,建立以能力和业绩为导向、科学的社会化的公务员评价机制,既有助于促使评价考核民主透明、有制度化保障,又有助于改变公务员"眼睛朝上"、"惟上是从"等问题。首先,在对公务员德、能、勤、绩、廉全面考核的基础上,将业绩作为重点考核:业绩是能力素质的综合展示或结果,也是鉴别能力素质最直接的依据,能力本位一定与绩效导向相联系。其次,通过科学分类,将能力标准框架体系进一步细化,以可检测的业绩作为重点,建立包括过程与结果、投入与产出、潜能与行为等的能力考核指标体系。再次,形成能够吸纳群众认可、由制度支撑、社会化的运行机制,改变传统的"内对内"封闭化、"上对下"单向度的考核方式,完善多元参与的考核评价运行机制。最后,将团体考核与个人考核相结合,公务员是作为政府一员履职,其绩效表现既与个人努力有关,更与团体协作、组织环境有关;社会公众对政府评价既与个体直接接触的公务员相关,也与政府部门整体表现相关,将团体考核与个人考核结合既有利于提高评估的科学性,更有利于群体协作与整体公共服务能力的提升。

3. 加大改革力度

党的十八届三中全会提出"全面深化改革,需要有力的组织保证和人才支撑"。以政府为主导的公益服务体系建设需要各类"公益人"[①],特别需要以制度创新为中心,不断强化、提高广大公务员的公益心、公益意识、公益服务能力……改革开放以来,为适应经济社会发展、政治体制改革需要,党和国家对干部人事制度进行诸多改革,效果是明显的。但选人用人问题依然突出,公务员素质提升还不能完全适应解决社会发展的需要,公共服务能力建设遇到诸多观念、体制障碍……其根源是传统体制造成的许多深层次问题尚未有效解决:如选人视野狭窄,管理封闭神秘,权责不对称,用人权高度集中,缺乏现代人才理念与人力资源开发手段等。这与社会主义市场经济、民主政治特别是公益服务体系建设所要求的公开性、平等性、服务性、竞争性、法治化不相适应,不利于优秀人才脱颖而出,不利于公共服务能力建设,也难以消除用人腐败现象。因此,总结30年来人才人事制度方面的改革创新经验,借鉴国外有益的理论与实践做法,从观念、制度、方法诸层面加大改革力度,建立集聚人才的体制机制,择天下英才而用之,让各类人才都有施展才华的广阔天地,为公共服务能力建设创造良好体制机制环境,进而为公益服务体系建设提供有力的人才支撑。

---

① 笔者使用的"公益人"也可换称"公益人才"或"从事公益服务的人"。陶传进曾提出"纯公益人"假设,并认为"纯公益人"及"公益性"只存在社会(或叫公民社会);市场、政府则被排除在外。陶传进:《社会公益供给——NPO、公共部门与市场》,清华大学出版社2005年版,第32、33页。

第五章 改革动力、方向选择、分类推进

　　政事分开、事企分开、管办分离是事业单位改革的三大原则与要求,分类改革是事业单位改革的基本战略。《指导意见》提出要以科学分类为基础,以深化体制机制改革为核心、以发展公益事业为目标,推进事业单位改革。而推进分类改革、创新体制机制需要改革动力支持,有无动力、动力是否充分是决定改革能否取得成功的重要基础。

一、改革动力

　　在事业单位改革已形成改革目标与政策体系,党的十八大、十八届二中、三中全会要求加快事业单位分类改革并进一步明确战略部署背景下,调研显示调查对象对改革动力评价不高而且存在越来越消极的趋势;来自政府部门、事业单位领导、事业单位职工、社会大环境及其他方面的阻力,导致改革动力不足进而影响改革推进。增强改革动力要从凝聚改革共识、协调利益关系、明确改革预期、优化改革环境、整体推进改革等多方面入手。

(一)动力现状

　　改革动力是否充足? 笔者通过问卷调查等方式进行观察、分析。

1.充足程度

　　关于事业单位改革动力调查,全部三期调查统计显示,只有6.9%、25.3%的人认为事业单位改革动力非常充足、比较充足,认为一般的有41.2%,认为不太充足、非常不充足的分别占21.2%和5.5%(图5-1);平均值为3.069,大致在一般水平或者刚刚"及格"层次。但问题是:当改革整体展开、纵深推进,改革亟须动力支持才能持续推进时,认为改革动力一般

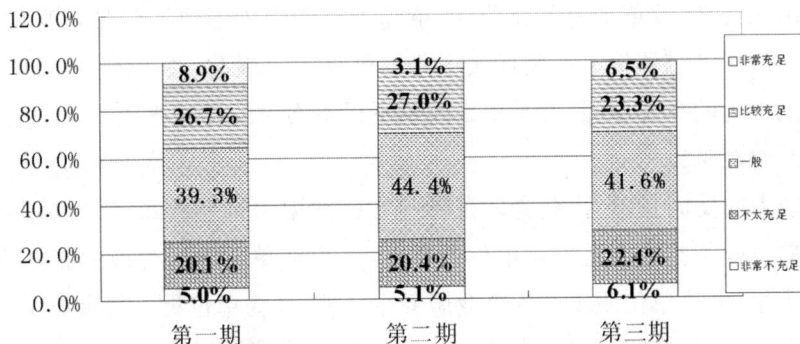

图 5 - 1　事业单位改革动力充足程度

实际是一种否定性的回答。① 而更严重的问题是人们对改革动力的评价三次调查呈逐次下降趋势:平均值3.143—3.026—3.017,充足程度53.6% —50.7% —50.4% 。

　　改革动力与改革推进存在明显的相关性。表 5 - 1 显示,总体看,调查对象对事业单位改革推进顺利程度评价不高:第三期调查的平均值为2.846,全部调查的平均值为2.930,均未达到3,换句通俗的话说就是人们改革进展的评价是"不及格";甚至低于改革动力相应平均值的3.017 与3.069。更引人注目的现象是与对改革动力评价三次调查呈逐次下降趋势恰相对应,人们对改革进展的评价日趋消极,平均值与顺利程度三次调查分别为:3.034—2.906—2.846,50.8% —47.7% —46.2%(表 5 - 1)。

表 5 - 1　事业单位改革进展顺利程度

期次	平均值	标准差	顺利程度
第一期	3.034	0.974	50.8%
第二期	2.906	0.859	47.7%
第三期	2.846	0.904	46.2%
合计	2.93	0.929	48.2%

---

① 赵立波:《事业单位改革动力现状、原因及动力机制构建研究》,《行政论坛》2010 年第 2 期。

由此可知：改革动力不充分、改革动力机制尚未形成不仅是客观事实，而且与改革推进评价不高及逐次下降高度相关。因此，改革动力不足是改革进展不力的重要原因，也是未来改革不得不面对的严峻挑战。

2.四大阻力

动力的反面是阻力，究竟来自哪些方面的阻力抑制改革动力并制约着事业单位改革？政府是事业单位的举办者，事业单位领导受政府指派管理事业单位，事业单位职工作为事业服务生产者、作为单位员工与事业单位改革有着最密切的利益关系，事业单位的运行与改革依托并受制于各种社会环境因素。因此，笔者主要从上述四个方面分析改革阻力。

表5-2所示，在五个选项中，全部调查结果与第三期调查排序均是社会环境位列第一，以下大致是政府部门、事业单位职工（但第三期调查事业单位职工高于政府部门，这与第二章调研显示的涉及到人的改革越来越难相关）、事业单位领导、其他；如果把事业单位职工与事业单位领导合并，则排序是事业单位、社会环境、政府部门、其他。从分类统计看（表5-3），政府机关将事业单位职工作为最大阻力来源（31.2%），其次是社会环境（25.7%）、政府部门（24.9%），而将来自事业单位职工与事业单位领导的阻力相加高达46.6%。事业单位与服务对象均将社会环境作为最大阻力来源：34.2%与28.0%；同时，事业单位与服务对象对于源于政府部门阻力的选择率分别为28.8%与26.9%，均高于政府部门自我选择的24.9%。事业单位对自己（事业单位职工、事业单位领导）是阻力的选择率，低于政府部门、服务对象的相应选择率。

表5-2　对事业单位改革阻力的看法

期次	政府部门	事业单位领导	事业单位职工	社会环境	其他
第一期	298	158	266	334	33
第二期	132	77	106	124	16
第三期	301	199	317	340	27
合计	731	434	689	798	76

表5-3 不同群体对事业单位改革阻力的看法

群体	政府部门	事业单位领导	事业单位职工	社会大环境	其他
政府机关	24.9%	15.4%	31.2%	25.7%	2.8%
事业单位	28.8%	13.1%	21.7%	34.2%	2.2%
服务对象	26.9%	19.1%	23.3%	28.0%	2.8%
其他	25.2%	29.1%	19.4%	18.4%	7.8%
合计	26.8%	15.9%	25.3%	29.2%	2.8%

由于其他可以忽略(仅占2.8%),改革四大阻力大致顺序分别是社会环境、政府部门、事业单位职工、事业单位领导、其他;如果把事业单位职工与事业单位领导合并,则排序是事业单位、社会环境、政府部门。总体看,虽然事业单位对事业单位改革进展评价最高(表2-11),但事业单位领导与职工恰恰被认为是最大的改革阻力来源。

(二)阻力分析

对来自政府部门、事业单位领导、事业单位职工、社会环境及其他的阻力,需要进行具体而微的分析,以进一步明确阻力来源、理出改革动力制约因素。

1. 调查情况

表5-4 如果改革阻力来自政府,是因为

选项	第一期	第二期	第三期	合计
不愿改	12.2%	8.4%	8.6%	10.0%
不知怎样改	15.4%	13.0%	13.8%	14.3%
怕引发不稳定	47.0%	41.8%	46.6%	45.9%
部门利益	20.2%	30.5%	28.5%	25.6%
其他	5.2%	6.4%	2.4%	4.2%
合计	100%	100%	100%	100%

表 5-5　如果改革阻力来自事业单位领导，是因为

选项	第一期	第二期	第三期	合计
不愿改	13.6%	7.5%	11.1%	11.4%
不知怎样改	17.1%	14.3%	15.6%	15.9%
怕引发不稳定	37.3%	24.2%	29.9%	31.8%
自身利益	26.3%	45.7%	40.9%	36.0%
其他	5.8%	8.4%	2.6%	4.8%
合计	100%	100%	100%	100%

表 5-6　如果改革阻力来自事业单位职工，是因为

选项	第一期	第二期	第三期	合计
改革影响切身利益	33.2%	37.6%	31.3%	33.1%
不知改革后情况是好是坏	24.7%	17.8%	30.9%	26.2%
职工思想保守，不想改	6.8%	7.9%	8.3%	7.6%
与机关单位改革不平衡	8.9%	6.8%	8.8%	8.5%
与机关单位待遇不平衡	21.0%	22.6%	19.5%	20.7%
其他	5.5%	7.3%	1.1%	3.9%
合计	100%	100%	100%	100%

表 5-7　如果改革阻力来自社会环境，是因为

选项	第一期	第二期	第三期	合计
社会各界不支持	9.0%	5.9%	6.5%	7.4%
社会保障不健全	60.4%	67.9%	66.2%	64.2%
条件不具备	25.6%	17.4%	22.8%	23.0%
其他	5.0%	8.8%	4.4%	5.4%
合计	100%	100%	100%	100%

2. 梳理判析

表 5-4 到表 5-7 是关于各方面阻力具体原因的调查。通过梳理与分析，以下六点特别值得注意：

第一，对政府部门而言，三次问卷调查结果各选项排序均相同，各选项选择率十分接近。全部调查对象有近半数（45.9%）将怕引发不稳定作为首选，而且三次调查选择率均超过40%，可认为人们将担心改革引发不稳定作为来自政府部门阻力的最主要原因。当改革进入"深水区"、当改革由利益分享转向利益分割，改革主导者（政府及事业单位领导）对改革与稳定的关系高度敏感，而且这种敏感是有理由的，因而能否协调好改革、发展、稳定三者关系，成为动力增大或阻力增大的关键因素之一。超过四分之一的调查对象（25.6%）将部门利益作为首选：改革的基本原则是政事分开，政事分开将调整政府与事业单位在政事不分体制下形成的权力、利益格局，这使得一些政府部门特别是事业单位主管部门对改革患得患失、缺乏积极性。另有14.3%、10.0%的调查对象选择不知怎样改、不愿改。

第二，对事业单位领导而言，三次调查结果有变化。担心改革引发不稳定是第一次调查位列第一的选项，但第二、第三次调查选择率下降、成为位列第二的选项，而自身利益选择率则大幅上升（从26.3%到45.7%、40.9%），由位列第二变为位列第一的阻力。不知怎样改选择率与政府部门接近（15.9%），位列第三：在"1+11"政策体系已经形成、《指导意见》公开发布背景下，事业单位领导（包括政府部门）不知怎样改选择率三次调查依然没有明显下降，一方面说明政府等方面的宣传解读工作不到位，另一方面说明改革政策依然有待进一步明确、推进战略与实施办法有待细化和完善。

第三，事业单位职工最关注的是利益问题。改革影响切身利益在全部调查与三次调查中选择率均超过30%，是位列第一的阻力。不知改革后情况是好是坏选项除第二次调查位列第三外，第一次、第三次及全部三次调查均位列第二，而且在第三次调查中有超过30%的调查对象将其作为首选，说明改革预期存在不确定性且不确定性增加，不确定性与改革动力匮乏存在相关性：当人们无法预期改革后果是好是坏时，强化改革动机、改革意愿是缺乏基础的。机关与事业单位待遇不平衡、机关与事业单位改革不平衡选择率分别为20.7%、8.5%，位列三、四，但如果把机关与事业单位改革不平衡、机关与事业单位待遇不平衡归并为一项,则在全部调查与第一、第二次调查中均位列第二,说明事业单位职工对改革特别是利益得失的评判,常常是与其他群体特别是机关公务员的比较密切联系起来进行的。

第四,对社会环境而言,社会保障体系不健全是制约改革推进的最大因素,三次调查及全部调查选择率分别为60.4%、67.9%、66.2%、64.2%,压倒性高于其他选项。与社会保障体系不健全相联系的改革条件不具备是位列第二的选项。此外,三次调查有不超过10%的调查对象选择了社会各界不支持,但后两次调查社会各界不支持较明显低于第一次调查,这反过来说就是社会各界对改革是支持的且改革支持率是呈上升趋势的。

第五,总体看,社会各方的改革意愿有待强化。10.0%调查对象将不愿改作为政府部门阻力的首选,11.4%调查对象将不愿改作为事业单位领导阻力的首选,而7.6%将不想改作为事业单位职工阻力的首选。因而,在思想上解决不愿改、不想改的任务依然艰巨。

第六,利益问题对事业单位改革影响巨大。事业单位职工与领导、政府部门、社会环境等均可见利益因素的巨大作用:如事业单位职工最关注改革影响切身利益问题,社会环境方面社会保障不健全问题是改革阻力的首选因素,事业单位领导最关心的是自身利益问题,部门利益则是来自政府部门位列第二的阻力因素,事业单位职工关注机关与事业单位待遇不平衡、改革不平衡问题……同时,人们对利益问题的认知总是涉及到不同群体利益关系的比较,特别是把事业单位与政府机关联系起来进行比较。因此,协调利益关系成为增强改革动力乃至顺利推进改革必须高度重视、认真解决的重大问题。

(三)增强动力

事业单位改革是全面深化改革的重要内容,是事关我国经济社会改革发展事业全局的大事。不容讳言,经过改革开放30多年改革,"国有企业总体上已经同市场经济相融合"[①],而逐步明确以转变职能为核心的政府改革

---

① 《中共中央关于全面深化改革若干重大问题的决定》,《人民日报》2013年11月16日。

也取得重要突破与进展;唯有作为公共部门三大组成部分之一、我国第二大类组织的事业单位改革进展相对滞后,其性质功能、组织特征、管理运行的体制基础并未受到根本性冲击,关于改革进展顺利程度评价一般且逐次降低可佐证这一点。改革推进有限主要原因之一就是改革动力不足。因而,增强改革动力,健全改革动力机制,调动各方面积极因素,化解各种矛盾与阻力,成为事业单位改革的重要内容。

1. 凝聚改革共识

事业单位作为我国特有组织,其在计划经济条件下形成的体制机制相当顽强且比较完整地存留下来;而社会转型使开始变迁的旧体制与正在形成的新体制并存,传统的控制手段弱化而新的管理机制尚未形成,使事业单位体制在新条件下产生出许多新问题。因此,必须强化改革动力并从观念、制度、机制诸方面进行彻底改革,形成适应社会主义市场经济与公益服务发展需要的体制机制。共识是改革动力的最直接来源,应按照李克强总理在2014年政府工作报告要求那样:"以壮士断腕的决心、背水一战的气概,冲破思想观念的束缚,突破利益固化的藩篱……"可采取舆论宣传、示范引导乃至利益驱动等方式,在全社会范围明确改革的必然性、必要性与不可逆性;作为事业单位举办者与事业单位改革主导者的政府及其工作人员(也包括事业单位领导),要坚定改革信念,破除观望等待心理,打破部门、个人利益束缚,借助公共权威向社会传达政府的改革目标、战略、意志,从而凝聚改革共识,增强改革信心,强化改革意愿。

2. 协调利益关系

改革的实质是利益关系的调整。如何协调好各利益主体之间的复杂关系是改革能否顺利推进、动力能否增强的关键问题。这些关系包括政府与事业单位、事业单位与企业等组织、事业单位与服务对象、事业单位内部职工与领导等等。因而,改革的政策设计应以人为本,保证绝大多数人通过改革可获得实惠,对改革利益受损者设计正当的救济渠道、提供必要的补偿。当然,改革绝不是现有权力、利益格局的背书,不可能让正当与不正当的所有利益以现存方式维持下来,否则改革既无意义也无可期待的结果。协调利益关系的关键,一是在程序方面要设计科学合理、公开透明的程序,让利益相关者有正常渠道反映诉求、阐述意见、讨论得失,各方关切、各类观点与各种诉求均可公开表达、平等讨论,进而通过民主集中形成能平衡各方利益关系的改革方案。二是在实体方面要平衡各相关群体的利益诉求,使企业、机关、事业单位、社会组织等改革政策相互衔接;鉴于我国长期实行机关事业一体化的劳动人事、社会保障制度,而且事业单位属于履行政府公共服务职能的公共机构、事业单位工作人员属于公职人员,改革政策设计与实际推进应特别注意机关公务员与事业单位工作人员利益的平衡。三是在宏观层面强化法治思维,依法协调好改革、发展、稳定的关系。"全面深化改革与全面推进依法治国,如车之两轮、鸟之两翼"①,依法设计、依法保障改革政策与实施,以法治思维化解矛盾、平衡利益关系,使改革成为发展的动力、改革在较为稳定条件下进行,从而弱化改革阻力、提升改革动力。

3.明确改革预期

改革事业总是存在一定的不确定性,但过高的不确定性是导致各方对改革首鼠两端、信心不足进而动力匮乏的重要原因之一。改革顺利推进需要改革主导者、各方参与者特别是改革对象对改革有理性、明确的预期,对利弊得失有基本的判断,从而保证具有最低限度的改革意愿、改革信心。一是明确改革目标,改革不只是简单的甩包袱、裁人员、减支出,从根本上说改革是通过创新体制机制激发事业单位及其3000万职工的活力,从而更好地提供公益服务。二是改革不可避免会带来程度不同的震动、震荡、阵痛,否则改革不可能实现体制转变与机制转换,但政策设计要力避1990年代国企改革时大规模下岗与失业、收入大幅度下降等情况的出现,将震荡与阵痛维持在可控水平上,从而弱化、减少改革抵触情绪与行为。三是确定改革底线要求,为了公共利益实现与事业单位长远发展,与上述底线要求相悖的不合理权利格局必须调整、不适当利益诉求必须放弃。

---

① 本报评论员:《用法治为全面深化改革护航——四论深入学习贯彻十八届四中全会精神》,《人民日报》2014年10月28日。

4. 优化改革环境

改革总是在一定社会环境中进行,而改革成功需要具备相应社会条件的支撑。调查显示:人们最认同的改革阻力来自社会环境,其中社会保障体系不健全又是社会环境制约改革的最大阻力因素。社会保障在改革中具有"兜底"的功能,分流、待岗、失业、单位改制后经营不善而倒闭等改革可能产生的最大不利和损害,可以由社会保障的"兜底"作用而减小、弱化,从而将改革可能带来的动荡、剧痛保持在可接受范围。目前,我国统筹推进城乡社会保障体系建设工作取得重要进展,社会保障制度体系基本形成,特别是明确了"一个统一、五个同步"改革基本思路。① 因此,应围绕形成统一的社会保障体系为目标,以养老保险制度改革为中心,以衔接好"老人"、"中人"、"新人"关系为重点,以企业、机关、事业单位改革同步推进为条件,加快社会保障制度改革,完善社会保障体系。同时,创造有助于改革推进的其他各种条件,争取社会各方理解、支持乃至积极参与改革。

5. 整体推进改革

事业单位改革是全面深化改革事业的组成部分,推进事业单位改革应"把握事业单位与国家行政体系、市场体系和社会体系(狭义)之间的内在关系,推动事业单位分类改革有序嵌入到经济社会发展的宏观布局中去。"②一方面,事业单位改革需融入全面深化改革大格局之中,提高改革的整体性、系统性、有序性,从而为攻坚克难、化解各种改革阻力创造条件;另一方面,改革事业的全面深化可为事业单位改革创造良好社会氛围、提供必要的改革基础。这需要事业单位改革设计要对接全面深化改革的总体布局与要求,使实施事业单位改革与全面深化改革的整体推进有机协调。其重

---

① "一个统一",即党政机关、事业单位建立与企业相同基本养老保险制度,实行单位和个人缴费,改革退休费计发办法,从制度和机制上化解"双轨制"矛盾。"五个同步",即机关与事业单位同步改革,职业年金与基本养老保险制度同步建立,养老保险制度改革与完善工资制度同步推进,待遇调整机制与计发办法同步改革,改革在全国范围同步实施。徐隽、毛磊:《马凯向人大常委会报告统筹推进城乡社保体系建设工作情况时表示我国社保制度体系基本形成》,《人民日报》2014 年 12 月 24 日。

② 张金亮:《事业单位分类改革宏观视角分析》,《机构与行政》2013 年第 4 期。

点包括：一是与以大部制改革为突出特征、转变职能为中心的政府改革衔接；二是与发挥市场决定性作用的经济体制改革衔接；三是与激发社会组织活力为重要内容的社会治理体制创新衔接；四是与保障和改善民生为目标的社会事业改革创新衔接；五是与事业单位内部各项改革、各项制度创新有机衔接，形成"自行创生、自行组织、自行演化、自主地从无序走向有序"①的自组织运动态势，从而激活内在改革动力、增强改革内生动力。

二、方向选择

改革动力是否充足与改革方向及改革目标是否明确关系密切：目标激励是高层次激励，科学、明晰、适宜、可行的目标对组织成员动机、行为具有持续、长期的激励作用。如果改革方向不明确、改革愿景不明晰、改革目标设置不适当，社会各方改革动机的激发、改革积极性的调动便缺乏坚实基础，改革动力匮乏难以避免。但我国的事业单位体系巨大、类型多样，确定改革方向及设定改革目标必须以科学分类为基础。从历史看，在经过20世纪80年代以"放权搞活"为重点，90年代以"政事分开"为主线的改革后，进入新千年"分类改革"成为事业单位改革的基本战略。实际上，将分类纳入事业单位管理乃至改革中，在1990年代中期就初现端倪；但分类改革作为改革整体战略则是2000年之后先从地方开始（如浙江等），然后再明确为国家层面的改革战略。

以科学分类为基础推进事业单位改革，需要在把握事业单位随社会组织变迁演变、发展趋势基础上，明确事业单位改革目标模式，科学设计战略框架、改革路径与路线图，分步推进分类改革。但问题是："不要以为事业单位是有着共同特点的一个'部门'——在潜在意义上说，它们的功能可能

---

① 丁煌、汪霞：《地方政府政策执行力的动力机制及其模型构建》，《中国行政管理》2014年第4期。

被归属于整个一系列所有的组织结构形式"。①

(一)组织属性

实施分类改革首先需要观察、分析事业单位在社会转型中的演变脉络及发展趋势,从而明确事业单位属性及事业单位分类的依据,并梳理出事业单位类别。

1. 社会组织划分

现代社会,形形色色的各种组织通常可以划分为三大类(部门):第一部门(政府组织)是运用公共权威提供公共物品、实现公共利益的组织;第二部门(企业组织)是通过市场机制提供私人物品以实现私益最大化的营利性组织;第三部门(非营利组织)是运用社会机制提供准公共物品以实现特定公益最大化的民间组织。对事业单位属于哪个部门目前还存在争议。需要说明的是:事业单位是我国特有组织,国外类似机构通常属于公共部门,是作为政府系统的特殊组成部分,如法国的"公务法人"、德国的"公共设施(公共机构)"等。

改革开放以来相当长时间,人们依然延续单一公有制与计划体制下形成的机构编制分类(如机关、企业、事业单位、社会团体等),将事业单位作为现实实存的一类组织而并不关注其属性问题:《事业单位登记管理暂行条例》只是明确事业单位是国家为了社会公益目的举办的社会服务组织,这一规定仅仅明确了事业单位是公益性社会服务组织,不能由此判定事业单位属于公共部门或是其他部门。

从事业单位人事管理、社会保险等改革看,一个明显的趋势是将事业单位人事管理、社会保险等与城镇企业职工相应制度接轨,2014 年 5 月发布的《事业单位人事管理条例》中一些规定体现上述趋势。该条例第三十七条规定:"事业单位工作人员与所在单位发生人事争议的,依照《中华人民共和国劳动争议调解仲裁法》等有关规定处理。"原先劳动争议与人事争议

---

① [法]艾尔莎·皮利舟斯基:《中国事业单位改革——经济合作与发展组织组织机构变革的经验》,载范恒山:《事业单位改革:国际经验与中国探索》,中国财政经济出版社 2004 年版,第 166 页。

分别适用不同政策法规、由两个机构调解仲裁规定取消。第三十五条规定"事业单位及其工作人员依法参加社会保险,工作人员依法享受社会保险待遇。"社会保险制度改革大趋势是建立覆盖城乡居民的社会保障体系,当前重点是将企业、机关、事业单位等多轨制的社会保险逐步统一到以企业社会保险为基础的社会保险体系中,2008 年启动的事业单位养老保险就是要实现事业单位养老保险与企业职工养老保险接轨。

但是,首先,公共部门以什么样方式雇佣工作人员并不改变公共部门的组织属性,自 20 世纪 50 年代以来的国际发展趋势是政府越来越多地雇佣不实行职业常任(永业制)的聘任制工作人员。其次,《公务员法》第七十七条规定"国家建立公务员保险制度",而机关公务员养老等保险也在改革,大方向同样是与企业社会保险接轨。最后,《事业单位人事管理条例》第一条规定:为了规范事业单位的人事管理,保障事业单位工作人员的合法权益,建设高素质的事业单位工作人员队伍,促进公共服务发展,制定本条例。《事业单位人事管理条例》(征求意见稿)第一条则是:为了规范事业单位的人事管理,保障工作人员的合法权益,制定本条例。两者比较,一个重要变化是正式出台的《条例》加上"促进公共服务发展",说明事业单位是从事公共服务的组织。与《事业单位登记管理暂行条例》对于事业单位是社会服务组织的规定相比,"促进公共服务发展"进一步突出其公共性。因此,虽然我们无法直接依据《事业单位登记管理暂行条例》、《事业单位人事管理条例》确定事业单位属性,但公益、公共服务及国家机关举办等表述,显示其与一般社会组织的区别。

此外,改革开放特别是 20 世纪 90 年代中期以后各类民间组织兴起,有学者开始将我国的事业单位列入第三部门范畴。进入新千年后,越来越多的学者逐步接受大陆法系公私法人二元分立理论,开始从公法人、公共机构角度探讨事业单位的组织属性。

2. 分类及其困难

改革开放以来,在急剧变迁的社会条件下,各类组织进入快速变化过程中,新的组织形态及运行模式不断生成,一些传统组织转型、转制乃至消亡,而各类组织职能、特征、属性的变化以及不同组织的分化组合更是持续性、大规模的发生。这导致社会组织体系特别是事业单位严重分化,目前各大社会部门均可见到事业单位的形迹:如行使政府行政职能、人员甚至可参照公务员法管理的行政管理类事业单位,使用事业编制的"官办社团",市场化运作并逐步转企改制的生产经营类事业单位,民办非企业单位(最初称为民办事业单位)则是从传统事业体制剥离出去的新组织类型……上述变化一方面导致事业单位组织体系的分化、异质化,另一方面导致事业单位分类的困难:

一是事业单位是我国特有组织,传统事业体制政事不分,改革开放以来又产生事企不分等问题,致使计划经济时期形成的组织界定、分类标准,已无法反映市场经济条件下社会组织变迁与事业单位实际状况。二是30多年改革及实际管理中将许多可企业化运行的单位和行使行政职能的单位纳入事业单位体系,如1993年机构改革将国家气象局、国家地震局更名为中国气象局、中国地震局并由国务院直属机构改为直属事业单位,而证监会、保监会、银监会等具有明显行政机关性质的单位因政府精简机构需要而被定为"事业单位"……目前事业单位体系庞杂,门类众多,职能及特性各异,政事不分、事企不分严重,承担行政职能和从事生产经营活动的单位占到事业单位总数的约20%。三是在社会转型、组织变迁日益加速的当今时代,机构职能、责权关系等常常交叉重叠和快速变化,泾渭分明的组织界限已难确认,这对传统上同质程度相对较高的公共部门冲击尤为明显:"政府机关、事业单位和国有企业常常交织在一起,使得事业单位和其他公共部门机构之间的界限模糊不清。"①四是公益性被作为识别事业单位的主要标志,《事业单位登记管理暂行条例》规定"本条例所称事业单位,是指国家为了社会公益目的……社会服务组织。"分类改革的基础性工作是依据公益性进行分类并将非公益服务性单位剥离出去,但作为事业单位分类核心概念

---

① 世界银行东亚和太平洋地区减贫与经济管理局:《中国:深化事业单位改革,改善公共服务提供》,中信出版社2005年版,第3页。

的公益性"这一术语本身缺乏明确的定义"①。

3. 政企事等关系

前述分类及分类困难只是现象的描述。导致事业单位分类及组织属性确定困难的深层根源是事业单位体制。这一体制在计划经济时期形成时就政事不分,改革开放以来随着体制改革与社会转型,事企不分等问题产生并与政事不分混杂起来,模糊了事业单位的"真面目"。

A. 传统政事一体化体制

传统的事业单位体制是计划经济体制与高度集权行政管理体制下国家包办事业、垄断事业资源的产物,政事不分、政事一体化是其突出特征。虽经过30多年改革特别是20多年以政事分开为主线的改革,但政事不分问题依然突出,笔者三次问卷调查及所有调查对象群体均认为事业单位最像政府机构(见本章表5-9、5-10、5-11)。

第一,政事职能不分。政府既是事业单位所有者,又管理整个社会事业,集资产所有、资源提供、行政管理乃至日常运营等多种职能于一体,政府机关可以通过多种权力管理、控制事业单位,包办许多应由事业单位行使的职能。而许多事业单位承担了本属于政府机关行使的监督管理、行政执法等职能,如事业单位从事行政执法的人员就曾达到300万左右。此外,事业单位履行公共服务职能、提供公益服务,但公共服务责任主体首先是政府,事业单位的上述职能实际是政府职能的延伸。

第二,政事机构不分。事业单位范围内存在大量主要从事监督执法、行政执行等非事业性工作的机构,还有部分行政事业混编机构。此外,事业单位模仿政府机关建立了科层制的组织结构,并且按行政机关方式运行,形成行政化的组织体制与运行模式。事业单位法人制度尚处于形成、完善过程中,目前事业单位并非真正具有独立法人地位的组织实体,往往依附于政府特别是政府主管部门。

---

① 世界银行东亚和太平洋地区减贫与经济管理局:《中国:深化事业单位改革,改善公共服务提供》,中信出版社2005年版,第6页。

第三，政事人事不分。我国长期实行行政事业一体化的人事管理制度，1993 年推行公务员制度、2002 年事业单位推行聘用制开始逐步将政府机关人事制度与事业单位人事制度分离开来，但行政事业一体化问题尚未解决，如机构规格及干部管理、级别待遇套用行政级别等。更突出问题：一是公务员与事业单位工作人员均属公职人员。二是以聘用制为基础的用人制度究竟属于国家公职制度还属企业劳动人事制度，事业单位人事关系（聘用合同关系）究竟属于国家公职关系还是属于劳动关系，相关政策法规有待进一步明确。《事业单位人事管理条例》规定的"国家对事业单位工作人员实行分级分类管理"、"国家建立事业单位岗位管理制度"、公开考录、编制控制、交流、处分等等，与公务员管理制度相近乃至相同，使得政事人事分离的立法基础尚不坚实。近期一个引人注目的问题是：在事业单位改革、政事分开背景下，一些大学行政级别提升为副部级（虽然只涉及主要领导），而各方关注的大学去行政化改革首先遭到大学领导层的抵触。

B. 事企不分与事社不分

伴随社会转型、市场经济发展，我国实施了国有企业、事业单位与行政体制等改革。但政事不分问题并未有效解决，同时企事不分等许多新问题产生，使政事企等关系更加复杂化。

第一，市场导向。改革开放以来，事业单位实施了从放权搞活、引入经济激励机制、面向社会开展服务，到进入市场、转企改制等一系列改革。1998 年全国人大九届一次会议所作《关于国务院机构改革方案的说明》甚至提出"除教育单位和极少数需要财政拨款的以外，其他事业单位每年减少财政拨款 1/3，争取三年基本达到自负盈亏。"上述改革被认为事业单位总体上是按照"市场化的方向"进行改革的，"改革使得事业单位越来越不像政府机关，越来越像企业"①。

第二，事企不分。推向市场的改革引发了事业单位"市场化过度"问

---

① 世界银行东亚和太平洋地区减贫与经济管理局：《中国：深化事业单位改革，改善公共服务提供》，中信出版社 2005 年版，第 6 页。

题,弱化了事业单位社会公益属性、不适当强化了经济激励机制。"市场化过度"的实质是企事不分,而且往往是政事企三者不分:事业单位利用公益地位、公共权力与公共资源进行市场化运作,追求单位(包括单位中的个人)利益而非社会公益最大化。同时,事业单位体系包括一些从事生产经营活动的单位,一些地方在国家规定之外创设、保留的"公益三类"事业单位,这些完全可以通过市场经营存续的单位究竟"是事是企"身份不明。

第三,事社不分。20 世纪 90 年代末,社会化(向民间非营利组织转化)成为事业单位改革方向之一。由于对于非营利组织缺乏系统、全面的认识,有关非营利组织产权、组织、治理等制度尚不健全,事业单位向非营利组织转化未形成规范化的转化政策、路径,实际改革中引发了事社不分问题:如事业单位财产、人才等公共资源非规范向非营利组织转移;①再如湖北省5590 个乡镇事业单位改制为民间组织(民办非企业单位),建立"以钱养事"新机制,虽然人员剥离事业编制,但其资产依然属于国有,致使转制事业单位究竟属于民间组织还是事业单位遽难定论。

C.组织属性尚有待明晰

事业单位组织属性及法律地位不明确是政事关系难以理顺的另一深层根源。

第一,约定俗成。作为我国特有组织,事业单位是约定俗成的概念。只是在其形成十年后为了强化机构编制管理国家对其进行界定。1963 年 7 月《国务院关于编制管理的暂行规定》基于计划经济体制下我国社会组织分类、主要从编制管理角度对事业单位进行界定,认为:"凡是为国家创造或改善生产条件,促进社会福利,满足人民文化、教育、卫生等需要,经费由国家事业费内开支的单位均为事业编制。"改革开放以来,随着社会转型、体制转轨,人们对事业单位的认识以及事业单位本身也在不断变化,1998 年颁布的《事业单位登记管理暂行条例》第二条规定:"本条例所称事业单

---

① 赵立波:《论事业单位向非营利组织转化——现实描述与理论探析》,《中国行政管理》2005 年第 2 期。

位,是指国家为了社会公益目的,由国家机关举办或者其他组织利用国有资产举办的,从事教育、科技、文化、卫生等活动的社会服务组织。"上述两个界定虽然突出公益性、服务性等特征,但均未按照现代社会组织分类明确事业单位的属性:即事业单位属于公共机构还是非公共机构(其他社会组织)。

第二,公共机构。2008年8月1日发布的《公共机构节能条例》第二条规定:"本条例所称公共机构,是指全部或者部分使用财政性资金的国家机关、事业单位和团体组织。"从字面理解,事业单位被划入公共机构范畴。但进一步分析可以发现,该条例主要是从资金来源(使用财政性资金)角度进行的划分,而非从机构属性角度进行界定;该条例所称的公共机构并未包括所有事业单位,如自收自支事业单位不包含在内,因此该界定不够明晰、全面。

第三,事业组织。从宪法层面说,除非常时期制定的1975年《宪法》出现过"事业单位"概念外,1954年、1978年、1982年《宪法》均未出现"事业单位"概念。现行宪法虽多次出现"事业组织"概念,但"事业组织"显然不能等同于"事业单位",这不仅是因为单位不能同组织划等号,更重要的是事业单位是有特定含义的。作为我国基本组织类型之一的事业单位竟然在现行《宪法》中找不到踪影。由此人们甚至可以认为存在60多年、作为企业之外第二大类组织的事业单位尚属未定型、未定性组织。由于事业单位属性不明,政府与事业单位应形成什么样的关系、事业单位应怎样改革自然缺乏坚实的法理基础。

(二)科学分类

科学分类是实施分类改革与管理的基础。依据什么标准分类又是科学分类的前提。对事业单位的分类主要是按行业、隶属关系、行政级别、经费来源、功能等进行。[①] 其中,从功能(职能)角度对事业单位进行分类是近年来探索并进入实际操作中的最重要分类标准。

---

① 高红:《事业单位分类的局限性与理论重构》,《天津行政学院学报》2011年第3期。

1. 分类模式

目前分类存在"二分"、"三分"、"四分"、"五分"等争论,其中一些分类在实际管理与改革中有所体现。"二分"是世界银行的观点,就是把事业单位在法律意义上分为直属事业单位和独立事业单位两大类别。[①] 另一种"二分"主要是管理部门的登记管理分类:党政机关举办的事业单位是一类事业单位,其他组织利用国有资产举办或集体所有制、多元所有制的事业单位是二类事业单位。"三分"有多种方法,有学者如此分类:一是直接承担政府行政职能、为政府服务的事业单位,主要从事的是监管、资质认证、质检、鉴证及机关后勤服务等活动;二是承担公共事业发展职能、为社会服务的事业单位,主要从事的是科教文卫等社会事业和与公共基础设施建设、公用事业服务相关的活动;三是承担着中介沟通职能、为市场和企业服务的事业单位,主要从事的是咨询、协调一类的活动。[②]"四分"是部分专家按是否使用公权力标准和社会公益性服务标准,将事业单位划分为行使公权力的事业法人、既行使公权力又提供公益性服务的事业法人、直接关系公共利益及具有对社会普遍服务义务的事业法人和一般公益性服务的事业法人。[③]另外,浙江省在 2001 年开始实行分类改革时将事业单位分为监督管理类、社会公益类、中介服务类和生产经营类四类。"五分"将事业单位分为行政管理类、社会公益类、公益兼经营类、经营开发类、其他五类。[④] 如西宁市早在 2000 年前后就将事业单位分为行政管理型、社会公益型、公益兼经营型、经营服务型、机关后勤服务型五类

目前,国家层面提出的分类意见是"三大类 + 两小类",即根据现有事业单位的社会功能,将事业单位划分为承担行政职能的、从事公益服务的和

---

① 世界银行东亚和太平洋地区减贫与经济管理局:《中国:深化事业单位改革,改善公共服务提供》,中信出版社 2005 年版,第 32—33 页。
② 范恒山:《关于事业单位改革的思考》,《中国经济时报》2004 年 4 月 12 日。
③ 左然:《构建中国特色的现代事业制度——论事业单位改革方向、目标模式及路径选择》,《中国行政管理》2009 年第 1 期。
④ 赵立波:《事业单位改革——公共事业发展新机制探析》,山东出版社 2003 年版,第 196—210 页。

从事生产经营活动的三大类,从事公益服务的又进一步细化为公益一类与公益二类两类(此前主管部门出台的分类改革办法曾将公益类细化为公益一类、二类、三类,即"三大类 + 三小类";而目前部分省市在分类目录制定及改革中依然将公益类分为三小类)。

2. 分类依据

由于我国事业单位情况极为复杂,仅仅依据事业单位的功能对事业单位进行分类还不够充分。建立科学规范的分类体系必须以社会组织变迁为现实基础,综合考虑各种因素,形成综合性的分类体系。事业单位由政府举办,事业单位的功能实质是政府职能的延伸,因而事业单位分类必须考虑政府职能因素。事业单位是由国家机关举办或者其他组织利用国有资产举办的社会服务组织,国家不仅出资举办而且承担经费供给职责,因而财政供养方式应在分类中体现出来。事业单位承担专业化(从事教育、科技、文化、卫生等活动)的服务功能,上述服务分属于特定行业,各行业有不同的特点、不同的政策,因此,事业单位分类还应考虑行业因素。根据我国事业单位的发展实际,并借鉴市场经济国家的经验,笔者认为事业单位分类依据应包括以下四个基本要素,其中政府职能与事业单位功能是核心要素。

一是政府职能。根据政府在一定历史时期所承担职能确定政府应承担的公益事业职责,这是政府在社会事业领域有所为有所不为的界限,是政府举办不同类型事业单位的前提,也是政府对各类事业单位承担什么样的责任、以什么样的方式进行管理的依据。二是事业单位功能。目前我国各类事业单位承担功能存在差异,其提供产品和服务的公共性不同,从纯公共物品到准公共物品再到私人物品;而功能不同,其运行方式、改革方向就不同,需要政府支持的程度与方式也不同。三是经费来源。不同事业单位经费自给率即是否有稳定的经常性业务收入,通常会影响乃至决定国家采取何种预算管理方式;而经费自给率既反映该单位提供产品和服务是否具有公共性(与公益性相关),也反映单位组织收入、运行效率等因素。四是行业性质。各类事业产出分属于不同的行业。不同行业在经济社会中承担的功能作用是不同的,各个行业的市场化程度、各个行业的组织营利能力(或经费补偿能力)差异较大,国家介入程度以及对各个行业实行的行业政策是有区别的。因此,分类体系的设计应充分考虑上述因素。

3.科学分类

根据上述事业单位分类四个因素,与事业单位改革政事分开、事企分开、管办分离三大要求与原则,笔者认为改革主管部门提出的"三分法"("三大类+两小类")具有合理性与现实性,可作为理论探讨与现实改革的主要依据。

上述"三分法"立足社会组织分类与分化实际,较准确把握事业单位职能定位(公益服务)、行业分类(社会事业),及其与政府职能及财政关系(政府举办、履行政府公共服务职能、财政提供相应经费支持)等,有助于科学分类与事业单位分类改革的实际推进。依据上述"三分法",立足现有事业单位范围内不同活动的界定,以功能为基础,以公益性为核心,综合考虑各种因素形成具体的分类体系:首先是按照政府公共服务职能与事业单位功能定位,将现有事业单位体系内纷繁复杂的各类单位宏观上划分为承担行政职能、从事生产经营活动和从事公益服务三个大类。其次是结合行业分类及行业特点、市场发育程度及供求关系、经费补偿机制等因素,特别是根据职责任务、服务对象和资源配置方式等情况,将公益服务事业单位进一步细分为两类:承担义务教育、基础性科研、公共文化、公共卫生及基本医疗服务等基本公益服务,不宜或不能由市场配置资源的划入公益一类;承担高等教育、非营利医疗等公益服务,可部分由市场配置资源的划入公益二类。同时,国家已下发了供各省市参照的事业单位分类改革试点工作分类目录,按照"三大类+两小类"的分类体系,从定义、划分标准、职能任务三个方面将对三大类及两小类进行细分,列举各类别包含的具体组织。

鉴于事业单位职能、机构、规模等的复杂性和多样性,以及此前改革主管部门制定分类办法时将公益类分为三类。一定时期可以允许"三大类+三小类"分类法存在(目前一些省市在改革中实行此类分类办法,尽管要求尽量不要"往里装"——把事业单位划入公益三类)。如山东省机构编制委员会2014年制定的《山东省事业单位分类目录》,将公益类分为三类。对于公益三类有以下具体规定,即同时具备以下两个条件的可认定为公益三类:1.具有一定的公益属性;2.在国家政策支持下可以通过市场配置资源。划入公益三类的具体目录包括"时政类报刊,广播电视,彩票发行,公益性规划设计,土地房屋权属登记,公益性培训机构,公证,重要涉密文印机构,经济仲裁,殡葬服务等。"同时,创造条件逐步对公益三类单位进行转化、消化(如转为企业或公益二类等),最终取消公益三类。

(三)改革方向

分类改革是事业单位改革的基本战略,《指导意见》要求"今后5年,在清理规范基础上完成事业单位分类,承担行政职能事业单位和从事生产经营活动事业单位的改革基本完成……"分类改革要解决问题的实质是事业单位"向何处去"与"如何去"的问题,这样,分类改革必须以职能的科学界定为基础,进而选择各类单位改革的方向及目标。依据社会组织变迁、公民社会兴起等因素,结合国外非营利组织大量承担公益服务经验,笔者认为事业单位虽总体可"三分",但改革方向却可有四个选择。

1.改革方向

党的第十七届二中全会通过的《中共中央关于深化行政管理体制改革的意见》提出:按照政事分开、事企分开和管办分离的原则,对现有事业单位分三类进行改革。《指导意见》提出按照政事分开、事企分开和管办分离的要求进行分类改革。主要承担行政职能的,逐步转为行政机构或将行政职能划归行政机构;主要从事生产经营活动的,逐步转为企业;主要从事公益服务的,强化公益属性,完善法人治理结构,加强政府监管。上述要求大致依据事业单位分类将事业单位改革确定为三个方向:转企、回归政府、保留事业单位体系内。除此之外,是否还有更多的方向选择?

在实际改革及理论探索中,非营利组织或民间组织(近年来政策部门改称"社会组织")成为事业单位分类改革的一个选择。伴随着非营利组织发展与事业单位改革不断深化,向非营利组织转化在1990年代晚期被作为事业单位改革的方向之一。十六届六中全会通过的《中共中央关于构建社会主义和谐社会若干重大问题的决定》提出要"推进政事分开,支持社会组织参与社会管理和公共服务"，这为向非营利组织转化提供政策支持。在科技、医疗、教育体制特别是乡镇事业单位改革中，一部分事业单位转为民间非营利组织；在学术界，向非营利组织转化得到更多支持，甚至有"现主张以'非营利机构'作为我国事业单位改革目标模式的意见已成为主流观点并进入政策规划领域"①的说法。《中共中央关于全面深化改革若干重大问题的决定》则明确要求"推进有条件的事业单位转为企业或社会组织"，这是党中央首次在中央全会决定中明确肯定事业单位可以转为社会组织（非营利组织）。

经验与社会心理学研究表明：人们对事业单位改革方向的选择与人们对事业单位像什么（或是什么）机构的认知有关。对于事业单位像什么机构这一问题，笔者调查中所列像政府机构、民间非营利组织、企业、谁也不像以及其他五个选项当中，全部三期调查除 77 份问卷没有回答外，有 1513 人首选事业单位像政府机构，417 人、414 人、277 人、63 人分别首选谁也不像、像非营利组织、像企业、其他；以加权分排序，事业单位像政府机构选项依然是遥遥领先：5055，以下是像非营利组织、谁也不像、像企业、其他，分别为 2729、1941、1872、269（表 5 - 8）。另外，三次调查排序总体变化不大，均是像政府机构比重最高（见表 5 - 9）。这意味着尽管一直以来事业单位改革是以政事分开为主线的，但效果并不明显，在大多数人心目中事业单位依然最像政府机构。

表 5 - 8　对事业单位像什么机构的看法②

选项	首选	次选	三选	人数	提及率	加权分
政府机构	1513	200	116	1829	68.1%	5055
企业	277	407	227	911	33.9%	1872
非营利组织	414	589	309	1312	48.9%	2729
独立，谁也不像	417	222	246	885	33.0%	1941
其他	63	25	30	118	4.4%	269

---

① 郑国安等：《非营利组织与中国事业单位体制改革》，机械工业出版社 2002 年版，第 58—59 页。
② 本问题为多选并要求按照重要程度排序。大多数调查对象只对几个选项做出选择并排序，加权分只计算排序位列前三的选择：首选 3 分，次选 2 分，三选 1 分。

表5-9 三期调查对事业单位像什么机构的看法

选项	第一期	第二期	第三期
政府机构	46.9%	38.5%	40.6%
企业	14.8%	16.5%	16.3%
非营利组织	21.0%	22.4%	25.0%
独立,谁也不像	14.4%	20.7%	16.2%
其他	2.9%	1.9%	1.8%

表5-10 不同群体对事业单位像什么的看法

群体	提及率与加权分比例	政府机构	企业	非营利组织	谁也不像	其他
政府机构	提及率	75.6%	32.6%	45.6%	28.3%	2.3%
	加权分比例	49.6%	15.1%	21.0%	13.3%	1.0%
事业单位	提及率	62.2%	33.7%	54.9%	40.5%	3.3%
	加权分比例	36.7%	15.0%	25.9%	21.0%	1.4%
服务对象	提及率	68.3%	37.7%	47.2%	28.1%	7.3%
	加权分比例	42.4%	18.2%	22.5%	12.9%	4.1%

　　从不同群体对事业单位像什么问题的选择进行分析。政府机关最认可对事业单位像政府机构说法:提及率75.6%、加权分比重49.6%均为最高;其次是服务对象,提及率、加权分比重分别是68.3%、42.4%;最低的是事业单位,分别是62.2%与36.7%。也就是说:三个群体比较政府机构最认同事业单位像政府机构,而事业单位则对这一说法认可度最低或最不认可这个说法。这形成有趣的反差:政府认为你最像我,事业单位则最不认同自己像政府说法。对此,可以从历史发展与现实改革探寻原因:长期以来我国实行机关事业一体化的管理体制,导致两者管理体制、运行方式、人员待遇等方面相近。30年来的改革,政府最希望政事分开,虽然政府依然掌控着事业单位诸多权力;事业单位虽希望有自主权,但却不想在财政支持、工资待遇等方面与政府脱钩;推行公务员制度、工资制度分类改革、社会保险制度改革等逐步将两者分开,而机关待遇相对于事业单位不断提高,致使事业

单位感到政府存有甩包袱念头,使得事业单位深切感到自己越来越不像(包括越不如)政府机关;而政府机关则想尽快实现"政事分开",这是符合改革方向的,但甩掉庞大的事业单位体系也可使政府机关便于"轻装上阵",[①]包括建立更独立的工资、福利、社会保障体系。

事业单位对自己像非营利组织、谁也不像的说法认可度最高,与政府机关、服务对象比较加权分比例分别是:25.9%与21.0%,21.0%与13.3%,22.5%与12.9%。可知事业单位对自我的认识:一是在机构编制分类方面强调自己是某种独立的社会组织;二是职能作用方面强调自己从事的是非营利性公益服务,这在功能方面与民间非营利组织相近;三是由于上述原因因而对像生产经营性质的企业、公共管理性质的政府机构认同度较低。

三者比较,服务对象对事业单位像企业的认可度最高:提及率与加权分比例均最高:37.7%、18.2%。政府机关与事业单位对此选项的选择基本一致:32.6%、15.1%与33.7%、15.0%。服务对象认可度最高,与其作为服务的消费者感觉事业单位诸多服务也像企业一样要"收费"有关,并与受教育、卫生等公益服务"市场化改革"影响最直接、最深切有关。

表 5-11　对事业单位改革方向的看法

选项	第一期	第二期	第三期	合计
继续作为事业单位,优化体制机制	53.7%	61.3%	48.6%	52.7%
转为企业	14.8%	12.3%	14.2%	14.1%
转为政府部门	22.0%	9.2%	20.3%	19.2%
转为民办非企业单位	4.2%	7.0%	6.9%	5.9%
转为社会团体	3.9%	4.8%	5.0%	4.5%
其他	1.5%	5.3%	4.9%	3.6%

---

① 笔者调研时多次曾听到类似说法:当问及为何绩效工资改革三步走,但一步比一步增资水平下降,回答是教师有《教师法》不得不在工资水平上(注意:不是收入水平)与公务员挂钩;其他没有类似法律规定,增资具体水平"无法可依"(既各地自行确定)。甚至有人提出:怎么制定了这么个法出来(指《教师法》关于教师工资水平的规定)。

调查显示:虽然多数人认为事业单位最像政府机构,但对于事业单位改革方向,全部三期调查半数以上(52.7%)选择继续作为事业单位、优化体制机制,其次是转为政府部门(19.2%)、转为企业(14.1%)、转为民办非企业单位(5.9%)、转为社会团体(4.5%)、其他(3.6%)。而且,三次调查继续作为事业单位均为首选,转为政府部门除第二次调查位列第三外,其余皆是位列第二。转为企业尽管选择率排位位次虽有变化,但选择率总体稳定。值得注意的是转为社会组织(民办非企业单位与社会团体之和)三次调查选择稳步提高:8.1%—11.8%—11.9%,全部三期调查选择率为10.4%,接近于14.1%的转为企业比例(表5-11)。这反映了人们对非营利组织了解程度逐步提高,而了解程度的提高与一些领域、一些地方改革中推出事业单位转为非营利组织政策乃至实际实施有关:这也恰恰说明党的十八届三中全会明确有条件的事业单位可以转为社会组织的要求有思想认识与现实改革基础。

依据调查对象分类进行分析,虽然三大群体均将继续作为事业单位并优化体制机制作为最优选择,但每个选项从纵向来看,可以发现:事业单位最认可、且与其他群体相比选择率最高的是继续作为事业单位、转为政府部门,而对于转为企业、转为社会组织选择率最低。政府机关选择排序与事业单位一样,但继续作为事业单位、转为政府部门选择率低于事业单位,转为企业、转为社会组织选择率则高于事业单位。服务对象(包括其他)排序前三位是继续作为事业单位、转为企业、转为政府部门,转为企业升为第二且选择率明显高于事业单位与政府机关的选择(表5-12)。联系到服务对象认为事业单位像企业的提及率、加权分比例高于政府机关、事业单位,由此可以得出的结论是:因为服务对象更认可事业单位像企业,所以也更认可事业单位向企业转变这一选择。

表5-12　不同群体对事业单位改革方向的看法

选项	政府机关	事业单位	服务对象	其他	合计
继续作为事业单位,优化体制机制	54.6%	58.1%	42.6%	41.7%	52.6%
转为企业	11.8%	9.4%	23.8%	24.3%	14.2%
转为政府部门	17.6%	25.0%	12.8%	13.6%	19.2%
转为民办非企业单位	8.4%	3.2%	7.1%	2.9%	5.9%
转为社会团体	3.6%	1.9%	9.9%	6.8%	4.6%
其他	4.0%	2.5%	3.7%	10.7%	3.6%

　　但值得注意的是:第三期调查选择继续作为事业单位的比例48.6%远远低于第一期53.7%、第二期61.3%的比例。而且除少量的其他外,第三期调查中政府机关、事业单位、服务对象三群体选择继续作为事业单位的比例均下降,显示人们对此的认识具有较高的一致性(表5-13)。选择率下降,直接说明的是人们对继续作为事业单位作为改革方向的认同感下降,间接显示的则是人们对事业单位作为一类组织的社会地位、功能作用、组织形象等方面的评价降低,这意味着事业单位遇到较严重的信任危机。因而,加快改革步伐、更好发挥作用、重塑组织形象成为一项紧迫而重要的工作。

表5-13　第三期调查不同群体对事业单位改革方向的看法

选项	政府机关	事业单位	服务对象	其他
继续作为事业单位,优化体制机制	49.1%	54.6%	39.8%	26.7%
转为企业	13.2%	8.5%	23.9%	20.0%
转为政府部门	15.3%	27.6%	15.2%	20.0%
转为民办非企业单位	10.8%	3.9%	7.1%	6.7%
转为社会团体	4.2%	2.0%	10.6%	6.7%
其他	7.4%	3.4%	3.4%	20.0%

2."四方向"依据

　　中央为什么提出推进有条件的事业单位转为社会组织(非营利组织)?

即为什么会存在事业单位第四方向改革选择？其现实基础是什么？

虽然问卷调查显示这一改革方向具有社会认知与现实改革基础的，但还是有必要从现实与理论两个层面进行深入分析。改革开放以来，我国社会转型的基本线索是"大政府，小社会"向"小政府，大社会"转化，政府职能实行政企、政资、政事、政社"四分开"改革不断推进，以政治权力、计划体制包办社会事务、配置社会资源的"总体性社会"逐步向"国家——市场——社会"三元模式转变。首先是经济(市场)领域从国家计划控制下逐渐独立出来，市场在资源配置中的决定性作用得以确立；以各类民间组织、各种民间关系构成的市民社会不断发展，政社分开又不断调整政府与社会的关系以及社会交往模式，政治国家、市场经济、市民社会三元结构得以形成。特别是国家明确将"构建公益服务新格局"作为改革重要目标，鼓励社会力量兴办公益事业、充分发挥市场机制作用成为改革重要内容，事业资源由单一的计划分配向国家机制、市场机制、社会机制三种机制共同配置转化，公益服务多元化格局开始形成。

政府职能转变、市场体制形成、公民社会发展，加快我国组织的变迁与公益服务体制的转型。一方面，事业单位开始主动或被动地进行调整、变革，结果是事业单位在功能、性质、运行等方面严重分化；另一方面，以志愿求公益社会机制运行的民间非营利组织不断发展壮大，成为提供社会公益服务的重要力量。在此背景下，事业单位改革具有更多样化的选择，转企、回归政府机构乃至转化为非营利组织均成为现实可行的改革与发展趋势。其中，部分事业单位(如一些公益性科研机构、义务教育之外的教育机构、非营利性医疗机构、体育俱乐部、艺术表演机构、扶贫组织等)与非营利组织从事同类公益性服务，并可以通过社会化运作汲取资源，向民间非营利组织转化应成为其重要改革方向之一，而在湖北、深圳等改革中事业单位向非营利组织转化已经进入政策设计或实际操作。因此，以科学分类为基础，事业单位虽可"三分"但改革方向却应有四个选择。

3. 目标模式

当然，公益类事业单位是本来意义而且是最大量(约占总数的80%)的事业单位,公益类事业单位的改革方向是保留在事业单位体系内优化体制机制,而笔者调查也显示这是各方最认可的"第一选择"。但这恰恰是事业单位改革最核心、最艰巨的内容,是2016年到2020年改革的主要任务。这样,公益类事业单位向什么方向、以什么目标模式改革,就成为事业单位改革的总体方向与基本目标模式。公益类事业单位改革的基本思路是:将计划经济时代政府"包办"公益服务而举办的事业单位,通过优化体制机制,转化成为履行政府向社会提供公益服务职能、具有公共性的公益服务组织。这一改革目标模式的依据是公益服务与公务法人(公共机构)理论。公共服务理论与中国特色特别是事业体制、事业单位、事业产品与服务结合,形成公益服务理论,公益服务理论成为构建中国特色的公益服务体系、成为事业单位改革的主要理论支撑。迻译欧陆的公务法人(公共机构)理论,则是提供事业单位组织转型的重要理论支撑,①其意义在于重新定位事业单位组织属性,立足政事分开改革原则与主线,在强调公益类事业单位是公共机构、多数应具有独立法律地位的同时,勾勒出其与直接行使国家权力的机关法人的差异与组织界分。

A. 公益服务组织

通过对转型条件下国家、市场、社会三元格局下社会组织分类及分工、我国事业单位属性及现状分析,笔者认为:其一,事业产品与服务大多属于公益服务范畴,因此,政府必须承担发展社会事业、提供事业服务的主要职能;其二,政府可以通过多种方式(直接生产、合同外包、管制、许可经营等)实现上述职能,政府通过出资举办事业组织直接生产、提供公益服务是发展社会事业、保证事业供给的基本手段之一;其三,尽管社会变迁导致事业单位功能、运作方式等分化,但公益类事业单位是国家举办、国有制的公益服务组织,其职能是以服务方式履行国家向社会提供公共服务职能。因此,新

---

① 马怀德发表在《中国法学》2000年第4期的《公务法人问题研究》,初步提出我国事业单位与欧洲大陆法系国家"公务法人"的相似性;而较早并系统运用"公务法人"理论阐述我国事业单位改革问题,则是笔者2003年在山东人民出版社出版的《事业单位改革——公共事业发展新机制探析》,该书提出并阐述"公立事业法人"作为事业单位改革目标模式。

型公益服务组织重塑只能以上述事业单位为组织基础并在上述基础上优化体制机制。这种适应社会转型、履行政府向社会提供公益服务职能的组织，应当是脱胎于传统事业单位、剥离了非公益性职能的新型公益服务组织；为表示其与传统事业单位的区别，突出其公共属性、公益服务、组织实体、法人地位，可将其称为"公立事业法人"。

B.公立、事业、法人

"公立事业法人"大致具有"公立"、"事业"、"法人"三大基本特征：

"公立"是反映组织属性：其一，政府为实现公益目的、利用国有资产举办，其具体方式可以是直接依据法律设立，也可以由政府依据法律的一般要求以政令等形式设立。其二，是履行政府向社会提供公益服务职能、非机关非企业性质的公共机构。其三，承担公共职能——提供公益服务，因而公共财政应提供必要而适当地支持，组织资产属于非经营性的国有资产。

"事业"是反映组织的活动内容与活动方式：其一，从事社会事业，提供各类公益服务。其二，活动方式具有非机关（行政命令）、非企业（商业运作）的特征，以直接服务方式持续提供事业服务与产品。[1]

"法人"是反映组织的法律地位（也有学者反对事业单位"法人化"[2]）：其一，按照现行法规定，事业单位应是具有法人资格、拥有独立财产、独立核算并具备完备组织特征的组织实体，能以自己的名义行使权利、承担义务。其二，也可以根据实际需要设置非法人事业单位，主要是一些规模小、责任机制不能与所属政府部门分离、资金等方面达不到法人要求、主要为政府机关而非社会服务的事业机构。其三，法人可以以单个事业单位为基础，也可以多个同类事业单位整合为基础形成事业单位法人。当然，随着我国法人制度改革与法人分类体系调整，究竟有多少事业单位可以成为独立法人需要深入探讨，但独立建制、成规模、具有典型性的事业单位应具有法人资格。

---

[1] 赵立波：《论中国的事业单位及其改革》，《中共中央党校学报》2007年第5期。
[2] 方流芳：《从法律视角看中国事业单位改革——事业单位"法人化"批判》，《比较法研究》2007第3期。

三、分类推进

分类推进事业单位改革是改革基本战略,是政事分开、事企分开及管办分离改革原则与要求的实现方式。由于我国事业单位存量巨大、分布广泛、类型多样、规模相差悬殊,加之社会转型长期性、组织属性有待进一步通过立法明确,分类改革的战略设计既应是明晰、合理的,也应具有适当弹性与包容性。其改革要旨是立足四个方向,明确改革方向,推进机制转换,实现机构"归位";其总体思路是:行政管理类——依照政府机关管理——转为政府机关,生产经营类——企业化管理——转制为企业,部分社会公益类——按照非营利机构管理和运行——转为民间非营利组织,多数社会公益类——建立现代事业制度——转为"公立事业法人";其推进方式可一步到位(包括省略总体思路的部分环节),也可按照分类指导、分类推进、分级组织、分类实施的"四分原则"稳步按总体思路推进。

那么,三类事业单位向四个方向转化难点是什么?如何推进?这需要在明确改革目标模式基础上,结合事业单位分类发展现实与社会组织分化重组趋势,进而设计具体、具有可操作性的分类改革战略。

(一)行政管理类

政事分开是行政管理类事业单位改革的逻辑起点与现实依据。然而,政府部门在我国通常是与政府机关划等号的,大致相当于《民法通则》中的机关法人。而国外的政府部门,既包括政府机关,也包括非机关化的公共组织(如类似我国事业单位的公共机构,甚至包括公共企业),因而我国的政府范围远小于国外政府。同时,现代政府的特点是随着政府职能扩展与多样化,政府部门构成越来越庞大、多样、复杂:"在现代社会中,政府的特征是:复杂的组织网络代替中央集权和等级制架构,政府和它们一起制定、执行和评估政策。"①政府组织类型复杂化、公共部门"巨大化"及运作方式多

---

① [荷]桑德拉·凡.蒂尔:《半公营机构——趋势、原因、结果》,社会科学文献出版社2008年版,第2页。

样化就是上述特征的体现。例如,经合组织国家的政府部门包括政府部委、部门类机构(执行机构)、公法行政机构、商业性政府企业、非商业性其他私法机构、准政府实体等多种类型。[①] 这使得政事分开、行政管理类事业单位改革面临诸多难点。

1. 改革难点

行政管理类事业单位转为政府机构的最大困难来自政治决策:行政管理类回归政府机构主要是一个政治决策问题而非管理决策问题。然而,一方面做出政治决策是困难的,如仅把数以百万计的从事行政执法、行政执行人员回归政府机构,成为使用行政编制的公务员,30 年政府精兵简政的成果将面临"价值重估"问题:"一是将 1998 年以来的党政机构改革成果毁于一旦。据不完全统计,目前我国行政执行类事业单位人员编制大约有 300 多万名。而 1998 年机构改革至今,中央国家机关共精简行政编制 2.5 万名,地方党政机关共精简行政编制约 115 万名,两者的总和还不及现行的行政执法队伍的人员编制总数。二是不符合国际上流行的'小政府、大服务'的发展趋势。"[②]另一方面是具体实施受严格约束条件限制,我国对行政机构编制实行严格控制,多年来政府精简主要是压缩行政编制;此次分类改革方案明确要求行政管理类事业单位回归政府"不得突破政府机构限额和编制总额"。在严控行政机构与编制要求、现实行政编制极为紧缺条件下,短期内将行政管理类事业单位转为政府机构难度极大。因此,既要设计系统的改革战略,又要做好长期推进并承担政治决策风险的思想准备等。

2. 组织选择

行政管理类事业单位回归政府机关是其基本选择,但鉴于政事关系复

---

① 我国学来越多学者的研究接受上述观点。杜金富研究员主持、国家自然科学基金重点支持、依托中国人民银行金融研究所进行的一项研究,以联合国和国际货币基金组织相关指南为编制准则,参考其他国家做法,结合中国实际情况完成。该研究认为"狭义政府是行使立法权、执法权和司法权的实体;广义政府还包括事业单位、学会、协会等社团组织;公共部门还包括政府控制的企业。"见刘铮:《资产负债研究显示:我国政府"家底"较为厚实》,http://news. xinhuanet. com/2014 – 12/20/c_1113716318. htm。

② 宋大涵:《事业单位改革与发展》,中国法制出版社 2003 年版,第 199 页。

杂性与现代政府机构多样性,具体改革可包括以下三种选择:一是剥离非行政管理性职能后整体转为政府机关,或并入政府机关。二是只是将行政管理类事业单位行政管理性职能析出并纳入政府机关,而事业单位剔除行政职能后留在事业体系。三是在传统行政机关外设立某种特殊的行政机构(可称之为"特定行政法人")。我国政府机构类型单一,行政机关之外的公共机构一般不作为政府机构;而承担行政职能、政事不分的事业单位的工作通常具有较强专业性,这类单位与机关化的行政部门存在差异;可通过修改政府机构编制法建立某种专业化的"特殊行政法人"(如日本及我国台湾地区正进行类似改革),人员主要由专业技术类公务员构成以体现其与主要行使公权力的政府机关的上述差异,此类机构编制可单列(即不受一般行政机构编制数量限制)。这一问题目前虽仅属于理论及政策探讨范围并未进入实际操作,但可以选择局部地区、少量单位进行试点,结合专业技术类公务员制度改革而展开。待改革形成经验与教训后进行检讨,确定是否可行。

3. 推进路径

基于以上认识,笔者认为行政管理类事业单位改革合理而可行的做法是:

第一,从严认定。根据国家有关法律法规和中央有关政策规定,按照是否主要履行行政决策、行政执行、行政监督等职能,从严认定承担行政职能的事业单位。同时,对于何为行政职能应结合现代政府发展趋势(公共服务成为核心职能)、行政学与行政法学研究进展(如以公务或公共服务界定行政等),给出明确、可操作并具有前瞻性的界定标准。

第二,统筹改革。结合行政管理体制和政府机构改革,特别是探索实行职能有机统一的大部门体制,推进承担行政职能事业单位改革,如对"一行(中国人民银行)三会(证监会、保监会、银监会)"机构、职能进行整合。涉及机构编制调整的,目前应在不突破政府机构限额和编制总额条件下,有序、渐次纳入行政机关体系。

第三,依法规范。暂时无法回归政府的行政管理类事业单位,依法规范行政授权行为,人员参照公务员法进行管理,使其行政管理与执法行为严格受到约束;政府不再设立此类事业单位,依据条件成熟情况,逐步、逐个向行政机构转变,或逐步将行政管理性职能收归行政机构。

第四,依序推进。合理设计改革流程并依序推进:通过职能审查明确事业单位是否行使行政管理职能;确定行政管理职能是剥离出去、划归相关行政机关,还是将行使行政管理职能事业单位回归行政机构;依据现实条件特别是相关政治决策,决定是一次性将行政管理类事业单位回归政府还是暂时部分保留在事业单位范围内;最终目标是实现主要承担行政职能的单位逐步转为行政机构及"特定行政法人",或者将其行政职能划归行政机构。

(二)生产经营类

生产经营类事业单位改革的逻辑起点与现实依据则是事企分开。而且生产经营类事业单位转制为企业是迄今为止事业单位分类改革推进最快、绩效最明显的领域,其重要原因是:我国国有企业改制进行多年,基本形成较稳定、规范的改革思路、政策与方式,事业单位改制可以大致套用国有企业改制办法进行,从而形成便捷有效的改革路径。生产经营类事业单位改革的方向是转企改制,即使是暂时保留在"公益三类"体系内的事业单位,由于"公益三类"本身不符合《指导意见》的分类要求最终应予以取消,而暂时保留在其中的事业单位通过划转到其他类别或转企改制逐步改革到位。

1. 改革难点

事业单位转企面临两大难题:机构从财政供养的公共机构转企进入市场要经历"变性之痛",而人员失去事业编由政府保障的"国家人"成为直接面对市场竞争的"社会人"。同时,由于事业单位转企改制尚未形成系统配套的政策,行业、地区差异较大,特别是对改革具有"兜底"功能的社会保险改革争议颇多、改革停滞不前,转企改制简单套用国有企业改制做法,容易忽视事业单位的特殊性(如资产非经营性、人事社会保障制度与企业二元分立等),更难保证事业单位改制后生存与发展、改制单位人员利益不受损。因此,事业单位转企不可简单"一改了之"、"一转了之"甚至"一卖了之",必须科学设计、精心实施,特别是坚持"以人为本"原则解决好"人往何处去,钱从何处来"问题。

2.组织选择

由于生产经营类事业单位类型繁多、情况复杂,而现实存在多种所有制、组织形式的经营性机构。因此,生产经营类事业单位改革有多种组织选择:可采取股份制、股份合作制、合伙制、转让国有产权等方式进行改革;既可改为或进入国有企业,也可以改为或进入非国有单位,或混合所有制企业;既可以成建制转企,也可以将相关单位分析、合并重组再改制。

3.推进路径

借鉴国有企业改制做法,立足事业单位特点,特别是企业与机关事业多方面"双轨制"存在的现实,有理、有序、有情推进:

第一,合理分类。一方面是现实改革中除少数拥有大量资产、核心技术甚至垄断地位的事业单位,大多数生产经营性单位不愿意转企改制甚至被列入此类事业单位;另一方面是经营性与非经营性、营利性与非营利性难以界定,这正如"公益性"概念本身就存在模糊性一样。因此,对生产经营性单位划分一定要科学合理、慎重仔细,从单位职能、所处行业、经费自给能力及上下左右比较多方面分析,确定类别划分。

第二,制定方案。在对单位的职能、人员、资产、运营等全面进行系统周密调查、分析,特别是做好资产清查、财务审计、资产评估等工作基础上,核实债权债务,对运营情况做出准确鉴定,预测改制成本、改制过程可能发生的问题以及改制后生存与发展的前景。在改革主管部门、单位主管部门指导、主持下制定改制方案,经职工大会或职工代表大会讨论后按原隶属关系报政府审核批准。

第三,实施改制。通过政企分开、政资分开,明晰产权归属;转制事业单位与原主管部门脱钩,注销事业单位法人,核销事业编制,形成市场化运行机制,成为真正的市场竞争主体。

第四,政策扶持。客观地说,经过30多年改革应该转企特别是转企后能够生存发展的,很多都已经转企。在市场竞争日趋激烈,传统事业体制导致事业单位缺乏适应市场竞争能力与激励约束机制情况下,实施转企单位面临内外巨大压力。所以,政府在财税支持、政府购买、人员培训等方面提供优惠政策,创造良好外部环境,包括:设立一般为 5 年的过渡期,转制单位给予保留原有税收等优惠政策,并尽量保证原有事业经费继续拨付;制定相关政策尽可能地留用原事业单位职工,防止改制引发大规模失业进而影响社会稳定、影响其他单位改制积极性等问题。

第五,"有情操作"。"人往何处去、钱从何出来"是改革无法回避的难题,特别是与人、与利益调整直接相关的改革更具挑战性与难度,而笔者调查显示事业单位群体是对转企认可度最低的群体。因此,改革需要妥善做好思想动员特别是人员安置、分流等与职工切身利益密切相关的各项工作。包括:组织离岗人员通过劳动技能培训等方式重新就业;政府通过提供公益性岗位等方式安排上述人员就业;符合提前退休条件职工准予办理提前退休,对已办理离退休手续的职工可继续享受事业单位待遇;为职工预提并办理养老、医疗、失业、生育、工伤、住房公积金等"五险一金",合理实现身份置换。

(三)社会公益类

少部分社会公益类可以向非营利组织转化,这一转化的实质是事业单位"由官而民"转为非营利性的民间组织(相关内容将在本书第八章详叙)。而大多数社会公益类事业单位将保留在事业单位体系内。前述三类改革(回归政府、转企、转民)均是从事业单位体系中剥离出去,因而涉及组织属性改变等问题。作为事业单位改革主导模式的多数社会公益类单位转为"公立事业法人"不涉及组织属性改变问题,极端地说,当其他组织都通过组织"转性"离开事业单位体系后,剩下的事业单位不管是否进行体制改革机制转换均可成为或"称为""公立事业法人"了。

1. 改革难点

社会公益类单位改革的难点一是创新体制机制,"创新体制机制是事业单位健康发展、公益事业发展壮大的关键,也是改革成功的重要标志。"[①]其

---

① 马凯:《积极稳妥地分类推进事业单位改革》,《国家行政学院学报》2012 年第 2 期。

核心问题包括：应以强化公益属性为中心，实施职能调整、理顺政事关系、完善治理结构、组织机制再造、强化监督管理等多方面重大变革，使适应计划体制的传统体制机制向适应社会转型与服务型政府建设的现代公益服务体制转变。二是职能认定，公益服务与生产经营、特别是与行政管理职能如何界定是个难题。从本质上说，公益服务职能属于政府公共服务职能的重要内容，事业单位职能是政府职能的延伸，两者明确的分界并不清晰；在公益职能特别是公益一类认定中，通常将"面向社会提供基本公益服务和为机关行使职能提供支持保障"作为标准，什么是"机关职能提供支持保障"？其与机关职能区别何在？这并不容易厘清。在实际管理与改革中，由于受行政机构与编制数量的严格限定，不少承担行政管理性职能（有些可纳入所谓"为机关行使职能提供支持保障"范围）单位短时间无法纳入行政序列，而归在公益一类事业单位。①

2. 组织选择

社会公益类事业单位改革主导模式是成为"公立事业法人"。当然，不同学者对公益类事业单位改革目标模式有不同理解乃至不同称谓，如"现代公益事业组织"②、"事业法人"③、"公共事业单位"④等，从极端意义上讲，在分类改革、剥离行政管理与生产经营类单位后直接称其为"事业单位"也未尝不可。但需要明确的是改革后的公益类事业单位不管什么称谓，不应

---

① 如山东省的事业单位分类目录确定为公益一类三个条件之一是"不从事经营活动，其宗旨、业务范围和服务规范由国家确定"，这个条件包括8类，其中行政辅助类包括：质量稽查，食品药品稽查，国土监察，环境监察，安全生产监察，劳动保障监察，交通运输监察，文化市场综合执法，城市综合执法，农业监察，林业监察，水利监察，财政监察，节能监察，旅游监察，卫生监督，知识产权管理，档案管理，水土保持监督监测，散装水泥管理，政策研究，劳动人事争议仲裁，政府投资和经济责任审计，财政资金评审支付，政府资金和项目管理，举报投诉维权，电子政务，土地房屋征收与补偿，金融协调与服务，建设工程质量和安全监督，驻外省市联络机构等。但稽查、监察、监督、执法等职能很难与行政管理职能分开，甚至许多职能就属于行政职能。

② 黄恒学：《分类推进我国事业单位管理体制改革研究》，中国经济出版社2012年版。

③ 左然：《中国现代事业制度构建纲要——事业单位改革的方向、目标模式及路径选择》，商务印书馆2009年版。

④ 郑国安等：《非营利组织与中国事业单位体制改革》，机械工业出版社2002年版。

是传统事业单位的简单翻版,而要通过系统、深入的体制机制重塑,成为提供公益服务的主要载体,成为履行政府公益服务职能的公共机构。当然,并非所有单位个体都必须是独立法人。另外,改革后的公益类事业单位也可以采取其他组织形式,如深圳在事业单位改革中引入的境外"法定机构"模式(参见本书第七章事业单位法人治理结构相关内容)。因此,社会公益类改革也存在多样化的组织选择。

3. 推进路径

社会公益类事业单位改革前提是政事分开,基础是科学分类,关键是体制机制创新:

第一,理顺政事关系。理顺政事关系是公益类事业单位改革的前提。事业单位是政府举办的公益服务机构,其公益服务职能应是政府职能的延伸,因而可借鉴国外"公务分权"(法国)与"决策与执行分离"(英国)等理论与实践,将政事职能关系定位为公益服务运作中决策与执行、提供与生产两种不同职能的关系:政府机关负责公益服务提供,以行政方式(组织与管理)向社会提供公益服务;事业单位则通过专业化运营以直接生产、直接服务方式服务社会。

第二,纯化事业职能。依据强化公益属性要求,制定组织章程并载明公益宗旨;通过明确政府与事业单位关系,确定事业单位职能范围,剥离现有事业单位体系中非公益服务性质的经营性、行政性职能及其机构;根据职责任务、服务对象和资源配置方式等情况将公益类事业单位细分为公益一类与公益二类(可在某些区域一定时期保留过渡性的公益三类),并分别确定两类或三类事业单位分类改革范围、标准、方式。

第三,健全治理结构。落实事业单位自主权,法人单位逐步建立多类型的法人治理结构,非法人单位优化治理机制,建立适应各自特点并有明确责任机制的治理结构。

第四,优化运行机制。依据专业化、服务性功能定位构建新的运行机制。一方面是完善激励机制。事业单位工作人员是我国人才队伍的重要力量,特别是占其工作人员67%的专业技术人员接近全国专业技术人员半壁江山(占44%),应加快推进人事、分配、社会保障"三项制度"改革,改变传统行政化、官本位、等级化的运行方式,通过创新激励机制激发事业单位特别是广大职工的积极性并保障其权益。另一方面是强化约束机制,逐步将适应计划经济与高度集中行政体制下的事业单位组织管理、人事管理、资产管理、财务管理、领导决策、监督约束等管理与运行机制,转变为以服务为导向,科学、高效、适应现代公益服务体制的运行机制。

第五,强化问责体制。一是在建立事业单位绩效考评制度基础上推行合约管理,政事之间形成法定绩效责任关系,严格约束事业单位以及政府双方的行为。二是健全多元化监督约束体制,结合法人治理机制建设,发挥政府、服务对象、独立监督机构、社会中介组织、社会舆论等监管、监督、约束作用,从而提升其运行效率与服务的公平性,切实提供优质高效的公益服务。三是重点以公益服务达成为中心,把与国家利益、人民群众切身利益相关的事项都纳入监管范畴,特别对服务职责履行、机构编制控制、人员"进管出"、财政资金使用合法性、国有资产安全性、廉政勤政情况等进行完整、系统地监管。

第六章 管办分离认知、内涵与机制创新

管办分离改革自 1990 年代启动后，不断向多领域纵深延伸，并在实践中取得了一些进展、形成了一些做法、积累了一些经验及教训。但总体上看，事业单位管办分离改革至今尚处于探索阶段。其重要原因是人们对管办分离理解不一、认识不深，改革思路及内容、目标分歧较大："改革思路的分歧，实际上是源于对管办分开的不同理解。目前，对于管办分离的概念并无明确定义，仅有的共识是，'管'是指行业监管的行政职能，'办'则包括所有权的拥有和经营管理的职能。至于这两种职能怎么分、分到什么程度，并没有一个明确的说法，以致在学术界研究和地方实践中，都有各自不同的理解和操作。"①实际上，迄今人们连"管"与"办"的内涵也未形成共识。

一、改革进程

管办分离是我国特有的用法，最初源于 1990 年代工商行政管理部门与其所办市场的"管办分离"改革，其后延伸到出版、卫生、体育、教育等事业领域。随着改革向各领域纵深推进，管办分离的内涵、要求、方式等也不断充实、调整。

(一)改革启动

改革开放之初，工商行政管理系统大力培育集贸市场甚至自己贷款建设集贸市场，为繁荣市场经济做出了贡献。但作为监管市场的行政管理机关，既管市场又办市场，既当"裁判员"又当"运动员"，不利于监管职能发

---

① 曹政：《政府角色"扮演"各有特色》，《健康报》2011 年 8 月 19 日。

挥,更不利于市场按照市场化机制运行,甚至于阻碍其他社会力量兴办市场。因此,与所办市场分离就成为了工商行政管理系统亟待解决的问题。在 1990 年代初期有学者提出工商行政管理部门应与所办市场分离的设想。①

1995 年 7 月 3 日,国务院办公厅转发了《国家工商行政管理局关于工商行政管理机关与所办市场尽快脱钩意见》,要求凡属于企业性质的市场,按照政企脱钩的原则尽快脱钩;凡属于事业性质的市场,按照政事分离的原则分开。② 自 1995 年下半年特别是 2001 年以来,按照工商行政管理机关与所办市场实行机构、职责、人员、财务"四分离"要求,工商行政管理系统实施了全面、艰难的脱钩和分离工作。各地工商行政管理机关把所办市场移交给了新成立的市场服务(建设、管理)中心(多属企业化管理事业单位)。经过前后近 10 年改革,工商行政管理部门与所办市场实现管办分离,"裁判员"与"运动员"、管市场与办市场实现职能分离与角色转型。同时,改革为其他社会力量兴办市场创造良好环境,各类市场快速发展,据统计,全国近 9 万个各类商品交易市场中由原工商行政管理部门分离出来的市场仅约有 1 万个。③ 当然,"管办分离"既是政府自身"革命",又是涉及众多经济主体与职工切身利益的改革,有待解决的遗留问题也不容忽视,这些问题包括分离后的市场如何生存发展问题、剥离出行政机关的人员利益保障问题、转为事业性质的市场服务中心体制机制重塑问题等。

必须指出的是,工商行政管理系统的管办分离虽然包含某些管、办职能及机构等分离的要求,但更多属于政企分开、政事分开改革(政府机关与所办企业或事业单位性质的市场的分离)。实际上,包括后来报刊等领域管办分离改革也更多属于政企分开、政事分开改革:"管办分离是报业确立企

① 孙国才:《集贸市场宜实行管办分离:关于改革集贸市场管理体制的思考》,《商品流通论坛》1991 年第 6 期。
② 《国务院办公厅转发国家工商行政管理局关于工商行政管理机关与所办市场尽快脱钩意见的通知》国办发〔1995〕40 号。
③ 胡斌:《工商系统"管办分离"尚有遗留问》,《市场周报》2005 年 10 月 14 日。

业化运行机制的开始"、"改革最佳模式是建立现代企业制度"。① 但从工商行政管理系统发端的管办分离绝不只是一个新概念的提出,其形成一方面反映管办分离与政企、政事分开有着密不可分的关系;另一方面说明改革深入到政府职能如何进一步转变②、监管者与所有者身份如何理顺等深层次问题:政企、政事分开向纵深推进必然遇到管办分离问题,政企关系、政事关系理顺绕不开公共管理者"管"的职能与所有者"办"的职能关系如何理顺问题。

(二)推进过程

进入新千年,管办分离(又有管办分开、管养分开、管干分开等多个类似概念)向出版、卫生、体育、园林环卫、教育等领域延伸,成为事业单位、行政体制等多领域改革的重要内容。如深圳在事业单位改革中按照"整合资源、精简高效","以事定费、管养分离"的原则对公园管理处进行体制改革;《国家中长期教育改革和发展规划纲要(2010－2020年)》则提出"推进政校分开、管办分离"、"逐步取消实际存在的行政级别和行政化管理模式"。与此同时,管办分离逐步上升为事业体制改革的基本原则与要求,党的十七届二中全会通过的《关于深化行政管理体制改革的意见》及《关于国务院机构改革方案的说明——2008年3月11日在第十一届全国人民代表大会第一次会议上》均提出事业单位管办分离要求,并将其作为改革三大原则之一。现实改革探索逐步形成海淀公共服务委员会、无锡"五大管理中心"、上海申康医院发展中心、湖北乡镇"以钱买事"等多种模式。其中,管办分离改革推进有代表性的领域是文化与卫生领域。

2003年7月15日,中央办公厅、国务院办公厅《关于进一步治理党政部门报刊散滥和利用职权发行,减轻基层和农民负担的通知》提出"党政部门与所办报刊实行管办分离"问题。紧接着通过媒体公开全国党政部门报刊管办分离名单,包括中央报纸50种、中央期刊75种、地方期刊185种,共

① 刘西平、连旭:《"管办分离"的经济学解读》,《当代传播》2003年第6期。
② 赵锡斌、查竞春:《论政府职能的第二次转变——政事分开、管办分离改革的理论与实践》,《武汉大学学报(哲学社会科学版)》2007年第3期。

310 种。① 2004 年,中共中央宣传部、国家新闻出版总署发出《关于对管办分离和划转报刊加强管理的通知》,进一步明确"管办分离是在坚持主管主办制度的前提下,让党政部门退出报刊经营活动,解决利用职权摊派发行的一项重要措施。"并提出报刊实行管办分离的具体要求。② 管办分离以后,主管单位要履行主管责任,加强对报刊舆论导向、出版质量的监管;监督国有资产的保值增值,防止国有资产流失;加强报刊社领导班子建设,任免报刊社主要负责人。报刊社要自觉接受主管单位的监督和管理,坚持正确舆论导向,对其出版内容和政治导向负责;建立和完善法人治理结构,实行独立经营、自负盈亏、自我发展。

2003 年开始试点、2005 年全面推开的文化体制改革从政府职能转变高度提出办文化向管文化转变要求,《中共中央国务院关于深化文化体制改革的若干意见》(中发[2005]14 号)提出:"加快政府职能转变。明确文化行政管理部门职责,理顺文化行政管理部门与所属文化企事业单位的关系,推进政企分开、政事分开、政资分开、政府与市场中介组织分开,强化政策调节、市场监管、社会管理和公共服务职能,实现由办文化为主向管文化为主转变。"文化领域管办分离改革加快推进。

从改革的广度与深度看,医疗卫生无疑是管办分开推进最典型、最激进、争议最多的领域。新千年前后,有关公立医院产权制度改革与管办分离成为政策议题。在 2001 年全国卫生工作会上,卫生部提出要认真研究"管"与"办"的具体含义和界定问题。2005 年 3 月 28 日,《国务院办公厅关于深化城市医疗服务体制改革试点的指导意见》(未正式发布)提出在试点城市设立医院管理中心,并配套推进医疗机构人事制度和收入分配方法等改革。2006 年,《国民经济和社会发展"十一五"规划纲要》首次明确提

---

① 《全国党政部门报刊管办分离名单　共 310 种》,《人民日报》2003 年 12 月 23 日。
② 人员分离,报刊社的工作人员不得与党政部门公务员混岗,党政部门现职领导干部一律不得兼任报刊社社长、总(主)编等职务等。财务分离,报刊社实行自主经营、独立核算。党政部门不得以任何名目向报刊社收取管理费、发行费和其它费用,也不得以任何名目将部门资金转入报刊社。发行分离,党政部门及其工作人员不得为报刊发行和承揽广告业务提供各种便利,不得参与报刊的经营活动,报刊社也不得利用党政部门的职权摊派或变相摊派发行报刊等。

出"政事分开、管办分开、医药分开、营利性与非营利性分开"的改革思路，上述改革思路最终写进党的十七大报告。此后，有关医改政策对管办分离进行了更具体规定："医疗服务监管职能与医疗机构举办职能分开"①，"推进管办分开，深化公立医院管理体制改革……强化卫生行政部门医疗服务监管职能……建立统一、高效、权责一致的政府办医体制。采取设立专门管理机构等多种形式确定政府办医机构，由其履行政府举办公立医院的职能，负责公立医院的资产管理、财务监管、绩效考核和医院主要负责人的任用。"②

实施医疗机构民营化、被称为"市场化改革力度最大"的宿迁医改从2001年开始启动。2005年前后，各种形式的"管办分开"改革探索实质性展开，北京海淀、苏州、上海、无锡等地先后成立了医院管理机构，而潍坊、深圳等地则在卫生局内调整管办职能、下放经营权、建立法人治理结构等方面进行改革……迄今，公立医院管办分离形成多种模式，有学者将苏州、无锡、上海、北京海淀作为代表性四种模式并进行对比分析；③有学者则概括出八种模式：江苏苏州——建立法人管理实体、北京海淀——契约式管理、江苏无锡——委托管理法人代表任期责任制、上海申康——建立国有非营利性事业法人、山东潍坊——体制内管办分开、广东深圳——企业法人治理结构、海南——第三方专业化评鉴、四川成都——国资委合署办公。④事业单位改革主管部门一方面将卫生领域进行的探索概括了四种模式，一方面审慎地鼓励各地大胆探索："这些模式哪一种好，存在哪些问题，还有待进一

① 卫生部等《关于印发公立医院改革试点指导意见的通知》（卫医管发〔2010〕20号）。
② 《国务院办公厅关于印发2011年公立医院改革试点工作安排的通知》（国办发〔2011〕10号）。
③ 施敏：《苏州、无锡、上海、北京海淀四地医院管办分离模式比较与分析》，《中国医院管理》第27卷第8期（总第313期）。
④ 郑英等：《我国医疗机构"管办分开"不同探索实践的比较分析》，《中国卫生政策研究》2010年第11期。

步研究。各地在这方面可以积极探索,大胆实践。"①

(三)最新进展

《指导意见》明确提出要积极探索管办分离的有效实现形式。党的十八大围绕"坚持走中国特色社会主义政治发展道路和推进政治体制改革"原则对深化行政体制改革进行了战略部署,并提出推进事业单位分类改革、增强国有公益性文化单位活力、深化公立医院改革、推进国有企业和事业单位人事制度改革等一系列要求。十二届全国人大一次会议通过的《国务院机构改革和职能转变方案》对国务院机构改革和职能转变进行了部署,地方政府职能转变和机构改革也已启动。② 党的十八届三中全会决定虽未直接提及管办分离,但具体改革内容多次提出管办分离要求,如经济体制改革方面要求推进公共资源配置市场化,完善文化管理体制方面提出推动政府部门由办文化向管文化转变,深化教育领域综合改革方面提出深入推进管办评分离……上述政策既对推进管办分离改革提出更明确、更具体要求,也进一步扩展改革范围,包括公共资源交易、质量监督检验检疫、食品药品监督管理等领域都进行或准备进行管办分离改革。如根据国务院常务会议要求"减少法检商品种类,原则上工业制成品不再实行出口法检。"质检总局依据管办分离原则进行职能调整与机构改革,据此第三方检验鉴定机构有望分享百亿元检验市场份额。③

就事业单位改革整体而言,管办分离虽然重要并且是改革三大原则、三

---

① 一是北京模式,成立医院管理局,作为卫生局下属行政机构,负责管理市属公立医院,承担出资人办医院的职责。类似的还有洛阳等。二是上海模式,成立申康医院管理中心,隶属于国资委,负责管理市属公立医院。类似的还有马鞍山、昆明等。三是鞍山模式,成立公立医院管理局,作为市政府直属事业单位,负责管理市属公立医院,卫生局负责行业管理和业务指导。四是镇江模式,即卫生行政部门履行出资人职责,类似的还有宝鸡。杨琳:《对话中央编办副主任张崇和事业单位分类改革积极稳妥推进》,http://news. sina. com. cn/c/sd/2012 – 05 – 07/101524378318. shtml。

② 《中共中央政治局召开会议决定召开十八届三中全会》,《人民日报》2013 年 08 月 28 日

③ 方辉等:《质检总局削权分权两步走 机构改革方案年内敲定》http://finance. stockstar. com/SS2013072700000224. shtml。

大要求之一,但并非改革优先领域、重点环节。① 《指导意见》仅仅要求今后5年"管办分离、完善治理结构等改革取得较大突破……为实现改革的总体目标奠定坚实基础。"已出台的11个改革配套文件基本涵盖事业单位改革的主要方面、重点领域,但其中没有关于管办分离的配套文件。党的十八届三中全会决定甚至未提"管办分离"四字。因此,就改革进展而言,"这些探索都处在点题阶段,还未进入破题阶段,全面推进管办分离的改革仍然任重道远"。②

首先,管办分离虽是针对事业单位改革的要求,但其核心问题却是理顺政府"管事业"(公共管理)与"办事业"(所有者)职能关系,管办分离改革深受政府职能转变、政事关系调整、事业单位治理机制等因素的影响与制约。其次,管办如何分离乃至管办能否分离问题在学术界与实务界均存在不少争议,甚至对什么是管办分离也众说不一;而且管办分离最初并非源于事业单位改革,而且至今也不限于事业单位改革,比如公共资源交易管办分离改革等。再次,各地改革虽取得进展,但有待解决以及改革本身存在的问题很多、引发的矛盾很突出。最后,更让人担忧的一是笔者问卷调查显示包括政府公务员、事业单位工作人员、社会公众对管办分离及其作用了解有限、评价不高(具体数据详见本章);二是笔者到不少地方调查管办分离改革(特别是文化事业单位改革)时,多地参与改革的党政机关工作人员明言"管办不分问题已经解决",一些媒体也时常发布"完成政企、政事分开,管办分离"③之类信息……上述对管办分离的误解向各方传递的信息不仅不利于改革探索与深入推进,甚至不利于对相关问题认真进行思考。

也正是因为管办分离歧义多、进展缓、了解程度低、触及矛盾深,无论事业体制、行政体制等改革纵深推进均有待于管办分离取得突破,由此党中

---

① 《指导意见》公开发布3天后的2012年4月19日,笔者受邀参加中编办组织的有关分类推进事业单位改革宣传工作会议,改革主管部门说明管办分离不属于近期改革重点。
② 洪向华、井敏:《事业单位"管办分离"存在的问题及对策》,《中国行政管理》2011年第3期。
③ 《青岛:打造"帆船之都、音乐之岛、影视之城"》,http://expo.people.com.cn/n/2013/0927/c57922-23062295.html。

央、国务院为改革预留较大的探索空间与时间,由此更突显改革具有重大意义。在全面深化改革背景下,在已有政策要求与一定实践基础情况下,面对任重道远的改革任务,必须加强顶层设计和整体谋划,将理论与实践、战略性规划与鼓励各方探索有机结合,加快推进管办分离改革,进一步激活事业单位活力,满足人民群众日益增长的公益服务需求。

二、改革认知

人们对管办分离了解及评价如何?改革实践与理论探索中形成哪些代表性观点?掌握上述情况是准确界定管办分离内涵的基础。

(一)社会认知

笔者通过问卷调查及座谈、访谈等方式了解到人们对管办分离了解程度有限、评价不够积极。

1. 了解程度总体偏低

调查中多数人选择不太了解(36.8%)、一般(32.8%)(表6-1);平均值仅为2.458,了解程度仅为36.4%。总体看,调查对象对管办分离改革了解程度低。比较另一问题——事业单位改革了解的调查,调查对象对管办分离改革的了解程度均明显低于同期对事业单位改革的了解程度,2010年、2012年调查结果分别为31.2%:42.2%、38.4%:45.4%。积极的变化是随着管办分离改革的推进及各方面宣传引导,人们对管办分离改革了解程度提高速度较快:对管办分离不了解的比例,第三期较之第二期下降了11.5%,对管办分离比较了解的比例,第三期较之2010年上升了5.4%(图6-1)。以平均值计算,第三期调查为2.538,而第二期仅为2.246。

表6-1　管办分离了解程度

选项	第二期	第三期
非常不了解	25.3%	13.8%
不太了解	37.6%	36.8%
一般	25.9%	32.8%
比较了解	9.7%	15.1%
非常了解	1.5%	1.6%

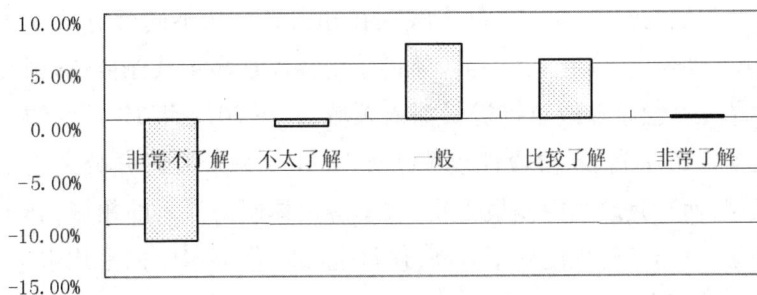

图6-1 第三期较第二期管办分离了解程度的变化

2. 不同群体存在差异

从调查对象不同群体分析,依据两期调查结果分析,政府机关了解程度最高,其次是事业单位,再次是服务对象及其他,分别是40.7%、36.1%、32.1%、29.9%。我国改革事业属于政府主导型改革,管办分离首先是从政府系统自身改革(工商行政管理部门)提出的,而且推进管办分离最大力量来自政府;此外,管办分离改革的核心问题是政府如何管、如何办事业单位及社会事业的问题,因此,政府对这一改革认识程度高于其他群体十分正常。事业单位是管办分离改革的主要对象,改革是从事业单位与政事关系入手,因而,其了解程度高于一般社会公众也很自然。

表6-2 不同群体对管办分离的了解程度

群体	样本数	平均值	标准差	了解程度
政府机关	538	2.626	0.933	40.7%
事业单位	672	2.445	0.969	36.1%
服务对象	413	2.286	0.986	32.1%
其他	41	2.195	1.188	29.9%
合计	1664	2.458	0.976	36.4%

3. 知与行存在相关性

了解程度与是否参与改革实践存在相关性。从不同行业从业人员分析,据第三期调查,文化系统44.2%的了解程度远高于其他群体,因为文化体制改革是社会事业改革推进最深入领域,并在2012年10月党的十八大召开之前宣布完成了"阶段性改革任务"。卫生系统是管办分离改革另一典型领域,而且是改革内涵最丰富、改革触及体制最深入的领域,其了解程度排序第二;但了解程度并不算高,仅是全部问卷38.4%的平均水平:原因是卫生领域管办分离改革主要集中在点上而非全面推进,虽然试点探索最深入,但面上推开有限。其他事业单位了解程度最低,原因是除文化、卫生外其他事业单位管办分离改革推进有限。非事业单位群体了解程度与平均水平仅差0.1个百分点,高于其他事业单位了解程度,主要是由于政府机关群体了解程度高,将非事业单位群体整体水平拉高(表6-3)。

表6-3　不同行业对管办分离的了解程度

行业	样本数	平均值	标准差	了解程度
卫生系统	71	2.54	0.954	38.4%
文化系统	73	2.77	0.808	44.2%
其他事业单位	393	2.50	0.937	37.4%
非事业单位	657	2.53	0.980	38.3%
合计	1194	2.53	0.955	38.4%

4. 改革作用评价一般

多达半数调查对象对管办分离的作用选择说不清(表6-4),但2012年的调查比2010年调查中说不清管办分离作用的人数出现8.6%的下降。综合两期结果认为作用比较大、非常大的分别只有27.2%和6.9%。关于本问题的调查以下三点特别值得注意:一是虽然调查对象对管办分离的了解程度第三期比第二期有较明显增多,但管办分离作用问题的回答却出现分化趋势:第三期调查对象比第二期调查对象认为管办分离作用非常小、作用较大和认为管办分离作用非常大的同时出现上升,反映随着改革的推进人们对管办分离作用的评价更趋于依据自己的独立思考做出判断,致使评价的分歧加大。二是总体而言,管办分离作用评价的平均值明显高于管办分离了解的平均值:3.20:2.46,说明即使人们对管办分离了解程度不高但依然对管办分离改革的作用有所期待,这隐含着应加快推进改革的要求。三是按照群体排序与对管办分离了解排序一样:政府机关对其作用评价最高,其次是事业单位,再次是服务对象及其他,平均值分别是3.336、3.165、3.104、2.951。另外,对事业单位改革了解程度与对管办分离作用评价高低有较高相关度,第三期显示,对事业单位改革了解的群体较之不了解群体,其对管办分离的作用评价更高(3.44:3.01,表6-5),说明对事业单位改革了解程度与对管办分离作用评价有明显的正相关性。

表6-4 管办分离作用看法

选项	第二期	第三期	2012 较 2010 变化
作用非常小	3.3%	5.8%	↑2.5.%
作用较小	8.1%	11.6%	↑3.5%
说不清	56.5%	47.9%	↓8.6%
作用较大	27.3%	27.1%	↓0.2%
作用非常大	4.8%	7.6%	↑2.8%

表6-5 了解与不理解事业单位改革群体对管办分离作用的看法

选项	样本数	标准差	平均值
不了解	692	0.904	3.01
了解	517	0.937	3.44

通过以上分析可知,人们对管办分离的了解不够充分,对管办分离作用评价也不高。虽然,随着改革的推进人们对管办分离的了解程度有所提高,而且人们对管办分离认识与改革实际推进、对管办分离作用评价高低与对事业单位改革了解程度存在较高相关性,但总体看管办分离改革尚处于点

题阶段,还未进入破题阶段。因此,明确管办分离内涵,加快推进管办分离改革并展示其作用,以及加大宣传、使各方了解改革,对提高人们对管办分离了解与认可程度乃至于改革推进具有重要意义。

(二)内涵界定

改革推进不够顺利,重要原因是人们对管办分离理解不一。虽然一些学者认为国外发达国家公益事业改革推行管办分离是基本趋势,"'管办分离'成为越来越多国家的选择。"①但确切的说管办分离是我国特有概念,只有在中国特色的话语体系与社会实践中才能准确理解、把握其内涵。那么,我国学者如何将中国特色的"管办分离"概念译成外文呢? 总体看:五花八门,相差甚大。②

"管"译成英文使用了 management、administration、regulation、supervision、superintendence 等词。而"办"的翻译更是"花样迭出":management、running、operation、day-to-day operations、enforcement,其中,management 既用于"管",又用来翻译"办"。大致上,"管"被翻译成管理、监管、监督、管制等词;"办"使用的英文大致是运营、运作、运行、日常管理、执行等词;值得注意的是 hold 一词,其包含拥有、持有等意思,与目前政策层面对"办"的理解相近,但翻译中却与"管"对应(separation of holding and managing)。当然,国外没有直接对应管办分离的概念并不意味着没有相近的做法,以及相应理论支撑。只不过我们使用中国化的管办关系、管办分离话语描述、比较、研究国外情况时应该谨慎,对国外与之有关联概念的内涵与外延存在的差异不可忽视。

---

① 于小千:《管办分离公共服务管理体制改革研究》,北京理工大学出版社 2011 年版,第 21 页。
② 如 government regulation separate from management,刘继同:《公立医院管办分离的性质、含义、形式与基本类型》,《中国医院管理》2008 年第 28 期;separation of management and running,施敏:《"管办分离"模式下公立医院出资人制度的探索——以上海申康医院发展中心为例》,《医学与哲学(人文社会医学版)》2008 年第 1 期; undouble the supervisor and the operator,赵锡斌、查竞春:《论政府职能的第二次转变——政事分开、管办分离改革的理论与实践》,《武汉大学学报(哲学社会科学版)》,2007 年第 3 期;separation of holding and managing,洪向华、井敏:《事业单位"管办分离"存在的问题及对策》,《中国行政管理》2011 年第 3 期。

1. 西学东渐？

学界及实务界重视吸取国外的相关理论与实践，这种努力是有意义的，但引述、借鉴的"理论"、"实践"与我国的改革是否对应则是另一回事。尽管不少学者论及管办分离改革时常寻求国外发达资本主义国家相关理论与实践，但梳理上述引述、借鉴可经常看到同一个现象、同一种理论形成的观点或结论却相反。

对于国外公立医院管理模式，一些学者按照中国的"管"、"办"概念进行划分："世界范围内政府管理公立医院的模式可以分为两大类：一类是政府直接管理公立医院，即政府采取行政化手段来管理公立医院，又可以称为'管办合一'的模式。另一类是政府间接管理公立医院，即政府采取企业化手段来管理公立医院，又可以称为'管办分离'的模式。"①而一些学者认为国外发达国家以公立医院为代表的公益事业改革推行管办分离是基本趋势："'管办分离'成为越来越多国家的选择。""各国的经验证明，管办分离是公立医院改革的方向……目前，实际上多数国家对公立医院都实行管办分离改革的政策。"②但对同样的改革持相反意见的也大有人在："大多数国家不仅医疗行业监管和举办医院的职能，而且公共卫生、医疗保险、环境卫生等职能，都是在一个统一的部门。"③

有人以萨瓦斯等人的公共服务安排者与生产者分离或购买者与提供者分离理论分析西方国家改革与发展趋势，结论是"都是政府扮演公共服务的安排者(供给者)角色，而不是直接提供服务，直接提供公共服务的组织或者完全独立于政府，或者部分分离于政府。"④英国医疗保健体系特别是公立医院改革经常被我国学者与实际工作者引述，并将其作为"管办分离"的范例；但其近30年在各种争议中持续改革，绝非"管办分离"可涵盖其复杂并不断变化的内容。英国公立医院改革的核心是由政府附属预算单位转

① 蔡江南等：《公立医院究竟应当如何进行"管办分离"？》，《医院领导决策参考》2008年第11期。
② 陆进：《公立医院改革的国际经验》，《卫生政策研究进展》2010年第11期。
③ 李玲、江宇：《关于公立医院改革的几个问题》，《卫生政策研究进展》2010年第11期。
④ 于小千：《管办分离 公共服务管理体制改革研究》，北京理工大学出版社2011年版，第21页。

变为独立核算独立法人实体,通过引入市场竞争机制促使拥有法人财产权
的医院提高运营效率与服务水平;政府"由提供服务转变为购买服务,使政
府部门能够有更多的财力和精力追求医疗服务的社会公平性和可及性,并
有利于政府部门对所有类型医院的公平监督和严格执法。"①也有人认为英
国依据购买者与提供者分离进行"内部市场化"改革是失败的,并进而论证
我国应当维持管办合一的传统体制:"管办合一"是公立医院的优势,"外部
监管与内部治理相结合"分开就将失去这一优势。② 对香港医院管理局这
一几乎无人不提的境外改革实践样板,有人认为其是实行管办分离的典型
代表;也有人认为这是误解,管理公立医院的医院管理局与管理公共卫生及
私立医院等的卫生署统一接受香港特别行政区卫生福利及食物局的管理,
并非真正实行管办分离。

　　有学者借鉴英国决策与执行分开理论与实践探讨我国"政事分开、管办
分离"问题;③也有人大胆的直接套用中国的管办分离概念"对国外相关组
织管办分离改革做了比较研究"④,但本土化的管办分离概念能否搬出国门
比较分析其他国家进行的相关改革? 一篇关于英国牛津大学章程对我国高
等教育"管办分离"的启示的论文,按照《国家中长期教育改革和发展规划
纲要(2010 - 2020 年)》提出的"管办分离"找寻"英国高等教育'管办分
离'的缩影",但其内容只涉及大学自主权及大学与政府关系(政事关系),
丝毫看不出与中国特色"管办分离"改革相关的内容。⑤

　　2. 代表观点

　　从国内学者对管办分离改革的理解看,以下代表性观点值得注意:

① 　王晓明、姚永浮:《英国的公立医院管理制度改革及启示》,《医院领导决策参考》第 3 卷 8 期。
② 　李玲、江宇:《关于公立医院改革的几个问题》,《卫生政策研究进展》2010 年第 11 期。
③ 　王千华、王军:《公共服务提供机构的改革——中国的任务和英国的经验》,北京大学出版社
　　2010 年版,第 9 页。
④ 　杨兴烨:《公益性事业单位管办分离改革研究》,硕士学位论文,北京师范大学 2007 年版,第 1
　　页。
⑤ 　严蔚刚:《牛津大学章程对我国高等教育实行"管办分离"的启示》,《中国高教研究》2012 年第 2
　　期。

　　第一种观点认为管办分离是将（政府）管理（监管）与（事业单位）运营（日常运营）分开："政府的行政管理与医疗服务的运行管理两者分离。"①"办"的内涵通俗地讲相当于办事、办理，学术化的概念相当于运营、经营等。这一思路与政企分开、政事分开接近。相近的观点还包括"管办分离的原始含义和标准定义是卫生行政管理主体（主要是指卫生行政管理部门）与其主管的公立医院在监管与举办的行政管理关系上适度分开措施的总和。"②

　　第二种观点将管办分离理解为"'管'是指行业监管的行政职能，'办'则包括所有权的拥有和经营管理的职能。"③该观点与前者的不同是扩展了"办"的内涵：即所有者职能。行业监管显然是行政职能，"办"的所有者和经营管理职能是否属于行政职能？抑或分属于行政与非行政职能？而这恰恰是理解管办分离内涵的关键所在。

　　第三种观点是将政府公共管理者与出资人职能分开，明确"办"的内涵相当于举办、兴办、出资。传统的"管办合一"体制是政府主管部门既是实施全行业监督管理的公共管理者，又是举办社会事业的出资人。因此，"所谓管办分离，就是举办者和管理者要分开。"④这样，出资者可以是政府也可以是其他社会组织及公民个人。但社会出资者举办的公益事业组织并非事业单位，这一界定如不进行限定，研究与改革的内容将超越事业单位管办分离范畴。

　　第四种观点是将管办分离限于政府与事业单位关系范畴，并将管办分离与政府公共服务体制创新相结合，认为"'管'的主体是政府，'办'的主体是公共服务提供机构。由于私立或民营的公共服务提供机构本身与政府是分离的，故'管办分离'改革主要是指政府与公立公共服务提供机构之间的

---

① 蔡江南等：《公立医院究竟应当如何进行"管办分离"？》，《医院领导决策参考》2008 年第 11 期。
② 刘继同：《公立医院管办分离的性质、含义、形式与基本类型》，《中国医院管理》2008 年第 28 期。
③ 曹政：《政府角色"扮演"各有特色》，《健康报》2011 年 8 月 19 日。
④ 《财政部教科文司赵路司长在全国事业单位国有资产管理培训班上的讲话（2010 年 8 月 24 日）》，http://www.sy9988.com/policy/property/2012 - 08 - 12/184.html。

分离,它意味着政府与公立公共服务提供机构之间关系的根本改变。"①同时,该理论借鉴萨瓦斯等的公共服务诸多环节可分性,及公共服务参与者分为消费者、生产者、安排者(供给者)理论,进一步认为"管办分离,就其实质而言,是公共服务安排者与生产者的分离。"

第五种观点认为:"公立医院改革的管办分开指的是'医疗服务监管职能'和'医疗机构举办职能'的分开……管办分开首要分开的是监管权和所有权,即作为行政管理者的职能与作为国有资产所有者职能的分离……管办分开在实践中将不仅要分开监管权和所有权,还需要进一步理顺所有权与运营权,即决策者与执行者之间的关系。"②这一观点将管办分离进一步扩展为监管权、所有权与运营权三者的分开。

第六种观点认为:"要探索管办分离实现形式。对面向社会提供公益服务的事业单位,要把不宜继续由政府行使的职责分离出去,包括对事业单位人财物事等的具体管理;将必须由政府履行的职能保留下来并进一步加强和完善,包括制定政策法规、发展规划、标准规范,监督指导和出资举办事业单位。同时,要解决好分离出去的职能由谁承担、怎样承担的问题。"③这代表改革主管部门的理解,属于审慎的政策性解读:一是管办分离尚处于探索之中;二是从职能角度对管办进行分离,主要是将政府不宜行使的人财物具体管理职责剥离出去,至于什么管理才是"具体"的并未进一步明确;三是分离出的职能由谁承担、怎样承担,目前是有待解决的"问题"而非"答案",所以要"探索管办分离实现形式"。

3. 内涵界定

综合改革推进与学者探讨,笔者认为:管办分离是我国特有术语,不能简单与国外相关概念、理论直接对应;管办分离改革也是我国特有的改革实践,同样不能简单套用国外的做法。国外特别是发达国家相关理论与实践

---

① 于小千:《管办分离公共服务管理体制改革研究》,北京理工大学出版社 2011 年版,第 21 页。
② 胡薇:《公立医院改革"管办分开"的实践争议》,《山东师范大学学报(人文社会科学版)》2012 年第 5 期。
③ 张崇和:《积极稳妥推进改革 大力促进公益事业发展》,《行政管理改革》2012 年第 5 期。

对我国的理论探讨与现实实践确有很好的参考、比较、启发乃至理论支持、经验借鉴作用，但管办分离内涵的界定必须立足于我国的改革实际及话语体系。从概念上分析，事业单位管办分离是指作为公益服务供给者、事业单位举办者的政府，将其监管者与举办者职能相互分离。管办分离是政府事业（公益服务）职能的分离，核心是政府对社会事业的公共管理职能（管）与举办事业单位形成的出资人职能（办）的分离。现代国家的双重身份（权力人与所有人），决定公共管理职能（管）与出资人职能（办）一定集中于政府一身，因而管办不分现象在各国均会不同程度发生；但计划经济体制、单一所有制结构、行政权高度集中条件下形成的国家包办公益事业体制，使我国的管办不分问题尤为突出。因此，把握管办分离内涵须进一步明确以下三点：

第一，管办分离首先是政府层面的职能分离，是政府公共管理职能（管）与出资人（所有者）职能（办）的分离。举办者职能还是监管者职能均属政府职能，虽然政府管办职能及其分离改革会延伸到政事关系，延伸到事业单位内部运行等方面，但不宜将其外延与内涵不适当扩大；同时，职能分离虽会引发机构设置、管理方式等诸多其他方面的调整，但管办分离的核心是职能分离。

第二，事业单位是管办分离改革的主要对象。举办事业单位直接提供服务是政府实现公共服务职能方式之一，由于举办事业单位使政府承担举办者与监管者双重职能，可能发生监督管理职能、出资者职能交叉和重叠现象，发生以公共行政权行使所有权问题，因而需要进行管办分离改革。

第三，管办分离的实现需要政府、事业单位、社会三个层面的改革。政府层面首先是公共管理职能（管）与出资人职能（办）的分离，以及政事关系的理顺、政府权责体系与组织架构的调整；事业单位层面包括在确保公益属性基础上落实事业单位自主权，建立法人治理结构等治理机制；社会层面重点是围绕构建公益服务新格局，培育发展社会公益事业机构，引导社会力量提供公益服务。

（三）关系辨析

管办分离与政企分开、政事分开、事企分开等关系密切又有区别，把握上述关系是理解管办分离的重要条件。

1.与政企分开关系

管办分离的许多做法乃至理论支撑，来自经济领域政企分开及政资分开改革的相关实践与理论。政企分开是我国经济体制改革、政府职能转变的重要内容，其实质是解决政府与市场的关系问题；而政资分开是政企分开的关键，即政府公共管理职能与国有资产出资人职能分开。事业单位管办分离与政资分开有相近之处，实践中一些管办分离做法直接源于政资分开经验，比如北京市海淀区公共服务委员会，其架构、职能及运作类似国有资产监督管理委员会；而上海申康医院发展中心作为上海市市级公立医疗机构国有资产投资、管理、运营的责任主体，甚至被外界称之为"医疗国资委"。

但管办分离与政企、政资分开有联系更有区别，实施事业单位管办分离改革必须注意、把握两者之间的联系与区别。两者主要相近之处：一是事业单位与国有企业均由国有资产举办，产权属于国有；二是政府的公共管理职能与出资人职能均需要分开。两者主要区别：一是企业是市场主体，依据公司企业相关法律成立，而事业单位属于公共服务组织，性质上属于公共机构；二是国有企业资产属于经营性资产，事业单位资产属于非经营性机关事业单位资产（与欧洲大陆国家的"行政公产"[①]有相似之处），两者在资产性质、监管体制等方面均存在巨大差异；三是企业作为政府举办的经营主体以市场化方式运作，追求利润最大化是其不可回避的重要使命，以实现社会公益目的为存在基础的事业单位基本职责则是提供公益服务，管办分离与政资分开在功能目标、运作机制等方面存在差异。

2.与政事分开关系

改革开放以来，"我国的事业单位体制改革基本沿着'政事分开'的方

---

① 梁凤云：《行政公产研究导论》，载《行政法论丛》第6卷，法律出版社2003年版，第182—218页。

向前进。"①政事分开的本质是解决政府与社会、与事业单位的关系,通过行政体制改革与事业体制改革,使政府与事业单位及社会力量举办的公益服务组织分开。管办分离与政事分开关系密切,进入新千年后,管办分离曾一度与政事分开构成事业单位改革两大原则,②而《中共中央国务院关于深化医药卫生体制改革的意见》(2009年3月17日)提出:"推进公立医院管理体制改革。从有利于强化公立医院公益性和政府有效监管出发,积极探索政事分开、管办分开的多种实现形式。"对于管办分离与政事分开关系,国务院深化医药卫生体制改革领导小组办公室曾进行过解析:"政事分开"就是指政府行政职能与公共事业运作功能的分开。"管办分开"是监管与举办职能的分开。

笔者认为政事分开是管办分离的前提,管办分离则是政事分开的延续:"'管办分开'则是对'政事分开'的落实,也就是进一步厘清政府职能的过程……一是作为监管者的政府,将采取何种具体措施来监管公立医院;二是作为出资人的政府,将如何经营这块国有资产,既满足人民群众不断增长的医疗需要,又要保证国有资产的保值"③。但管办分离与政事分开不是一个层面的原则或要求,甚至有人认为管办分离是"理顺政府与事业单位的关系"的具体要求,或实现政事分开的手段:"创新管理体制重在对政府'管理'和'举办'这两种职能进行相对分离"④。政事分开解决的核心问题是政府与事业单位关系问题。政府承担提供公共服务职能,政府通过多种形式(直接组织生产、购买、规制等)实现上述职能,举办事业单位以直接生产形式提供服务是其方式之一,事业单位则是直接生产、提供服务的组织。因

① 朱光明:《关于政事分开的几点思考》,《中国行政管理》2005年第3期。
② 中共深圳市委办公厅、深圳市人民政府办公厅关于印发《深圳市深化事业单位改革指导意见》的通知(深办发〔2006〕11号)提出的改革基本原则包括:政事分开、管办分离。明确政府部门与事业单位的事权界限,推动政府部门由"办事业"向"管事业"转变,逐步取消事业单位套用行政级别和隶属行政主管部门的做法。
③ 胡万进:《我国公立医院"管办分开"的整体性治理分析》,《江苏社会科学》2012年第3期。
④ 黄文平:《深化公益机构改革促进公共服务发展》,http://www.scopsr.gov.cn/jbc/zbzy/201007/t20100708_13819.html。

此,事业单位职能是政府公共服务职能的延伸,政府与事业单位关系是服务安排者与服务生产者的关系,两者关系的基本点是:政府机关负责提供服务,事业单位负责生产服务;政府机关以组织与管理等行政方式提供服务,事业单位以直接生产、直接服务方式服务社会。政事分开要求合理确定政府与事业单位在公共服务中各自以不同的方式承担、运作公共服务,使两者在职能、机构、人员及运行方式等方面分开,从而各自发挥自身优势,更好的服务社会。

政事分开后政府以何种方式对事业单位行使举办者与监管者职能?由此引出管办分离问题。管办分离解决的核心问题是政府举办者与监管者职能如何分离进而如何有效行使问题。管办分离以分离政府对整个社会事业承担职能与举办事业单位而对事业单位承担职能为基础,核心是分离政府对事业单位承担的公共管理职能(管)与出资人职能(办),以及与职能分离相关进行的一系列变革,进而在政事分开条件下理顺管办关系,提高服务效率,实现公共服务均等化。

三、机制创新

改变国家包办、政府主管部门管办一体的职能结构与组织体制,理顺政事关系、落实事业单位自主权,推进管办分离是深化公益事业体制及行政体制改革的关键环节,是激发事业单位活力、构建公益服务新格局的重大举措。

(一)推进管办分离

虽然存在了解程度及评价不高、内涵认知存在分歧等问题,而改革政策及推进也存在不断调整甚至前后不一问题。如管办分离有时被明确为事业单位改革基本原则:《关于深化行政管理体制改革的意见》提出"推进事业单位分类改革。按照政事分开、事企分开和管办分离的原则……";有时是作为改革要求:《政府工作报告——2010年3月5日在第十一届全国人民代表大会第三次会议上》提出"2010年要按照政事分开、事企分开和管办分离的要求,在科学分类的基础上,积极稳妥推进事业单位改革。"①但从操作层面看,更多情况下是要求积极进行探索:"积极探索管办分离的有效实现形式"(《指导意见》)。这说明党中央、国务院既从原则性、战略性高度定位管办分离,又为其改革推进提供巨大探索空间;这要求各界特别是理论工作者应立足改革实践,借鉴国外相关理论与做法,明确、规范其内涵,进而揭示其机制、实现方式。当然,作为重大的改革举措,管办分离首先应该形成原则性的大体框架。

1. 探索改革框架

目前,决策部门并未形成明确、具体的操作性规定,只是初步明确改革框架:"实行管办分离,主要包括两个层面的目的。第一,使行业主管部门的主要精力放在加强面向全社会的行业管理上,为推动公益事业多元发展、公平竞争创造条件。第二,落实事业单位自主权,并确保公益属性。"同时,强调"管办分离是一项新的改革,实践中有待探索。"②

这可视作目前改革决策部门的主导性意见,明确管办分离改革核心是将不宜继续由政府行使的职责(人财物事等的具体管理)分离出去;同时,将必须保留下来的职能进一步加强和完善(包括监管、出资举办事业单位等)。但对如何解决好分离出去的职能由谁承接和怎样承接,保留下来的监管与举办职能如何理顺,管办分离与政事分开是什么关系等问题未予以直接回答。"实践中有待探索"则以理性的态度要求通过探索逐步明确管办分离内涵并赋予改革巨大的探索空间。因此,管办分离机制创新探索既

---

① 管办分离的定位及其与政事分开、事企分开关系存在变化。中编办副主任黄文平代表中编办在2010年7月举行的"公益机构改革与公共服务发展国际研讨会"主旨发言《深化公益机构改革促进公共服务发展》中有两个新提法值得注意:一是将党中央、国务院提出坚持"政事分开、事企分开和管办分离"原则和要求进行分类改革调整为"按照政事分开和事企分开的要求"进行改革;二是管办分离成为"理顺政府与事业单位的关系"具体要求,或实现政事分开的手段:"创新管理体制重在对政府'管理'和'举办'这两种职能进行相对分离"。http://www.scopsr.gov.cn/jbc/zbzy/201007/t20100708_13819.htm。

② 杨琳:《对话中央编办副主任张崇和 事业单位分类改革积极稳妥推进》,http://cpc.people.com.cn/GB/64114/75462/17834122.html。

任务艰巨,又空间较大。

这样,在明确内涵特别是依据中央确定的改革基本框架基础上大胆探索、形成制度化、普适性的机制成为推进管办分离改革的中心内容。管办分离机制创新要以形成基本服务优先、供给水平适度、布局结构合理、服务公平公正的中国特色公益服务体系为目标,通过解决好"谁管、谁办;怎么管、怎么办"问题,以理顺权力人与所有人、公共行政权与国家所有权职能关系为基础明确改革基本框架,进而形成管办分离的有效实现方式。

2.理顺职能关系

理顺管办职能关系是政策设计与改革实施的基础。借鉴国际经验与我国实践,应以公务分权、决策与执行分离为原则,以明确政事关系为基础,全面进行职能审查,厘清政府监管者职能与举办者职能,进而理顺管办职能关系。

第一,在实体职能方面以公共服务为中心审查政府职能。通过逐项、逐条的职能审查,将政府的权力人职能(宏观调控、市场监管、社会管理等)与所有人职能分开,进而确定与各类职能相适应的运作方式、组织形式。

第二,明确权力人职能。监管部门主要负责"管宏观、定政策、做规划、抓监管"职能,具体包括政策导向、规划布局、宏观调控、准入管理、质量监控、信息发布、业务指导、监督执法、购买公共服务、营造发展环境等工作。

第三,明确所有人职能。所有人职能在一般意义上是由于出资(举办)而形成一系列权能,按照我国法律规定,包括财产所有权中各项权利的使用以及功能,即财产的占有、使用、收益和处置权的使用及其功能,具体而言主要是所谓"人、财、物"的管理职能。

第四,把握政府事业职能的权力人职能与所有人职能关系特殊性。事业单位是政府举办的公益服务机构,管办分离是为了更好地实现政府公共服务职能,由此决定在公共服务领域权力人与所有人职能关系不同于政企关系中的公共行政职能与出资人职能关系。政府因举办事业单位而形成的所有人职能是为了更好履行公共职能,政府在公共服务领域不可能像在经济领域的国资委那样成为具有明确营利动机与经济诉求的"股东",在此意义上,所有人职能实质是实现公共政策工具或手段,是权力人职能的延伸。

3. 有效实现形式

社会事业的多样性与管办关系的复杂性,使管办分离并不存在唯一的"最佳模式"。因此,鼓励各方大胆探索,逐步形成符合行业特点、有助于理顺管办职能关系、激发事业单位积极性的多种实现形式。对于管办分离的模式可从多角度进行划分,如有学者分析:从国际比较角度看,主要有两种模式:一是"行政性管办分开",即由政府内部分设不同机构分别执行"管"与"办"的职能;二是"生产性管办分开",即政府只是在外部进行监督管理,不干涉医院的内部运营。①

第一,既有体系内管办职能分离。管办机构不分设但主管部门管办职能适度分离。与传统管办不分体制不同的是,一是在原政府主管部门内部对监管职能与举办职能适度分离;二是向事业单位放权,特别是探索建立法人治理结构,使事业单位成为独立法人实体。如潍坊市卫生局曾实施的"管办分开不分家"改革,主管局(卫生局)内管办职能调整,成立卫生监督处,作为公立医院的主要监管机构;设立了总会计师管理办公室代行办公立医院的出资者职责(原准备设立履行管理医院职能的医院管理中心,后未成立);同时下放经营权,解决主管部门政事不分、管办一体、与事业单位没有自主权、缺乏活力问题。这一方式对那些承担基本公益服务的事业单位来说,由于不能或不宜由市场配置资源,政府主管部门既管又办反而可能更加容易明确和落实主管部门及事业单位的各自责任,有助于公益事业发展。但其有效的前提是必须改变原有的管理模式,使管办职能适度分离,解决主管部门管得过细、过死问题;下放管理权特别是建立法人治理结构,使事业单位拥有相应的人财物管理权。

第二,既有体系内管办机构分设。与前者区别是在既有行政管理框架不变的情况下,成立隶属或附属于主管部门、专司出资人职能的机构,使管办职能分离有相应机构承接相应职能,如卫生部门倡导的"在卫生行政部

---

① 蔡江南等:《公立医院需要什么样的"管办分离"?》,《中国医院管理》2008 年第 14 期。

门框架下成立相对独立的公立医院管理机构"①。代表如江苏省镇江市，通过整合卫生资源组建江苏康复医疗集团和江苏江滨医疗集团，集团成立了由政府相关部门代表、辖区卫生部门负责人、成员医院院长、有关专家和医院职工代表为成员的理事会和监事会；市政府委托行使行业管理职能的市卫生局履行公立医院出资人职责，理事会对出资人负责，就医院运营中的重大事项进行决策；医疗集团院长对理事会负责，拥有医院的经营管理和人事管理权。这一形式通过管办机构分设使分离的职能因由组织载体而更坚实，并且不对既有权力格局形成巨大冲击，有助于减少改革阻力。但这一形式可能存在的问题是"管"与"办"职能最终均汇总到主管部门，因而增设的专司出资人职能机构的职能能否履行到位是个问题。因此，应推行职能法定化，如制定相关立法细分职能，或将履行出资人机构改为机构、职能法定的"法定机构"等，使其能相对独立行使出资者职能。

第三，既有体系外管办机构分设。在主管部门之外建立专司有关举办职能的机构，原政府主管部门作为公共管理者履行监管职能，对全行业不分公办、民办公益事业实施统一管理。如上海市成立被称为"医疗国资委"的国有非营利性事业法人——上海申康医院发展中心，作为市级公立医疗机构国有资产投资、管理、运营的责任主体和政府办医的责任主体，受市国资委委托履行出资人职责，同时接受市卫生行政部门的行业管理和业务指导，承担办好公立医疗机构职责。而无锡市在事业单位改革中成立卫生、教育、文化、体育、园林五大管理中心，机构性质为行政管理类事业单位，独立于原主管部门之外分别履行各行业事业单位举办职能。这一形式通过机构独立从而较彻底剥离原主管部门人财物管理职能，有助于实现管办职能彻底分开。但这种改革一方面对传统的主管部门直接对接事业单位管理模式及权利利益格局形成巨大冲击，另一方面由于增设新机构可能出现事业单位"两个婆婆"、"一仆二主"问题。因此，科学细分主管部门与举办机构权责利关系、建立主管部门与举办机构有效协调机制成为改革成败的关键。

---

① 张茅：《突出重点难点 进一步深化医疗卫生体制改革》，《行政管理改革》2012 年第 12 期。

第四,体系整合后管办机构分设。打破出资人机构按照传统条条管理而分设的模式,在社会公益事业领域建立集中履行多领域事业单位出资者职能的机构,政府出资举办、面向公众提供服务的公益性事业单位从原政府职能部门的条条管理中分离出来,由举办机构统一承接管理其人财物等职能。这一形式以北京市海淀区为代表。该模式借鉴经济体制改革形成的国资委经验与做法,政府组建统一的公益事业举办机构——公共服务委员会,作为政府特设机构,统一行使举办职能。该模式 2005 年推出后曾在学术与实务两个领域均产生重要影响。但由于该形式彻底改变原有管理模式,导致来自原体制的阻力巨大,实际运行困难重重,最终结果是不得不放弃最初改革设计。但这一创新毕竟在管办分离改革进程中留下浓重一笔,留下许多有价值的经验、教训与启示。

(二)健全治理机制

包括 3000 多万职工、110 多万个单位的事业单位体系,各类组织、各个单位与政府、市场、社会关系极其复杂,存在职能、行业、规模、隶属等级、运行方式等方面的巨大差异。因此,理顺以管办关系为核心的政府管理、举办、供养关系,不应简单地将各类单位纳入一种模式,必须立足政府事业职能复杂性与事业单位多样性,鼓励各行业、各地方在理论指导及经验总结基础上大胆进行体制机制创新,不断积累改革经验,从而形成机制化的政府事业职能多样实现形式与管办分离多种模式。

1. 三级治理机制

主管部门、中间型治理组织、事业单位间形成三级治理机制。主管部门管办一体,主管部门与事业单位之间建立中间型治理组织,分别行使监管者职能与出资者职能,形成主管部门、分别行使监管者职能与出资者职能的中间型治理组织、事业单位三级治理模式。

三级治理机制的架构可参考、借鉴香港地区做法,卫生福利及食物局是行使管理与举办职能的高层机构,其下分设管理公共卫生、私人医院的卫生署,与主要履行出资人职能的医院管理局(法定机构),医院管理局综合管理公立医院。第一种管办分离机制创新的关键:一是实施大部制改革,大量压缩政府部门数量,建立对社会事业管理更具综合性的政府部门,如包括民政、劳动、社会保障、卫生福利等在内的综合性"大部",使其不必、不能对中间型治理组织管理过细而挤压其职能空间,专业性、行业性的中间型治理组织能够充分发挥作用;即使达不到上述综合程度,也可以建立粗线条、统合性的政府职能机构,如将文化、出版、广播电视等部门合并为"大文化"部门,或建立国家健康委员会,负责公共卫生服务的筹资和提供、医疗服务市场的监管、药品和医疗器械及耗材市场的监管、医疗服务的筹资与付费制度的监管、国有医疗卫生资产监管等职能。二是履行出资人职能机构依据专业化原则按行业设置,同时从纵向等级管理的机关体系中剥离出来,依据一事一法或一类一法原则依法组建,成为法人实体,以发展公益事业、实现公共服务均等化为目标,行使事业单位人、财、物管理等所有者职能。三是履行监管者职能的部门依据主管部门职能综合程度设置,在职能综合程度高的"大部"可设置相对独立的"外局",职能相对专一的主管部门可以是部门内设机构,但无论是"外局"还是内设机构其职能应明确、完整、法定。

2. 三角治理机制

监管者与出资者职能、机构分离形成三角治理机制。政府监管者与出资者职能、机构分离,组建履行出资者职能的举办机构,政府主管部门与举办机构级别平行、各司其职,形成主管部门、举办机构、事业单位三角治理模式。

三角治理机制的架构可总结、借鉴北京海淀、江苏无锡等地改革实践,将监管者职能与出资者职能分别交由不同部门行使:建立作为出资人代表、相对独立的承担"办"职能的举办机构,代表政府行使事业单位人、财、物管理的所有者职能,原主管部门的职能转变到"管宏观、定政策、做规划、抓监管"等公共管理方面,从而通过"管"(监管者职能)"办"(所有者职能)职能与机构相对分开,解决管办不分问题。第二种管办分离机制创新的关键:一是理顺主管部门与举办机构职能关系,主管部门主要承担政策导向、规划布局、业务指导、行业监管和营造发展环境等职责,使全社会都能均等享受公共服务;举办机构主要履行出资人职责,对所属事业单位承担管资产、管班子、管绩效考核责任,促进事业单位履行公益使命,提高服务质量和效率。二是打破传统政府管理模式特别是部门管理体制,协调好各方职能、利益关系,形成政府主管部门、举办机构与事业单位良性互动关系。

3.二级治理机制

主管部门直接对接事业单位形成二级治理机制。管办分离职能不是在任何情况下都需要管办机构分设,在机构不分设情况下分离职能(实际上这是管办分离的基本形态)更艰难,更需要良好的体制机制设计。基本原则是:主管部门管办一体,但行使监管者职能与出资者职能机构在主管部门内部适度分离。

二级治理机制机制创新是在不突破原有政府架构条件下进行探索,在事业单位层面建立健全事业单位法人治理结构,在政府层面理顺主管部门与所属事业单位关系,形成所谓"既办又管、管办一体"的管办分离模式。第三种管办分离的关键:一是建立符合事业单位自身特点的法人治理结构,真正落实事业单位在用人、分配、内部管理和自我发展等方面的自主权,促进其成为独立享有权利承担责任、面向社会自主提供公益服务的法人实体。二是政府主管部门充分向事业单位放权,不干涉事业单位运行的具体事务,对重大事务则通过制定规则、强化监控,或通过理事会政府代表引导、干预事业单位决策,使事业单位运营符合公共政策目标。

以上设计只是粗线条地勾勒出管办分离机制创新的框架,各行业、各地方、各单位管办关系的形成过程、关系基础是复杂的,改革推进需要从实际出发,围绕目标——激活事业单位活力、有助公益服务发展、理顺政府职能结构选择改革方式与路径。但通过不同层面、不同领域、不同地方改革探索的总结,可以理出改革的着力点、突破口:一是管办分离改革的终极目标是使事业单位富有活力、进而更好地提供公益服务。只要达成政府与事业单位各行其是、各司其职,事业单位实现良好治理,管办分离可有多种现实形式。二是管办职能可有程度不一、方式不同的多种分离方式,管办职能既可通过机构分设也可在机构不分设条件下实现分离,形成层级、架构、权责体系多样化的机制。三是管办分离应与大部制改革相结合,通过宽职能、粗线条行政机构设置,改变传统"条条专政"、主管部门管理过细问题,给出资人机构及事业单位预留更大的职能空间与行为自由度。① 四是只要目标正确,达成目标的各种形式都可接受;更重要的是只要目标明确且改革信念坚定,总能通过改革实践与理论探讨找到各组织类型、各领域达成目标的途径。下面通过公共资源交易改革解析具体领域的改革推进问题。

(三) 公共资源配置

"公共服务是以公共权力或公共资源投入为标志的。"②无论是公共资源还是非公共资源,在交易过程中只有充分发挥市场的决定性作用才能实现优化配置。党的十八届三中全会指出:经济体制改革是全面深化改革的重点,核心问题是处理好政府和市场的关系,使市场在资源配置中起决定性作用和更好发挥政府作用。党的十八届四中全会明确将公共资源配置作为全面推进政务公开、加强政府内部权力制约的重要领域。因此创新体制,建立统一规范的公共资源交易平台,推进公共资源交易(配置)市场化改革,既是完善社会主义市场经济体制的要求,也是深化行政体制改革、构建公益服务体系的重要内容,而管办分离则是公共资源交易体制改革的关键环节。

1. 改革进程

现代政府的重要特征是拥有巨量公共资源,并通过其提供公共服务、调控经济运行、调节收入分配。作为公共资源实际支配者的政府越来越广泛地介入微观经济活动,成为重要市场交易主体。

A. 传统弊端

目前,公共资源交易体制存在的突出问题是管办不分,权力人与所有者双重身份使得公共管理职能与所有者职能集中于政府一身。同时,公权力及其组织载体配置公共资源存在明显的先天不足,即权力行为与市场行为、行政过程与交易过程密集地交织在一起。其突出表现是:

第一,管办不分。政府掌控公共资源交易的决策监管和执行全过程,政

---

① 赵立波:《大部制改革:理性定位与战略设计》,《行政论坛》2013 年第 3 期。
② 石国良等:《国外公共服务理论与实践》,中国言实出版社 2011 年版,第 9 页。

府既当裁判员又当运动员,集规制制定者、资源供给者、交易服务者、行为监控者于一身,容易导致角色错位、行政越位、服务缺位、监管失位。第二,部门分割。交易职权分散在各职能部门,部门规则制定、行业管理与市场交易职责不分,形成部门决策部门执行部门监管局面,由此导致交易规则政出多门、相互冲突,监督困难。第三,资源分散。由于没有统一的公共交易平台,部门或以行政方式分配脱离市场体系、自身支配的公共资源,或通过自身设置、重复投入、相对封闭的平台分散交易,形不成规模效应,两种情况均导致资源配置效率低下。第四,行政操作。管办不分导致公共资源交易行政配置、部门操作、封闭运行、条块分割,由此形成的行政"门槛"、部门"藩篱"将诸多企业排斥在公共资源交易之外,不利于市场主体发展。第五,监管乏力。权力最终是通过人行使、资源最终是通过人交易,管办不分、部门分割、行政化操作等导致交易封闭运行、难以监督,使公共资源交易成为腐败高发领域。

B. 改革进程

为提高资源配置效率,加强廉政建设,从源头上管住权力、管住资源乃至管好公务人员,防止权钱交易与低效率资源配置,必须深化公共资源交易体制改革,加快推进市场化进程,在体制上将权力行为与交易行为、行政过程与交易过程分开,真正让资源进入市场。管办分离是实现上述目标的重要手段,因此,公共资源交易市场化改革关键是打破管办不分的传统体制,推进管办分离改革。

进入新千年后,许多地方加快实行招标、拍卖、挂牌等市场竞争方式配置公共资源。党的十七大提出加快形成统一开放竞争有序的现代市场体系、减少政府对微观经济运行的干预等要求;党的十七届四中全会进一步明确要求完善公共资源配置、公共资产交易、公共产品生产领域市场运行机制。在总结各地探索实践基础上,针对工程建设等领域突出存在的腐败高发问题,中央提出建立统一规范的公共资源交易市场,实现由管理、操作一体向管办分离转变,由分散市场交易向集中市场交易转变。2013 年 3 月全国人大通过的《国务院机构改革和职能转变方案》要求:"整合工程建设项目招标投标、土地使用权和矿业权出让、国有产权交易、政府采购等平台,建立统一规范的公共资源交易平台。"在同年的3月26日国务院第一次廉政工作会议上,李克强总理明确阐述:"在那些政府控制重要资源并广泛介入的领域往往会产生更多的腐败,所以在不断完善市场经济的过程中,防治腐败的利器之一是深化改革。特别是推进公共资源交易的市场化。同时以完善的市场规则和严格的法律制度来约束和规范权力运行和政府行为。"①党的十八届三中进一步明确要求"推进公共资源配置市场化。进一步破除各种形式的行政垄断。"

始自1990年代工商行政管理系统的管办分离改革,进入公共资源交易体制改革后,面临不同的改革环境、改革任务、改革阻力:在政府内部实行权力与资源、行政与交易的分离,其改革涉及政府职能、权力、组织架构、运行方式乃至行政理念、行为模式等诸多方面,是真正意义上的政府自身"革命";同时,公共资源交易体制改革还涉及相关法律制度调整,公共资源有效配置与公益服务供给,特别是政企、政事、政资、政社关系重塑等。因而,管办分离改革既意义重大又任务艰巨。

2. 各地探索

打破传统体制,推进公共资源交易体制管办分离无现成模式参照,也无现成路径可循,只能通过探索逐步推进、逐步完善。

A. 基本架构

各地改革探索在不同的改革理念、政策环境、组织体制及主导部门条件下进行,改革进程、改革深度、改革模式复杂多样。但改革的核心问题是将决策、监管等行政行为与交易服务行为分开,将分散在各部门、管办不分的资源交易相对集中,从而统一交易规则、形成规模效应、防止行政操控。基本做法是围绕建立统一规范的公共资源交易平台实施管办分离。在职能调整方面,实行"决策、监管、操作"或"监督、管理、办理"分开,形成"监、管、

---

① 《国务院召开第一次廉政工作会议,李克强发表重要讲话,王岐山张高丽出席》,http://politics. people. com. cn/n/2013/0326/c1024 - 20924458. html。

办"三分离的公共资源交易职能结构与权责体系。在平台建设方面将公共资源的操作权从相关部门剥离出来,将分散在不同部门的工程建设、政府采购、土地交易、产权交易等交易集中到一体化服务平台——公共资源交易服务中心。

体制架构方面进行多方探索,"一委、一办、一中心"成为主导模式①:"一委"(公共资源管理委员会等)进行战略决策、宏观协调,"一办"(管理委员会办公室等)负责日常协调及交易监管,"一中心"(公共资源交易中心等)负责具体操作即交易行为的组织与实施。成都等地则是"一委两办一中心":"两办"中的公共资源交易工作管理委员会办公室设在市发改委,负责公共资源交易的指导、协调和管理;公共资源交易工作监督办公室设在市纪委监察局,主要行使监察职责,包括查处违法违纪案件。②

B.副省级城市

以15个副省级城市为例,10个进行改革(杭州、宁波、沈阳、南京、青岛、武汉、济南、厦门、成都、广州),2个正在筹建(大连、深圳),3个平台尚未整合(哈尔滨、长春、西安)。已进行改革的济南、厦门、成都和广州采取公共资源管理机构和政务服务中心分设形式,其他城市则采取合署形式。合署城市具体情况又有不同(表6-6)。公共资源管理机构与交易中心名称、机构属性、承担职能、行政级别、隶属关系等差异很大。从机构架构分析,有设立市政府领导任负责人、属战略规划层面的议事协调机构(即"一委")。有单设管理机构的(即"一办"或"两办"),也有不单设管理机构的,将议事协调机构办公室设在职能部门(如成都市、广州市设在发改委,厦门市设在财政局);单设管理机构3个为市政府派出机构,3个为办公厅管理行政机构,1个为办公厅管理的行政管理类事业单位。服务机构(公共资源交易中心)性质多为全额拨款事业单位,但有正局级、副局级、正处级之别;有直接隶属市政府,有隶属公共资源交易管理机构;有独立设置,有与其他

---

① 李艳红:《浅谈统一规范公共资源交易平台的构建》,《现代经济信息》2013年第14期。

② 李影:《我市创新公共资源交易监管体制》,《成都日报》2013年9月23日。

机构合署办公(如沈阳与政务服务中心合署)。广州市采用"一委一中心"管理模式,"中心"为直接隶属市政府的副局级事业单位,"一委(公共资源交易工作委员会)"办公室设在发改委(但广东省公共资源交易工作委员会办公室设在财政厅),直接隶属市政府的"中心"与"一委"办公室及发改委关系的协调将是改革有待解决的问题。

表6-6　合署办公副省级城市公共资源交易职能与机构设置概况

城市	管理机构		市场服务机构		备注
	机构性质规格	主要职能	机构性质与规格	主要职能	
杭州	市政府派出行政机构,正局级	交易中心的组建和资源整合、日常管理、现场监管,统一信息平台的建设和管理,综合评标专家库的维护和使用管理等	全额事业单位,副局级	交易场所的组织和维护	行业主管部门行使监督权;交易过程"谁监管,谁受理",效能方面投诉由公管办和纪委驻大厅监察室负责
宁波	市政府派出行政机构,正局级	交易中心日常管理、现场监管,统一信息平台的建设和管理、全市综合评标专家库的维护和使用管理	全额事业正处级(改革方案出台后可能副局级)	负责建设、交通、水利工程的操作	监督工作由原行政主管部门负责,国有土地出让、产权交易部分政府采购项目入驻大厅,机关事务局负责政府采购项目的操作。
沈阳	市政府办公室内设行政机构正局级	承担一定的监督职能,受理投诉	全额拨款事业单位正处级	场所、信息服务	监督工作仍主要由原行政主管部门负责;操作职能由中心执行
南京	市政府办公厅内设机构,正局级	公共资源交易管理委员会的日常管理、综合协调。市政府分管副秘书长兼任办公室主任	市政府直属全额事业单位	信息场所服务	由原行政主管部门负责现场监督投诉处理及执法工作。
青岛	设在市政府办公厅的部门	承担一定的监督职能,但主要还是协调、服务	独立机构尚未成立,青岛市行政审批服务和公共资源交易大厅管理中心合署,全额拨款事业单位		监督工作仍主要由原行政主管部门负责
武汉	市政府派出机构正局级	具体职能待市编办批复	中心尚未成立,2014年6月份整合,与国务院方案同步		行业主管部门受理投诉。工程建设、土地、政府采购、林权、农村产权、医疗设备、知识产权等已纳入平台。

资料来源:青岛市政府办公厅提供,截至2013年6月7日。个别数字据进展有所调整。

C. 山东 17 地市

山东省 17 地市改革进展及职能定位、组织架构存在差异。8 地市建立一定程度统一的公共资源交易平台,2 地市出台文件尚未实施到位。8 地市管理机构与交易中心名称、机构属性、承担职能、行政级别、隶属关系差异很大。(见表 6 - 7)监管职责多由原业务管理部门承担,公共资源交易管理机构承担综合协调等职能,也有地方管理机构承担少量监督管理职能。交易中心主要作为交易平台,但不同城市承担的资源交易功能存在差异。

表 6 - 7 山东省地市公共资源交易改革情况(不包括济南、青岛)

城市	管理机构		市场服务机构		备注
	机构性质规格	主要职能	机构性质与规格	主要职能	
济宁	市政府办公室管理的全额拨款事业单位	审定交易规则和制度;与交易中心对招标文件进行连审;现场监督;评标结果确认;建设与管理专家库	招投标中心和政府采购中心皆为管理机构所属事业单位	为招投标活动提供信息、场所、资格审核、组织评审专家、评标见证和中标公示等项服务工作	原行政主管部门负责招标方式审核、投诉处理及执法工作
德州	市政府办公室内设行政机构	行政审批;承担一定的监督职能,主要还是协调、服务	全额拨款事业单位	场所、信息服务	监督工作仍主要由原行政主管部门负责;操作职能由各代理机构执行
滨州	公共资源交易领导小组办公室设在电政办,公管办尚未成立		市政府办公室管理的全额拨款事业单位,副处级	交易项目现场见证;300 万以下政府采购项目操作;信息、场所等服务;受理投诉、质疑	原行政主管部门负责现场监督投诉处理及执法工作
临沂	事业单位,正处级	承担行政审批职能;公共资源交易方面正处在磨合阶段	与行政大厅管理办公室合署,副处	中心尚未整合	监督工作由原行政主管部门负责;作职能由各代理机构执行
聊城	政府采购项目入驻行政服务中心,但中心只是对其进行场所管理,交易的操作、监督仍由财政部门负责。				
潍坊	公共资源交易中心处于试运行阶段。政府采购中心进场交易。中心为正县级行政机构。				

资料来源:青岛市政府办公厅提供,截至 2013 年 6 月 7 日。

青岛市原有 6 个市级公共资源交易平台,2009 年市公共资源交易大厅建成,上述 6 个平台集中到交易大厅办理各项交易业务,但隶属关系、行政主管部门职责分工不变,仍各自独立对所属交易项目进行管理和监督。市行政审批事务管理办公室与公共资源交易管理办公室合署办公,而公共资源交易大厅管理中心和行政审批服务中心实为一个部门,前者负责交易大厅运行和日常事务的统一管理与服务;市监察局设置行政审批与公共资源交易监察室,负责对交易大厅管理服务机构和进驻单位履行职责情况实施监督监察。目前正在按照"一委、一办、一中心"模式进行改革,计划将政府采购、国有产权交易、工程招投标、水利设施建设等均纳入公共资源交易中心,正式文件发布但仅工程招投标开始进入。

3.对策思考

管办分离是推进公共资源交易体制改革的关键,即将管理性行为与服务性行为分开,将政府规则制定、决策管理、监督控制与资源交易服务的职能、机构、人员、运作实行分离,从而打造公开、公平、公正和高效有序的阳光交易平台。从总体看,公共资源交易体制管办分离改革推进较快、成效较明显,对打破公共资源交易"管办不分,条块分割,封闭运行"藩篱,优化资源配置及加强廉政建设均起到积极作用。而且公益服务主要由公共资源支撑,公共资源交易体制改革涉及政事关系,改革的推进有助于公益服务体系建设。不得不承认的是:由于顶层设计不系统,公共资源内涵界定不统一,公共资源交易体制的性质、职能及其架构有待进一步明确,改革主要目标也随着主导部门变化有所漂移,改革推进与某些现行法规法律(如《政府采购法》等)某些规定存在矛盾,加之改革触动传统的利益格局、部门权力、资源交易模式,致使各地探索大方向一致但改革的向度、力度、维度、进度存在差异,改革遭遇的阻力、引发的矛盾不可忽视。

当前,公共资源交易管办分离改革亟待解决的问题是:公共资源交易市场化进程中如何定位政府职能?与上述职能定位相适应,政府角色及治理模式如何调整?公共资源交易过程应决策、管理、操作一体运行还是通过功能分解分段运行?分散进行的部门监管与集中统一监管谁更有效?组织机构重构与职能分离如何适应？这样,推进改革的工作重点是理顺以下五大关系。

A. 市场配置与政府主导

资源只有进入市场才能有效配置,公共资源交易与其他交易均具有市场交易的共有属性并遵循市场交易的一般原则。因此,改革应按照"建立统一规范的公共资源交易平台"要求整合各类平台,将尽可能多的公共资源纳入市场交易体系之中,实现行政配置向市场配置的转变。

但公共资源交易也具有与一般市场交易不同的特性:公共资源类型众多,包括资源性国有资产、经营性国有资产、非经营性国有资产;使用财政性资金购买各类劳务、产品、工程,交易的规模、方式、目标千差万别;公共资源交易具有垄断性质,无论政府作为买方(如政府采购)还是卖方(土地招拍挂等),均是一(政府)对多(多个买者或卖者)的交易;最后,公共资源交易的终极目标不是"赚钱",而是包含了经济调节、促进社会经济发展、实现社会公平等公共功能和作用,因而不完全等同于一般交易行为。这样,公共资源交易及其体制改革必须坚持政府主导。政府主导的目标是推进公共资源交易市场化并在多方参与下制定改革方案,此外还包括指导并监督改革推进、整合与调整相关部门职责、搭建公共资源交易平台、制定公共资源交易规则、创造公开公正公平的市场竞争环境等内容。在更深远意义上、更开阔视野中理顺市场配置与政府主导关系,一是在政府主导下积极推进公共资源进入社会化的市场进行交易,没有理由必须将公共资源交易限制在政府举办的平台上;二是公共资源与非公共资源均可在统一平台上进行交易,如产权交易、版权交易等市场公私资源均可平等进入。

B. 角色分化与治理转化

管办分离必须打破条块分割、部门"专政"的封闭式运行模式,理顺"决策、监管、操作"或"监督、管理、办理"关系,实现行政性的监督管理与服务性的交易服务职能、行为、机构、人员分开,实现公共管理者角色与资源交易者角色的分化。但职能转变、权责调整必须与治理变革相适应,从而通过治理的变革落实职能转变、管办分离要求。

　　一是角色分化。通过管办分离将决策规划、监督管理职能与平台建设、交易服务职能分开,将公共资源交易提供的平台建设、运行、维护的公共服务性职能从原有行政管理体系中分离出来,核心是分离现代国家的权力人与所有者双重身份、公共资源交易行政管理者与资源交易办理者(服务者)角色,实现公共资源交易中办理(操作)者与管理者、服务者的角色分化,从而纯化政府的公共管理身份和职能,并为公共资源由行政部门配置向市场化配置创造条件。二是治理转化。首先是政府从资源交易的具体运作中摆脱出来,集中力量依法从事规则制定、宏观协调、行业规划、资格准入、交易监管、交易指导、投诉处理等工作;其次是操作权从原业务主管部门剥离进入交易平台,交易中心通过平台搭建、信息积聚、价格形成、档案存储、提供服务等方式,承接各类公共资源交易具体办理工作,为各类公共资源交易的市场主体或中介代理机构进场交易、行业行政主管部门跟标进场等提供优质、高效和公平服务,使公共资源可以通过市场进行配置。

　　C.一体监管与分段运行

　　角色、治理分化与转化的前提是"监、管、办"各环节具有可分性。换言之即:是依据专业原则将资源分配各环节集中一个部门,实行封闭式的一体监管? 还是分解"监、管、办"运作职能的各环节,实行跨部门、开放式的分段运行? 两者孰优孰劣? 这是理论与实践目前难以给出明确答案的问题,也是管办分离体制改革的难点。

　　党的十七大提出:建立健全决策权、执行权、监督权既相互制约又相互协调的权力结构和运行机制。如果说在交易效率方面难以断言一体监管与分段运行两者高低,但从防止腐败、"坚持用制度管权、管事、管人"的现实要求出发,"决策、监管、操作"或"监督、管理、办理"适度分离、分段运行是有益的。因此,在体制机制设计过程中,应力避管办一体、"监、管、办"不分,形成决策、监管、办理诸环节相互制约又相互协调、适度分离又有机整合的体制机制。要点:一是使专业性业务主管部门能够介入决策、监管、操作各环节,特别是在参与宏观决策、行使监管方面发挥积极作用;二是在运作方面首先通过政事分开将决策、监督、管理等行政性事务与交易平台的服务性事务分开，领导小组或指导委员会等高层议事协调机构行使政策规划、宏观决策等事务；三是直接对接交易平台、作为议事协调机构日常执行机构的"一办"等机构，一方面管理交易平台、协调各专业性公共资源交易运作，另一方面与业务主管部门在明确职责基础上承担部分监管职能、做好管理监督工作。

D. 部门监管与集中监管

如何管的核心问题是如何理顺部门监管与集中监管的关系，这也是改革的难点。"一办"等管理机构的出现，在长期以来形成的部门一体运作、既管又办体系中插入了新环节、增加了新层级；"一办"这类机构与业务主管部门职能关系尚未理顺，权责存在交叉、重叠问题；在权力、利益格局已经形成且固化情况下，管办分离对传统体制及其形成的权力、利益格局冲击巨大。从现实考察，将长期在部门封闭运行的公共资源交易职能、权限相对集中，是制约改革推进、导致各地模式不一乃至"各行其是"重要原因。因而，理顺部门监管与集中监管关系、重新划分监督管理权责成为改革难点与各方争议焦点。必须承认：工程建设项目招标投标、产权交易、政府采购、土地使用权和矿业权出让等工作专业性强、各具不同特点，长期以来分属不同部门监督管理乃至交易（前期改革只要求将交易环节集中起来，但监管依旧主要由部门行使），因而，理顺部门监管与集中监管关系是改革焦点。

但统一交易平台的建立需要实施统一监管：各类资源交易纳入统一的平台必然要求各类资源交易监督管理需要一定程度的集中统一，而且现实改革中集中监管形成一些成功经验、产生积极效果。因此，理顺部门监管与集中监管关系：一是打破部门分割、部门利益传统格局，包括调整不合时宜的政策法规，决不能把改革方案作为现格局、现体制的背书。二是在推进市场化前提下鼓励各地大胆探索，可以探索建立统一监管模式，组建专司监管职能的机构，履行相关公共资源交易过程的统一监督管理职责；其他行政主管部门加强与其协调和衔接，做好交易前、交易后的管理和监督工作。三是可设计由行业主管部门、行政监察部门、交易管理机构三方共管的体制，交易管理机构履行交易现场监管及综合协调管理职责，行业主管部门履行公共资源交易的审批核准备案、交易过程、履约实施、行政执法、行政处罚等环节的监管,而纪检监察部门行使行政监察、违法违纪案件查处等职责。

E. 职能分离与组织分设

组织是职能载体,管办职能分离必然涉及机构如何设计、建构问题。机构调整不仅对传统体制机制带来冲击,更涉及部门权责划分、人员重组、利益格局调整等问题。应结合行政体制改革与事业单位改革,以"决策、监管、操作"合理划分与有机协调为原则,打破管办不分、政事不分体制,依据职能分离调整组织机构设置。

一是按照"决策、监管、操作"三分要求,以"一委、一办(局)、一中心"为主导模式进行机构调整,使战略决策、监督管理、服务提供基本职能通过相应组织载体予以落实。二是履行监督管理的行政机构依据部门监管与集中监管相应进行设置,但一个履行综合协调职能的行政部门("一办"等)需要设立,一方面是对接、管理统一的交易平台,另一方面是在各行业主管部门与平台之间形成隔离带,防止主管部门直接对接各行业交易平台而导致管办不分;一办既可独立设置,也可依托发改、财政乃至政府电政办等机构设置,原则上职能越综合、利益越超脱机构越适宜作为"一办"。三是按照政事分开原则,公共资源交易平台必须从政府机构剥离出来,为市场交易与公共管理、服务行为与行政行为分离创造条件;其具体形态目前应是具有独立法人资格的公益性事业单位,在机构、职责、人员、财务诸方面与行政机关彻底分离;也可探索建立企业性质的公共资源交易市场,事业单位与各种所有制企业均可以提供相应服务;当然,在法制不健全、运行不规范特别是公共资源交易市场化水平不高时,这种探索应积极稳妥、先试点再推开。四是最低限度不能形成既管又办、政事不分的所谓交易平台,如参照公务员法管理事业单位等行政性质的平台,集行政审批与资源交易中心一身的平台,或行政协调、监督管理与交易平台合一的所谓"统一规范公共资源交易平台"……应通过改革逐步将平台的决策、监管等行政职能剥离除去。五是推进大部制改革,优化部门、职能结构,①改变过细部门设置形成的条条分割、固守部门利益格局问题,为更多公共资源进入市场体系创造条件,从而提高公共资源配置效率与增加公益服务供给。

① 赵立波:《大部制改革:理性定位与战略设计》,《行政论坛》2013 年第 3 期。

第七章 法人、事业法人、法人治理结构

　　体制机制创新是事业单位分类改革、公益服务体系创新的核心内容："创新体制机制是事业单位健康发展、公益事业发展壮大的关键,也是改革成功的重要标志。"①建立健全法人治理结构是重塑事业单位治理机制的重要内容,党的十八届三中全会明确要求"建立事业单位法人治理结构",而改革主导部门甚至有"法人治理结构建设是事业单位体制机制创新的关键"②说法。那么,建立事业单位法人治理结构改革探索何时启动? 社会认知如何? 理据及范本何在? 改革怎样推进?

一、改革探索

　　1990 年代以后,建立法人治理结构成为建立现代企业制度、完善公司治理的关键制度建设与机制创新。此后,非营利组织、事业单位法人治理结构问题在理论研究与现实实践两个层面展开探索。然而,事业单位建立法人治理结构有何政策依据、实践基础?

(一)政策演进

　　虽然早在 1980 年代个别事业单位就已建立了"理事会",但有"理事会"并不意味着事业单位法人治理结构已经形成。一种说法是"现代事业组织必然要依法成立,从而成为现代事业法人,其举办主体包括政府,也包

---

① 马凯:《积极稳妥地分类推进事业单位改革》,《国家行政学院学报》2012 年第 2 期。
② 本刊评论员:《法人治理结构建设是事业单位体制机制创新的关键》,《中国机构改革与管理》2013 年 Z1 期。

括出于公益目的的其他参与方。"①难道依法成立就必然成为事业法人吗？非法人组织就不需要依法成立吗？事业单位建立法人治理结构至少有两个基本前提：一是具有法人地位，二是形成与法人治理相适应的治理结构。

1. 法人制度

1986 年《民法通则》明确事业单位法人是我国四类法人之一。1990 年代中期国家开始参照企业等组织通过政府核准登记取得法人资格做法，试点事业单位登记工作。1998 年 10 月国务院颁布的《事业单位登记管理暂行条例》，首次粗线条地对事业单位法人设立、变更、注销和监督等提出明确要求，其第三条规定："事业单位应当具备法人条件"。事业单位法人资格取得通过两种形式：登记或者备案。其第十一条规定："法律规定具备法人条件、自批准设立之日起即取得法人资格的事业单位，或者法律、其他行政法规规定具备法人条件、经有关主管部门依法审核或者登记，已经取得相应的执业许可证书的事业单位，不再办理事业单位法人登记，由有关主管部门按照分级登记管理的规定向登记管理机关备案。"如占事业单位近半数的教育类事业单位，教育主管部门批准设立或者登记注册即具备法人资格，事业单位登记管理机关只负责事后备案，《教育法》第三十一条规定："学校及其他教育机构具备法人条件的，自批准设立或者登记注册之日起取得法人资格。"十八届三中全会提出"建立各类事业单位统一登记管理制度"。但什么是各类？如何统一登记管理？如浙江等一些省市将非营利性民办学校、多元出资的事业组织登记为事业单位法人，或者给予非营利性民办学校事业编制，是否属于"各类事业单位统一登记管理"？诸多问题有待进一步明确，包括是否要修改相关现行法律法规。

2. 治理结构

法人制度的确立为事业单位建立法人治理结构奠定基础。但事业单位探索建立法人治理结构经历漫长的过程。政策部门在梳理事业单位法人治

---

① 徐贵宏：《中国特色现代事业法人治理结构、治理机制、治理规则》，《行政科学论坛》2014 年第 3 期。

理结构发展历程时,将其划分为三个阶段:初期摸索阶段、局部试点阶段、规范发展阶段。①

就治理结构而言,2005 年 4 月国家事业单位登记管理局颁布《事业单位登记管理暂行条例实施细则》首次在规章层面提出"事业单位法人治理结构"设想。其后,结合事业单位分类改革试点工作,少数省市开始有意识推进建立事业单位法人治理结构工作。2008 年 2 月 27 日党的十七届二中全会通过的《关于深化行政管理体制改革的意见》明确提出完善法人治理结构的要求:主要从事公益服务的,强化公益属性,整合资源,完善法人治理结构,加强政府监管。《指导意见》再次明确提出公益类事业单位"建立健全法人治理结构"要求,但同时提出"不宜建立法人治理结构的事业单位,要继续完善现行管理模式"。国务院办公厅印发的《关于建立和完善事业单位法人治理结构的意见》(国办发〔2011〕37 号)提供法人治理结构基本规定和范本,要求"要把建立和完善以决策层及其领导下的管理层为主要构架的事业单位法人治理结构,作为转变政府职能、创新事业单位体制机制的重要内容和实现管办分离的重要途径。"

3. 试点推行

国家事业单位登记管理局 2012 年 2 月印发《事业单位法人治理结构建设试点工作实施方案》,部署事业单位法人治理结构建设试点工作。试点目标是 5 年内在面向社会提供公益服务的事业单位中,选择一批具有广泛代表性的单位作为试点,总结经验,为 2020 年起建立完善的事业单位管理

---

① 初期摸索阶段的特征是:事业单位在实行传统管理体制的同时,建立了理事会或董事会,"形似"但不"神似"。局部试点阶段的特征是:将建立理事会与改革事业单位管理体制结合起来,采取试点的方式探索建立新体制机制;标志是 2000 年《关于非营利性科研机构管理的若干意见(试行)》提出非营利性科研机构要积极探索实行理事会决策制。规范发展阶段以 2011 年党中央、国务院印发《指导意见》为标志,建立法人治理结构成为事业单位改革的重要内容和方向。岳云龙、陈立庚:《事业单位法人治理结构问答(2)法人治理结构是如何产生和发展的?》,《中国机构改革与管理》2012 年第 6 期。

体制和运行机制奠定基础。① 中央编办 2012 年 5 月下发《关于印发＜事业单位章程示范文本＞的通知》(中央编办发〔2012〕11 号)，其中包括适用于建立理事会的事业单位的章程示范文本，该范本以章程文本形式勾勒出事业单位法人治理结构基本框架，提出诸多操作性的具体要求。

(二)规范文本

《关于建立和完善事业单位法人治理结构的意见》及其他相关文件关注的主要是内部治理，而外部治理问题基本淡化了：当然，治理结构构建的首要任务、中心环节肯定是内部治理结构。上述文件推出的"理事会＋执行层"模式已成为事业单位法人治理结构"规范文本"。其主要内容包括：

1. 理事会决策

借鉴以美国为代表、以董事会控制与监督为主导的"单一董事会模式"，明确理事会是决策监督机构的主要组织形式。此外，也可探索董事会、管委会等多种形式。理事会一般由政府有关部门、举办单位、事业单位、服务对象和其他有关方面的代表组成。同时，部分采纳日本及我国企业通用的"混合董事会模式"做法，提出"也可探索单独设立监事会，负责监督事业单位财务和理事、管理层人员履行职责的情况。"对于一般不设监事会的理由，有关政策解答给出如下解释：国外公司法人治理不都设立监事会；国外公益机构一般不设监事会；"在事业单位法人治理结构建设中，要从实际出发，讲求精简效能，防止照搬企业做法和叠床架屋、重复设置机构的倾向"。②

2. 管理层执行

管理层作为理事会的执行机构，由事业单位行政负责人及其他主要管理人员组成，管理层对理事会负责；按照理事会决议独立自主履行日常业务管理、财务资产管理和一般工作人员管理等职责；行政负责人由理事会任命

---

① 《事业单位法人治理改革方案初定去行政化破题》，http://www.takungpao.com/finance/content/2012 - 05/03/content_79514. htm。

② 岳云龙、陈立庚：《事业单位法人治理结构问答(8)为什么事业单位法人治理结构中一般不设监事会?》，《中国机构改革与管理》2013 年第 6 期。

或提名,并按照人事管理权限报有关部门备案或批准。事业单位其他主要管理人员的任命和提名,根据不同情况可以采取不同的方式。

3. 按章程治理

事业单位需要制定章程,该章程应明确理事会和管理层的关系,包括理事会的职责、构成、会议制度,理事的产生方式和任期,管理层的职责和产生方式等;章程草案由理事会通过并经举办单位同意后,报登记管理机关核准备案。此外,还提出探索研究制定法人治理准则的设想。一些地方甚至出台了法人治理准则,如《河南省事业单位法人治理准则(试行)》。

实际上,许多地方在《关于建立和完善事业单位法人治理结构的意见》出台之前就探索建立事业单位法人治理结构并出台政策规定,其中大量实践探索经验、政策文本被吸收进该意见。各地以《关于建立和完善事业单位法人治理结构的意见》等为基础设计的法人治理结构制度(包括该意见出台前制定的探索性方案),虽存在一些差异但规定通常更为详细、具体。笔者强调的是:有法律政策规定及"作为转变政府职能、创新事业单位体制机制的重要内容"改革要求,并不意味着改革就能顺利推进。实际上,从法律依据(如《民法通则》关于事业单位法人的规定)到各地设计的法人治理结构架构,均有许多有待明确、尚需讨论之处。而调查显示对事业单位法人治理结构了解程度低、实际作用评价不高,这不仅说明改革实施尚不到位,而且反映政策设计亦有不少有待完善之处。

(三)现实考察

在第二期、第三期问卷调查中增加了有关事业单位法人治理结构方面的问题。笔者以调查获取的资料为基础,对事业单位法人治理结构社会认知、作用发挥等情况进行梳理、分析。

1. 了解情况

表 7-1 事业单位法人治理结构了解程度

选项	第二期	第三期	合计
非常不了解	20.4%	12.0%	14.3%
不太了解	34.5%	31.8%	32.5%

一般	27.9%	36.7%	34.3%
比较了解	15.8%	16.6%	16.4%
非常了解	1.3%	2.9%	2.5%

　　总体看,人们对事业单位法人治理结构的了解程度不高,选择一般的最多,达到34.3%;其次是不太了解、比较了解、不了解:32.5%、16.4%1、4.3%,非常了解的仅有2.5%。两期调查平均值仅为2.602,介于不太了解与一般之间,也可以说是"不及格";但积极的变化是第三期调查的平均值略高于第二期,分别为2.667、2.431,显示调查对象了解程度有提高。

　　据两期调查分析(表7-2),不同群体对法人治理结构了解程度存在差别,政府机关了解程度最高,其次是事业单位,再次是服务对象及其他,平均值分别是2.680、2.647、2.450、2.366。原因是:我国改革属于政府主导型改革,政府机关公务员对国家政策特别是改革政策及实施的关注与了解程度高于其他群体;事业单位是改革对象、改革参与者,其对有关事业单位改革的关注与了解也应高于其他社会公众。

表7-2　不同群体对事业单位法人治理结构的了解程度

群体	样本数	平均值	标准差
政府机关	538	2.680	0.983
事业单位	672	2.647	1.000
服务对象	413	2.450	1.000
其他	41	2.366	1.090
合计	1664	2.602	1.001

　　从地区分布看,第三期调查显示:了解程度高于平均值(2.602)地区多为改革先行区,重庆、浙江是国家确定的事业单位改革试点省市,安徽(铜陵)是中央编办确定全国行政类事业单位改革两个试点市之一、安徽省事业单位分类改革三个试点市之一。笔者所在的青岛了解程度最低

(2.516),这与青岛改革相对滞后、尚未有一家事业单位建立法人治理结构
有关①。因此,各地了解程度的高低与改革实际推进、是否参与改革过程有
较高相关性。表7-3从另一角度佐证上述结论:选择了解事业单位改革群
体与选择不了解事业单位改革群体,对法人治理结构了解的平均值分别为
3.037、2.390,了解事业单位改革群体明显高于后者。

表7-3　了解与不了解事业单位改革群体对法人治理结构的了解程度

选项	样本数	平均值	标准差
不了解	692	2.390	0.893
了解	517	3.037	0.981
合计	1209	2.667	0.984

对问卷中"如果您在事业单位工作,您单位是否已建立'法人治理结
构'"问题(表7-4),大多数人没有回答,只有659人作答:原因是调查对象
中只有672人是事业单位工作人员。对问题回答者中45.2%选择不知道,
选择是、否的分别为26.4%、28.4%,即只有173人认为本事业单位建立了
法人治理结构。笔者进一步调查分析的结论是:许多人是由于"误读"而选
择是,因为只有极少数调查对象所在单位建立了法人治理结构,许多人是因
为本单位进行法人登记、有法定代表人而误认为是建立了法人治理结构。
如第三期调查青岛地矿局(青岛地质工程勘查院)的60份问卷,选择是、
否、不知道的分别为18、5、37,但该单位并未建立法人治理结构。这反过来
说明要积极开展相关宣传、宣讲、解读等工作,增加了解,减少"误读"进而
提高改革了解程度及认可程度。两期调查积极的变化是第三期选择是的调
查对象比第二期增加了2.3个百分点,而选择否的下降4.1个百分点,这至
少表明更多单位、人员了解或理解甚至开展了这项工作。

---

① 直到2014年12月,青岛市首个事业单位法人治理结构在市中心医院建立。

表7－4　所在单位是否已建立法人治理结构

选项	第二期	第三期	合计
是	24.1%	27.2%	26.4%
否	32.5%	27.0%	28.4%
不知道	43.4%	45.8%	45.2%

2．实际作用

对建立法人治理结构的作用问题，半数以上（50.4%）选择说不清，以下是比较大、不太大、非常大、没有作用：27.3%、9.8%、6.7%、5.8%；另外，3.194的平均值高于对法人治理结构了解2.602的平均值：这说明，人们在对法人治理结构了解有限情况下依然对其作用有较高期待。各群体排序与对法人治理结构了解排序一样：政府机关对其作用评价最高，其次是事业单位，再次是服务对象及其他，分别是3.271、3.185、3.136、2.927。值得注意甚至警惕的是：政策出台、公开发布，改革不断深入，但对改革作用评价不升反降，第三期调查平均值比第二期有所下降：3.161比3.281。

表7－5　事业单位建立法人治理结构作用

期次	平均值	标准差
第二期	3.281	0.910
第三期	3.161	0.912
合计	3.194	0.913

根据第三期调查，不同行业对法人治理结构作用的评价存在差异，排序是文化系统、非事业单位、其他事业单位、卫生系统（表7－6）。正如党的十七届六中全会所作《中共中央关于深化文化体制改革推动社会主义文化大发展大繁荣若干重大问题的决定》指出的那样："文化引领时代风气之先，是最需要创新的领域。"文化体制改革自2003年试点、2005年推开并在2012年完成阶段性任务，文化系统是包括建立法人治理结构改革在内的文

化事业单位改革推进最深入领域之一,其对法人治理结构了解程度最高
(平均值为2.726)、对改革作用评价也最高(3.466)。非事业单位群体是
因为政府机关评价最高而将整体评价水平拉高。改革推进另一代表领域的
卫生系统不仅对法人治理结构了解程度最低(2.549),而且对其作用评价
也最低(2.958),究其原因:卫生系统改革主要集中在试点地区、单位进行,
面上展开少;另外,许多卫生机构对建立法人治理结构兴致不高甚至有抵触
情绪①。另外,了解事业单位改革群体对法人治理结构作用的评价比不了
解事业单位改革群体更积极,平均值分别是3.276与3.075。

表7-6　不同行业对事业单位建立法人治理结构作用的看法

行业	样本数	平均值	标准差
医院系统	71	2.958	0.977
文化系统	73	3.466	1.001
其他事业单位	393	3.112	0.925
非事业单位	657	3.195	0.872
合计	1194	3.170	0.908

　　了解程度低、有"误读"、改革作用评价不升反降、改革典型领域如卫生
系统了解及评价最低等,说明目前人们对法人治理结构了解、接受程度,对
其作用及期望值不高,建立法人治理结构改革进展有限。从积极意义上说,
这反映人们的认识更趋理性:一项改革未系统展开、未显示其作用,甚至其
制度基础、政策设计不够完善情况下,仅凭舆论宣传、政策解读、上级号召就
大幅度改变人们的看法是不现实的。只有经过认真研讨、反复论证、不断试
错、实践检验等,人们能深入了解改革,而改革又能显现积极效果,人们才能
认可、接受进而支持、参与改革。而实现上述要求的重要前提是对事业单位
法人治理结构重大理论与实践问题进行深入研究、达成一定共识,并在共识

① 笔者调查了解到例如青岛市出台了政策、选择了试点单位,但进展缓慢;笔者赴黑龙江、兰州、厦
门、大连、武汉等地调查时了解的情况也与青岛大同小异。

基础上进行科学决策。

二、分析比较

事实上,作为我国特有的组织——事业单位,其建立法人治理结构存在诸多理论、制度及技术方面的制约。而调查反映的各方对事业单位法人治理结构了解不多、评价不高以及改革进展有限,则是上述制约的某种直观显示。

(一)事业法人①

《民法通则》第三十六条规定,法人是"具有民事权利能力和民事行为能力,依法独立享有民事权利和承担民事义务的组织。"《民法通则》根据法人设立宗旨、所从事活动性质将法人分企业、机关、事业单位和社会团体四类。《事业单位登记管理暂行条例》规定事业单位应当具备法人条件。应当具备法人条件意味着一些事业单位可以不具备法人条件。事实也正如此,如我国120多万个事业单位中独立核算事业单位只有95.2万个。以青岛为例,截止到2012年,青岛市共有事业单位5968个,其中市本级事业单位639个,区市本级3929个,街(乡镇)1400个;正式进行法人登记的市本级在90%左右,区市级及以下不到50%。不具有法人资格部分是事业单位达不到登记条件不予登记;部分是行使行政职能,或与主管部门财务不独立等不宜、不愿进行法人登记。但按照现行法规定多数事业单位应具有法人资格。

1. 法人与非法人

从历史发展分析,我国的《民法通则》是在改革开放不久、计划体制尚未解体情况下制定的,对法人分类延续计划体制关于社会组织特别是机构编制管理关于机构编制的划分,如企业、机关、事业单位和社会团体之分。

---

① 据《民法通则》全称应是"事业单位法人",但很多人已简称"事业法人"。另外,称"事业法人"除更精炼外,还有单位制度动摇、单位概念淡化、符合社会发展趋势等意思。对此,有学者进行了阐述,左然:《构建中国特色的现代事业制度——论事业单位改革方向、目标模式及路径选择》,商务印书馆2009年版,第1页。

今天看来,《民法通则》对法人的划分存在一些粗疏、有待完善之处:"《民法通则》的法人的分类与国务院'编制管理'核定的机构分类是一致的;更准确地说,《民法通则》把 1963 年创设的单位分类改写为'法人'分类。但是,'单位'和法人毕竟是两类性质相去甚远的机构。"①上述"改写"除了对计划体制形成的社会单位进行"背书"外,法人资格失之过宽亦是突出问题。如,包括中小学、乡镇"七站八所"等在内的 100 多万个事业单位有必要、有能力都成为独立法人吗?美国近 15000 个包括多个学校、具有董事会治理框架的学区,②作为一类地方政府仅为准公立法人。③ 而德国,"除了特定历史条件的例外,公立学校迄今为止仍然是隶属于公共团体的没有法律能力的公共设施。"④深圳建立事业单位法人治理结构制度设计重要"范本"的香港职业训练局,是依据《香港职业训练条例》而成立的法定机构,其所属的高峰进修学院等 13 家教育培训机构虽然具有一定的管理和营运权,甚至包括与相关单位签订合同的权利,但皆非独立法人,只有香港职业训练局是法人单位。香港医院管理局所属的公立医院都不是独立法人,只有作为法定机构的香港医院管理局才是法人。如此比较,我国让每个事业单位都成为独立法人的要求制度基础并不坚实、现实必要性亦不充分。⑤

　　2. 法人属性

　　事业单位法人属于何种法人?大陆法系国家法人分类以法人设立的法律根据为标准,依公法设立的为公法人,而依私法设立的为私法人;根据成立基础(人与财产)不同可将法人分为社团法人与财团法人;以法人活动的目的作为标准可将私法人划分为营利法人、非营利法人,财团法人一般为公益法人。英美法系国家无财团法人概念,财团法人制度一般可由信托制度

---

① 方流芳:《从法律视角看中国事业单位改革——事业单位"法人化"批判》,《比较法研究》2007 年第 3 期。
② [美]文森特·奥斯特罗姆等:《美国地方政府》,北京大学出版社 2004 年版,第 3 页。
③ 王名扬:《比较行政法》,北京大学出版社 2006 年版,第 92 页。
④ [德]汉斯·J. 沃尔夫等:《行政法(第三卷)》,商务印书馆 2007 年版,第 309 页。
⑤ 方流芳:《从法律视角看中国事业单位改革——事业单位"法人化"批判》,《比较法研究》2007 年第 3 期。

代替。当然,各国的法人制度、法人分类包括法人设立都有一些更复杂、具体的原则、要求、标准。如德国,可以从各种不同的角度进行分类。如强调设立行为:设立公法法人,依据公权行为或者法律;设立私法法人,基于法律行为(大多是设立合同或者捐助行为);依据任务标准:公法法人旨在执行国家的任务,但国家也可将上述任务纳入其他组织(如私人设立的大学);根据法人以何种身份出现进行区别,即法人是否行使根据公法特有的强制手段。①

虽然学界多认为我国法律体系可划入大陆法系,但我国关于法人划分既无公、私法人也无社团、财团法人之分,自成一体系。我国的法人制度尚不健全、有待完善虽然是各方共识,而包括调整法人分类内容的《民法典》编纂等工作早已启动,但有关民事主体、法人新的分类体系尚未没有形成。

值得注意的是:一些国内学者借鉴公法人理论,将我国的事业单位与国外相似机构进行比较,包括德国的公共设施(也有译成"公共机构"),法国的公务法人(也有译成"公立公益机构":"公立公益机构乃是一个法人,一个公法法人,以经营管理一种公用事业为宗旨。"②),等等。如德国与我国事业单位相近、作为间接行政主体的"公共设施","公共设施是公共行政的物质组织形式";设立公共设施的原则是"分散(类似法国的'公务分权',引者注)":"……广播电视台采取公法设施的组织形式,一方面可以使其接受公法约束,另一方面有可以使其在与各种社会力量的关系中成为一个自负其责的活动。"③由此"……发现我国的事业单位与大陆法系国家的公务法人在功能方面有很多类似之处,如都是国家依法设立的公益组织,具有特定的行政上的目的,提供专门服务。"因此"应当将学校等事业法人定性为公法人的组成部分之一即公务法人"④。但我国的法人由民法规范而被称为"民法法人",如套用国外分类则属私法人,公法人在中国还只是学术话语

① [德]迪特尔·梅迪库斯:《德国民法总论》,法律出版社2007年版,第816—817页。
② [法]让·里韦罗、让·瓦利纳:《法国行政法》,商务印书馆2008年版,第229页。
③ [德]哈特穆特·毛雷尔:《行政法学总论》,法律出版社2000年版,第577、579页。
④ 马怀德:《公务法人问题研究》,《中国法学》2000年第4期。

而非法律概念。但国务院 2008 年发布的《公共机构节能条例》第二条规定："本条例所称公共机构,是指全部或者部分使用财政性资金的国家机关、事业单位和团体组织。"该法规将事业单位列入了公共机构范围。如事业单位是公共机构、属公法人,依照企业法人治理结构为范本建立事业单位法人治理结构是否可行?

这样,形成中国特色事业单位法人治理结构,需要在比较、借鉴各类组织特别是公法机构法人治理结构基础上深入探讨其基本框架、运行机制等问题。

(二)比较借鉴

从改革实践看,我国事业单位法人治理结构很大程度上借用乃至照搬公司企业的法人治理结构。但法人治理结构并不局限于公司企业治理,甚至有法人治理结构源于非营利组织治理的说法:"不但实行治理结构的历史比企业的治理历史更长,而且可以说,法人治理结构源于公益机构。"①当然,法人制度是十九世纪正式形成的,而现代意义的法人治理结构最初是针对公司企业治理而言的,一般指"公司法人治理"或"公司法人治理结构"。因此,笔者更同意以下说法:"非营利法人的治理结构脱胎于营利法人治理结构,但是却有其自身的特质。"②

公司治理理论源于经济学家对现代企业产权状态与决策权结构之间复杂关系的研究。传统企业所有者与经营者不分,但现代公司制企业所有权与经营权是高度分离的,由此产生了委托代理关系;在所有者与经营者分离状况下组织剩余要由经营者与所有者分享,而且两者信息是不对称的,存在着代理风险。为理顺委托代理关系、解决"代理风险"等问题,从而既有效激励代理人又防止其损害委托人利益,需要通过制度安排形成决策结构复杂的公司治理机制,达到所有权、经营权及监督权的分立与制衡。深入研究发现,委托代理现象并非企业所独有,其他组织也存在。1989 年世界银行

---

① 　左然:《中国现代事业制度建构纲要——事业单位改革的方向、目标模式及路径选择》,商务印书馆 2009 年版,第 162—164 页。

② 　金锦萍:《非营利法人制度研究》,北京大学出版社 2005 年版,第 63 页。

讨论非洲发展问题时使用了"治理危机"（crisis governance）一词，治理的内涵扩展到企业之外而被广泛地用于政治、社会发展等领域。

1. 公司企业

"公司是股东借以获取营利最大化的工具。"①法人治理结构的实质是通过合理配置权利协调各利益相关者关系，实现所有权、经营权及监督权分立与制衡，形成有效的激励机制、约束机制和制衡机制。虽然各国存在一些差异，股东大会、董事会、监事会和经理层等为基本架构的企业法人治理结构，构成现代企业制度的基础。所有者组成的股东会是权力机构，拥有最高决策权；股东会不是常设机构，故在股东会之下设置公司董事会及经理层、监事会等常设机构，分别作为业务执行机关、辅助业务执行机关、监督机关行使执行权、监督权。在股权高度分散情况下股东会难以有效行使决策权，董事会在很大程度上是实际"决策者"。由于国有独资公司所有者是单一的，设立股东会无意义，股东会职权分散由国有资产监督管理机构及其授权公司董事会乃至政府行使，《公司法》第六十七条规定：国有独资公司不设股东会，由国有资产监督管理机构行使股东会职权。国有资产监督管理机构可以授权公司董事会行使股东会的部分职权，决定公司的重大事项，但公司的合并、分立、解散、增加或者减少注册资本和发行公司债券，必须由国有资产监督管理机构决定；其中，重要的国有独资公司合并、分立、解散、申请破产的，应当由国有资产监督管理机构审核后，报本级人民政府批准。

2. 社会团体

我国现行法规定社会团体必须是法人组织。社会团体法人普遍采用的治理结构模式是：会员大会或会员代表大会是最高权力机构；理事会是执行机构，在会员（代表）大会闭会期间领导本团体开展日常工作，对会员（代表）大会负责；理事会（部分社会团体还设常务理事会）虽是执行机构，但却是实在的"决策者"、承担大量决策职能。通常秘书长主持办事机构开展日常工作及其他工作，但社会团体章程也可规定理事长（会长）负责具体执行

---

① 江平：《法人制度论》，中国政法大学出版社1994年版，第229页。

事宜,副理事长(副会长)、秘书长协助理事长(会长)开展工作。为加强内部监督机制,除股东大会可以进行监督外,可以设立监事会(或监事)专司监督职能。

3．基金会

基金会是以财产为基础的组织(相当于大陆法系的财团法人),不存在人格化所有者,无意思机关,依据章程运行。其法人治理结构主要包括理事会、监事、执行机构,三者分别行使决策权、监督权、管理权。2004年3月发布的《基金会管理条例》规定:理事会是基金会的决策机构(注意:只是决策机构而非权力机构),依法行使章程规定的职权;基金会设监事,监事列席理事会会议;理事会设理事长、副理事长和秘书长,从理事中选举产生,理事长是基金会的法定代表人;执行权责由理事长或秘书长或两者共同行使。

4．民办非企业单位

民办非企业单位依据法律地位分为法人、个体、合伙三种类型,其中法人型民办非企业单位是其代表。法人型民办非企业单位同样是以财产为基础的组织(实属中国特色、简陋型的财团法人),无意思机关,依据章程运行。与基金会相同,民办非企业单位的治理结构架构通常是:理(董)事会(决策机构)、执行层(院长、校长、所长、主任等),监事会非必设机构,也可设监事而无监事会。《民办非企业单位(法人)章程示范文本》第20条要求:监事会成员不得少于3人,并推选1名召集人。人数较少的民办非企业单位可不设监事会,但必须设1-2名监事。

5．境外公共机构

事业单位是我国特有组织,境外与之对应或相近的公共服务机构(公务法人、公共设施、法定机构等)类型多样,有法人实体,有非独立法人,其治理结构大致有以下三大类型:一是单一领导制("执行负责人"模式,所谓一人治理模式),如在德国该模式广泛应用于部门代理机构,且都有明确的层级组织。二是"管理委员会+首席执行官"模式,如英国非政府公共实体管理委员会有一名主席和一些非执行成员组成,多数为兼职;①而执行机构(也称执行局)管理委员会由一名资深官员和两名外部委员组成。其职责包括监督履行职责,制定战略、计划和政策,签订框架文件(执行机构)等。首席执行官受管理委员会的委托对机构进行全面管理。三是"理事会(董事会)+管理执行层"模式。具有广泛代表性的理事会负责对重大问题和政策做出决定,如战略规划、机构经营目标、主要人事安排以及管理人员薪酬等;执行负责人负责日常工作并贯彻理事会的决策,沟通内外联系等;②一些机构还在理事会或管理执行层下设置一些专门委员会,提供咨询建议或负责特定业务管理;理事会成员和执行负责人一般都由政府或者政府主管部门任命或者确认。

6.五点概括

比较以上五类组织的治理结构,特别值得注意的是以下五个方面:一是无论是否有人格化的所有权主体,只要存在委托代理关系就必然需要一种协调委托代理关系的治理机制。二是对所有权、经营权或决策权、监督权和执行权进行分权制衡与有效协调,是法人治理结构所要解决的核心问题,也是治理机制构建的关键所在。三是所有权、经营权或决策权、监督权和执行权需相应的组织载体承接,而不同组织类型法人机关的设置、机关承担的权力存在差异,如基金会、民办非企业单位等以财产而非人员为基础的组织没有意思机关或权力机关;监事会在我国公司企业通常要设置,而其他组织则以不设置是惯例。四是营利机构与非营利机构在治理结构方面存在较大差别,非营利机构出资者不等于营利机构出资者,如基金会、民办非企业单位等"财团法人",或社会团体等"社团法人"不存在人格化的所有者,出资在理论及法律意义上相当于捐赠,因而,其治理结构不能简单套用公司企业治理模式。第五,公共机构与非公共组织(公法组织与私法组织)设立依据、

---

① 经济合作和发展组织:《分散化的公共治理:代理机构、权力主体和其他政府实体》,中信出版社2004年版,第116页、270—274页。

② 左然:《中国现代事业制度建构纲要——事业单位改革的方向、目标模式及路径选择》,商务印书馆2009年版,第185页。

组织宗旨等存在巨大区别,虽然公共机构可以借鉴乃至一般性套用私法人特别是公司企业治理结构一些做法、组织形式,但必须体现公共属性;而且公共机构类型多样,不都具有独立法人地位,所以其治理结构多样化;但建立承担决策功能的管理委员会或理事会(董事会),是规模较大公共服务机构特别是法人机构的通常做法。

(三)基本理路

在前述比较分析基础上,立足国情特别是事业单位改革发展实际,可形成建立健全事业单位法人治理结构的基本理路。

1. 治理难题

事业单位作为我国特有的组织类型,政府与事业单位、所有者与经营者等之间存在复杂的委托代理关系,"内部人控制"、代理冲突等问题普遍存在。同时,事业单位作为提供公共服务的公益组织,拥有政府部门、社会公众、服务对象、经营伙伴、单位员工与领导等诸多利益相关者,各利益相关群体对事业单位有不同利益诉求,并以不同方式参与事业单位决策、运营、监督等活动。因此,协调各利益相关群体关系,理顺所有权、经营权及决策权、执行权、监督权关系,解决"内部人控制"、代理冲突等问题是事业单位改革与发展面临的重要课题。事业单位需要在借鉴各类组织治理结构基础上通过改革探索逐步形成具有中国特色、符合事业单位特点、能够改善事业单位治理的法人治理结构。

2. 企业模式

从改革实践看,我国事业单位法人治理结构很大程度上借用乃至照搬公司企业的法人治理结构。较早建立理事会或董事会的事业单位多为多元出资主体组建的事业单位,这类事业单位套用公司企业做法,有出资主体及有关部门委派代表组成理事会或董事会。而《广东省事业单位法人治理结构试点工作政策问答》明确指出:"事业单位法人治理结构在组织架构和运行机制上主要借鉴了公司法人治理结构的相关经验,二者的基本原理都是在组织体内形成决策、执行与监督相互分离又相互协调的权力运行机制。就区别而言,事业单位具有公益属性,组织使命是提供公益服务,弱化出资者角色,体现利益相关方的多方共同治理;公司具有财产属性,组织使命是获取利润,依出资比例分配收益,彰显所有者权益。"嘉兴市探索建立的事业单位法人治理结构更明显体现公司企业治理结构特点:建立以产权关系为基础、代理关系为纽带的现代事业法人治理结构,形成理事会决策、管理层执行、监事会监督"三权"相对分离、相互制衡又相互协调的权力运行机制。① 但公司法人治理结构能满足事业单位善治的需要吗?

3. 法定机构

应特别关注广东省及深圳市借鉴新加坡、香港等国家和地区做法,在事业单位改革中推出建立"法定机构"改革。法定机构是根据特定的法律、法规或者规章设立,依法承担公共事务管理职能或者公共服务职能,不列入行政机构序列,具有独立法人地位的公共机构。在现有的法律框架下,法定机构将继续作为事业单位法人进行登记管理。② 国(境)外法定机构是公共机构,大多是公法实体。如香港职业训练局作为公营机构是依据《香港职业训练条例》而成立的法定机构,其基本治理架构是由18位非政府人员、3位政府官员、若干执行干事组成理事会,由21个训练委员会和5个一般委员会协助推行专业教育及训练的工作。法定机构改革的意义在于:一是进一步明确事业单位的公共机构属性;二是强调机构法定,通过"一事一法"或"一类一法"方式在政府机关之外依法独立设置;三是法定机构具有独立法人地位与规范的法人治理结构,独立运作。

4. 两条主线

笔者认为事业单位作为政府举办提供公共服务的公共机构,其法人治理结构应立足公共服务机构(公法人)这一组织属性,以产权(两权分离)与公务(公共服务提供者与生产者分离)作为两条主线,从而理顺政事、所有者与经营者诸方面关系。(如德国"作为公共行政的物质组织形态"的公共

---

① 《嘉兴市探索构建以事业法人治理结构为核心的现代事业制度》,http://www.hbcz.gov.cn/420101/lm2/lm3/2012 - 07 - 11 - 9099618. shtml。

② 《广东省法定机构试点工作政策问答》,http://www.gdbb.gov.cn/detail.jsp? infoid = 12759。

设施,"组织形式属于公法形式,而不是使用关系属于公法形式"①,即公共设施是公法组织,又是实现公共行政、公共服务的物质手段,集物质手段与公法形式、公务目的于一身,与笔者提出的"产权与公务两条主线"有相通之处。)同时,积极吸收、借鉴公司企业、各类非营利组织与国外公法人等治理结构的原则、架构、运行机制,形成具有中国特色、符合事业单位要求,以理事会为中心、多元参与的治理结构,达成决策权与执行权、监督权分权制衡与有效协调,从而在强化公益属性的前提下实现事业单位善治。

三、治理结构

从 2011 年《指导意见》特别是 2012 年《关于建立和完善事业单位法人治理结构的意见》出台后,事业单位建立法人治理结构已从局部探索向普遍试点推进,但目前面临问题很多,改革探索整体进展缓慢,正如调查所显示的那样,尚未在获得社会认可、展示功能作用等方面取得重要突破。那么,对照国家确定的目标要求,比较社会团体、基金会特别是公司企业等组织,建立健全事业单位法人治理结构迫切需要解决哪些问题? 如何解决?

(一)权力分散化

严格地说:事业单位法人治理结构中并不存在所谓"最高权力机关"。事业单位作为政府举办提供公共服务、非营利、实体性的组织,没有人格化所有者组成的股东会,也无作为社团法人成立基础的成员。因而,严格地说,事业单位治理结构不包含类似由出资者(股东)组成的权力机构,也不能以会员(代表)大会作为最高权力机构。

一是事业单位国家举办、国家所有,其所有者是单一的。如福建已登记事业单位共 25392 家,其中由国家机关举办的有 24906 家,约占总数的 98%;由其他组织利用国有资产(或含部分国有资产)举办的有 486 家,仅占总数的 2%;②而且由于国有资产国家统一所有,其他组织利用国有资产

---

① 　[德]哈特穆特·毛雷尔:《行政法学总论》,法律出版社 2000 年版,第 577、580 页。

② 　福建省事业单位登记管理局:《事业单位法人治理结构模式研究》,《发展研究》2006 年第 9 期。

举办亦可视为国家举办,虽然在登记时可以将其作为"二等公民"登记为"二类事业单位"。二是不同政府部门(特别是分属不同政府的部门)举办事业单位(可视为出资主体多元化的事业单位),理论上可以根据各部门的出资额确定各部门的权利义务;但不同政府部门举办均属政府举办,其资产属于国家统一所有,从终极所有权角度划分出资额、股权是无意义的,出资额度(或"股权结构")对事业单位治理也不发生决定性作用,甚至并非是拥有权利、发挥作用的基础。三是事业单位不存在经济意义的"股东"、"股权"。股权是股东因出资而取得的、依法定或者公司章程的规定和程序参与事务并在公司中享受财产利益的、具有可转让性的权利;政府举办事业单位的主要目的不是为了"股权"、成为可以获取经济利益的"股东",而是为了实现社会公益目的、提供公共服务;即使有非国有资本参与出资(严格说这种行为于法无据),此类出资相当于捐赠、不能取得所有权,也非追求资本收益(或者说无法获得资本收益)。故事业单位决策机构宜称为理事会而非董事会,虽然理事会与董事会在英语中是一个词,但汉语语境下,理事会淡化经济意义与股权结构而董事会则相反。

公司由股东设立(股份有限公司发起人亦需认购全部或部分股份),而事业单位是政府举办。没有股东及股东会,也无社团法人之类组织的成员大会,因而一般意义上的权力机构在事业单位治理结构中并不存在。理事会、董事会或管委会等虽可以行使决策等权力但其本身并不是权力机构,"理事会是事业单位法人治理结构中的最高权力机构,行使着最高决策权"[1]之类的说法是不准确的。国家政策法规并无理事会是权力机关的说法,《事业单位章程示范文本》只规定"本单位设立理事会作为决策机构和监督机构,理事会向举办单位报告工作。"(这一点,有关非营利组织基金会、民办非企业单位的规定亦如此:《基金会管理条例》第二十一条规定"理事会是基金会的决策机构。"《民办非企业单位(法人)章程示范文本》第十

① 贾希凌等:《事业单位法人治理结构研究刍议——以公立医院法人治理结构研究为例》,《上海商学院学报》2013 年第 6 期。

条规定"理事会是本单位的决策机构。")如果说事业单位必须有"权力机关",此"权力机关"只能是其举办者——无明确经济利益诉求的政府。国外有此例证,如德国的公共设施,"成立设施的团体通常就是设施所属的主体……","设施是所属主体的机关或者分支。"①

《河南省事业单位法人治理准则(试行)》第八条规定:事业单位的理事会由举办单位负责组建。《事业单位章程示范文本》第五条规定出资主体多元化的单位,可增加条款载明出资者、出资方式、金额等;第六条规定有多个举办单位的,应按责任主次顺序依次载明。但责任主次顺序并非一定按照第五条关于出资主体多元化单位载明的出资金额排序:没有出资额大小决定权责大小的明确规定;公司法则明确规定股东会会议由股东按照出资比例行使表决权(公司章程另有规定的除外)。原因是:股东出资是为获利,而举办事业单位是为实现社会公益目的:《事业单位章程示范文本》第十条列举举办单位的权利八项,但没有享有资产收益的规定;而公司法第四条规定公司股东依法享有资产收益等权利。这进一步明示:事业单位是从事公益服务、非营利的公共机构,政府与事业单位之间的关系存在产权与公务双重关系。因而,不能仅仅依据产权关系、依据所有权与经营权分离构建其治理机制,只"弱化出资者角色"是不够的,而应注意吸纳非营利组织、国外公法人治理原则及结构架构,突出公务关系、公益属性。

然而,让政府去充任每一个事业单位的"权力机关",既不可能也无必要。《公司法》关于国有独资公司不设股东会,国有资产监督管理机构行使股东会职权、授权公司董事会行使股东会的部分职权的做法,对于解决权力机关缺失是有借鉴意义的,即"权力分散化":作为出资者的政府可以将部分所有者行使的权力授权给事业单位理事会,由其决定事业单位部分重大事项;但有关事业单位合并、分立、解散以及组织宗旨、重大战略规划等事项决策权可直接由政府行使。这样,事业单位理事会是"代行"一些所有者权力、具有某些"权力机构"特征的决策机构。事实上,在股权高度分散的现

---

① ［德］汉斯·J.沃尔夫等:《行政法(第三卷)》,商务印书馆2007年版,第238、239页。

代公司企业,"在一个形式上有所有人的企业里,随着所有人的控制权不断地被稀释",从而使"这种企业与无所有人的企业(非营利机构)之间的差别就渐渐消失了。"①这样,作为权力机构的股东会拥有的相当部分控制权转移到董事会,部分"权力机构"权力实际由董事会行使。但在性质上董事会依然是受托者而非所有者、是行使诸多决策职能的执行机构而非权力机构。需要说明的是:事业单位法人治理结构改革中,一些地方(如深圳)出台相关政策将事业单位理事会定性为"权力决策机构"是不恰当的。

(二)决策者决策

所有者缺位、没有"权力机关",在治理上带来的问题是缺乏人格化所有者这一最重要利益相关者,使事业单位的国有资产成为"人人皆有又人人皆无的资产"。因而,构建符合事业单位公共性特别是其产权特征的治理结构,必须发挥理事会治理中的核心作用,弥补所有者缺位、关切度不足等问题。

事业单位治理核心问题是合理划分、配置决策权、执行权和监督权。因此,应根据决策机构、执行机构、监督机构相互分离、相互制衡原则,在事业单位建立以理事会(或董事会、管委会)为中心的法人治理结构,形成事业单位独立运作、自我发展、自我约束、自我管理的现代运行新模式。深圳市在 2007 年提出的"以理事会(或管委会)为核心的法人治理结构"改革思路是正确的,但此后一些"建立和完善以决策层及其领导下的管理层为主要构架的事业单位法人治理结构"等政策规定则一定程度上弱化了理事会的核心地位。

理事会在性质及治理作用方面应是行使部分权力机关职能的执行机关,是事业单位经营管理的决策机构,行使事业单位经营管理重大决策权。《关于建立和完善事业单位法人治理结构的意见》明确要求"要明确事业单位决策层的决策地位,把行政主管部门对事业单位的具体管理职责交给决策层,进一步激发事业单位活力。"其主要职能包括:负责单位的发展规划、

---

① [美]亨利·汉斯曼:《企业所有权论》,中国政法大学出版社 2001 版,第 354 页。

财务预决算、重大业务、章程拟订和修订等决策事项,按照有关规定履行人事管理方面的职责,并监督本单位的运行;任命或提名事业单位行政负责人并按照人事管理权限报有关部门备案或批准;拟定、通过事业单位章程草案并经举办单位同意后报登记管理机关核准备案。理事会首先对举办主体(政府)负责,理事会行使重大决策权特别是某些"所有者"权利(制定单位章程、发展战略和发展规划、资产处置等)时需要举办主体(政府)一定形式的认可、同意。这样,理顺政事关系成为事业单位能否建立法人治理结构、完善问责机制并使其有效运行的关键,其要点是:既不能取消、弱化政府特别是主管部门对事业单位的监管,但要将原先事无巨细的直接、微观管理改为间接、宏观管理;主管部门主要通过向事业单位委派理事、提名或任命事业单位理事长、制定发展规划或相关政策等进行监督管理;事业单位在自主经营的同时,应及时向主管部门反馈业务开展情况,一些重要事项如发展规划、财务预算等需报主管部门审定或备案。

理事会构成既要体现代表性、吸纳各利益相关群体,又要体现政府主导。因此应主要由四部分组成:一是政府或政府相关部门(财政、审计等)委派代表;二是举办单位代表;三是事业单位代表,除行政负责人等为当然理事外,其他事业单位理事可通过职工(代表)大会或其他形式民主选举产生;四是社会代表,主要由服务对象、社会知名人士及其他利益相关者代表组成,具体人员可由政府、事业单位、社会组织提名、推荐产生。其中,理事会设理事长1名,但理事长可由多种方式产生:理事会选举产生;理事会提名,有关部门或举办单位批准;有关部门或举办单位任命等。

(三)管理者管理

理事会产生的管理层行使管理权。行政负责人及其副职、财务负责人等组成事业单位的管理层。行政负责人对理事会负责,参与理事会决策,定期向理事会汇报事业单位的运行管理状况,接受理事会监督。

行政负责人虽可由理事会决定,但实际运作通常是由理事会提名,按照管理权限上报有关部门批准或备案后由举办主体任免(甚至是反过来主管部门选定、提名经理事会通过)。"管理层实行行政负责人负责制"(见广东省《关于推进我省事业单位法人治理结构试点工作的指导意见》),行政负责人副职协助行政负责人开展工作并对负责执行人负责,财务负责人负责单位财务和审计工作,对理事会负责。此外,与公司制企业将董事长作为法定代表人不同(新公司法改为公司法定代表人依照公司章程的规定,由董事长、执行董事或者经理担任),行政负责人是事业单位的法定代表人。因此,正如所有者将部分权力机关职能移入理事会(董事会)一样,理事会(董事会)实际将部分甚至许多权力交给行政负责人,行政负责人在一定程度上兼具企业经理与董事长双重身份,这成为目前事业单位治理结构的一个重要特征。由是,理事长在事业单位治理结构中更多充任理事会召集人、会议主席、签署文件、督促检查角色,已很难对事业单位活动进行直接干预,事实上也非事业单位管理与决策的真正中心。嘉兴市在改革试点中甚至直接让行政主管部门领导担任理事长。① 由此,理事会独立发挥决策机构作用的能力及理事长的地位将大大下降,其权力部分上移主管部门,部分下移管理层,真正"集权者"不再可能是理事长而是作为单位法定代表人的行政负责人,或者是集行政首长与理事长于一身的主管部门领导。

过度强调行政负责人负责制、理事长对主管部门的依存乃至依附,且将重要权力上交或下移后理事会还能成为决策机构吗?不以理事会为中心的法人治理结构还有多大实际作用与存在意义?其价值何在?因此,决策与管理(执行)应当分离,但理事会核心地位必须强化,这既是法人治理结构所需更是事业单位实现善治的基础:原则上,"在非营利法人中,董事会是一切权利、权力、责任、义务的中枢。"②

(四)多元化治理

公益服务涉及政府、事业单位、社会公众等众多利益相关者。这样,事

---

① 对此,嘉兴市改革主管部门负责人说法是:为了调动试点单位的积极性、主动性,在试点阶段,由主管部门领导任理事长作为过渡是完全可行的,对理事会决策的民主性不会产生重大影响(重大决策实行票决制,理事长也只能有一票表决权)。省编办事业单位法人治理结构建设试点工作组:《关于赴深圳、嘉兴学习考察事业单位法人治理结构建设试点工作的情况通报》,http://www.sxsbb.gov.cn/html/ggxx/sydwgg/236.html。

② 陈金罗等:《中国非营利组织法的基本问题》,中国方正出版社 2006 版,第 131 页。

业单位法人治理需要发挥多元治理作用,形成以理事会为中心的多元治理机制。

监事(监事会)制度。嘉兴市在改革中要求设立由人事管理、纪检监察、审计、职工代表和外派监事等3名以上监事组成的监事会,作为在法律地位上与理事会及行政负责人平行的独立监督机构、与理事会没有从属关系。但总体看,有关监事及监事会的规定大都做淡化处理,监事及监事会作用有限甚至可有可无:《关于建立和完善事业单位法人治理结构的意见》明确"理事会作为事业单位的决策和监督机构",《事业单位章程示范文本》将"监督管理层执行理事会决议"作为理事会职责。广东省甚至要求"监事主要由事业单位内部职工选举产生的代表兼任",而《公司法》的规定则是"监事会应当包括股东代表和适当比例的公司职工代表,其中职工代表的比例不得低于三分之一。"监事主要由单位内部职工兼任的好处一是不占编制、减少成本,二是熟悉单位情况、易于开展监督。其不足,一是内部职工与单位利害关系密切,其在防止"内部人治理"方面存在先天而致命的不足;二是在官本位色彩浓厚、工会独立性不强情况下,内部职工对单位特别是单位领导的监督是困难的。监事(监事会)主要通过对事业单位财务、对理事及管理层职务行为进行监督而对举办主体与社会负责,因此,如果让其充分发挥作用,监事(监事会)需要构成多元化、人员专业化、地位(相对)独立化。可由包括单位职工、审计等政府部门代表、独立监事等组成;规模较大的事业单位可以设置监事会,中小型事业单位也可只设监事,或由理事会行使监督职能,这需要在理事会中选择精通法律、财务等知识且独立性、权威性较高的理事专司监事职能,从而更好地履行监督职能。

专家参与机制。根据单位特点和工作需要,理事会可以下设咨询委员会或战略、审计、财务、薪酬与考核等专门委员会,其成员通过外聘或内选相关领域的专家代表组成,负责为理事会及管理层决策管理提供专业咨询建议并承担部分管理事务。在专业性强的单位如高校、研究院所等单位,可以将学术或专业决策权赋予相应的专业委员会(如学术委员会),体现专家治理要求。如2014年1月教育部制定的行政规章——《高等学校学术委员会规程》,其第二条明确要求"高等学校应当依法设立学术委员会,健全以学术委员会为核心的学术管理体系与组织架构;并以学术委员会作为校内最高学术机构,统筹行使学术事务的决策、审议、评定和咨询等职权。"这对于健全大学治理结构特别是"去行政化"、推进专家治校具有积极意义。当然,将上述要求落到实处尚需优化环境、形成机制,破除高校等机构长期形成的行政主导管理与运行模式。

民主管理机制。职工是事业单位重要利益相关者,建立职工民主参与机制应是完善法人治理的重要内容。对于职工民主参与机制问题,国家层面未做统一规定。广东省只是泛泛提出理事会决策应综合考虑职工(代表)大会有关决定和意见,职工(代表)大会可以选举1-2名代表进入理事会会议;深圳市、河南省则规定事业单位涉及全体职工切身利益的重大事项应当提请职工(代表)大会讨论或者审议(但未明确这种讨论、审议是否是理事会决策的前置条件)。同时,应进一步通过章程明确职工民主参与的作用、方式、程序,特别是对职工(代表)大会与理事会决策、行政负责人管理关系及协调运作机制进行规范。

(五)多样化选择

我国事业单位的类型、规模、职能、所属行业、运行方式、出资结构、责任机制等差异巨大,没有一种治理模式可将110多万个、3000多万职工的事业单位全部纳入其中。国外发达市场经济国家公共服务单位治理模式也是多样化的,我国改革决策部门曾推介的治理结构多达十八种(分别从职责权限、组织形态、机构设置、理事结构、政府影响、主管主体六个角度划分而成)。[①] 因此,在进行事业单位法人治理模式改革时,可以根据政府对不同事业单位的管理要求,不同事业单位的职能、特点、规模等,选择符合实际的治理模式。

第一,具有法人地位与不具备法人地位事业单位治理模式应分开。法

---

① 岳云龙、陈立庚:《事业单位法人治理结构问答(4)事业单位法人治理结构有哪些类型?》,《中国机构改革与管理》2013年第4期。

人治理结构主要适用事业单位法人;非法人事业单位在理论与实际地位上属于政府的特殊组成部分,可以依据行政机关组织法有关规范进行管理,也可在登记时即注册为非法人事业单位(目前尚无此规定,但可以探索建立这一制度;实际上,各地均有相当数量非法人事业单位存在);没有独立法人地位的事业单位更适宜行政首长负责制(一长制)。

第二,根据事业单位规模、工作性质、出资主体等,可以系统、全面分解决策权、执行权、监督权,设立理事会、管理层、监事会(监事)、职工代表大会、专业委员会等多个机构进行治理,也可仅设立理事会、管理层进行治理,其中"理事会+管理层"是目前改革政策主要倡导且简便易行的治理模式。至于多元出资主体、多个举办单位的事业单位,除了在章程款载明出资者、出资方式、金额、责任顺序等信息外,决策机构应吸纳上述出资者、举办者,并充分发挥出资者、举办者这些"关切度高"的利益相关者在治理中的作用。

第三,法人治理结构可以在事业单位层面建立(如高校);也可将多个事业单位整合,形成所谓"主管级事业单位"(类似香港职业训练局),在"主管级事业单位"层面设置理事会、建立法人治理结构,履行国有资产出资人、公益服务监管者职责,对所属事业单位实施综合管理。广东、河南等在这方面的创新与突破有重要意义:广东省规定"规模较小、业务相近的若干事业单位可设立一个共同的理事会。"河南省规定"一个举办单位下属几个规模小、业务范围相近的事业单位,可以两个或者两个以上单位组建一个理事会。"(上述规定进一步延展可以对"事业单位应当具备法人条件"要求带来挑战,有助于探索、创新事业单位法人制度体系。)由于在"主管级事业单位"层面形成法人治理结构,其下属各事业单位已难以称作独立法人(虽然依据现行法仍可将其看作是中国特色的"事业单位法人",但其独立性事实上已不存在),可不再设理事会,也可以设立仅具有咨询功能而非决策功能的理事会、管委会等机构。

第四,并非所有事业单位都有必要、有可能建立法人治理结构:单位都需形成良好治理机制,但单位(包括拥有理事会的单位)不一定都要成为法人。实际上,依照国(境)外惯例,我国多数事业单位难以成为独立行使权力、承担义务的法人实体,比如大多数中小学、乡镇"七站八所"等等。因此,不宜把在大多数事业单位建立法人治理结构作为政策目标,而应重点考虑:一是着力完善我国的法人制度、调整法人分类体系(如重新修改《民法通则》等),合理设定法人资格条件。二是将事业单位与事业单位法人分开,法人单位建立法人治理结构。三是非法人单位依据自身需要创新治理机制,或按照《指导意见》要求"不宜建立法人治理结构的事业单位,要继续完善现行管理模式。"

第八章 社会、政社关系与社会组织培育

　　形成中国特色公益服务体系要坚持着眼发展,充分发挥政府主导、社会力量参与和市场机制的作用。这需要在构建公益服务新格局中加快政府职能由办事业向管事业转变,理顺政社关系,形成政社分开、权责明确、依法自治的现代社会组织体制,培育发展社会组织、推进有条件的事业单位转为社会组织;特别是解决社会组织"志愿失灵"问题,促使社会力量由提供公益服务的"替代机制"向"优先机制"转化。

一、社会组织

　　当今时代,社会是与国家、市场并立的第三域,"'市民社会'的核心机制是由非国家和非经济组织在自愿基础上组成的。"①社会力量曾是公益服务的主要提供者。到了近代特别是现代福利国家形成后国家才逐步成为公益服务的主要提供者,但社会力量依然在公益服务中发挥着重要作用。计划经济时期我国形成国家包办、集中封闭的国家事业体制,社会力量逐步退出公益服务。改革开放以来,社会特别是作为其组织机制的民间组织获得较快发展,在反映诉求、规范行为特别是提供服务方面发挥着越来越重要的作用。实际上,自 1990 年代总量达到 130 万个、2000 年前后职工总数达到3000 万人,事业单位机构与人员基本停止了增长(膨胀),其重要原因是民间组织(特别是从传统事业体制剥离出来的民办非企业单位)快速发展,在

---

① ［德］尤尔根·哈贝马斯:《公共领域的结构转型》,学林出版社 1999 年版,"1990 年版序言",第29 页。

公益服务中发挥越来越大的作用。《指导意见》明确将"社会力量兴办公益事业的制度环境进一步优化"作为阶段性重要改革目标,又将构建公益服务新格局作为总体目标之一,因此,培育发展社会组织是构建中国特色公益服务体系的重要内容。

(一)发展历程梳理

民间组织古已有之,"公益事业的起源上溯到远古。"[1]"古籍中确实早就有神农时代日中为市的说法,周时就有肆行……"[2]近代以降,随着近代化进程推进、资本主义工商业发展,商会、慈善机构、学术团体乃至秘密结社等各类民间组织快速发展。其中不乏伴随帝国主义入侵而来的他国民间组织,或与国外有着密切联系的各类公益慈善机构,这些有海外背景的民间组织主要集中在济贫、医疗、教育、宗教等领域。[3]

1.1949—1978 年

建国伊始,政府开始对民间组织进行严格、有效的改造。经过短期彻底的清理和整顿,政府将旧时代遗存的民间组织吸纳进新的社会组织体系:一方面是一大批"封建组织"和"反动组织"被新政权加以取缔,其中既包括会党和反动政治团体,也包括有海外背景或带有浓厚封建色彩的互助组织和慈善组织,以及大批宗教性的民间组织。另一方面,通过民间组织的"政治化",使少量具有明显政治倾向的团体转化为政党组织——"民主党派",如中国民主同盟、九三学社等;还有不少教育、卫生等机构通过没收、改造、改组等方式,成建制或通过分拆融入其他机构保留下来,如协和医院、齐鲁大学等。在清理和整顿的同时,政府相应地制定了一些政策法规及内部文件,逐步形成了适应新政权要求、高度集中行政管理体制与计划经济体制的管

---

① 秦晖:《政府与企业之外的现代化——中西公益事业史比较研究》,浙江人民出版社 1999 年版,第 101 页。

② 王日根:《中国会馆史》,东方出版中心 2007 年版,第 31 页。

③ 据蔡勤禹等考察:1898 年,德国强迫清政府与其签订《胶澳租借条约》后,形成德租胶澳当局与社会"共同举办公益事业的格局"。德租胶澳当局、传教士兴办了一些教育、医疗、卫生防疫、善款募集等慈善事业;而国人也建立红十字会、三大会馆(齐燕会馆、三江会馆、广东会馆)等民间组织。蔡勤禹、张家惠:《青岛慈善史》,中国社会科学出版社 2014 年版,第 23—46 页。

理制度体系。如1950年9月,中央人民政府政务院制定并发布建国后第一个关于公民结社的行政法规《社会团体登记暂行办法》,随后的1951年3月,中央人民政府内务部颁布了《社会团体登记暂行办法实施细则》。上述办法及实施细则采取列举法对社会团体进行定义,规定了社会团体的类别,登记的范围、程序、原则,确立了分级管理的管理体制。经过清理整顿以后,我国的社会团体在20世纪50年代到60年代中期出现了一个较好的发展态势,一些体现政府意志、具有官办色彩的社会团体建立起来,1965年全国性社会团体由解放初期的44个增长到近100个,地方性社会团体更是发展到6000多个。① 十年动乱期间,民间组织监管体制遭到破坏,民间组织发展陷入停滞。

2. 1978—2003年

改革开放以来,随着社会转型不断加速,公共部门改革不断深入,三元社会结构开始形成,社会组织进入良好发展时期。党政机关、企业社团、公民个人及国外机构积极参与结社活动,使得20世纪80年代社会团体的数量呈现快速增长态势。除社会团体外,1981年7月成立第一家民间公益基金会组织——中国儿童少年基金会。此外,随着对外开放不断深化,国外商会开始在我国出现。为更加强基金会、外国商会的管理并促进其规范健康发展,国务院分别于1988年9月、1989年6月发布了《基金会管理办法》、《外国商会管理暂行规定》。1989年10月,国务院公布了《社会团体登记管理条例》,该条例明确了民政部门统一登记、双重负责、分级管理等原则,着力将民间组织发展纳入法制化轨道。

1992年后,我国明确经济体制改革的目标是建立社会主义市场经济体制,进一步确立了"小政府、大社会"的改革方向。社会转型与体制转轨不断加快,政府职能转变与行政体制改革不断深化,为民间组织发展提供了良好的社会环境与宽广的职能空间,民间组织进入快速增长时期。实际上,早在1990年代初期Gordon White等国外学者就观察到我国社团的涌现可能

---

① 王名:《非营利组织管理概论》,中国人民大学出版社2002年版,第42页。

预示着公民社会的崛起。[①] 如全国性基金会整个 1980 年代仅仅成立了 6 个,而 1990 年代前四年就成立 46 个(多为 1992 年以后成立的)。[②] 到 1998 年底,全国性社会团体达到 1800 多个,地方性社会团体总数达 16.56 万个。民办非企业单位也在 1990 年代晚期正式走上历史舞台并且快速发展。随着"小政府、大社会"改革不断深化,国家也逐步确定了"监督管理与培育发展并重"原则,力图在有效监督管理的条件下,不断延展培育发展的范围、加大培育发展的力度。

3. 2004 年至今

2004 年是中国民间组织发展史具有里程碑意义的年份。该年召开的中共中央十六届四中全会作出了《中共中央关于加强党的执政能力建设的决定》。该决定立足加强党的执政能力建设,一是明确了民间组织功能定位:要求"发挥社团、行业组织和社会中介组织提供服务、反映诉求、规范行为的作用,形成社会管理和社会服务的合力"。二是明确了社会管理格局:"建立健全党委领导、政府负责、社会协同、公众参与的社会管理格局。"民间组织作用得到前所未有的重视、地位得到前所未有的提高。同年,《基金会管理条例》颁行,作为非营利性法人的基金会从社会团体独立出来,成为一类独立的社会组织。

2006 年召开的中共中央十六届六中全会做出《中共中央关于构建社会主义和谐社会若干重大问题的决定》,该决定将长期沿用的"民间组织"概念规范为"社会组织",使拘泥于官民关系范畴并时常从官民对立视角理解的"民间组织",更名为中性化的"社会组织"概念,从而使社团等组织、结社等活动更便于为各方接受。同时,该决定从构建社会主义和谐社会高度,进一步提出"健全社会组织,增强服务社会功能。坚持培育发展和管理监督并重,完善培育扶持和依法管理社会组织的政策","鼓励社会力量在教育、科技、文化、卫生、体育、社会福利等领域兴办民办非企业单位。发挥行业协

---

① White, G. , "Prospects for Civil Society in China: A Case Study of Xiaoshan City, "The Australian Journal of Chinese Affairs, 1993(29):63 - 87.

② 陈金罗:《社团立法和社会管理》,法律出版社 1997 年版,第 51 页。

会、学会、商会等社会团体的社会功能,为经济社会发展服务。发展和规范各类基金会,促进公益事业发展","发挥……社区民间组织……在社区建设中的积极作用","推进政事分开,支持社会组织参与社会管理和公共服务","引导各类社会组织加强自身建设,提高自律性和诚信度"等。

党的十七大把发展社会组织放到全面推进社会主义经济建设、政治建设、文化建设、社会建设"四位一体"的高度,对其功能地位、建设管理等进行了更全面而系统地阐述。党的十八大进一步明确提出,要创新社会管理,加快形成党委领导、政府负责、社会协同、公众参与、法治保障的社会管理体制,加快形成政府主导、覆盖城乡、可持续的基本公共服务体系,加快形成政社分开、权责明确、依法自治的现代社会组织体制。指导思想的明确、功能作用的肯定,进一步促进了政策体系的完善,推进了社会组织快速增长。

(二)培育发展现状

1996 年有 150 万个非营利组织在美国国内收入署注册,管理大师彼得·德鲁克在统计了雇员和志愿者的情况后,认为非营利组织是"美国最大的就业部门"。① 而莱斯特·萨拉蒙更是认为在美国,第三部门实际上已经成为"提供集体商品的优先机制"。我国社会组织的规模及功能虽不能与经历数百年发展的美英等国相比,但改革开放以来,经过 30 多年培育发展,社会组织已成为规模可观、作用重要的部门。

1. 组织规模

近 10 多年间,社会组织几乎每年以 10% 左右的速度增长。截至 2013 年底,全国共有社会组织 54.7 万个,比上年增长 9.6%;吸纳社会各类人员就业 636.6 万人,比上年增加 3.8%;形成固定资产 1496.6 亿元;社会组织增加值为 571.1 亿元,比上年增长 8.7%,占第三产业增加值比重为 0.22%;接收各类社会捐赠 458.8 亿元。②

---

① 史密斯 – 巴克林协会:《非营利管理(第二版)》,中信出版社 2004 年版,前言。
② 《民政部发布 2013 年社会服务发展统计公报》,http://www.mca.gov.cn/article/zwgk/mzyw/201406/20140600654488.shtml。

表 8 - 1　全国社会组织数量增长情况（2001 年至 2013 年）单位:万个

类别	2001	2002	2003	2004	2007	2009	2011	2012	2013
社会团体	12.9	13.3	14.2	15.3	21.2	23.9	25.3	27.1	28.9
民非单位	8.2	11.1	12.4	13.5	17.4	19	20.2	22.5	25.5
基金会（个）			954	892	1340	1843	2510	3029	3549

资料来源:《2009 年民政事业发展统计报告》、《2013 年社会服务发展统计公报》

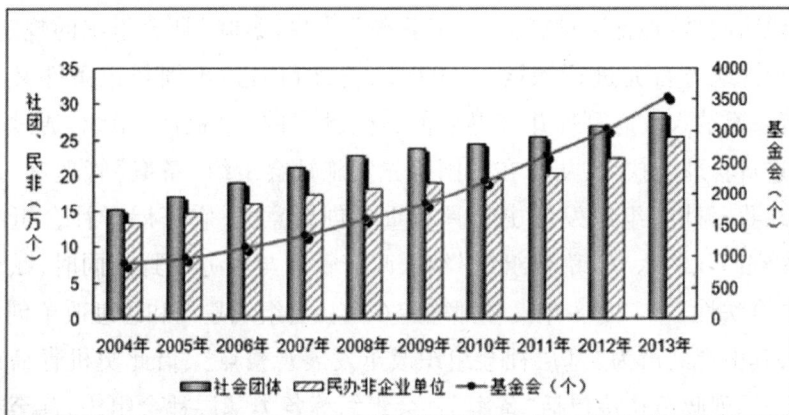

资料来源:《2013 年社会服务发展统计公报》

图 8 - 1　2004—2013 年社会组织发展情况①

　　除上述正式登记社会组织外,尚有更大数量通过"备案"等方式纳入政府管理视野的"草根性"组织,以及完全游离于政府直接管理的社会组织。一些研究表明:2008 年经过政府登记注册的民间组织有 413597 个,这只占全部民间组织的一小部分,有学者指出我国的民间组织至少在 300 万个以上,②有学者认为包括注册社会团体、注册民非③、未注册民非、八大人民团

① 《民政部发布 2013 年社会服务发展统计公报》,http://www.mca.gov.cn/article/zwgk/mzyw/201406/20140600654488.shtml。
② 俞可平等:《中国公民社会的制度环境》,北京大学出版社 2006 年版,第 12 页。
③ 社团是社会团体的简称,而民非、民非单位、民办非企业均是民办非企业单位的简称。

体、其他准政府社团、草根组织等在内的我国民间组织总计8200004个。①

　　以青岛市为例,青岛市在全国最早以市政府文件形式发布了《青岛市关于鼓励社会力量兴办民办非企业单位的若干意见》,在全国率先制定"十二五行业协会发展规划"。此外,通过政府购买服务等方式扶持社会组织发展,2012年度社会组织通过政府购买服务获得资金仅纳入财政部门统计的就有7147万元。截至2009年6月20日,青岛市共有社会组织8132,正式登记社会团体1965家,民办非企业单位4245家,备案社会组织1922个。需要说明的是:现行法没有关于"备案制"及"备案制"社会组织的规定,但国家允许地方首先进行探索。2002年,青岛市对达不到登记条件又有必要、有意愿纳入政府管理并获得某种"合法性"的"草根性"组织,通过备案方式进行管理及扶持,从而在全国率先实施社会组织"备案"管理。② 这一创新在我国社会组织发展史上具有重要创新意义,它拓展了社会组织的"制度空间",将大量"草根组织"纳入政府管理与服务视野的同时,赋予其某种"合法性"。③ 2008年民政部确定6个社会组织建设和管理改革创新观察点,其中青岛市为"基层社会组织改革发展观察点",借此契机青岛市又制定一系列政策扶持包括"备案"社会组织等各类基层社会组织,甚至在政府购买服务中对于这些不具备法人资格的草根组织以以奖代补等方式予以资金等支持。因此,青岛市社会组织发展迅速:截至2013年6月30日,共有社会组织11154,其中注册登记社会团体1556个,民办非企业单位4302个,备案社会组织5296个。④ 与四年前相比,登记社会组织数量虽有所下降,但备案社会组织增长迅速。

---

① 何建宇、王绍光:《第六章　中国式的社团革命——对社团全景图的定量描述》,载高丙中、袁瑞军主编:《中国公民社会蓝皮书2008》,北京大学出版社2008年版,第162页。
② 2002年3月笔者与青岛市民间组织管理局三人一同到民政部民间组织管理局汇报青岛市准备在全国率先建立"备案制"、对社会组织开展备案工作,在得到口头认可后开始实施上述工作。
③ 陈金罗等:《中国非营利组织法的基本问题》,中国方正出版社2006年版,第26—27页。
④ 基金会在省一级民政部门登记管理,故青岛市已有6个基金会,但不在市民政部门登记管理范围。

2.内部结构

我国社会组织的组织内部结构随经济发展、社会变迁与社会组织发展而不断变化,同时,各类组织划分标准也不断变化。改革开放之初,民间组织主要是社会团体一种类型,基金会当时属于社团法人。而根据《外国商会管理暂行规定》,外国商会是指外国在中国境内的商业机构及人员依照本规定在中国境内成立,不从事任何商业活动的非营利团体。

目前,除非正式登记组织外,我国的社会组织主要由社会团体、民办非企业单位、基金会构成。社会团体最初分为学术性团体、行业性团体、专业性团体、联合性团体四大类。1998年国家通过立法确立民办非企业单位这一组织类型,民政部1999年发布的《民办非企业单位登记暂行办法》第四条规定:举办民办非企业单位,应按照下列所属行(事)业进行登记:教育事业、卫生事业、文化事业、科技事业、体育事业、劳动事业、民政事业、社会中介服务业、法律服务业、其他。这构成民办非企业单位最初的十大类。

1988年出台的《基金会管理办法》第二条规定:"本办法所称的基金会,是指对国内外社会团体和其他组织及个人自愿捐赠资金进行管理的民间非营利性组织,是社会团体法人。"尽管为了便于管理和统计,可以将基金会分为全国性和地方性,及按照行业划分为文化教育、科学研究、体育卫生、文学艺术、社会福利、环境保护、其他七类。[①] 但这并不是严格的科学分类体系。2004年《基金会管理条例》出台后,基金会从社会团体中独立出来成为非营利性法人,该条例将基金会分为公募基金会与非公募基金会两类。2006年,政府组织主管部门立足我国社会组织发展实际,并借鉴国际经验重新设计社会组织分类体系,其主要突破是不再将社会团体与民办非企业单位单独进行分类,而是建立覆盖面更大、更具规范性并便于与国际接轨的分类体系。表8-2是依据新的分类标准对各类社会组织的统计情况。

---

① 陈金罗:《社团立法和社会管理》,法律出版社1997年版,第51页。

表 8 - 2　各类社会组织数量变化情况(2007 年至 2013 年) 单位:个

社会组织类型	社会组织类别	2007 年数量	2008 年数量	2013 年数量
社会团体	工商服务业	17747	20945	31031
	科技研究	17615	19369	17399
	教育	14794	13358	11753
	卫生	11129	11438	9953
	社会服务	24588	29540	41777
	文化	16690	18555	27115
	体育	10685	11780	17869
	生态环境	5330	6716	6636
	法律	3361	3236	3264
	宗教	3413	3979	4801
	农业及农村发展	36142	42064	58825
	职业及从业组织	15080	15247	19743
	国际及其他涉外组织	467	572	481
	其他	34620	32882	38379
民办非企业	工商服务业(商务服务类)	2059	2068	5625
	科技研究	8867	9411	13729
	教育	84077	88811	145210
	卫生	29188	27744	21234
	社会服务	24077	25836	36698
	文化	5578	6505	11694
	体育	5343	5951	10353
	生态环境	345	908	377
	法律	855	862	
	宗教	247	281	94
	农业及农村发展	931	1166	
	职业及从业组织	1251	1441	
	国际及其他涉外组织	3	21	4
	其他	11094	11377	9652

基金会	公募基金会	904	943	1378
	非公募基金会	436	643	2137
	涉外			8
	境外基金会代表机构			26

根据《2007 年民政事业发展统计报告)》、《2008 年民政事业发展统计报告)》、《2013 年社会服务发展统计公报》整理。

3.民办非企业单位

民办非企业单位是从传统事业体制剥离出来的实体性民办公益服务机构,是我国特有的、名称及治理等方面尚未定型的社会组织,也是社会力量发展公益服务的主要组织形式。

A.形成及名称

历史上,教育、科学、文化、卫生、慈善等公益服务多由民间力量提供。"行政国家"特别是"福利国家"兴起后,国家大量介入公益事业领域。首先,社会化大生产导致社会分工不断深化,普及教育、科技进步等成为经济社会发展的重要基础,高素质人力资源成为经济社会发展的第一资源,科学研究、教育、文化、医疗保健等事业逐渐进入政府公共政策领域,政府以国家机制配置事业资源、发展公益事业。其次,由经济市场化推动的政治民主化,使接受教育、享受基本社会保障、参与科学文化体育活动等成为公民的基本权利,公平合理配置事业资源,满足公民日益增长的公益服务需求成为现代政府的一项基本职能。再次,由于科学、教育、卫生、社会保障等事业规模日益增大,投资需求日趋庞大,民间力量难以承担复杂、庞大的公益事业发展要求,只能由政府承担起越来越重的公益事业发展职能。最后,就我国而言,建国后我国将公益服务变成国家事业,形成国家包办的公益事业发展模式,民办公益事业近于绝迹;改革开放以来,社会力量开始大量介入公益事业领域并逐步成为提供公益服务的重要力量。

计划经济时期,我国的公益事业主要由国家举办、财政供养,"两公"(公有制、公益性)是其主要特征。改革开放以来,伴随着经济体制、行政体制、社会体制的改革不断深入,我国公益事业发生重大变革,国家事业开始向公益服务转型。在这一过程中,社会事业领域的组织形式由事业单位一统天下,向各种组织类型、各种所有制形式并存方向发展,越来越多的公民个人、企事业组织和其他社会力量投入到教育、科技、文化、卫生等公益事业,打破了传统的国家包办事业格局。其中,社会力量以及公民个人利用非国有资产举办的教育、科技、文化、卫生等公益事业逐步增多,并在传统事业体制外形成了一类特殊、具有中国特色的非营利性公益服务组织,即“民办非企业单位”。民办非企业单位最初的名称是“民办事业单位”,①一些地方对社会力量举办、不需财政供养与事业编制的公益服务组织,约定俗成地称为“民办事业单位”,后来政府主管部门(机构编制管理部门)接受这一名称。1996 年 8 月《中共中央办公厅、国务院办公厅关于加强社会团体和民办非企业单位登记管理工作的通知》(中办发[1996] 22 号)首次出现民办非企业单位提法,其背景是党中央、国务院将这类组织由机构编制部门登记管理转交民政部门登记管理,为区别事业单位而形成上述提法。国务院1998 年 10 月 25 日颁布《事业单位登记管理暂行条例》、《民办非企业单位登记暂行条例》两个行政法规,首次明确了民办非企业单位作为一类社会组织的法律地位并将其与事业单位区别开来。《民办非企业单位登记管理暂行条例》规定,所谓民办非企业单位,是指企业事业单位、社会团体和其他社会力量以及公民个人,利用非国有资产举办的从事非营利性社会服务活动的社会组织。至此,事业单位(即国有事业单位)、民办非企业单位(即民办事业单位)明确分为两种组织,并分别在两个管理部门(机构编制管理与民政部门)进行登记管理。因此,从法律意义上说,事业单位仅指国有事业单位,而所谓的“民办事业单位”则获得新的名称、成为社会组织新的组

---

① 国务院国务院法制办政法司、民政部民间组织管理局编著:《〈社会团体登记管理条例〉〈民办非企业单位登记管理暂行条例〉释义》,中国社会出版社 1999 年版,第 5 页。

织类型——民办非企业单位。①

B. 功能及特征

民办非企业单位是我国社会组织体系中的一部分,是主要运用专业知识和技能服务于社会的非营利性组织;主要功能是面向社会,为满足人们的社会公益需要而开展服务;其组织形式是以某种被赋予社会公益目的的财产为基础,具有稳定组织架构、可持续提供服务的实体性组织。相对于其他组织,民办非企业单位具有民间性、公益性、实体性、服务性等特征。

第一,民间性。民间性是对民办非企业单位设立主体和资产性质的规范,是民办非企业单位的本质特征,是与事业单位的主要区别。首先,从举办主体看,民办就是相对于国办或政府办,而事业单位是国家举办的。民办非企业单位中的"民"不是单指某一个体,它是一个集合概念,即除政府以外的单位和个人,包括企业事业单位、社会团体和其他社会力量以及公民个人。其次,民办非企业单位是利用非国有资产举办的,事业单位是利用国有资产举办的。国有资产是属于国家的一切财产和财产权利的总称,主要包括资源性资产、经营性资产、行政事业性资产三大类。非国有资产是指国有资产以外的其他财产形式,可以是个人财产、集体所有的财产,也可以是国外的资产。需要说明的是,"利用非国有资产"是指主要利用非国有资产,而不是不允许有国有资产的成分,但国有资产不能占主导、支配地位(有关政策规定民办非企业单位的国有资产不得超过总资产的三分之一)。

第二,公益性。也可称为非营利性,这是民办非企业单位另一个本质特

---

① 民办非企业单位这一名称是在我国经济体制转轨时期提出的,当时提出的"民办非企业单位"名称仅仅是为了和国办事业单位相区别。随着社会主义市场经济体制的不断完善,"民办非企业单位"这一名称的弊端日益显现。首先,"非企业单位"仅仅说明这类单位不是什么(不是"企业单位"),但并未揭示这类单位是什么,例如,从广义上理解,社会团体也可以算作民办的非企业性质的单位,因此这一称谓与其实际内涵有很大差异,极易产生误解;另外,这个名称既不与国际接轨,也未能与我国现有的社会组织类型相衔接,不易被公众理解、接受,给民办非企业单位的发展带来不便。为此,管理部门和学术界探讨修改这一概念,如改回"民办事业单位"等。主管部门的一个思路是通过修改《民办非企业单位登记管理暂行条例》将其改称"社会服务机构"。

征,是与企业的根本区别。公益性将其定位于从事一定的社会公益事业、以服务社会为主要目的,进而要求限制民办非企业单位从事经营性活动。企业是以营利为目的的市场主体,宗旨是通过经营活动而获得利润,营利是建立并经营企业的出发点、也是企业生存与发展的基础。民办非企业单位作为提供公益服务的非营利社会组织,其所提供的服务具有社会公益事业性质,目的是为了社会的公共利益和促进社会的进步与发展,而不是为了营利。当然,非营利性不等于民办非企业单位在开展业务活动时不能产生收入甚至盈余,但上述收入乃至盈余只能用以发展公益事业,而不得在出资者与管理者之间进行分配。民办非企业单位的非营利性既体现在它章程规定的目的和宗旨上,也体现在它区别于企业的财务管理和财产分配等方面,如企业的盈利可以在成员中分红,清算后的财产可以在成员中进行分配,而民办非企业单位的盈余和清算后的剩余财产则只能用于社会公益事业,不得在成员中分配。

第三,实体性。民办非企业单位既非其他社会组织的内设机构或附属机构,也非出资者拥有所有权的组织。作为独立的他律组织、公益服务组织,是依据章程规定从事某种经常性、连续性服务的实体性服务组织。这是民办非企业单位有别于社会团体的一个重要特征。社会团体是指由公民自愿组成的会员制的组织,其组织结构具有松散性,活动具有不定期性。和社会团体相比,由于民办非企业单位是面向社会开展连续的、经常性的服务,其组织结构具有适应上述服务要求的实体性、稳定性特点。

第四,事业性。也可称为服务性。民办非企业单位主要从事公益事业范围的社会公益服务活动,与事业单位活动领域相近。由于公益服务领域比较广泛,所以民办非企业单位所涉及的领域也比较宽且范围在不断扩大。从目前民办非企业单位的分布来看,主要分布在教育、科研、文化、卫生、体育、法律服务、社会福利事业等社会事业领域,其服务内容涉及多个行业、多类公益服务,并在上述众多领域发挥着其他组织所不能替代的作用。

C. 规模及分类

民办非企业单位与社会团体、基金会是我国社会组织的主体部分。

1996 年机构编制管理部门将民办事业单位转交民政部门登记管理时,曾粗略测算出民办事业单位大约有 70 万家左右。从 2000 年开始,民政部门对民办非企业单位进行了复查登记工作,民政部门有关人员在此基础上经过进一步分析,依据当时已经登记了的 10 万个单位为基础,考虑到某些机构相关政策尚未确定是否进行民办非企业单位登记(如全国 637084 个村设置的医疗点、大量村办中小学是否登记等),估算出应该有 30 到 40 万家左右民办非企业单位。① 近年来民办非企业单位数量日益增多,到 2013 年已达 25.5 万个,成为仅次于社会团体的社会组织。

民办非企业单位最初大致参照事业单位进行分类,如登记时要求"按照下列所属行(事)业进行登记",注意行业中加一个"事"字,反映其与事业单位的联系。这一分类标准与事业单位传统分类接近。依据我国事业单位业务范围的传统划分,与民政部发布的《民办非企业单位登记暂行办法》对民办非企业单位登记申请分类规定,可找出两者活动领域的对应关系:

表 8 - 3　事业单位与民办非企业单位活动领域

事业单位	民办非企业单位
1、教育事业	1、教育事业;
2、科研设计事业	4、科技事业;
3、文化艺术事业 4、新闻出版广播电视事业	3、文化事业;
5、卫生事业	2、卫生事业;
6、体育事业	5、体育事业;
7、农、林、牧、水事业	
8、城市公用事业	
9、社会福利事业	7、民政事业;
10、交通事业	
11、机关附属事业	

---

① 赵泳、刘宁宁:《全国民办非企业单位数量分析》,《中国民政》2003 年第 4 期。

12、其他事业	10、其他
	8、社会中介服务业 9、法律服务业 6、劳动事业

通过表8-3所列的活动领域,可以确认事业单位与民办非企业单位的对应关系:两者涉及的服务活动皆属社会事业领域。其中,两者分类有些细微差异:一是农、林、牧、水事业大致属于科技推广与应用活动,可纳入广义科学研究领域;二是其他事业单位包括在民办非企业单位的社会中介服务、法律服务、其他等类别;三是现已取消的劳动事业部分属于教育(劳动技能培训),部分(社会保障等)属于社会服务类;四是民政事业大致对应事业单位的社会福利事业,现在属于社会服务类。据民政部统计,2003年,我国民办非企业单位共124491个,教育、卫生、民政、科技、文化、体育数量位列前茅:教育62776、卫生26795、文化2811、科技4522、体育2682、民政7792、社会中介组织1777、法律728、其他5571个,教育类单位占到总数的50.4%。[①]

为了加强分类指导,更好地与国民经济行业分类标准及国际社会组织分类标准衔接,民政部从2007年开始按照新的分类对社会组织进行统计。2013年,25.5万个单位的民办非企业单位体系中,教育、社会服务、科学研究、卫生、文化、体育位列前六位,分别是145210(接近总数的57%)、36698、21234、13729、11694、10353个。这与事业单位内部结构相近,事业单位传统上以教科文卫体为基本服务领域,教育、卫生和农技服务(也称农林水事业,主要是科技推广与服务)三大类为主,上述三大类单位从业人员相加大致上占总人数的3/4(仅教育系统人员接近一半)。区别是民办非企业单位中社会服务类单位比例高于事业单位,其原因一是由于公益慈善、社会福利、敬老托老、社区服务等社会服务的发展与经济社会发展呈正相关关系,近些年发展迅速,而事业单位机构编制停止增长后难以大量吸纳上述事

---

① 《民办非企业单位一》、《民办非企业单位二》,http://www.chinanpo.gov.cn/2204/15477/yjzlkindex.html,http://www.chinanpo.gov.cn/2204/15477/nextyjindex.html。

业；二是上述社会服务更适合"以志愿求公益"的民间公益机构承担，故2003到2013年间，社会服务类民办非企业单位由位列第三提升到第二。

从国际范围看，我国民办非企业单位的内部结构与国际也是"接轨的"。美国约翰——霍布金斯大学莱斯特·M.萨拉蒙教授组织多国学者对22个国家进行研究，在1990年代研究涉及的22个国家全部非营利部门的内部结构是："全部非营利就业的2/3集中在三个福利服务的传统领域：教育占30%；卫生健康占20%；社会服务占18%。"①因而，教育、社会服务类组织在民间公益机构所占比重大于体制内事业单位所占比重实属正常。

（三）关系模式调整

理顺政社关系是培育发展社会组织、构建公益服务新格局的重要前提。广义的社会是国家与社会二分意义上的社会，包括国家之外的市场、社会；狭义的社会是指政治国家、市场经济之外的社会领域。构建公益服务新格局的重点是在政府主导下积极引导社会力量参与并发挥其作用，而这需要通过实施政社分开、调整政社关系模式，为社会力量积极参与、发挥作用创造条件。

现代意义的结社自由包括公民不需事先审批认可而为实现自己利益、满足自身需要建立一定社会组织的权利，因而，社会组织应是基于结社自由而由社会自身生成的，其存在与发展具有独立的价值。但必须承认，结社自由实现、结社行为发生需要一定的政治、经济、社会、文化条件。计划体制下形成的"强国家、弱社会（或无社会）"的"总体性社会"，既缺乏民间组织生存与发展的职能空间，也不存在有助于民间结社培育与成长的制度环境。因此，只是在改革开放后市场经济发展，特别是政府由全能型、管制型政府向有限型政府、服务型政府转型，在实行政企、政事特别是政社分开基础上，社会组织发展才具有相应的职能空间与制度环境。因此，一定的政社关系模式导致一定的社会组织生存状态与发展模式，而政社分开是社会组织发

---

① ［美］莱斯特·M.萨拉蒙等：《全球公民社会——非营利部门视野》，社会科学文献出版社2002年版，第18页。

展的重要条件。在不同时期、不同国家,政府与社会存在多种关系模式。总体上看,我国的政社关系正处在由控制型、放任型、合作型三种关系模式并存向合作型主导的关系模式变迁过程中。

1. 三种模式

控制型模式曾是政社关系的主导模式。建国初期,围绕新政权巩固与社会主义建设事业的推进,政府对旧时代遗留的民间组织进行了彻底改造,并制定了一些政策法规,规定了社会团体的类别及登记的范围、程序、原则,确立了分级管理体制与严格的管控制度。

改革开放促使我国的经济、政治、社会以及人的思想观念发生了巨大变化,在整个20世纪80年代政府对民间组织的严格管控有所放松,社会团体的数量快速增长。1989年10月,国务院公布了《社会团体登记管理条例》,该条例明确了民政部门统一登记、双重负责、分级管理等原则,着力将民间组织发展纳入法制化轨道。1992年后,我国进一步明确"小政府、大社会"改革方向与建立社会主义市场经济体制目标,适应社会转型、体制转轨的合作型关系模式初现端倪。2004年召开的党的十六届四中全会首次明确提出"建立健全党委领导、政府负责、社会协同、公众参与的社会管理格局",并要求发挥各类民间组织"提供服务、反映诉求、规范行为"的作用,"形成社会管理和社会服务的合力"。至此,以培育发展为主导性政策、以建立政社合作关系为目标的,新型的政府与民间组织合作型关系模式建立起来。

我国宪法明确结社权是公民基本权利。目前,经过政府登记取得行政合法性的50万多个社会组织,只占全部民间组织的一小部分。这意味着未经事先审批而成立的社会组织是广泛存在的。大量未登记民间组织的存在至少表明:一是政府采取某种放任态度,默认或忽视如此多未登记民间组织的存在;二是政府采取不接触、不承认、不取缔等边缘化政策,对其存在视而不见。究其原因:一是在社会转型过程中政府无暇也无意控制所有的民间关系与民间结社活动;二是这些民间结社、民间关系以不同方式、不同程度获得了法律、政治、行政或社会文化传统的"合法性",或是取得其中某一方面的"合法性"如社会认可。有鉴于此,一些地方通过"备案"等方式将未登记组织纳入政府管理视野,赋予其一定合法性,引导其发挥"正能量"。这表征着放任型关系模式或明或暗、或大或小存在于政社关系之中。而恰恰是放任型关系模式使得我国民间组织的"制度空间"远远小于"实际空间":"这里所说的'制度空间',就是按照民间组织管理法规合法存在的空间;'实际空间'即是民间组织现实的存在空间。"①但从社会发展的宏观视野看,这一关系模式深刻反映了在社会转型与体制改革不断深化背景下,民间关系日趋丰富、民间结社日趋密集、民间公共领域日趋扩展的客观趋势。

透析政社三重关系模式并存表象与演变趋势,可以发现我国社会治理政策的积极变化:从改革开放之初政府鼓励或放任民间组织发展,到党的十六届四中全会明确社会管理格局与各类民间组织职能定位,再到党的十八大对政府职能转变明确提出政社分开要求,在社会管理体制创新中要求"加快形成政社分开、权责明确、依法自治的现代社会组织体制";期间虽也发生过清理整顿、严格限制等管控做法,但民间组织的"制度空间"与"实际空间"总体上均在不断扩展。从另一方面看,正是政策方面的变化促成政社关系调整,并形成政社关系、社会组织的发展演变现状与趋势:一是社会组织快速发展并在多方面发挥着越来越重要的作用;二是社会存在着某些一定程度脱离严格控制、政府有意无意"视而不见"的结社活动,使社会组织的"制度空间"目前依然小于"实际空间";三是观念、体制、环境等方面制约因素依然存在,控制型、放任型关系模式还在直接或间接发挥作用,但国家与社会合作型关系模式日益成为主导模式。

由此,笔者不同意以下说法:"社团数量的增长,并没有带来政府职能的真正转变,'小政府、大社会'的格局并没有出现,结果政府没有小,社会也没有大。""社团的数量增长和中国公民社会的生成之间并没有出现正相关"。②政府或许"变小"没有人们预期那么快,但经过七轮机构改革,政府职能转变持续推进、政府机构膨胀现象减少、财政供养人数基本停止了增长

---

① 俞可平等:《中国公民社会的制度环境》,北京大学出版社 2006 年版,第 31 页。
② 刘培峰:《结社自由及其限制》,社会科学文献出版社 2007 年版,第 12、13 页。

……由此导致市场、社会获得更大的职能空间,公民个人行为(包括结社)自由度增大。特别是党的十八大召开以来,政府职能转变加快,审批制度改革推进,权力清单制度建立,政府购买服务普遍推开,国家明确通过简政放权推进政府职能向社会组织转移①……凡此种种,至少使社会包括其组织机制的各类社会组织正在不断"变大",而社会"变大"又进一步促进政社关系调整与政府改革纵深推进。

2. 发展趋势

党的十八大要求必须加快推进社会体制改革,要加快形成党委领导、政府负责、社会协同、公众参与、法治保障的社会管理体制,加快形成政府主导、覆盖城乡、可持续的基本公共服务体系,加快形成政社分开、权责明确、依法自治的现代社会组织体制,加快形成源头治理、动态管理、应急处置相结合的社会管理机制。由于社会建设、社会治理与社会组织发展存在相关性,社会体制改革特别是政社分开的明确对政社关系调整具有重大意义。例如,党的十七大提出政府职能转变要实现四个分开之一是政府与市场中介组织分开,而党的十八大把政府与市场中介组织分开的提法变为政社分开:市场中介组织只是中介组织、社会组织的一部分,当社会组织发展到一定程度,政府与内含社会组织的社会整体分开就成为必然的政策要求。

党的十八届三中全会做出的《关于全面深化改革若干重大问题的决定》,明确全面深化改革的总目标是完善和发展中国特色社会主义制度,推进国家治理体系和国家治理能力现代化。实现上述目标必须处理好政府和市场的关系,使市场在资源配置中起决定性作用和更好发挥政府作用。同时,还从全面深化改革高度重视社会组织建设,并将其纳入推进国家治理体系和国家治理能力现代化体系之中,要求创新社会治理体制,正确处理政府和社会关系,加快实施政社分开,激发社会组织活力;明确社会组织明确权责、依法自治、发挥作用的总要求,并在诸多领域对社会组织培育发展与依

① 《国务院秘书长作机构改革方案说明实录》,http://news. sina. com. cn/c/2013 - 03 - 10/112126486755. shtml。

法管理作出具体规范与要求。①

特别是在加快事业单位分类改革方面,将社会组织发展与事业单位改革有机结合,明确提出"推进有条件的事业单位转为企业或社会组织。"从而以事业单位三分法分类为基础,扩展出四个方向的改革战略,拓展了构建公益服务新格局的视野。

因此,从发展走向分析,控制型、合作型、放任型关系模式并存状况还将会存续一定时期。但2004年后国家政策越来越倾向于培育发展,特别是将社会组织建设与管理纳入"五位一体"社会发展总体布局,并通过备案制等一系列制度创新不断赋予登记外民间组织一定合法性,缩小"制度空间"与"实际空间"的差距。同时,政府自身不断提高对社会组织管理、监督能力,严厉控制与放任主义将逐步弱化,合作型关系模式将是政社关系的基本走向。这为构建公益服务新格局奠定更坚实基础,为积极引导社会力量参与公益服务提供更广阔空间。

3.改革创新

按照党中央、国务院部署,民政部门提出"到2020年,建立健全统一登记、各司其职、协调配合、分级负责、依法监管的社会组织管理体制,营造法制健全、政策完善、待遇公平的社会组织发展环境,构建结构合理、功能完善、诚信自律、有序竞争的社会组织发展格局,形成政社分开、权责明确、依

---

① 在社会建设方面,适合由社会组织提供的公共服务和解决的事项,交由社会组织承担;支持和发展志愿服务组织;限期实现行业协会商会与行政机关真正脱钩,重点培育和优先发展行业协会商会类、科技类、公益慈善类、城乡社区服务类社会组织,成立时直接依法申请登记;加强对社会组织和在华境外非政府组织的管理,引导它们依法开展活动。在社会事业发展方面:深入推进管办评分离,委托社会组织开展教育评估监测;健全政府补贴、政府购买服务、助学贷款、基金奖励、捐资激励等制度,鼓励社会力量兴办教育。鼓励社会办医,优先支持举办非营利性医疗机构;社会资金可直接投向资源稀缺及满足多元需求服务领域,多种形式参与公立医院改制重组;允许民办医疗机构纳入医保定点范围。完善慈善捐助减免税制度,支持慈善事业发挥扶贫济困积极作用。在文化建设方面,鼓励社会力量、社会资本参与公共文化服务体系建设,培育文化非营利组织。鼓励社会组织、中资机构等参与孔子学院和海外文化中心建设,承担人文交流项目,进而提高文化开放水平。

法自治的现代社会组织体制。"①社会组织改革创新涉及诸多内容,核心是创新和完善综合监管体系、优化发展环境、加强自身建设;其组织范围包括社会团体、基金会、民办非企业单位及各类未登记"草根组织"。由于民办非企业单位是社会组织提供公益服务的主要类型,探索出一条具有中国特色的现代社会组织发展之路②、促进中国特色公益服务体系形成,首先要改革创新民办非企业单位体制机制。

　　民办非企业单位实际是"简陋型的财团法人"。从概念提出、登记管理机构调整到《民办非企业单位登记管理暂行条例》出台只有两年时间,从名称到登记管理,从分类到内部治理等,其制度设计确实存在许多过简、粗疏之处,甚至有匆忙草就之嫌。此外,有助于民办非企业单位健康成长、规范发展的政策环境有待优化,如《民办非企业单位登记管理暂行条例》虽经多次修改至今尚未出台。从现实看,一方面,与公办社会事业相比,民办社会事业发展相对较慢,③特别是规模及作用有限;另一方面,民办非企业单位良莠不齐,非营利性与非政府性不足等问题还较突出。但民办非企业单位是公益服务体系不可或缺的重要组成部分,是社会力量参与公益服务的最重要组织形式,而且将在公益服务中发挥着越来越重要的作用。因此,应将其纳入社会体制创新、公益服务发展、政府职能转变的整体规划,加快其改革与发展。

　　民办非企业单位作为我国特有的公益服务组织,其制度初创至今不过16年时间,完善制度既紧迫必须又任重道远。但制度的完善需要通过长时间的实践积累及理论探讨。笔者认为应从我国经济社会发展与民办非企业单位发展的实际情况出发,沿着有利于公益事业发展、非营利组织培育两条线索,按照十八届三中全会提出的"创新社会治理体制"要求,以激发社会组织活力为主要政策基调,以健全产权制度为基础,以建立现代社会组织体制为目标,以"民办"、"非营利"两大主题为重点进行制度调整,进而通过健

---

① 李立国:《改革社会组织管理制度,激发和释放社会发展活力》,《求是》2014 年第 10 期。
② 李立国:《改革社会组织管理制度,激发和释放社会发展活力》,《求是》2014 年第 10 期。
③ 赵泳:《论民办非企业单位的培育发展》,《中国民政》2009 年第 3 期。

全制度,完善治理,优化环境,强化监控,促进民办非企业单位又好又快发展。

A. 完善产权制度

非营利不是外在义务、道德假设,而是基于财产关系、产权制度的内在要求。一方面,民办非企业单位是以"目的财产"(利用非国有资产举办公益事业)为存在基础的组织,区别于以人员为基础的组织(如公司企业、社会团体等)。另一方面,民办非企业单位属于提供公益服务的非营利组织(从事非营利性社会服务活动),出资人出资行为发生后并不成为"所有人",理论上出资人没有剩余索取权与剩余控制权。因而,产权制度是民办非企业单位核心制度之一,是体现并保证公益性的基础性制度。原则上,民办非企业单位产权安排属于非国有、非私人所有的社会公益产权制度。当然,公益产权与法人财产权并不矛盾,虽然出资者的出资行为在性质上捐赠而非投资,出资者不享有终极所有权,但民办非企业单位法人对自身财产拥有法人财产权。问题是我国目前与公益产权要求相关的制度环境尚未形成,而且多数民办非企业单位并不认同出资人不成为"所有人"的要求。[1]为此,可以借用英美法系的公益信托制度特别是大陆法系的财团法人制度进行制度创新:"我国的民事基本法虽然没有财团法人制度,这并不妨碍专门法规按照这种性质去设计制度"[2]。在修改民法时可以考虑引入财团法人制度,[3]财团法人通常属于非营利法人,可为完善我国民办非企业单位提供制度创新参考乃至某些制度基础。当然,制度调整需要解决大量的法律、

[1] 笔者2003年调查中有高达73.8%的民办非企业单位认为产权归出资者(包括合伙人)所有,2006年调查中认为产权归出资者(包括合伙人)达到了74.3%。见2003年清华大学公共管理学院、青岛市民间组织管理局与青岛行政学院完成的民政部政策理论招标课题《市场经济条件下民间组织培育、发展、管理的公共政策研究》;2007年青岛行政学院与青岛市民间组织管理局完成的青岛市软科学课题《关于科技类民办非企业单位培育发展的对策研究》。
[2] 朱卫国:《自律和诚信机制的立法规范需求》,载国家民间组织管理局:《民办非企业单位自律与诚信问题研究》,中国商业出版社2007年版,第9—10页。
[3] 这一观点已经被许多学者接受。如景朝阳认为如果财团法人的法律地位得以确立,民办非企业单位、基金会可以归入财团法人范畴。景朝阳:《民办非企业单位导论》,中国社会出版社2011年版,第20页。

政治乃至社会心理问题。现阶段的工作是结合我国公益服务发展需要、社会组织发育程度与法制建设进程，逐步、分阶段完善公益产权制度及民办非企业单位法人财产权制度。完善产权制度包括以下基本要点：

一是明确资源提供者不享有所有权，民办非企业单位的财产属于社会公共财产。二是明确非利润分配性，禁止利润分配及各种变相私分组织收入行为。三是明确机构终止后的剩余财产不得由出资者收回，包括禁止偷逃资金等行为。四是民办非企业单位拥有法人财产权，对出资人注入的资本享有占有、使用、收益和处分的权利；五是"应该取消个人和合伙之间的民办非企业单位法律形式"①，个人型和合伙型民办非企业单位无法有效实现个人（合伙）财产与单位财产的分离，既不利于组织发展也难以保障非营利性；可以设计非法人非营利组织制度，鼓励各类社会力量及公民个人参与公益事业。六是以产权制度为基础完善治理结构，即针对所有者缺位、依据章程运行、不存在股东会等权力机关问题，作为他律组织的民办非企业单位需要构建以董事会（理事会）、执行机构、监事会（或监事）为架构的治理结构，形成决策、执行、监督相互制约与协调机制，从而完善内部治理。

B. 设定底线要求

产权方面要求出资人不成为"所有人"的实质是为了保证组织的非营利性，强化民办非企业单位的非营利属性不仅正当而且有利于其长期发展。由此引出两个紧迫的现实问题：一是在相当多民办非企业单位不认可出资人不成为"所有人"情况下非营利性如何实现？二是无"所有人"（所有者缺位）条件下如何对组织及出资者、管理者形成有效激励机制？由于目前民办非企业单位出资基本靠个人财产、运作基本靠个人及单位努力，如80%的民办非企业单位的发展主要靠自筹资金、少量的社会捐助和很低的服务收费，②90%以上的民办非企业单位认为阻碍其发展最严重的问题是缺少

---

① 郭小刚：《民办非企业单位财产问题研讨会综述》，《社团管理研究》2010 年第 6 期。
② 北京市民政局课题组：《关于促进民办非企业单位发展研究报告》，http://zyzx. mca. gov. cn/article/yjcg/mjzz/200807/20080700018673. shtml。

资金。① 社会特别是政府提供的资助、政策优惠等有限,加之相关政策法规不健全,从整体看民办非企业单位的非营利性比较低,在目前条件下严格按照非营利性要求运作,民办非企业单位难以发展乃至难以生存。需要明确的是:非营利性不是一蹴而就的既成事实,而是长期培育发展的结果。因此,当务之急是设定民办非企业单位非营利性底线,保障必要的非营利性,为其规范发展创造基础,其要点包括:

一是组织章程明确阐明组织的非营利宗旨。二是在会计意义上把属于民办非企业单位的财产独立出来,特别是与个人、依托机构(无论是公共机构还是私人机构)的财产划分清楚;同时完善财务公开制度。三是要求组织运作产生的收入主要用于公益事业,组织终止后的剩余财产的处置应在政府指导及社会监督下进行。四是提高民办非企业单位对非营利性的认同,通过政策普及、理论宣传、制度约束等方式来使大多数民办非企业单位逐步理解组织的非营利性要求。

C. 协调义利关系

从全球范围看,服务收费已是现代非营利部门的主要收入,因而经营性活动不仅不可避免而且是组织存续的条件,这对组织的非营利性质带来严峻挑战。虽然非营利性将是长期培育发展的结果,但非营利性的长期匮乏导致民办非企业单位失去持续发展的基础。因此,需要协调经营性与公益性(义与利)关系:

一是对于能够规范运作并积极促进公益事业发展的单位,政府可以奖励的方式(不同于分红)允许出资者和经营者提取一定的回报乃至返还部分出资,即把"合理回报"视为政府奖励而不是产权安排,是政府基于发展公益事业而给予的鼓励;同时,依据上述性质设计"合理回报"的方式、幅度,这样既在一定程度上满足部分资源提供者对回报乃至所有权或明或暗的要求,有利于引导更多社会资源投入公益事业,又可减少、绕过"合理回

---

① 本刊编辑部:《民办非企业单位现状、困境与发展——部分省市民办非企业单位管理体制调研成果摘要》,《中国民政》2012 年第 2 期。

报"等通常属于营利组织的财产安排对非营利性的冲击。二是构筑政府、社会支持体系，特别是资金、税收、项目等物质方面的支持，推进政府购买社会组织服务，改变民办非企业单位出资基本靠个人财产、运作基本靠个人及单位努力的状况，以政府、社会支持换取民办非企业单位对非营利性的认同。经验表明非营利组织的非营利性与政府、社会支持存在着正相关关系，加大政府、社会支持有利于更好地引导、规范民办非企业单位按照非营利体制要求运营。三是调整计划体制及改革过程中留下的一些不适宜规定，如不得举办以营利为目的的教育机构等（这势必将希望营利的组织强行纳入非营利组织），把选择权交给资源提供者：是追求利润（投资举办企业）还是追求公益（设立非营利组织）？选择什么组织就按什么制度要求行为，从而最大限度地把具有强烈营利动机的出资者排除出去。

D. 坚持民办民营

立法明确了国家机关不可举办民办非企业单位。在此基础上，还应进一步限制公共部门作为举办主体、国有资产作为初始资产。我国的政府机关、事业单位、国有企业依据国际划分标准均属于公共部门。民办在本质上强调的是民间力量举办与运营、强调非政府性。另外，国有资产进入非营利组织不拥有所有权、不享有收益，而如果要求所有权、要求收益势必同非营利组织性质相悖。不能获得收益、不享有所有权，利用国有资产举办或参与举办相当于捐赠（"白送"）；政府应该扶持民办公益事业，但在国家财力有限、大量公办公益事业需要资金情况下，"白送"并非规范的支持性方式低效且无益。再加上现实中许多公共机构出资举办动机复杂（或不纯）、国有资产不容易界定、民办非企业单位非营利性不高，应禁止公共部门以国有资产举办或参与举办，使民办非企业单位真正成为民办民营的公益组织。因此，应对公共部门提出以下要求：

一是完善制度的主线应是从限制到禁止公共部门利用国有资产举办或参与举办，把举办主体、初始资产完全交给社会承担，政府则代之以政府购买、减免税、建立社会组织"孵化器"等规范性支持方式扶植民办非企业单位发展。二是加快政府职能转变，调整集管事业、办事业、养事业于一身的政府事业职能,推进政府由办事业向管事业转变、由管脚下(事业单位)向管天下转变:一方面是推进政社分开,努力形成公办事业单位与民间机构平等对待的政策环境;另一方面是引导、鼓励、规范社会力量进入公益事业。三是按照"完善培育扶持和依法管理社会组织的政策,发挥各类社会组织提供服务、反映诉求、规范行为的作用"要求,坚持培育发展和管理监督并重,既为民办非企业单位留下发展的职能空间,又逐步完善有利于其健康成长的政策体系,通过拓展职能空间及创造良好的制度供给推进民办非企业单位健康发展。

E. 强化监督约束

作为"志愿求公益"的公益组织,如何基于志愿?如何求得公益?如何保证志愿与公益这些崇高的精神与事业不被滥用、败坏?从国际经验与我国社会组织发展的实际看,必须立足依法监管,从自律他律两个方面,形成事前预防、事中处理、事后追惩全方位监督约束机制,规范民办非企业单位发展:

一是健全民办非企业单位法律法规体系,对其性质宗旨、机构设置、内部治理、业务活动、财务制度、违法违规行为等做出具体、可操作的规定,明确监督约束的权力、责任、标准及措施。二是完善年检制度。鉴于限于人力、财力不足等导致年检存在较严重走过场问题,应立足实效,有选择、有重点、有针对性开展年检工作:可采取按比例抽检的方式对部分单位进行现场检查;为了解决因年检时间过于集中而无法现场抽检问题,可提前或适当延后进行年检;借鉴事业单位以报告公示制度替代法人年检做法,对资信良好、多年年检合格及评估定级较高单位可予以免检资格,或以报告公示替代年检。三是建立信息披露制度及失信惩戒机制。明确信息披露的内容、方式与失信惩戒办法,重点是定期向社会公开重大财务开支、主要收入及盈余信息、重大活动情况等,对不按规定披露信息或信息不实、不及时者实施相应惩戒措施。四是建立评估制度。明确评估标准,优选评估方法,如按"社会参与、独立运作、第三方评估"模式,选择具备资质的中介组织作为第三方独立进行客观评估;评估与激励、信息披露等制度结合,建立信用征集与评级发布制度,向社会公布评估结果,并将评估结果作为评优、享受优惠政策待遇、参与政府购买服务等的重要依据。五是完善自律及互律机制。健全内部治理结构与治理机制,强化董事会、监事会、专业决策咨询机构及职工等的监督约束作用;积极培育行业自律机构,将其作为政府、社会与民办非企业单位重要的连接纽带,并通过赋予行业组织制定行业自律标准、信息收集与发布、评估及除名会员等职能,强化行业互律机制。

二、"第三道路"

我国公益服务发展有两个基本途径:一是存量改革(核心是事业单位改革);二是增量发展(民办公益事业发展)。但两条途径并非相互隔绝、没有联系。存量改革与增量发展之间存在一条途径:传统体制下形成的事业单位向社会组织转化(又称转民、非营利化等)。转民虽是存量改革一个重要举措,但结果是客观上扩大了增量。因此,可以把事业单位向社会组织转化作为"第三条道路"。虽然早在1990年代晚期就有学者提出将向社会组织转化作为事业单位改革方向之一,但改革面临诸多制约因素,整体推进有限:湖北省将5000多个乡镇事业单位改制为社会组织(民办非企业单位),是少有的成功实现转民、但也备受争议的改革实例之一;最早提出建设公民社会的深圳市,在制度设计上有把一批事业单位改制为社会组织的要求,但笔者调研的情况是没有一家事业单位成建制转为社会组织。至于"事业单位……改革已顺利完成,大部分成功转为民间组织"①目前还主要属于某种"畅想"。但十八届三中全会明确提出有条件的事业单位转为社会组织的要求,而且是第一次在党的中央全会决定上明确提出的改革要求。因而,摆在面前现实而紧迫的问题是:事业单位能否及如何向社会组织转化?

(一)转化制约因素

制约事业单位向社会组织转化的因素是什么? 转化障碍及难点有哪

---

① 王名:《中国民间组织30年——走向公民社会1978—2008》,社会科学文献出版社2008年版,第50—51页。

些? 原因何在? 结合问卷调查进行分析。

1. 社会组织了解

表 8-4 显示:人们对民间非营利组织①了解非常有限,加权赋分计算出的平均值为 2.016(接近所有调查对象选择不太了解);了解程度为 33.9%,远低于对事业单位改革、管办分离、事业单位法人治理结构等的了解程度,对非营利组织了解程度如此之低,很难想象多数人会将其作为事业单位改革方向之一。

表 8-4　对民间非营利组织了解程度

期次	平均值	标准差	了解程度
第一期	2.053	0.865	35.1%
第二期	1.914	0.676	30.5%
第三期	2.022	0.791	34.1%
合计	2.016	0.805	33.9%

2. 事业单位认知

需要了解在人们心目中事业单位最像什么机构。关于这一点,调查显示:以加权分排序,事业单位像政府机构的 5055 遥遥领先,以下是像非营利组织、谁也不像、像企业、其他,分别为 2729、1941、1872、269。但可喜的变化是人们对于事业单位像非营利组织选择率越来越高,表 8-5 显示:三次调查选择比例分别是 21.0%、22.4%、25.0%,这表明人们越来越认识到事业单位与非营利组织之间存在诸多共性。

表 8-5　对事业单位像什么的看法

选项	第一期	第二期	第三期
政府机构	46.9%	38.5%	40.6%

---

① 社会组织含义颇多。为避免引起歧义,问卷使用"民间非营利组织"概念便于选择。

企业	14.8%	16.5%	16.3%
非营利组织	21.0%	22.4%	25.0%
谁也不像	14.4%	20.7%	16.2%
其他	2.9%	1.9%	1.8%

3. 改革方向选择

究竟有多少人认同"以'非营利机构'作为我国事业单位改革目标模式的意见"①说法？调查显示：三次调查继续作为事业单位均为首选，转为社会组织皆是位列第四（表5-11）。值得注意的变化是与人们对于事业单位像非营利组织选择率越来越高相一致，转民（民办非企业单位与社会团体之和）三次调查选择率稳步提高：8.1%—11.8%—11.9%，全部三期调查选择率为10.4%，接近14.1%的转企比例。这既反映人们对社会组织了解程度逐步提高，一些地方改革中提出部分事业单位转为社会组织的政策及其改革实践获得更多认可，也恰恰说明十八届三中全会提出有条件事业单位转为社会组织的要求是有社会与思想基础的。

但进一步分析的结果并不令人乐观：最近进行的且对转为非营利组织认可度最高的第三期调查，了解事业单位改革群体选择转民的选择率为10.3%，不了解事业单位改革群体选择率却为13.3%：后者高出前者3个百分点（表8-6）；而三次调查认同转为社会组织的选择率也只增加了3.8个百分点。一般而言，了解改革群体对事业单位改革方向等的认识更理性、客观、准确。因此，对于问卷显示人们对事业单位改革方向为社会组织的认同程度逐步提高的调查结果，我们应有客观、清醒的认识，不可盲目乐观。

表8-6　了解与不理解事业单位改革群体对改革方向的看法

选项	不了解	了解
继续作为事业单位，优化体制机制	45.8%	52.2%

---

① 郑国安等：《非营利组织与中国事业单位体制改革》，机械工业出版社2002年版，第58页。

转为企业	15.9%	12.0%
转为政府部门	21.0%	19.5%
转为民办非企业单位	7.2%	6.6%
转为社会团体	6.1%	3.7%
其他	4.0%	6.0%
合计	100%	100%

4. 转民难点梳理

事业单位向社会组织转化的难点是什么？调查显示,职工失去事业身份、从"国家人"转为"社会人"是改革最大难点,三次调查加权分比重均位列第一,并且明显高于其他选项。国有资产转为社会公益财产与脱离财政供养接近,前者除第一期调查位列第二外,第二期、第三期调查均位列第三,后者除第一期调查位列第三外,第二期、第三期调查均位列第二。组织运行机制转变、事业单位变成民政部门登记管理的民间组织三次调查均分别位列第四、第五位。另有少量调查对象选择其他。

表8-7 对事业单位向民间非营利组织转化难点的看法

选项	第一期	第二期	第三期
工作人员失去事业编制,变为社会人	34.1%	29.1%	32.4%
事业单位国有资产转为民间组织社会公益财产	20.9%	17.2%	17.4%
事业单位变成民政部门登记管理的民间组织	12.6%	12.4%	14.2%
组织运行机制转变	13.8%	15.3%	16.0%
脱离财政供养,通过社会服务获得收入	15.6%	21.4%	18.9%
其他	2.9%	4.7%	1.1%

表8-8 不同群体对事业单位向民间非营利组织转化难点的看法

选项	政府机关	事业单位	服务对象
工作人员失去事业编制,变为社会人	38.5%	29.6%	29.3%
事业单位国有资产转为民间组织社会公益财产	18.3%	18.2%	20.2%

事业单位变成民政部门登记管理的民间组织	12.0%	13.7%	14.8%
组织运行机制转变	12.1%	16.2%	16.9%
脱离财政供养,通过社会服务获得收入	17.4%	20.1%	16.4%
其他	1.7%	2.1%	2.5%

　　不同群体对转化难点看法存在差别,改革最大难点——"国家人"转为"社会人",虽然三大群体均作为位列第一的改革难点,但政府机关加权分比重(38.5%)远远高于作为改革对象、可能失去事业身份的事业单位;而事业单位与服务对象对此的关注度接近(29.6%与29.3%)。相比之下,事业单位对脱离财政供养关注程度最高(20.1%):"断奶"带来的损失直接而明显,失去财政供养事业单位不得不改变原有运行机制甚至会出现生存危机问题,因而事业单位对此高度关注。政府机关比事业单位更关注"没了身份"有些出乎意料。但联系政府机关最担心改革引发不稳定(表5-4),可认为身为改革主导者的政府深知人员分流、下岗待岗等"人往何处去"改革是最容易引发不稳定的改革举措,而目前身份置换成本高到政府财政已难以承受,因而政府最关注"国家人"转为"社会人"实属正常。事业单位基本靠财政供养生存与发展,特别关注"钱从何出来"即脱离财政供养问题也是可以理解的。

　　与转化无直接利害关系的服务对象对事业单位国有资产转为民间非营利组织的社会公益财产关注程度最高(20.2%),这既与过去国有单位产权改革通常伴随国有资产流失有关,也与事业单位资产向社会组织转化经常以非规范方式进行有关。[①] 另外,据第三期调查显示:了解与不了解事业单位改革群体,各选项提及率、加权分排序完全一致,即对事业单位改革了解程度不直接影响转化难点的看法,这说明人们凭自身知识与经验对这一问题做出的选择有明显趋同性。

---

① 赵立波:《论事业单位向非营利组织转化——现实描述与理论探析》,《中国行政管理》2005 年第 2 期。

(二)转化条件分析

党中央提出部分事业单位可以转为社会组织的要求是正确的,转民应作为事业单位改革方向之一。但必须牢记的是党中央加上"有条件"这个重要约束条件。有条件意味着转化需要克服制约因素、创造转化条件。这些制约因素主要包括四方面:人员分流(失去事业编制、由"国家人"变为"社会人")、产权变革(国有财产转为社会公益财产)、失去财政供养与运行机制转变(失去财政供养意味着运行机制必须转变,由此可以将失去财政供养、运行机制转变合并为一项)、机构变性(机构性质由事业单位变为民政部门登记的社会组织)。

1. "国家人"转为"社会人"

"人往何处去"始终是事业单位改革的最大难题,而事业单位转民通常意味着工作人员由公职人员转变为民间组织雇员、由"国家人"转变为"社会人"。在"身份制"体制障碍、劳动人事社会保障制度二元分立尚未根除条件下,失去"事业身份"对个人而言是很不利的人事安排。迄今,体制外的社会组织既未形成自身完整的劳动人事社保制度体系,而二元分立体制短期又无法破除,因此,制度因素对事业单位人员向社会组织流动将持续发生制约作用。

2. 国有资产转为"社会公益财产"

产权性质是事业单位与社会组织重要区别之一。事业单位资产属于非经营性国有资产,而社会组织产权理论上属于非国有、非私有的社会公益产权。国企改革及事业单位改企大量运用、比较成型规范的资产处置做法,难以适用于事业单位资产向社会组织转化;而在社会组织非营利性较低情况下,[①]按照向社会公共财产转化方式(如划拨、赠予、低价租借、无偿使用等),大量国有资产将成为(或事实上成为)私有财产。

3. 管理与运行机制调整与转化

退出事业单位系列,转为体制外、民间性的独立实体,特别是脱离财政

---

① 赵立波:《我国民办非企业单位非营利性问题研究》,《上海行政学院学报》2009 年第 6 期。

供养,运行机制必然会发生重大变化,转制单位生存也因之面临许多困难。以与事业单位有体制渊源的民办非企业单位为例,其出资人并非所有者,民办非企业单位以"目的财产"为成立基础并依据章程独立运作。传统上,事业单位作为政府举办的公共服务机构,"国办"、"国管"、"国养(财政供养)",事业单位长期按行政化方式运行,退出旧体制,脱离政府、特别是脱离财政供养后将面临巨大生存与发展难题;因此,管理与运行机制必然要转变,而实现治理机制与运行方式再造对转制事业单位将是严峻挑战。

4. **体制内机构转为体制外机构**

作为体制内机构,在政事一体化体制下,事业单位与政府机关存在复杂而密切的关系以至于政事不分、管办不分。事业单位向社会组织转化必然涉及机构从体制内转向体制外、退出公共机构系列转为民间机构问题。机构"变性"手续并不复杂,但机构"变性"涉及人事、产权、管理、组织运营转变等一系列具体问题,涉及到政府及主管部门与转制单位关系重构,涉及转制单位及个人利益与"社会地位与声望",因而退出原体制将会遇到许多困难与障碍。

(三)转化战略设计

事业单位向社会组织转化的本质是计划体制形成下的我国特有公共组织——事业单位转化为非营利性的民间机构。因此,推进事业单位向社会组织转化必须立足于社会转型、公益事业体制创新,着眼于构建公益服务新格局,实现政府由办事业为主向管事业为主转变,将事业单位改革与社会组织发展、存量改革与增量发展有机结合,进而明确方向,设计现实、可行的推进战略。

1. **明确职能分工**

社会转型、体制转轨导致资源配置机制、组织形式等的变化,国家包办、"管办养一体化"的传统事业体制将向国家机制、市场机制、社会机制共同配置资源转变,而公益服务将由包括事业单位在内的公共部门、企业、社会组织等共同供给。这需要依据产品与服务性质,各类组织职能优势、运行机制等的比较研究,合理界定国家、市场、社会职能边界,确定事业单位、企业、社会组织在公益事业领域各自的组织优势与职能分工,进而确定事业单位向社会组织转化的职能基础。在现代社会,一般而言,政府承担纯公共物品的供给,企业承担私人物品性质的服务,非营利组织主要提供准公共物品。但是公益事业十分复杂多样,特别是事业单位与社会组织在教育、医疗、文化等多数领域均可提供相应服务,功能分界并不清晰,大致的分工应该是事业单位主要承担基本公益服务,社会组织主要承担准基本公益服务,企业主要承担可市场化和多样化、个性化的公益服务。

2. 界定转化范围

有条件事业单位可转为社会组织的提法,是十八届三中全会一大创新、一大亮点,这实际将长期以来国家一直推行的三分法的事业单位分类改革,转为四个改革方向的分类改革模式。其依据是社会变迁引发事业单位职能作用、资源基础、运行方式深刻变革,使事业单位呈多方向的发展态势并导致类型的多样化。因此,事业单位分类改革应四分推进:行政管理类——转为政府机构或收回行政职能;生产经营类——转制为企业;多数社会公益类——保留在事业体系,逐步向“公立事业法人”转化;部分社会公益类—转为社会组织。事业单位体系中提供非基本公益服务、可以通过社会化服务汲取资源的部分公益性单位可以转化为社会组织,其主要范围包括义务教育之外的教育机构、部分非营利性医疗机构与非营利性科研机构、体育俱乐部、艺术表演机构、慈善扶贫组织、社会福利机构、使用行政编或事业编的官办行业协会等。同时,转化应在条件成熟下进行,这包括社会存在相应公益服务需求、转制机构职能调整到位、政府购买服务等资金支持体系形成等。

3. 理顺三大关系

社会转型一方面在宏观上培育市场经济、公民社会,调整国家、市场、社会之间的关系。另一方面在社会事业领域调整政事(政府与事业单位)关系、管办(政府所有者职能与监管者职能)关系、政社(政府与社会组织)关系。上述关系虽是历史形成的,包含着传统观念及体制机制等诸多因素,又随社会变迁、政府改革、公益事业发展而不断变化,它们重叠交织、相互影响,成为事业单位向社会组织转化的背景条件与路径依赖,影响着多元公益服务格局的形成。因此,理顺上述三大关系是公益事业存量改革、增量发展两大路径良性互动的重要基础,是事业单位向社会组织转化的条件支撑。

4. 确定转化方式

一方面,我国社会组织呈现多类型、多路径发展态势;另一方面,事业单位改革以分类、分级、分业、分步方式进行。这要求改革设计应立足历史传统与现实发展,通过对我国现阶段各类社会组织类型、规模、社会功能、组织特征、运行效率、成长机制的观察分析,围绕现代公益服务体系形成、公益服务新格局构建,在总结事业单位向社会组织转化的理论探索、现实推进、经验教训,借鉴国外发达国家有益做法基础上确定转化的方式,进而梳理出事业单位向社会组织转化基本路径:一是将 1990 年代末科技领域提出的"按非营利性机构运行和管理"作为引导性而非实质性转化,先实现机制接轨再实施机构改制;二是将非规范形式的"第三路径"(人才、资源等非制度化进入民非)①作为过渡形式,并逐步对其予以规范;三是将事业单位成建制改制为社会组织作为改革基本方式,并将"按非营利性机构运行和管理"与"第三路径"整合到成建制改制方式之中,从而形成科学化、制度化的转化方式。

5. 破解四大难题

事业单位的"国家人"转变为民间组织的"社会人"、国有资产转化为非国有非私有的"社会公共财产"、脱离财政供养形成新型运行机制、剥离公共机构体系转化为民间性组织,是制约转化的四大难题。因此,应以制度创新为基础,深入分析上述关键制约因素的制度基础及作用机理,进而探寻破解转化难题的思路:一是以更适应市场经济的企业劳动人事与社会保险制度为基础,通过政府合理承担身份置换成本、建立职业年金等制度设计,合理衔接事业单位与社会组织劳动人事社会保障制度、待遇标准,进而制定科

———————————

① 赵立波:《论事业单位向非营利组织转化——现实描述与理论探析》,《中国行政管理》2005 年第 2 期。

学可行的事业单位人员分流方式。二是基于我国产权制度有待完善的现实,借鉴国际通行做法,立足有利于事业单位改革与社会组织发展,协调好社会组织产权制度与出资者或明或暗"回报要求"关系,逐步健全公益产权与社会组织的法人财产权制度,形成有助于事业单位资产规范转化的有效途径。三是以政府职能由办事业向管事业转变为基础形成事业单位合理退出机制。一方面以围绕建立政社分开、权责明确、依法自治的现代社会组织体制为中心,形成社会组织备案注册、登记认可、公益认定三级登记管理制度,并"建立民办非企业单位举办者的退出机制";①另一方面逐步建立各类事业单位统一登记制度,完善事业单位正常的准入与退出机制,从而形成动态性的公共机构与社会组织转化机制,解决机构"变性"问题。四是在优化环境的同时转换机制成为公益服务"优先机制"(见后)

6.构筑支持体系

为破解脱离财政供养形成新型运行机制难题,更为形成"第三道路"、改善公益服务供给奠定基础,需要重点围绕三个方面构筑资金、政策、制度等多层面支持体系。一是深化行政体制改革,构建以公共服务为中心的政府职能体系,优化组织结构,形成有助于各类公益服务机构发展的政务环境。二是深化社会体制改革,完善社会组织管理体制、营造社会组织良好发展环境、构建科学的社会组织发展格局,特别是加大对公益服务类社会组织的支持:从国际看,服务领域是非营利部门主要职能领域,服务领域与表达领域比例是64%、32%。② 三是健全政策支持体系,借鉴国际通行的公益事业税收减免与政府购买服务做法,总结各地政府与社会力量支持社会组织发展的经验,对脱离财政供养转为社会组织的单位构建包括财税、政府购买等政策支持体系;凡是原来由政府承担的职能转移到相应社会组织后,坚持费随事转、权责统一原则,给予相应的经费支持;强化财政支持,每年从各级财政预算中安排一定资金向社会组织购买服务、提供补助和贷款贴息等,优

---

① 郭小刚:《民办非企业单位财产问题研讨会综述》,《社团管理研究》2010年第6期。
② 莱斯特·M.萨拉蒙等:《全球公民社会——非营利部门国际指数》,北京大学出版社2007年版,第28页。

先扶持事业单位转为社会组织的单位。

三、优先机制

现代社会,国家机制、市场机制与"以志愿求公益"的社会机制共同治理社会、分别提供各类产品是"常态"。莱斯特·萨拉蒙虽然认为在"纯粹善行"、"志愿主义"、"纯洁概念"三大神话①笼罩下的社会机制存在"志愿失灵"问题,但依然认为第三部门已成为"提供集体商品的优先机制"。迄今,我国的社会组织在公益服务领域还主要发挥"拾遗补缺"作用,是事业单位的"替代机制"。"替代机制"可否或如何变成"优先机制"? 笔者以青岛为例,结合国家与社会关系变迁中行业协会商会发展对此进行探讨。

我国总数超过 6 万多的行业协会商会,与政府、社会、市场存在密切、复杂的关系,是改革开放以来受各方重视、发展迅速、作用突出的社会组织。2004 年,党的十六届四中全会做出的《中共中央关于加强党的执政能力建设的决定》指出:"发挥社团、行业组织和社会中介组织提供服务、反映诉求、规范行为的作用,形成社会管理和社会服务的合力。"字面看,行业组织似乎被看作是与社团、社会中介组织并列的组织;但更恰当的理解应是行业组织是社团、社会中介组织中特殊而重要的类型,并列表述是显示其特殊性与重要性,而有关社会组织发展、管理的政策通常将行业协会商会单列。十八届三中全会决定更明确将其作为重点培育和优先发展的四大社会组织类型之首。因此,行业协会商会是现阶段我国最有代表性的社会组织之一,对其展开研究有助于把握社会组织发展的意义、动因、难点、路径,又能深入透视政社、政企、社企等关系的变迁。

总体看,改革开放以来,来自政府与社会(包括市场)两方面力量推进行业协会的发展。那么,在社会转型背景下国家与社会关系的变迁、政社力量的变化如何影响行业协会商会的发展? 上述影响达到什么状态? 上述影

---

① 　[美]莱斯特·M. 萨拉蒙:《第三域的兴起》,载李亚平等编选:《第三域的兴起——西方志愿工作与志愿工作组织理论文选》,复旦大学出版社 1998 年版,第 19—23 页。

响是否及以何种方式持续?

(一)行业协会商会

虽然与广东、浙江、上海等地相比,青岛行业协会商会发展水平并不处于领先位置,①但却在全国率先制定并发布《"十二五"行业协会发展规划》;青岛属于东南沿海行业协会商会发展相对较快地区向其他地区过渡地带,其发展具有代表性。近年来青岛行业协会商会发展势头良好,而这种发展与国家政策变化、社会变迁具有较高相关度。因而,对青岛进行调查研究具有特殊的典型意义。②

1. 基本情况

青岛市的行业协会商会(在问卷图表及行文中,为压缩字数可简称协会)是 20 世纪 80 年代兴起、90 年代快速发展的。2000 年以后,政府积极顺应市场经济发展及社会转型要求,制定实施了一系列培育发展的政策措施,行业协会商会进入快速健康发展轨道并在青岛市经济社会发展中发挥了重要作用。截止到 2010 年 9 月,青岛市行业协会(其中包括少量商会)已达195 个,其中在市民政部门登记的 82 个,在各区(市)民政部门登记的 113个。到 2013 年底,行业协会商会数量仅市本级登记的就达 203 个(但纯行业协会为 92 个,其他为近年来兴起的各类商会)。2010 调查显示:50 个协会的成立时间(一家未注明成立年份),1980 年代只有 2 家(均为 1984 年成立),1990 年代有 15 家;2000 年后发展明显提速,共成立 32 家,其中成立最多的年份分别是 2003 年(6 个)、2008 年(6 个)、2004 年(5 个)。2014 年问卷调查显示:91 个行业协会商会,1980 年代只有 1 家(1986 年成立),1990 年代有 7 家;新千年后行业协会商会发展明显提速,20 世纪头 10 年成

---

① 2011 年 7 月 7 日发布的《青岛市"十二五"行业协会发展规划》指出"(青岛市行业协会)与沪、浙、粤等地区相比还有较大的差距"。

② 笔者进行两次调查。一是 2010 年 7-9 月参与青岛市"十二五"行业协会发展规划制定时,笔者设计问卷,向市民政局登记的全部 82 个行业协会发放问卷,回收有效问卷 50 份(简称 2010 调查)。二是 2014 年 4-6 月笔者向市民政局登记全部 203 家行业协会商会发放问卷,回收有效问卷 91 份(简称 2014 年调查)。同时通过座谈、访谈、实地考察等方式获取一手资料,如 2014 年 7 月与青岛市工商联相关人员赴重庆、宁波、嘉兴、上海进行实地考察交流。

立 36 家,而 2011—2013 年每年超过 10 家,自 2010 年至今成立 47 家。

政府重点发展行业协会商会的初始动因:一是伴随政府由传统的部门管理变为行业管理,通过发展行业协会商会使其成为政府实施行业管理的助手、联系企业的纽带。二是结合行政体制改革,在培育行业协会商会的同时将部分原由政府行使的职能转移到行业协会商会,甚至许多行业协会商会直接是由政府专业经济管理部门改制而成。因而,表现为行政主导性、行政依附性等的政会不分现象成为我国行业协会商会的突出特征。值得注意的变化是:随着市场经济体制逐步完善、社会转型加快推进特别是社会组织发展,社会力量不断壮大并以更积极姿态参与到行业协会商会发展之中;同时,政府有意识放权、转移职能、鼓励企业与企业家举办行业协会商会,使得社会力量逐步成为发展行业协会商会的重要推力,民间自发成立的各种协会发展迅速。从成立方式看,主要有自上而下的"官办协会"与自下而上的"民办协会"两大类(关于协会成立方式有多种划分,如有人采取自上而下模式、"生产内生"模式、"中间模式"三分法[①])。

在 2010 调查,官办与民办均为 25 个,各占半壁江山:显示政府力量与社会力量在协会发展中似乎达到了某种平衡。而 4 年后的调查显示民间自发成立的协会上升到 63.7%,而自上而下成立的下降到不到三分之一(33.0%)(表 8 - 9),社会力量的作用日益突出。

表 8 - 9　协会成立方式

成立方式	2010 年调查		2014 年调查	
	频次	百分比	频次	百分比
政府主导成立(官办协会)	25	50.00	30	32.96
社会自发成立(民办协会)	25	50.00	58	63.73
其他			3	3.29
合计	50	100	91	100

---

① 贾西津等:《转型时期的行业协会——角色、功能与管理体制》,社会科学文献出版社 2004 年版,第 110—120 页。

虽然从全国范围看,官办、半官办行业协会商会依然占多数:"不完全统计,我国现有的行业协会中,官办、半官办的占大多数。2012 年底,广州市政协组织的一项调查显示,广州全市 657 个社会团体中,有 2/3 过去由党政机关主导成立,行政色彩浓厚。"①但随着政府职能转变、社会力量发展壮大特别是大量商会的产生,民间力量在协会发展中的重要作用日益凸显。如截止到 2006 年底,北京市登记的市级行业协会 159 家,44.1% 由政府发起,33.1% 由政府和企业发起,18% 由企业发起,能人发起等为 4.4%,"可知北京市 56% 行业协会成立、发展与非政府的力量分不开。"②

因而,青岛的上述变化不是特例,而是反映了行业协会商会发展的一般趋势:数量快速增长,但增加的多是商会;社会力量在协会发展中的作用越来越突出。到 2014 年,商会成为青岛市行业协会商会中数量最多的组织。由于 1980 年代纯商会极少,最初国家相关政策一般是针对行业协会的;1993 年党的十四届三中全会通过的《关于建立社会主义市场经济体制若干问题的决定》,提出要发展市场中介组织、发挥行业协会商会等组织的作用,商会逐步进入人们视野。但当时政府及社会关注的依然是行业协会,甚至在统计、政策、发展规划中多以行业协会涵盖商会,原因一是商会数量少、作用小,二是商会多自下而上产生、与政府关系疏远,三是政社关系未理顺,社会力量未激发、作用发挥不充分。如无锡市 2003 年率先在全国城市中出台《无锡市行业协会发展条例》,青岛市率先制定《"十二五"行业协会发展规划》,均将商会涵盖在行业协会范围内。

客观现实的变化必然导致概念的变化,现今行业协会与商会并列已经成为常态。这种变化与政策变迁高度相关:党的十八大提出"深入推进政

---

① 陈俊宇:《行业协会"去行政化"为何这么难》,《中国社会组织》2014 第 6 期。另,笔者 2014 年 7 月赴行业协会商会发展较好的嘉兴市进行调研,该市 2013 年 8 月市政府专门制定关于政府向行业协会商会转移职能、购买服务的文件,要求政府部门梳理权力清单,理出权力清单后将相应职能转移到行业协会商会。但该市相关部门也表示其行业协会商会"先是政府直接组建,次是政府引导组建,完全自发组建的少"。

② 徐家良:《北京市行业协会发展到了哪一步》,《中国社会报·社会组织周刊》2010 年 10 月 31 日。

企分开、政资分开、政事分开、政社分开,建设职能科学、结构优化、廉洁高效、人民满意的服务型政府。"要"加快形成政社分开、权责明确、依法自治的现代社会组织体制"。十八届三中全会进一步要求"激发社会组织活力。正确处理政府和社会关系,加快实施政社分开,推进社会组织明确权责、依法自治、发挥作用。"建设服务型政府与现代社会组织体制、实施政社分开、将行业协会商会置于社会组织优先发展地位等政策要求,激发社会与社会组织活力,促使行业协会商会特别是商会快速发展、社会力量作用更突出等,使自下而上形成的商会更引人注目。

　2. 现状分析

　第一,协会行业覆盖面。2010 问卷调查显示,青岛市协会业内企业数平均值为 1098.38(个),协会会员数平均值为 97.14(个),协会覆盖面平均值为 37.67%。覆盖面不到 40% 说明协会的代表性还不够充分,如温州行业商会与协会 2007 年覆盖面分别平均为 47.1%、52.23%。为此,青岛市提出了"十二五"末覆盖面达到 60% 的目标。另外,民办协会与官办协会覆盖面大致相同,分别为 38.61%、36.68%(表 8 - 10)。2014 调查协会平均覆盖面为 30.78%,比 4 年前有所下降。原因一是行业协会商会快速扩张,二是"一业一会"原则逐步打破、协会可在一个行业或一个大行业不同环节成立多个,因而,在企业、企业家没有明显增加情况下,协会平均覆盖面下降是正常的。

表 8 - 10　2010 调查不同成立方式协会覆盖面

成立方式	频次	平均值(%)
官办	18	36.68
民办	19	38.61
合计	37	37.67

　第二,职能作用发挥情况。从总体看,协会在承接政府职能、协调会员行为、提供多元化服务、促进经济发展等方面发挥了积极作用。表 8 - 11 显

示,66%的行业协会商会认为作用发挥比较充分(由于问卷调查结果是自我评价,仅依据问卷调查结果得出的结论可能存在评价偏高问题,一些学者研究认为现实情况通常是"权力不足、服务不足、代表性不足和自律机制不完善"[1])。同时,官办协会与民办协会职能作用发挥差异不明显,如果按照李克特5级量表赋分计算,两者平均值竟分别是3.80、3.84。2014调查与2010调查相比,按照5级量表赋分计算协会职能发挥程度平均值分别为3.92、3.82,平均值略有提高(0.1)。

表8-11 职能发挥程度

选项	2010调查				2014调查	
	频次	百分比	官办协会	民办协会	频次	百分比
非常不充分	1	2.00	1		1	1.10
不太充分	2	4.00		2	5	5.49
一般	8	16.00	4	4	12	13.19
比较充分	33	66.00	18	15	55	60.44
非常充分	6	12.00	2	4	18	19.78
合计	50	100	25	25	91	100

第三,自身经济状况。经济状况总体看不甚令人满意,2010调查有43个协会对2009年收入问题进行了回答,43个协会平均收入为383473.40元;其中,官办协会收入平均为368826.73元,民办协会略高,平均为397454.30元。2014调查有64个协会对2013年收入问题进行了回答,平均收入472945.3元,比4年前增加近9万元。从收入结构分析(表8-12),2009年会费收入为大部分协会(39家)均有的主要收入来源;服务性收费总量与会费收入接近,但只有19个协会有此收入;有7个协会有其他收入(主要是利息收入);另分别有2家、2家、1家协会有规模不大的经营

---

① 郭薇、常健:《行业协会参与社会管理的策略分析——基于合同协会促进行业自律的视角》,《行政论坛》2012第2期。

收入、政府拨款、企业赞助;全部43个协会竟没有一家有社会捐款、参与政府购买服务收入。总额区区190000元政府拨款、零政府购买服务收入及社会捐款,说明政府对官办与民办协会直接经济支持极为有限,良好的社会公益环境尚未形成。4年后,收入结构有一些变化,会费作为主要收入所占比重提高,达到全部收入的三分之二;经营收入与企业赞助有所增加;社会捐助从无到有(4家共417600元),政府拨款有所增加,说明政府与社会对协会认可度有所提高;但参与政府购买服务依然是0。《青岛市"十二五"行业协会发展规划》承认存在的问题"依然故我":"行业协会的经费来源主要依赖会费和少量有偿服务收入,会费缴纳比例偏低。缺乏通过提供服务获得收入的途径,远远不能满足协会维持运转的基本需要,影响了协会的生存和发展"。

表 8-12 2009 年、2013 年总收入及收入结构

选项	2009 年收入情况			2013 年收入情况		
	频次	总额(元)	平均值(元)	频次	总额(元)	平均值(元)
总收入	43	16489356	383473.4	64	30268501	472945.3
政府拨款	2	190000	95000.0	5	130000	26000.0
会费收入	39	7753428	198805.8	60	20135608	335593.5
服务性收入	19	7536754	396671.3	10	5891242	589124.2
企业赞助	1	30000	30000.0	6	416600	69433.3
社会捐款				4	417600	104400.0
政府购买服务						
经营收入	2	265300	132650.0	6	2930041	488340.2
其他	7	713874.46	101982.1	8	347410	43426.2

另一个反映协会经济状况的指标是办公场所。2010 调查显示自身拥有办公场所的仅有 1 家,半数协会租用办公场所,2 个协会甚至在协会领导或成员家中办公。但 2014 调查情况发生一些积极变化:租用办公场所下降到不到半数(45.6%),这有助于降低运行成本;没有独立的办公场所协会

所占比重亦有所下降。(表8-13)

表8-13 2014调查协会办公场所情况

选项	选择	不同成立方式		合计
		官办协会	民办协会	
租用办公场所	频次	9	32	41
	百分比	30.0	55.2	
业务主管单位提供	频次	6	8	14
	百分比	20.0	13.8	
主要发起人单位提供	频次	14	21	35
	百分比	46.7	36.2	
没有独立的办公场所	频次		2	2
	百分比		3.4	
拥有自己购买的办公场	频次	3	2	5
	百分比	10.0	3.4	
由挂靠单位提供	频次	2		2
	百分比	6.7%		

第四,内部治理结构。2014调查与2010调查相比,从是否有章程为核心的内部管理制度、是否有明确的行业服务承诺、是否有常设的协会办事机构及会长、副会长、秘书长是否由会员选举产生四个方面看协会内部治理结构规范性,除行业服务承诺外其他三项均有所下降,但总体状况尚可,2014调查实现上述要求的百分比均超过80%(表8-14)。协会领导产生方式是治理结构的重要方面,据2010调查,从提名方式看,除少数协会领导人由主管单位提名(4人)、派遣任命(1人)外,大都由协会提名产生(39人),其他6人由会员提名产生。据2014调查,协会领导人由协会提名选举产生由78%上升为82.55%,而且无论以何种方式提名,90%以上都要经过选举程序。因而从整体看,协会会长、秘书长等领导人员产生基本可以做到依法自治。(表8-15)。

表 8 – 14   内部治理结构

选项	2010 调查		2014 调查	
	频次	百分比	频次	百分比
有章程为核心的内部管理制度	50	100	84	92.30
有明确的行业服务承诺	36	72.00	74	81.31
有常设的协会办事机构	45	90.00	91	89.01
会长、副会长、秘书长是否由会员选举产生	49	98.00	84	92.30

表 8 – 15   领导人产生方式

选项	2010 调查		2014 调查	
	频次	百分比	频次	百分比
由协会提名产生	39	78.00	71	82.55
由业务主管单位提名产生	4	8.00	11	12.79
由业务主管单位派遣任命	1	2.00		
其他	6	12.00	4	4.65
合计	50	100	86	100

第五，人力资源状况。2010 调查反映出行业协会商会工作人员年龄老化、专职人员偏少、激励保障严重不足等问题:会长、秘书长平均年龄分别达到 55.29、51.47 岁,属专职人员的分别仅占 30.6%、54%;由于多数协会生存困难,协会的专职工作人员 70% 左右是机关、企事业单位退休返聘人员。2014 调查结果喜忧参半:会长、秘书长平均年龄有所下降,分别为 48.51、46.72 岁;但属于专职人员的比例亦有所下降,分别仅占 16.45%、37.5%。2010 调查专兼职人数分别平均为 5.13、3.95 人,专职人员平均月工资为1405.18 元,其中官办协会为 1562.38 元,民办协会仅为 1211 元,这不仅与机关及国有企事业单位相差悬殊,而且远低于在岗职工平均工资(2009 年青岛市在岗职工月平均工资为 2116 元)。2014 调查专职工作人员有所下降,平均为 3.68 人,但兼职工作人员有所增加,平均为 4.44 人,专职工作人

员工资虽提高到 2824. 74 元,虽然远低于 2013 年青岛市月平均工资的 3557 元,但与在岗职工平均工资的差距有所减小:2010 调查为 66. 4% , 2014 调查为 79. 4% 。另一个可喜的变化是志愿者参与度提高较大,2010 调查仅有 18% 的行业协会商会有志愿者参与,2014 调查有志愿者参与的所占比例翻了一番多,达到 37. 36% 。

(二) 政会关系变迁

行业协会商会发展是在政社关系变迁背景下展开的,从一定意义上说,政社关系决定协会发展及功能作用发挥。经过 30 多年改革发展,国家与社会关系发生深刻变化,政府主动让渡空间,市场领域逐步扩展,民办协会越来越多。同时,国家逐步形成统一的登记管理政策甚至取消行业协会商会双重登记管理要求,推进政会分开等改革,官办协会与民办协会共处于市场经济与相近政策环境下,它们相互学习、借鉴,二者在许多方面已趋同。有学者结合国家社会关系变化,甚至从发生学意义上将官办与民办或自上而下、自下而上形成的行业协会商会区分为协会与(行业)商会,并认为"性质:(协会)是政府部门延伸,准官方机构;(商会)是协调企业、政府、市场关系的民间中介组织","产生途径:(协会)政府主管部门自上而下组建;(商会)会员自发地自下而上组建"。[1] 也有学者认为"协会的建立遵循的是自上而下的路径,它们大多是政府机构改革的产物,承担着代替政府部门进行管理的职能;行业商会的建立遵循自下而上的路径,其产生基于市场经济发展和社会民主化进程的需要,是企业有组织地参与经济过程、社会过程乃至政治过程的产物。"但也同时承认:"即使是民间商会发展相对较好的温州,民间商会对政府的依赖性仍然很高,政府仍然是民间商会发展的最大制约因素。"[2]

深入地调查发现,政社作用、政会关系是复杂的,而且无论官办协会还是民办协会均具有浓厚的政府"情结",如《青岛市"十二五"行业协会发展

---

① 黄孟复:《中国商会发展报告 No. 1(2004)》,社会科学文献出版社 2005 年版,第 68 页。
② 阳盛益、郁建兴:《温州市行业协会与行业商会的比较研究》,《中共浙江省委党校学报》2007 年第 5 期。

规划》指出的那样:"我市协会存在的行政化倾向严重,过度依赖政府,政会不分,企业和行业认同感不强等问题……"从调查看,行业协会商会发展除自身存在一些问题外,行业协会商会对政府有着过高的期待与依赖。

1. 最需解决问题

第一,从行业协会商会自身分析(图8-2,以应答人数百分比计)。2010调查最需要解决的突出问题依次是加强能力建设、积极承接政府应转移职能、扩大协会覆盖面及扩大经费来源。2014调查扩大经费来源、积极承接政府转移职能、加强能力建设、扩大协会覆盖面分列前四位,官办协会与民办协会的区别是加强能力建设前者位列第二,后者位列第三。有部分协会关注健全内部相关制度问题,但各方关注并作为协会改革重要内容的政会分开选择率最低:两次调查分别仅有2个、14个协会将其作为最需自身解决的突出问题(另有5个、18个协会将其作为最需政府帮助解决的突出问题)。

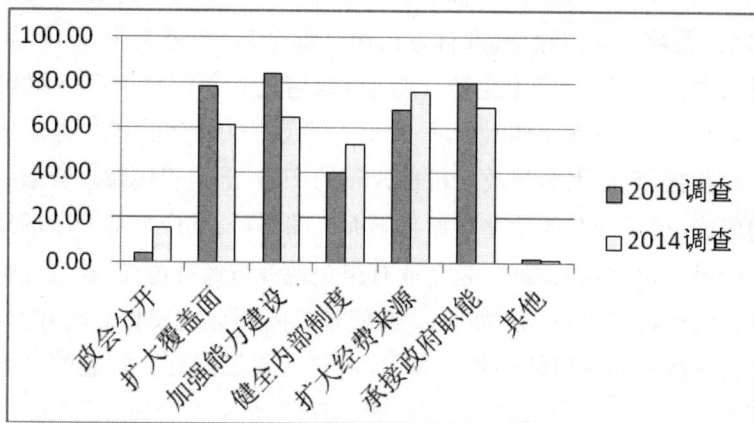

图8-2　协会自身需要解决的突出问题(单位:%)

第二,从需要政府帮助解决突出问题分析(图8-3),2010调查中政府职能转移、政府购买协会服务、健全相关政策法规是行业协会商会最关注问题;落实免税政策、增加政府拨款等经济支持,以及加强监督管理问题也较为所关注。2014调查,官办协会与民办协会排序基本一致,政府购买协会服务、增加政府拨款、政府职能转移位列前三,只是官办协会政府职能转移、健全相关政策法规、落实免税政策、加强监督管理并列第四(选择率均为44.8%),而民办协会比官办协会对政府购买协会服务、政府职能转移更为关注,两者比较分别为69.0%比62.1%、55.2%比44.8%。两次调查政会分开问题均最不被重视。

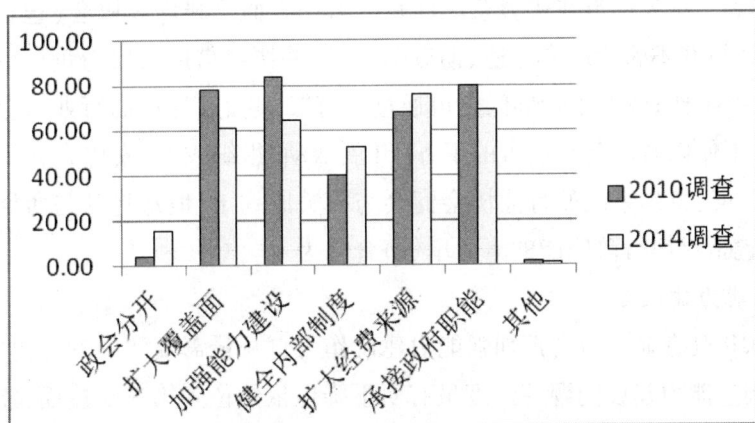

图8-3 协会需要政府帮助解决的突出问题(单位:%)

2010年的调查中,政府职能转移是协会最需政府帮助解决的突出问题,积极承接政府转移职能是协会自身位列第二的亟待解决问题,说明政会职能关系仍未理顺、政府依然掌控着诸多协会职能;而期盼政府职能转移几乎成为全体行业协会商会乃至登记管理部门的一致心声、共同愿景,青岛市民政局的一份文件总结工作成绩时说:"四是鼓励协会积极承接政府职能。近几年,全市有23个协会承接了政府转移的企业资质评审、等级评定、人员培训、牌证票据管理发放、注册、认证等60项职能……"在2014年调查中,推进政府购买协会服务由第二位上升为第一位,扩大政府拨款甚至排在政府职能转移前面,这说明协会生存与发展面临较大经济困难,而政府购买服务及扩大政府拨款既是解决协会商会经济困难,也是理顺政会关系与密切政会关系的重要手段。政会分开问题在两次调查中选择率均最低,实际上大多数协会商会认为政会分开并不是个问题,这一方面反映经过改革,政会已经相当程度实现"分开"了,如根据国务院部署青岛落实政会职能、机构、人员等分离工作,198家行业协会中兼职的247名公务员中240名退出,占兼任总人数的97%;十八届三中全会召开后,青岛市又按照行业协会商会与行政机关脱钩要求,进一步推进政会分离工作,特别是解决现职公务员及退休不满三年公务员在协会兼职问题。另一方面反映许多协会(包括政府主管部门)并不希望政会迅速、彻底分开,一些协会借助政府力量可以便捷开展某些工作;政府主管部门也可通过具有"二政府"性质的行业协会商会做一些不便以政府名义从事的事务(开展活动、组织收费、安排人员等),一些政府部门将本系统的行业协会商会与机关脱钩了,但却将其与所属事业单位(包括行使行政职能的事业单位)合二为一。

2.能力建设分析

2010调查显示协会把加强能力建设作为自身最需要解决的突出问题,2014调查能力建设问题关注度虽有所下降但依然位列第三。然而,能力是内涵非常宽泛的词语,还需要对能力与能力建设进行具体问题具体分析。

表8-16　协会能力建设亟待解决的突出问题

选项\期次	行政干预太多	缺乏人才	缺乏资金	缺乏国家政策支持	缺乏社会认可	提高协会自身素质	其他
2010调查	1	19	41	36	11	24	
2014调查	18	39	65	65	31	38	1

表8-17　加强协会能力建设最需要的外部条件

选项\期次	政策法规支持	政府部门重视	专业人员指导	其他
2010调查	36	43	16	2
2014调查	64	54	41	35

表8-16显示:2010年调查缺乏国家政策支持是缺乏资金外能力建设

方面协会亟待解决的最突出问题。选择行政干预太多是突出选项的只有少得可以忽略不计的 1,2014 年调查虽略有增加,但依然位列最后(其他除外);这是否可以认为一定程度的行政干预是可接受的? 2014 年调查将缺乏资金与缺乏国家政策支持并列为协会建设亟待解决的最突出问题。表 8-17 显示,加强协会能力建设最需要的外部条件,2010 年调查第一选择是政府部门重视,2014 年调查政府部门重视位列第二,而政策法规支持升为第一:在当下,政策法规直接体现的是政府的意志、偏好及重视程度等。而政府重视与政策支持乃至行政干预在内容、方式方面重合之处甚多,将政府部门重视与政策法规支持、行政干预结合起来进行分析,可认为协会十分关注政府包括行政干预等方式在内的重视、支持。这表明在加强能力建设方面协会更希望政府的重视、支持乃至必要的干预而不是相反(如政会分开、减少行政干预)。

3. 承接政府工作

表 8-18 所列各项,除开展技术等培训、承办会展两项略有下降外,2014 调查与 2010 调查相比其他各项均有不同程度增加。这与协会与政府主管部门关系密切程度下降呈有趣对比:关系密切程度虽有所下降(见表 8-20),但政府向行业协会商会转移工作事项却总体有所增加。这一方面说明政府对向行业协会商会转移职能包括交办事项比以往更积极;而行业协会商会承接政府转移职能、交办事项也更加主动,承接政府转移职能的能力也有所提高。但表 8-19 却显示:每一项政府转移职能(交办事项)官办协会承担的均高于民办协会,这一方面是因为惯性所致:长期以来政府部门习惯于将自身转移职能甚至原本属于自己分内之事交由行政色彩浓厚的官办协会承担。另一方面民办协会在获得政府部门认可、承接政府转移事项能力方面尚存在不足;当然,对民办机构"戴有色眼镜"、有形或无形的歧视等现象不能说一点不存在。

表 8 - 18　协会承担政府委托的职能

选项	2010 调查		2014 调查	
	频次	应答人数百分比	频次	应答人数百分比
参与本行业许可证发放和资质审查	15	30.0	31	38.8
进行行业调研	33	66.0	61	76.3
制定行业规则	23	46.0	36	45.0
价格协调	11	22.0	24	30.0
开展技术等培训	35	70.0	50	62.5
行业统计	23	46.0	40	50.0
承办会展	23	46.0	43	53.8
选优评优	29	58.0	48	60.0
其他	1	2.0	2	2.5

表 8 - 19　2014 调查不同成立方式协会承担政府委托的职能

选项	官办协会		民办协会	
	频次	应答人数百分比	频次	应答人数百分比
参与本行业许可证发放和资质审查	12	44.4	18	36.0
进行行业调研	23	85.2	36	72.0
制定行业规则	14	51.9	21	42.0
价格协调	9	33.3	14	28.0
开展技术等培训	23	85.2	25	50.0
行业统计	14	51.9	23	46.0
承办会展	15	55.6	27	54.0
选优评优	17	63.0	29	58.0
其他	1	3.7	1	2.0

4. 政会密切程度

总体看,行业协会商会与政府部门关系未发生明显的积极变化,但行业协会商会更多地承接政府转移事项。2014 调查与 2010 调查相比,虽然与政府主管部门非常不紧密选项没有了,但协会与政府主管部门关系的紧密程度却有所下降,特别是联系非常紧密的下降10个百分点。原因一是民间自发产生的行业协会特别是商会增多,这些体制外组织与政府主管部门关系并不密切;二是建立联系需要时间,由于新增协会过多,短时间建立起密切联系不容易。因此,联系的紧密程度下降可以理解。但从长期发展看,行业协会商会只有与政府加强联系、充分互动才能更好发挥作用。

表8-20 协会与政府主管部门关系密切程度

选项	2010 调查		2014 调查	
	频次	百分比	频次	百分比
非常不紧密	1	2.00		
不太紧密	2	4.00	3	3.30
一般	5	10.00	15	16.48
比较紧密	28	56.00	57	62.64
非常紧密	14	28.00	16	17.58
合计	50	100	91	100

5. 参与购买服务

政府购买社会组织服务是反映政社关系变化的重要因素。虽然费随事转已成为政府履行职能的重要方式,而两次调查均显示协会商会承接一些政府转移职能、承办政府交办事项,但均未有一家协会认为曾参与过政府购买服务。调查显示总体看,协会比政府具有更强烈推进政府购买服务的意愿,并认为自身具有较强承接政府购买服务能力;但政府购买服务工作推进却一般(详见第九章)。

概而言之,通过上述调查与分析,可以看出虽然政会关系密切程度因民办协会增加等原因有所弱化,然而协会却更多承担政府职能与交办事项。但行业协会商会对于政府的重视、支持,对于承接政府转移职能、参与政府购买服务有超过现实实际、过高的期待与依赖,这反映目前政社关系尚未根本理顺,行业协会商会发展存在诸多自身难以解决的问题,需要政府通过让渡职能空间、推进购买服务、优化政策环境甚至一定程度的行政干预予以解决。因此,虽然政社分开已经成为各方共识,市场、社会对协会发展作用日益突出,但因此而断定社会力量已经取代政府主导协会的发展尚言之过早。

（三）替代抑或优先

改革开放30多年以来,我国的行业协会商会几乎在零起点上逐步发展壮大,数量快速增加（特别是自下而上成立的行业协会商会）,治理机制逐步健全,功能作用日益突出,承接政府工作增多……在这一过程中政府与社会力量两方面均发挥积极了作用。同时,国家逐步形成统一的登记管理政策甚至取消行业协会商会双重登记管理要求,推进政会分开等改革,面对大致相同的市场环境与国家政策,官办协会与民办协会二者在许多组织结构、内部治理、行为模式等方面已趋同。从趋势看,政府与市场、社会将继续共同发挥作用,而后发的市场、社会作用越来越突出。但调查显示行业协会商会独立性不高,资源汲取能力有限,公信力、代表性与服务能力有待提高,政社分开依然任务艰巨,政府主导并未终结,行业协会商会还是提供集体产品的替代机制。那么,包括行业协会商会等社会组织能否进一步由替代机制转变为优先机制? 这一转变存在哪些障碍? 这些障碍能否、如何克服?

1.协会角色定位

政府重视行业协会商会发展的初始动因是在变化的条件下将政府管理向社会延伸,将行业协会发展成为政府实施行业管理、联系并管控企业等工作的助手,直到1999年国家经贸委依然将“协助政府部门加强行业管理的职能”作为行业协会三大职能之一。行业协会商会在发展过程中,其自律性组织的自律要求、所属会员的服务提供与诉求表达要求等日趋强烈,甚至在政府引导下市场主体开始自下而上发起成立一些行业协会商会。然而,现实中的行业协会商会有多种定位与身份:一是政府授权的行业管理机构;二是介于政府与企业之间的中介或中间机构;三是代表会员利益的俱乐部组织。① 但多数行业组织更愿意获得前两种身份与定位,成为“戴市场的帽子,拿政府的鞭子,坐行业的轿子,收企业的票子”的“红顶协会”,而许多政

---

① 吴敬琏:《商会的定位及其自身治理》,《中国改革》2006年第10期。

府主管对上述定位(实为错位)在相当程度上是认可的(特别是对"官办协会")。这既使得行业组织成为角色特殊而作用突出的社会组织,也使得政府对其予以特别"重视"、"关照"并通过强化"培育扶持和依法管理",将其作为行业管理助手和政府与市场主体联系的纽带进而对其保持强大的控制力:即使"提供服务、反映诉求、规范行为"职能作用已经明确,但行业组织必须是在党委领导、政府负责、社会协同、公众参与、依法保障的社会管理格局中有所作为,在加强社会管理或管理社会框架下发展。

2. 权力(权利)来源

行业协会商会委托代理关系基本模式应是:成员将包括权力(权利)委托给行业协会商会并由其实现委托人意愿,作为受托人的行业协会商会其权力(权利)理论上来自成员委托。然在我国特殊环境下只有在其作为代表会员利益的俱乐部组织情况下上述委托代理关系才能形成,而仅仅作为政府授权行业管理机构、政府与企业之间中介机构,协会难以成为自治实体。这样,行业协会商会定位的多重性导致其权力(权利)来源的双重性,除成员委托外政府是其重要权力来源:其一,行业协会商会发展有赖于政府让渡职能空间,而迄今让渡职能工作仍处于进行时,前述"政府职能转移是协会最需政府帮助解决的突出问题,积极承接政府转移职能是协会自身位列第二的亟待解决的问题"是这一现实的真实写照。其二,大陆法系国家部分行业组织具有公法团体地位,如德国工商业协会、手工业协会、手工业同业公会、农业协会、律师协会、医师协会等,"它们通过国家主权行为设立,具有权利能力,以社员形式组织起来的公法组织,在国家的监督下执行公共任务。"[1]我国并不存在所谓公法社团,但却长期实行大陆法系法团主义管理模式(如"一业一会"),这使得获得政府认可是行业组织合法性及权威的重要基础;虽然"一业一会"等法团主义管理方式开始调整,但远未调整到位。其三,政府与市场及社会、公权力与私权利等界限尚未很好厘清,甚至行业管理究竟是政府职能还是行业自组织职能等问题未得以彻底解决,行

---

① [德]哈特穆特·毛雷尔:《行政法学总论》,法律出版社 2000 年版,第 572 页。

业协会商会权力(权利)来源依然多元、复杂,行业协会商会是否有自治权①
等方面依然存有许多模糊之处。

3. 政府职能转移

政府职能转移是大趋势。我国政府改革的一个重要内容是由基于产品
的部门管理向行业管理转变,由此政府一方面将一些经济管理部门改为行
业性组织,一方面将诸多原由政府行使的一些行业管理职能交由行业性组
织。如仅 1998 年国务院机构改革就将 200 余项职能移交行业协会,2007
年国务院办公厅发布的《关于加快推进行业协会商会改革和发展的若干意
见》要求"各级人民政府及其部门要进一步转变职能,把适宜于行业协会行
使的职能委托或转移给行业协会。"2013 年启动的本轮政府改革要求通过
简政放权向社会组织转移职能。适宜于行业协会商会行使的职能应进行委
托或转移,但什么职能属于"适宜于"这个范围很大程度上是由政府部门予
以明确的,职能委托或转移工作主要由政府部门主导进行,在政会"博弈"
中行业协会商会则处于被动地位;甚至行业管理与行业自律、行业组织自律
与政府行业管理关系尚未厘清,政府可依据强制力或"先占权"而行使部分
行业管理甚至行业自律职能,政府职能转移工作艰巨甚至艰难。②

4. 政会关系调整

推进政府职能转移的关键是处理好政社分开、理顺政会关系。国家早
在 2007 年已提出"……坚持政会分开。理顺政府与行业协会之间的关系,
明确界定行业协会职能,改进和规范管理方式。"十八届三中全会进一步要
求"限期实现行业协会商会与行政机关真正脱钩"。"去行政化"、形成政社
良性互动是大势所趋,但现实中的许多协会(包括一些政府职能部门)对政
会分开工作态度并不积极,政府与一些行业协会商会在职能、人事、机构等

---

① 周俊:《行业协会商会的自治权与依法自治》,《中共浙江省委党校学报》2014 年第 5 期。
② 笔者赴浙江、上海等地调研,不少行业协会商会及主管部门认为虽然政府职能转移、政府购买服
务等取得进展,但存在问题依然不少:一是政府转移职能有限;二是转移的多是职称评审初审等
非核心、非实质性职能;三是转移了一些政府管不好但协会更无能力承接的职能,如电动自行车
监管;四是甚至存在职能"即使放着不用也不转给行业协会商会"等问题。

方面存在复杂的关系,政府与协会职能如何划分、政会关系如何理顺、政府职能如何向协会转移等问题远未完全解决。此外,政府对行业协会商会发展的有效支持体系(如购买协会服务)、协会独立运作的良好政策环境尚未形成;许多协会角色定位不清、自身能力乃至公信力有限,短期实现完全独立、自主运营、自我管理的条件尚不充分:因而政会关系理顺任重而道远。

5. 管办关系理顺

管办关系与政会关系密不可分。官办协会通常管办不分,政府主管部门既是举办者,又是监管者,其职能通常由政府主管部门转移、委托,或者由主管部门规定。尽管多年来国家一直要求行业协会商会与政府脱钩、党政机关领导不得兼任协会领导,但上述要求并未完全做到,甚至一些领域重大决策并不包括政社分开要求①。由此:一是部分协会依然由党政机关领导或退居二线乃至退休领导兼任,政会关系很大程度上由行政权力链支撑。二是许多官办协会甚至将协会秘书处放在政府部门或政府所属具有行政职能的事业单位,这些事业单位本身就政事不分、管办不分,再加挂行业协会牌子,又增添上政社不分、事(事业单位)社(社会组织)不分。② 不可否认的是在目前条件下,上述状况一定程度上有利于将政府意志通过协会这个中介传达所属行业,也有利于减少办会成本(提供办公场所、事业或机关人员兼干协会工作等),但对协会回归社会形成制约。至于政府部门更愿将转移事项交由官办协会,虽与长期形成的"惯性"、与民办协会承接能力有限等有关,但更是管办不分体制所致。因此,管办分开体制改革亟需加快推进。

6. 替代走向优先

笔者赞同这一观点:"在转型时期,政府良好管理与行业协会自身的发

① "深入推进政企分开、政资分开、政事分开、政社分开"是党的十八大对政府改革要求;《中共中央关于深化文化体制改革推动社会主义文化大发展大繁荣若干重大问题的决定》对深化文化行政管理体制改革,加快政府职能转变只提出"推动政企分开、政事分开"要求。
② 典型如某市外商投资企业协会由主管部门商务局"放在"其下属事业单位;建委归口管理的18个协会,基本与所属事业单位两块牌子一套人马,如××市建设工程材料管理办公室、××市建筑工程质量监督站等均挂上相关行业协会牌子并在机构、人员等方面不分。

育成长互为条件。"①互为条件说明政会关系不是简单的分合关系,而是如何共同承担公益服务与公共治理的关系,是相互依存、共同发展的关系。因此,政会分开应作为发展基本方向、改革战略目标,近期则应顺应国家与社会关系变迁、市场力量不断壮大的现实,特别是行业协会商会发展的现实需要,将协调好政会关系,理顺行业协会商会的三重身份、三种定位,加强政府职能转移、推进政府向协会购买服务、激发社会力量活力,以发挥政府与市场、社会合力作为主要政策目标。目前,一些行业协会商会已开始承接原由政府履行的职能并成为公益服务乃至公共管理的替代机制,但其自身治理机制有待重塑、能力建设有待加强、独立性特别是"自身造血功能"有待增强、政策环境有待优化,前述调查显示的协会内部治理规范性略有下降、自身经济状况有待改善等就是上述问题的反映。因此,替代机制向优先机制转化是一个长期的过程。但发展趋势是好的,如明确将行业协会商会作为重点支持、优先发展的四类社会组织之首,各类协会快速发展特别是商会数量大幅度增加,自身运行机制初步形成,职能优势开始显现(特别是民办协会),随着现代社会组织体制不断健全、相关政策环境不断优化,在一些领域成为优先机制是可能的。

问题是优先机制能否自动生成? 制约机制形成的诸多障碍如何克服? 客观说,优先机制的形成需要职能空间、政策扶持、发展机遇、良好环境,这在总体性社会向三元社会结构、全能型政府向"小政府、大社会"转型过程中显得尤为突出。反过来思考,如果政府不采取转移职能、购买服务、民办公助、"官立民营"②等措施,推进政社分开、管办分离等体制改革,引导协会明确角色定位、健全治理结构,行业协会商会功能作用能发挥出来吗? 其可能成为优先机制吗? 由此获得的启示是:如果行业协会商会确实在某些领

---

① 徐家良:《互益型组织:中国行业协会研究》,北京师范大学出版社 2010 年版,第 36 页。

② 笔者 2013 年 12 月受邀赴韩国考察"官立民营"老年福利机构运营模式,政府规定政府所建并通过多种方式提供运营经费的老年福利机构,政府机关不得运营,必须通过公开竞标由非营利性机构运营。其理由是:非营利性机构专业化运营效率高于政府机关,同时有社会公益捐赠与志愿者参与可降低成本、提供个性化服务;这实际是肯定相对政府部门其已经在某些领域成为"优先机制"。而我国推出养老设施"公建民营"政策与前述"官立民营"有异曲同工之处。

域成为了公益服务的优先机制,就应让其充分发挥作用。如果机制还在形成中(青岛行业协会商会调研显示:民办协会与官办协会覆盖面、作用、收入、运行效率等方面已难分高下),应创造条件使其逐步由替代机制向优先机制转化。而如果通过政社分开、管办分离等体制改革,政府由"管脚下"向"管天下"转变,政府就会主动发现行业协会商会在某些领域是否成为优先机制或具有成为优先机制的潜质,进而更积极主动完善政策环境,构筑支持体系,依法加强监管,改变职能转移、购买服务优先考虑公共部门或常被人称为"二政府"的官办协会做法,从而顺应社会发展大势,创造条件以形成政府、市场、社会良性互动、共赢共进的局面,推进使包括行业协会商会在内的各类社会组织由替代机制逐渐向优先机制转变,发挥其"提供集体商品优先机制"的作用。

第九章 市场机制与构建公益服务新格局

　　构建公益服务新格局不是简单的"政府卸载"、"国退民进",而是形成政府主导下"官民合作"、"国民共进"的新机制;是坚持着眼发展,充分发挥政府主导、社会力量参与和市场机制的作用,实现公益服务提供主体多元化和提供方式多样化。充分发挥市场机制作用,要求完善相关政策体系,充分发挥市场在公益事业领域资源配置中的积极作用,为社会资本投资创造良好环境,推动相关产业加快发展,从而满足人民群众多层次、多样化服务需求。

一、市场作用

　　按照萨缪尔森的说法:市场是一种物品的买主和卖主相互作用以共同决定其价格和数量的过程。而市场机制(market mechanism)是通过市场竞争配置资源的方式,即资源在市场上通过自由竞争与自由交换来实现配置的机制。市场决定资源配置是市场经济的一般规律,健全社会主义市场经济体制必须遵循这条规律,构建公益服务体系同样也要充分发挥市场机制作用。但在公益服务体系中市场机制能否发挥作用? 以何种方式、在何种程度上发挥作用?

(一)市场价值再发现

　　生产力决定生产关系、经济基础决定上层建筑是社会发展的基本规律。虽然上述规律并不能推导出市场在所有方面的作用都是决定性的,但市场在资源配置中发挥决定性作用却是市场经济的一般规律。在市场经济高度发达、市场机制相当精致而完备的当今时代,市场与社会各个部门、各种活动发生着普遍的联系,任何部门包括公共服务部门都要面对稀缺资源如何有效配置问题,因而都无法将自己与市场机制隔绝、无法排除市场在资源配置中的作用。

1. 理论解读

首先,虽然国家、市场和社会的功能作用已成为各个层面的社会治理所讨论的核心话题,但"广泛存在的成见一方面经常激发人们呼吁作出改变,倾向于让某一个部门的作用超过其他部门,另一方面使人们低估了三个部门相互作用的程度。"①社会是一个整体,每个组织、每种机制乃至每个人都共生、共存于一个存在多种联系、交互作用的整体之中。相互关联的各个组织、各种职能、各项活动在域与域之间漂移是经常发生的运动过程,各个机制相互联系、相互配合又各有侧重提供相关产品与服务是当今社会的普遍现象。其次,只要资源稀缺性这一假设成立,如何有效配置稀缺资源以满足趋向无限增长与扩张的人的各种需求,便是任何组织、任何个人都不得不认真思考、审慎对待的问题。资源配置可以以行政的、志愿的、市场的方式进行,相对而言,市场是资源配置最有效的机制。市场决定资源配置不仅是市场经济的一般规律,市场的作用不仅限于各类产品、服务生产、交换与消费的纯经济领域,也影响非市场的其他领域,甚至其它资源配置方式也需要借鉴、引入市场机制的某些做法及运行模式以提高资源配置效率。再次,包含不同程度公共性的多层次、多样化公益服务,需要运用从国家到社会到市场的多种机制提供;虽然各种机制存在分工,但市场可在包括纯私人产品到准公共产品再到纯公共产品的公益服务体系中发挥程度不同的作用。最后,运用经济学理论与方法研究非经济现象现已成为某种趋势或"时髦"。凭借经济学相对其他人文社会科学具有更接近"自然科学"的特点,以及经济基础决定上层建筑、市场在资源配置中发挥决定性作用等所谓"规律"、"常识",经济学理论与方法特别是成本收益分析、均衡分析、边际分析等方法

---

① Jennifer M. Brinkerhoff ,and Derick W. Brinkerhoff, "Government - nonprofit Relations in Comparative Perspective:Evolution , Themes and Direction," Public Administration and Development, 2002 (22): 3 - 18.

向社会科学人文科学的其他领域渗透、扩展,形成了饱受争议却客观存在的"经济学帝国主义"现象;但如果从深层次分析,这一现象反映的恰恰是经济活动及其方式、规律向其他领域渗透、扩展的客观趋势。

2. 现实分析

首先,现代社会是高度组织化的社会,虽然社会组织通常被分为市场、国家、社会三大部门(三大域),并各自形成自身特有的运行机制,但并不存在不可跨越的鸿沟将各大部门截然分开。三大部门重叠交叉,三大机制相互渗透是普遍现象:"如果用中立的历史眼光去看,会发现各种社会活动一直在域与域的边界上移来移去,而且是有意移来移去。"[①]其次,就非营利部门而言,"我们必须承认,非营利组织与营利组织的界限有时是相当模糊的。"[②]在服务收费已经成为非营利组织最主要收入来源的情况下,甚至可以从极端意义上认为"志愿组织既没有普遍的特征,也没有别的域必然缺少的特征。"[③]就公共部门而言,"这(指私营部门和公共部门——引者注)两者之间存在着大量的相互作用现象,这种严格的一分为二的划分更多的是一种误导。"[④]再次,20世纪70年末以来新公共管理以"市场价值再发现"为取向的公共部门改革,更多地在公共部门引入市场机制、企业管理理念与方式:"在产品或服务的生产和财产拥有方面减少政府的作用,增加社会其他机构作用的行动。"[⑤]这使得以市场思维观察、分析各种社会现象,通过推进民营化、加强公私合作等市场手段介入公共管理与公共服务,提高公共部门(包括第三部门)绩效成为一种趋势性的做法。最后,虽然公益服务、公益事业在传统上是被划入"社会"或"社会事业"领域,但公益服务并非"免费的午餐",发展公益事业、满足日益增长的社会公益服务需求离不开稀缺

---

① [英]托马斯·马歇尔:《我们能定义志愿域吗?》,载李亚平、于海编选:《第三域的兴起——西方志愿工作及其志愿组织理论文选》,复旦大学出版社1998年版,第87页。

② [美]詹姆斯·P.盖拉德:《21世纪非营利组织管理》,中国人民大学出版社2003年版,第3页。

③ [英]托马斯·马歇尔:《我们能定义志愿域吗?》,载李亚平、于海编选:《第三域的兴起——西方志愿工作及其志愿组织理论文选》,复旦大学出版社1998年版,第82页。

④ [澳]欧文·E.休斯:《公共管理导论》,中国人民大学出版社2001年版,第97页。

⑤ [美]E.S.萨瓦斯:《民营化与公私部门的伙伴关系》,中国人民大学出版社2002年版,第6页。

资源的有效配置。而传统国家事业体制存在的突出问题之一恰恰是"资源配置计划化"[1]、"事业活动方式的非产业化"并导致"事业发展与经济发展相脱节"[2]。因此,《指导意见》明确要求构建公益服务新格局必须充分发挥市场机制作用。

(二)多类型公益服务

公益服务体系横跨政府、市场、社会三大部门,并且需要运用多种机制实现服务供给。如果细分公益服务谱系,可以发现公益服务包括公共性从0到100%的各类服务,既包括基本公益服务,也包括非基本公益服务,而非基本公益服务又可分为准基本公益服务和经营性公益服务。当前我国事业单位分类及分类改革的立足点恰恰是公益服务的多样性。

1. 服务分类

公共服务可以从不同角度进行分类,如有学者将公共服务从功能上分为维护性公共服务、经济性公共服务、社会性公共服务,从服务水平可分为基本公共服务、非基本公共服务。[3] 社会性公共服务和部分经济性公共服务可划入公益服务范围。特别值得注意的是《北京市"十一五"时期社会公共服务发展规划》对社会公共服务的界定及分类,该界定及分类对我们合理界定公益服务及分类有重要启示作用。该规划的界定是:"社会公共服务是指在社会发展领域中,以满足公众基本需求为主要目的、以公益性为主要特征、以公共资源为主要支撑、以公共管理为主要手段的公共服务。"该规划进一步将社会公共服务划分为三类:"根据社会公共服务具有的公益性和可经营程度的不同,将社会公共服务分为两大类:基本社会公共服务和非基本社会公共服务。后者又可分为准基本社会公共服务和经营性社会公

---

① 赵立波:《事业单位改革——公共事业发展新机制探析》,山东人民出版社 2003 年版,第 50—51 页。

② 黄恒学:《我国事业单位管理体制改革研究》,山东黑龙江人民出版社 2000 年版,第 4、3 页。

③ 李军鹏:《公共服务学——政府公共服务的理论与实践》,国家行政学院出版社 2007 年版,第 4—6 页。

共服务。"①各类服务的划分及具体内容见表9-1。

表9-1 社会公共服务的分类

分类领域	基本社会公共服务	非基本社会公共服务	
		准基本社会公共服务	经营性社会公共服务
教育	提供义务教育、国防教育等法律法规规定的公共教育服务。	提供学前教育、高中教育、非义务教育阶段的特殊教育、中等职业教育、高等职业教育、普通高等教育、青少年校外活动等政府需要支持的教育服务。	提供满足特殊需求的学前教育、教育培训、继续教育等市场化的教育服务。
医疗卫生	提供各种疾病预防控制、紧急救援、突发公共卫生事件应急处理和医疗救治、健康教育、计划生育、公共卫生信息和卫生监督执法等公共服务。	提供社会保障体系之内的基本医疗服务等。	提供满足特殊需求的医疗服务和卫生保健服务等。
文化	提供历史文化文物遗产保护、优秀民间文化保护、公立文化文物设施和首都文化活动等的公共服务。	提供社会保障体系之内的基本医疗服务等。	提供满足特殊需求的医疗服务和卫生保健服务等。
体育	为提高国民身体素质开展的国民体质监测等的公共服务。	提供满足人民群众体育健身需求的、需要政府扶持的体育服务。	提供体育休闲娱乐、体育竞赛表演、体育用品消费、体育中介等的体育产业服务。
社会福利和社会救助	提供社会救助,优抚安置,以及法律规定的为老年人、残疾人、孤儿和弃婴等特定群体提供的养护、康复、托管等公共服务。	为老年人、残疾人等特定群体提供的、政府定价且不足以补偿成本的多样化专业服务。	提供满足老年人、残疾人等群体特殊需求的养护、康复、托管等市场化服务。
公共安全	提供维护社会稳定和首都治安,消防安全、交通安全和公共场所安全,反恐反暴和群体性事件处置等的公共安全服务。	提供市民人身安全、财产安全的服务和涉及合法、安全、公平等法律专业服务。	提供满足特殊需求的公司安保、社区安保等产业服务。

---

① 各类公共服务的具体定义是:"基本社会公共服务:政府依照法律法规,为保障社会全体成员基本社会权利、基础性的福利水平,必须向全体居民均等地提供的社会公共服务。准基本社会公共服务:为保障社会整体福利水平所必需的、同时又可以引入市场机制提供或运营的,但由于政府定价等原因而没有营利空间或营利空间较小,需政府采取多种措施给以支持的社会公共服务。经营性社会公共服务:完全可以通过市场配置资源、满足居民多样化需求的社会公共服务。政府不再直接提供这类服务,而是通过开放市场并加强监管,鼓励和引导社会力量举办和经营。"见《北京市"十一五"时期社会公共服务发展规划》,《北京市人民政府公报》2006年第22期。

上述三类公共服务可大致对应公益性的基本公益服务、准公益性的准基本公益服务与经营性公益服务。

2. 机构划分

机构划分与产品(服务)的划分存在高度相关性。作为《指导意见》配套文件的《关于事业单位分类的意见》,其对事业单位进行如下分类:

"从事生产经营活动的事业单位。即所提供的产品或服务可以由市场配置资源、不承担公益服务职责的事业单位。这类单位要逐步转为企业或撤销。""从事公益服务的事业单位。即面向社会提供公益服务和为机关行使职能提供支持保障的事业单位。改革后,只有这类单位继续保留在事业单位序列……公益一类事业单位。即承担义务教育、基础性科研、公共文化、公共卫生及基层的基本医疗服务等基本公益服务,不能或不宜由市场配置资源的事业单位。这类单位不得从事经营活动,其宗旨、业务范围和服务规范由国家确定。公益二类事业单位。即承担高等教育、非营利医疗等公益服务,可部分由市场配置资源的事业单位。这类单位按照国家确定的公益目标和相关标准开展活动,在确保公益目标的前提下,可依据相关法律法规提供与主业相关的服务,收益的使用按国家有关规定执行。"

《关于事业单位分类的意见》对各类事业单位的界定及划分相当程度上是《北京市"十一五"时期社会公共服务发展规划》对社会公共服务的界定及分类的一种"改写":基本社会公共服务大致相当于公益一类事业单位提供的服务,准基本社会公共服务大致属于公益二类事业单位承担的职能,经营性社会公共服务与从事生产经营活动的(生产经营类)事业单位(包括一些地方尚保留的"公益三类"事业单位)实际从事的活动相近。虽然从事生产经营活动的事业单位需要转企改制、剥离出事业单位体系,但其从事的许多服务依然在公益服务的大范围内。因而,公益服务与公益机构均可以细分,并大致划定其依托的主要机制,如公益一类事业单位、公益性的基本公益服务(基本社会公共服务)主要依靠国家机制保障;公益二类事业单位、准公益性的准基本公益服务(准基本社会公共服务),三种机制均可发挥作用,但国家机制特别是社会机制作用应更突出;而从事生产经营活动的

（生产经营类）事业单位、经营性公益服务（经营性社会公共服务）则主要运用市场机制。但需要明确的是：即使是公益一类、公益二类事业单位或公益性的基本公益服务、准公益性的准基本公益服务，市场依然可以发挥有益的功能作用。

因此，构建公益服务新格局要充分发挥政府主导、社会力量参与和市场机制的作用，三者缺一不可。

（三）多元格局总框架

市场机制作用的发挥是形成公益服务新格局的重要支撑，而充分发挥市场机制又是以公益服务新格局的形成为基础保障的。构建公益服务新格局有三个基本点：一是发挥政府主导作用，二是引导社会力量广泛参与，三是引入市场竞争机制。因此，深化公益服务体制改革，推进公益事业的社会化、多元化，形成政府、社会、市场三方的协同共治，需设计公益服务新格局的基本框架。

1. 坚持政府主导地位

坚持政府主导地位、发挥政府主导作用是构建公益服务新格局的基础。总体看，与社会基本公共需求密切相关的公益服务是不能主要依靠市场配置资源的领域，必须坚持政府主导。政府主导主要表现在：一是制定政策目标，加强宏观调控。按照逐步实现公共服务均等化的要求，优先发展直接关系人民群众基本需求和国家安全、社会稳定的公益服务，促进公益服务公平公正；加快发展农村、欠发达地区和民族地区公益事业，缩小城乡之间、地区之间公益服务水平差距，满足广大农民和城市低收入群体医疗、教育、文化等公益服务需求；科学规划公益事业发展，制定和完善公益事业政策法规和标准规范，明确政府介入领域与介入方式，规范社会机制、市场机制作用范围与作用方式，促进包括民办事业在内的各类公益事业健康发展。二是发挥好事业单位作为政府举办的公益服务组织的作用。事业单位过去是、将来也是经济社会发展中提供公益服务的主要载体，是政府公共服务任务的主要承担者。事业单位改革是为了打破条块分割、行政区划藩篱，合理配置事业资源，调整事业单位布局，转变管理与运行方式从而提高其活力与效率,更好的满足社会公益需求,而非取消事业单位或以甩包袱方式简单将其"推向市场"。三是着力构建政府支持公益事业发展的长效机制。加大公共财政对公益服务的支持力度,改革和完善财政对公益事业特别是事业单位支持方式,逐步实现从"养人"向"办事"转变;特别是通过政府购买服务等方式支持社会力量发展公益事业。

2. 发展民办公益事业

鼓励社会力量兴办公益事业是构建公益服务新格局的重要内容。一方面,随着我国经济社会发展与人民生活水平的提高,社会有力量、有意愿以营利或志愿方式参与公益事业;另一方面,"与国家举办的公益机构相比,不少社会力量举办的同类机构在工作效率、运营成本和服务意识等方面往往还具有一定优势。"①非营利部门在公益服务领域可以成为公共部门的"替代机制"乃至"优先机制"。因此,一是围绕建立"小政府、大社会"格局与构建新型政社关系,推进政府由办事业向管事业转变,将公益事业部分行业自律、评估监督、信息支持特别是服务提供等职能向民办公益服务机构转移;探索推行新增公益服务不再设立新机构、不再新增事业编而是通过政府向社会组织购买服务的做法,为培育各类民办公益服务机构发展创造职能空间。二是落实民办公益事业"国民待遇"。针对传统上我国公益服务基本上由政府(通过举办事业单位)直接提供、社会力量兴办的公益事业明显不足问题,应"坚持培育发展和管理监督并重,推动社会组织健康有序发展"要求,完善相关政策,放宽准入领域,推进公平准入,鼓励社会力量依法进入公益事业领域,并在设立条件、资质认定、职业资格与职称评定、财税政策及政府购买服务等方面与事业单位公平对待。三是创造良好环境。完善和落实支持社会力量兴办公益服务税收优惠等政策,鼓励企业、社会团体和公民个人捐赠公益事业,形成多渠道筹措资金发展公益事业的机制;强化舆论引导作用,在全社会范围内弘扬公益精神,倡导和发展各类志愿服务,支

① 本报评论员:《合力构建公益服务新格局——四论分类推进事业单位改革》,《人民日报》2012年5月3日。

持各类慈善事业发展。

3.发挥市场机制作用

充分发挥市场机制作用是构建公益服务新格局的重要内容与手段。从总体上说,一是理顺政府、市场与社会三者关系。政府与市场、社会各有自身功能优势:市场是资源配置最有效机制,政府是公共物品供给最基本渠道,社会在提供"准公共物品"、某些公益服务方面具有不可替代的优势,三者关系不是隔绝、对立而是互补的。政府通过完善政策、优化环境,注意运用价格机制、竞争机制、供求机制,既积极调动各种社会力量参与公益服务,又吸纳、整合社会资源发展公益事业,从而更好发挥市场在公益事业领域资源配置中的积极作用。二是充分发挥市场主体作用。不同社会群体的服务需求偏好存在差异,不同公益服务包含的公共性不等;政府的政策目标主要是提供基本公共服务,而发展文化娱乐、体育休闲和健康保健等公益服务相关产业可更多运用市场机制推动、更好发挥公司企业的作用,从而形成公益服务"差序格局",更好地满足人民群众多层次、多样化公益服务需求。三是通过"市场机制再发现"推进公益机构改革。首先是积极推进经营类事业单位转企改制,创造制度条件促使部分公益性事业单位转为社会组织;其次是改变事业单位传统行政化的行为方式与激励模式,转换经营机制,构建以顾客需求为导向的经营模式,提高运用市场办法汲取资源、运用资源的能力;最后是大力培育社会企业等新型组织的发展,使其通过商业手法高效运作公益事业,成为公益目标与市场机制有效沟通互动的桥梁,提高公益服务的效率与质量。

二、市场作用

虽然市场决定资源配置是市场经济的一般规律,但市场机制在不同部门作用的内容、方式及限度存在差异。在构建公益服务新格局过程中,既要积极发挥市场配置资源的作用,又要根据各部门、各领域的要求与特点,使市场与其他机制的作用相互衔接、良性互动,共同推进公益服务新格局的形成。

(一)公司企业

企业作为市场的最重要主体,是生存在市场之中、最直接承接市场机制作用的组织。虽然钢铁大王卡内基有句穿越一个世纪、至今依然具有强大感染力与震撼力的名言:"在巨富中死去是一种耻辱"。但总体上看,"公司是股东借以获取营利最大化的工具。"①恰恰是公司企业在市场这只看不见的手引导下,有效地使用稀缺资源,通过私益的追求创造更多的社会财富,推进社会经济发展,使社会有能力扩展公益服务、增进社会福利。同时,作为市场主体的企业将其在激烈竞争环境下形成的技术、管理、制度方面等创新传递给社会,引导、助推各类公益机构提升组织绩效,从而间接促进社会公益事业发展。

当然,现代公司企业的作用并不总是局限在"主观为自己、客观为他人"的客观公益方面。经济发展、社会进步、新思想新观念不断生成,改变了企业生存与发展的外部环境与自身价值追求。现代企业除了做好自身经营以实现"追求利润最大化"目标外,越来越多地参与公益活动,承担起社会责任(corporate social responsibility),特别是在提供就业岗位、保障员工福利、促进社区发展、保护生态环境、与客户及经营合作者共同发展等方面发挥更大作用。这种变化使得公司企业在追求自身利益、产生客观公益的同时,更频繁、更直接地参与公益事业。

第一,利益相关者理论及实践。弗里曼1984年出版的《战略管理:利益相关者管理的分析方法》,提出企业管理者为综合平衡各个利益相关者的利益要求而进行管理。由此展开一系列相关研究颠覆了传统的股东至上主义信条,使公司企业与利益相关人关系发生变化。从20世纪80年代末至90年代中期,美国已有29个州(即超过半数的州)修改了公司法。新的公司法要求公司经理为公司的"利益相关者"(stakeholders)服务,而不仅仅是为股东(stockholders)服务;股东只是"利益相关者"中的一部分,虽然是最

① 江平:《法人制度论》,中国政法大学出版社1994年版,第229页。

重要的一部分,而劳动者、债权人和共同体则为另一部分"利益相关者"。①
这一变化,使得公司企业更多样、更直接地承担社会责任与诸多公益服务职
能,从而在市场体系内部参与公益服务供给。

第二,"公民企业"理念及其公益服务。"公民企业"(或"企业公民")
有多种定义,美国波士顿学院对"企业公民"(corporate citizenship)的定义
是:企业公民是指一个公司将社会基本价值与日常商业实践、运作和政策相
整合的行为方式。"企业公民"认为公司的成功与社会的健康和福利密切
相关,因此,它会全面考虑公司对所有利益相关人的影响,包括雇员、客户、
社区、供应商和自然环境。英国对"企业公民公司"(corporate citizenship
company)的要求,包含以下四点:企业是社会的一个主要部分;企业是国家
的公民之一;企业有权利,也有责任;企业有责任为社会的一般发展做出贡
献。② "公民企业"理念强调企业参与公益活动包括与慈善机构的合作。而
通过"公民企业"身份的获得,可以提升企业的声望、塑造良好的企业形象、
增强企业的竞争力,进而有助于企业展开经营活动、赢得客户信赖,实现企
业发展与社会公益的双赢。

第三,多样化、个性化服务供给。除了极少纯公共产品外,企业可以在
私人产品乃至准公共产品范围内提供多类社会服务,以满足多样化、个性化
的社会公益需求。实际上,在文化娱乐、体育休闲、健康保健、应用研究、满
足个人兴趣的教育培训等方面,由企业供给或在政府规制下由企业运用市
场机制供给,比政府、非营利机构提供更有效率。此外,即使在基本公共服
务领域,企业依然可以独立或与政府、非营利组织共同进行生产与服务。

第四,多种方式参与公益服务。20 世纪 70 年代以来,无论是发达国家
还是发展中国家均展开多种形式的民营化改革,特别是在基础设施建设、社
会服务传送、公用事业发展等方面展开多领域、多类型、深层次的公私合作。
E. S. 萨瓦斯列举的公共服务 10 种制度安排,如政府出售、合同外包、特许

---

① 崔之元:《美国二十九个州公司法变革的理论背景》,《经济研究》1996 年第 4 期。
② 陈大文:《企业界的慈善投资——与非营利机构建立伙伴关系,达成商业目标》,载马伊利、杨团
　主编:《公司与社会公益》,华夏出版社 2002 年版,第 14 页。

经营、政府补助、发放代用券等,大都涉及通过公私合作关系(public－private－partnership)提供公共服务。① 公司企业资源配置的合理性与组织管理的高效率,加之企业在相关领域形成并积累了许多专业资产,使得企业可与政府通过建立公私伙伴关系,使政府与企业各自的功能优势通过 PPP(广义)实现互补,既节约了公共开支,又使市场机制更多地在传统上属于"非市场"的公益事业领域发挥作用,改善公益服务提供。此外,源自美国的多元化采购理念(supplier diversity),鼓励大型企业(包括大学等机构)采购弱势群体经营企业产品,进而通过有针对性的采购行为支持小微企业、弱势群体,达成实现公益、回馈社会的目标。②

(二)社会组织

作为非营利组织最早范本的慈善机构,典型地体现"以志愿求公益"的特征,各种慈善捐赠及志愿服务是其主要资源来源。但现代的趋势是非营利组织越来越多地依靠与政府合作、服务收费汲取资源,传统的慈善捐赠在非营利部门的收入所占比重越来越低。根据萨拉蒙等在全球包括发达国家、发展中国家和转型国家在内的 36 个国家进行的调查,公民社会组织全部收入三大类收入比重分别是:收费收益 53%,政府 34%,慈善 12%。③

导致上述情况产生的原因包括:一是非营利组织快速发展,传统的慈善捐助难以支持随着非营利组织快速发展而产生的资金需求,如美国合法注册的非营利组织,1950 年约为 10 万家,1970 年约为 40 万家,1980 年增加到了 80 万家,1990 年超过 100 万家,到新世纪之初则接近 150 万家。④ 二是政府成为公益服务的责任主体特别是福利国家形成后:一方面公共需求快速增长使得政府越来越多地承担起服务提供职能;另一方面政府无力包

---

① [美]E. S. 萨瓦斯:《民营化与公私部门的伙伴关系》,中国人民大学出版社 2002 年版,第 69—89 页。

② Chrisitian M. Rpgerson,Supplier Diversity:a New Phenomenon in Private Sector Procurement in South Africa,Urban Forum,2012(23):279－297.

③ [美]莱斯特·M. 萨拉蒙等:《全球公民社会——非营利部门国际指数》,北京大学出版社 2007 年版,第 35 页。

④ 陶传进:《社会公益供给——NPO、公共部门与市场》,清华大学出版社 2005 年版,第 110 页。

办众多服务,政府越来越依靠采取与企业、非营利组织等私人部门合作的方式提供服务,非营利组织作为重要的"第三方政府",通过拨款、合同、报销等方式获取政府多方面的支持。三是受资金短缺压力及企业经营的影响,非营利组织越来越多地学习企业管理经验与技术,采取市场化方式开展活动,越来越多地通过提供服务收取费用,通过商业投资产生收益、会费及其他商业获得资源。显然,第三种原因就是直接学习企业、运用市场规则开展运营;而且,非营利组织来自政府的支持更多是通过合同外包等市场化方式获得。上述变化使得欧美国家非营利组织越来越像企业组织,越来越倾向于借助市场机制进行运营,而这一变化已经成为普遍性的发展趋势。

第一,适应发展大势。我国的非营利组织应主动向市场、向企业学习(当然,企业也应学习成功非营利组织的理念与经验),运用现代管理理念与技术提升组织绩效。通过进入市场、学会经营、应对竞争,更好地开展服务并以良好的形象、较高的诚信度、规范的内部治理,赢得社会、政府、服务对象、资助者等的信任,进而汲取资源、不断发展壮大自身。由于我国缺乏强大而深厚的慈善志愿传统、完善的社会公益环境与健全的激励约束机制,许多非营利组织的非营利性不高,所以在引导其学习企业经营理念与方法、运用市场手段的同时,防止市场化过度依然是非营利组织与政府、整个社会必须共同面对的严峻挑战。

第二,发展社会企业。尽管社会企业(也有称为社会创业)概念的内涵目前还有待进一步明确,它可以指非营利组织以商业化方式获取收入,也可指在公共福利领域运行的营利性商业机构……但其本质是将公益目标与商业运作结合起来:社会企业是一种融合了市场竞争和社会目标的混合型企业,是社会部门和经济部门跨界融合的产物。[1] 一般而言,欧洲国家更倾向于将社会企业定义为第三部门的一个次部门,但中国的政府部门更愿意使用"有一定造血功能的公益性组织"来替代社会企业这一概念。[2] 还有人认

---

[1]　王世强:《社会企业在全球兴起的理论解释与比较分析》,《南京航空航天大学学报(社会科学版)》2012年第3期。

[2]　陈统辛:《社会企业在中国》,《南风窗》2010年第10期。

为社会企业就是民办非企业单位。① 确切地说,我国尚无与之完全对应的组织形式。但一些社会组织(包括企业)确实努力追求在商业手段与社会目标之间达成某种平衡。因此,一方面,可以有意识将一些组织(福利企业、社会服务机构等)向社会企业方向改造;另一方面,借鉴社会企业理念与运作模式,引导我国的各类社会组织甚至包括一些在工商部门注册的营利性机构,积极投身社会创新,围绕社会公益目标,运用市场机制高效率地开展公益事业活动,为加快形成中国特色公益服务体系发挥积极作用。

第三,确定优先顺序。党的十八届三中全会明确重点培育和优先发展的行业协会商会类、科技类、公益慈善类、城乡社区服务类四类社会组织并将行业协会商会类排在首位,上述组织可直接向民政部门依法申请登记,不再需要业务主管单位审查同意。一是行业协会商会是与市场、与企业联系最密切的社会组织,也是市场机制得以高效运行的重要支撑。要更好发挥市场在资源配置中的决定性作用,加强行业协会商会组织协调、提供服务、行业自律功能,与发挥政府宏观调控、为各类市场主体创造平等竞争环境,同为缺一不可的重要条件。二是发展行业协会商会有助于理顺政府与市场的关系、激发市场主体活力,行业协会商会在市场不能自我调节、政府不宜直接干预、单个企业力不能及的领域,具有独特优势和积极作用。② 改革开放以来,行业协会最初是由政府主导建立的,政府的初衷是发挥其桥梁纽带作用,密切政府与企业、企业与企业、企业与社会的关系,进而促进整个行业的发展,甚至许多行业协会是政府机构在机构改革中"翻牌"形成的。三是从实际出发协调好公益与互益的关系。严格意义上说,典型的行业组织属于互异性组织而非公益性组织,这在普通法系国家尤为明显。但在民法法系国家,部分行业组织具有公法团体地位,如德国工商业协会、手工业协会、手工业同业公会、农业协会、律师协会、医师协会等组织属于公法团体,"它们通过国家主权行为设立,具有权利能力,以社员形式组织起来的公法组

---

① 林金良:《浅析社会企业与民办非企业单位的异同》,《社团管理研究》2010 年第 11 期。
② 李立国:《改革社会组织管理制度,激发和释放社会发展活力》,《求是》2014 年第 10 期。

织,在国家的监督下执行公共任务。"①另外,部分国家的行业组织具有公益组织地位,如匈牙利的公益组织法规定行业公会是公益组织类型之一。就我国而言:市场经济体制还处于不断完善过程中,行业协会商会既是行业利益的代言人,同时对市场经济体制完善、沟通企业与政府、社会关系发挥着重要作用。因此,在当前不宜将6万多个行业协会商会看作单纯的是代表会员利益的俱乐部组织或某种利益集团,在承认其总体上属于互益组织的同时,应积极发挥其在促进市场经济发展、行业内部协调、公共事务治理(包括统战工作)中的作用,使其互益与公益结合、将互益功能外溢成社会公益。

(三)政府部门

政府是公共利益的维护者、利益调节的仲裁者、市场秩序的监管者、经济运行的调控者,政府承担着培育市场主体、健全产权制度、弥补市场失灵、提供公共产品等诸多功能,而通过配置资源提供公益服务是现代政府的重要职能。因此,处理好政府和市场的关系,使市场在资源配置中起决定性作用和更好发挥政府作用,既是全面深化改革的重点、经济体制改革的核心内容,也是构建中国特色公益服务体系的重要基础。政府在公益服务体系中发挥市场作用的最重要职责是使市场在资源配置中有效发挥作用。此外,政府还可通过多种方式影响、参与市场机制的运行。

第一,理顺政事关系。作为公益服务主要载体的事业单位,是政府出资举办的公共实体。长期以来政事一体化的管理体制使政事关系具有浓厚的行政色彩,事业单位依附于政府部门。严格地说,政事不可能绝对分开,因为事业单位功能实际是政府公共服务功能的延伸。但具有独立性并从事专业性、服务性工作的事业单位不能按照机关等级节制的方式运行,必须通过创新体制机制、改变激励模式,从而激活其活力,提高面向市场、服务社会的能力。因此,应以公务(公共服务)和产权两条主线重塑政事关系:产权关系要求事业单位具有国有资产保值增值、合理使用公共资源能力;服务提供

---

① ［德］哈特穆特·毛雷尔:《行政法学总论》,法律出版社2000年版,第572页。

需要在符合公务目的基础上借鉴、运用以企业管理为基础形成的现代管理理念、技术,从而高效实现公益目标。这两者都需要合理配置资源,按照经济规律办事,在一定范围内与一定程度上有效发挥市场机制作用。

第二,培育中介组织。独立于政府之外,介于在政府与企业、企业与企业、企业与客户等之间,为各类市场主体从事协调、评价、评估、检验、仲裁等活动,并提供信息咨询、培训、经纪、法律等服务的市场中介组织,是市场体系不可或缺的组成部分,在经济调节、市场监管等方面具有政府行政管理不可替代的作用。其中,作为自律性行业组织的各种行业协会、同业公会、商会,以及消费者协会、职业团体等组织是最有代表性的市场中介组织。培育发展市场中介组织,引导、规范其行为,是政府的重要职责。政府通过完善相关法律法规,实施政社分开、规范政府与中介组织关系,引导中介组织加强行业自律、内部治理能力等,优化环境、合理规划、有序推进,促进各类市场中介组织发展并使其在反映诉求、规范行为、提供服务等方面发挥作用。

第三,引入市场机制。政府自身也需要通过引入市场机制调整职能结构、优化组织流程、增强成本意识、提升服务水平。"市场机制再发现"、"建立企业家政府"等新公共管理话语虽然备受争议,但只要政府拥有并配置资源,只要政府运行需要资金支持,就必须关注资源配置效率问题。而借助市场的理念与技术在很大程度上有助于改善政府管理、降低行政成本、更好地提供服务。实际上,如绩效预算、合同外包、标杆管理、全面质量管理等最初形成于企业管理的理论和方法已在政府使用多年:"昨天的新公共管理就是今天的公共部门,这表明,许多市场导向的改革已经被公共部门采用。事实上,在新公共管理理论出现之前,公共部门已经对其中的一些方法非常熟悉了,并且继续在提升自己的管理方法和能力。"[1]其中,与公益服务关系密切的是政府购买服务这一市场化的服务提供方式,推行政府购买服务已成为公益服务体系创新的重大战略性举措:《中共中央关于全面深化改革

---

[1] Richard M. Walker, Gene A. Brewer, George A. Boyne, and Claudia N. Avellaneda, "Market Orientation and Public Service Performance: New Public Management Gone Mad?" Public Administration Review, 2011(5):707-717.

若干重大问题的决定》在加快事业单位分类改革部分,明确要求"加大政府购买公共服务力度"。政府购买服务甚至被认为是构建中国特色公益服务体系的四大核心战略之一:"一是加快推进政府职能转变……二是分类推进事业单位改革……三是改革社会组织管理制度……四是加大政府购买服务力度。"①

三、政府购买服务

政府购买服务是构建公益服务新格局的核心战略之一,是当前政府在推进公益服务发展中发挥市场作用的最重要、最直接的方式。完善政府购买服务机制符合"小政府、大社会"的社会转型趋势,有助于政府职能转变、事业单位改革、建立新型政社关系、发挥市场在资源配置中的决定性作用。

(一)核心战略

政府购买服务在本质上是通过引入市场机制改变传统行政化的服务运作模式,将行政化的"公共生产"转为更多发挥市场作用的"外部购买",从而提高资源配置效率,并推进政府职能转移、运行方式优化,实现政府、市场、社会的多元共治。

1. 基本概念

多数人将"政府购买服务"等同于 POSC(purchase of service contracting)。也有人认为"购买服务,又称服务'合同外包'(contract out)"。②2012 年国务院提出的重点改革任务包括建立健全政府向社会组织购买服务制度。但《国务院办公厅关于向社会力量购买服务的指导意见》(国办发〔2013〕96 号)扩大了承接主体(社会组织变为社会力量),并给出明确定义:"政府向社会力量购买服务,就是通过发挥市场机制作用,把政府直接向社会公众提供的一部分公共服务事项,按照一定的方式和程序,交由具备条件的社会力量承担,并由政府根据服务数量和质量向其支付费用。"

---

① 黄文平:《深化公益事业管理体制改革构建公益服务新格局》,《中国机构改革与管理》2014 年 Z1 期。
② 王名等:《社会组织与社会治理》,社科文献出版社 2014 年版,第 310 页。

　　早在18、19世纪英国等资本主义国家便出现政府将公共服务通过合同承包交由私人企业提供的情况。20世纪70年代末新公共管理兴起后,政府将公共服务外包给私人企业与非营利组织更成为普遍性公共管理与服务行为。从世界范围看,"全球社团革命"促使非政府、非市场的第三部门正成为"提供集体商品的优先机制"。在我国,政府购买服务的概念出现于20世纪90年代,以上海"罗山会馆"的委托化管理模式为重要标志。[①] 其后,广东、上海、湖北、北京等地也以各种不同形式积极推进政府购买社会组织服务,并形成多种模式,如湖北"以钱养事"、上海"多点成面"、深圳"依托社工"、青岛"注重养老"等[②]。

　　源于地方的创新推进国家层面政府购买服务政策的形成。2012年,中央财政首次安排2亿元,用于购买社会组织公共服务,其中发展示范项目、承接社会服务试点项目、社会工作服务示范项目、人员培训示范项目各占大约5000万元、6000万元、7500万元、1500万元。同时,公布《中央财政支持社会组织参与社会服务项目资金管理办法实施细则》等相关文件,对项目申报条件、评审程序、监管体系等进行了规定。在各地由点到面逐步探索并形成多种模式的基础上,《国务院办公厅关于政府向社会力量购买服务的指导意见》于2013年9月印发实施,该意见明确要求在公共服务领域更多利用社会力量,加大政府购买服务力度。

　　2. 相关比较

　　政府购买服务与政府采购、公共资源交易(配置)既有联系又有区别。

　　第一,政府购买服务与政府采购存在交叉关系。根据《中华人民共和国政府采购法》相关规定,政府采购是指各级国家机关、事业单位和团体组织,使用财政性资金采购依法制定的集中采购目录以内的或者采购限额标准以上的货物、工程和服务的行为。其主要目的是规范政府采购行为,提高政府采购资金的使用效益。政府采购包括采购服务,但采购服务更多限于

---

① 胡薇:《政府购买社会组织服务的理论逻辑与制度现实》,《经济社会体制比较》2012年第6期。
② 赵立波:《完善政府购买服务机制,推进民间组织发展》,《行政论坛》2009年7期。

政府自身运作的行政后勤服务,而范围更广泛、更重要的公共服务并非政府采购重点。虽然此后部分地方文件已经在此方面有所突破与创新,但公共服务购买仍未被系统地纳入政府采购法律法规及相应财政制度体系中。政府购买服务既包括政府自身运作的行政后勤服务,但更多指面向社会提供的公共服务。

第二,公共资源配置比政府购买服务涉及的范围广①。两者均具有引入市场机制、提高包括财政资金在内的公共资源配置效率功能。但公共资源交易市场化改革的主要目标是解决公共资源交易市场分散、管办不分特别是暗箱操作、腐败高发等问题,通过建立集中统一的交易平台,建立规范的市场化资源配置机制,提高公共资源交易效率和公开、公平、公正水平;建立集中规范的公共资源交易机制最初由纪检监察系统主导,自2013年后转为政府主导,因而防止腐败是其最初动因之一。政府购买服务可大体属于公共资源配置的组成部分,购买服务范围是政府向社会力量购买服务的内容为适合采取市场化方式提供、社会力量能够承担的公共服务。但当下理解的公共资源及公共资源配置(交易)并非规范、通用的术语,②而各地在公共资源配置(交易)改革中涉及的公共资源范围、形成的运行机制差别

---

① 如据《印发关于推进公共资源交易体制改革指导意见的通知》(粤机编〔2012〕27号),广东省要求纳入公共资源交易平台的内容包括十二大类:"逐步将政府有关部门承担的下列公共资源交易项目纳入公共资源进场交易范围:(1)政府采购。(2)医疗药品、器械及耗材采购。(3)政府投资或使用国有资金、依法必须招标的工程建设项目招投标。(4)土地使用权出让,划拨土地使用权转让,国有企业、集体企业、公有经济占主导的企业土地使用权转让。(5)矿业权出让、转让。(6)特种行业经营权、出租车经营权、城市占道经营权、路桥和街道冠名权、大型户外广告经营权出让或转让。(7)司法或行政机关没罚物拍卖、法院涉诉资产拍卖。(8)政府特许经营。(9)国有产权交易。(10)保障性住房的商铺、机关事业单位房屋租赁或资产处置。(11)财政性资金资助项目中介服务机构的选定。(12)其他依法必须以招标、拍卖、挂牌等竞争性方式进行交易或不宜由市场承担的公共资源交易项目。"

② 有学者将公共资源(common resources)等同于公共池塘资源(common pool resources),即仅具有非排他性、不具有非竞争性的资源。孙波:《公共资源治理理论研究的进展和评述》,《哈尔滨商业大学学报(社会科学版)》2012年第4期。有学者将公共资源视为不同于企业国有产权,自然生成或自然存在、全体社会成员共同享有的资源。周雪飞:《公共资源交易中心与产权交易机构的比较和功能定位分析》,《产权导刊》2014年第5期。

很大。

通过以上比较可知,政府购买服务、政府采购、公共资源配置(交易)三者之间存在复杂的关系;虽然公益服务与政府采购、公共资源交易均有关系,但却与政府购买服务有着更密切的关系。因为从本质上看,政府购买服务是政府通过引入市场机制改变政府公共服务的供给模式。政府购买服务并不改变政府公共服务职能及其承担的相关责任,但却改变政府包办公共服务的传统做法,将竞争机制引入公共服务体系以提高公共资源配置效率。同时,政府购买服务有助于理顺政企、政事、政社等关系,将社会力量引入公共服务提供与生产之中,进而推动政府职能转变,整合利用社会资源,增强社会参与意识,增加公共服务供给,提高公共服务水平和效率以更好地满足社会公众的公益服务需求。

3. 主要作用

政府购买服务作为构建公益服务新格局四大核心战略之一,其重要作用突出体现在以下方面:

第一,提高政府治理能力。《中共中央关于全面深化改革若干重大问题的决定》明确提出:全面深化改革的总目标是完善和发展中国特色社会主义制度,推进国家治理体系和治理能力现代化。提升政府治理能力,必须转变政府职能,正确处理政府与市场、政府与社会的关系。政府向社会力量购买服务强调政府、市场、社会等多元主体合理定位、良性互动,有助于推动政府继续简政放权,推动政府职能向创造良好发展环境、提供优质公共服务、维护社会公平正义转变;有助于充分发挥市场在资源配置中的决定性作用,整合利用社会资源,增加公共服务供给,提高政府公共服务水平和效率,从而对提高政府治理体系和治理能力现代化具有重要作用。

第二,创新公共服务体制。《国务院办公厅关于政府向社会力量购买服务的指导意见》在指导思想中明确要求:"改革创新公共服务提供机制和方式,推动中国特色公共服务体系建设和发展,努力为广大人民群众提供优质高效的公共服务。"通过政府购买服务,将公共服务提供与生产环节分离,在不改变政府责任的前提下,改变政府垄断性提供公共服务的传统模式,将

"公共生产"转为"外部购买",既以市场化方式配置资源以提高资源配置效率,又积极调动社会力量参与公共服务,将政府、事业单位、社会组织、企业等各自职能优势发挥出来,通过"多元共治"实现公益服务体系的"善治"。

第三,发挥市场机制作用。该意见要求"政府向社会力量购买服务的内容为适合采取市场化方式提供、社会力量能够承担的公共服务,突出公共性和公益性"。实际上,无论是实施政府采购还是推行政府购买服务,其宗旨均是引入市场机制,使市场在资源配置中的决定性作用与更好发挥政府作用实现有机结合。市场是资源配置最有效机制,竞争是最好的管理,因此,适合社会力量承担的服务,应通过委托、承包、采购等市场化方式的由政府交给社会力量承担。此外,将企业纳入承接主体体系,使市场最重要主体与其他社会力量共同参与购买服务,可使竞争机制作用充分发挥,这既有助于促进各类市场主体的健康发展,又可提高通过平等竞争提升各类组织服务能力与组织绩效。

第四,推进事业单位改革。"坚持与事业单位改革相衔接,推进政事分开、政社分开……"是推进政府购买服务提出的明确政策要求。除具有行政管理职能的事业单位与政府机关一样可作为购买主体外,其他事业单位主要是作为承接主体,与其他社会力量平等竞争参与购买服务。这使事业单位从传统法定的、具有行政垄断地位的公益服务主体,变为必须在竞争中表现出良好绩效才能参与公益服务的承接主体,这有助于推进政事分开、改变政事一体化体制与事业单位行政化运行模式,有助于事业单位重塑内部治理机制、提高管理与运行效率,从而更好地服务社会。

第五,培育发展社会组织。政府购买服务最初主要是作为培育社会组织的手段引起各方注意的,从上海、深圳等率先开展购买服务的地方经验看,上述各地均是结合政府改革、构建新型政社关系,特别是政府向行业协会商会等社会组织转移职能,逐步建立起政府向社会组织购买服务制度。①

---

① 政府购买服务最初文本的内容主要是政府向社会组织购买服务,2012 年国务院就将建立健全政府向社会组织购买服务制度作为重点改革。当时的考虑是将政府购买服务作为支持社会组织发展的一项重要举措,这也是一些地方前期探索的主要出发点。

正式出台的《国务院办公厅关于政府向社会力量购买服务的指导意见》将承接主体由社会组织扩大为社会力量。推进政府购买服务既有助于政府职能转变、公共服务体系创新,又有助于推进政社分开,培育发展社会组织,使其成为公益服务体系的重要力量。

(二)现状分析

无论是事业单位存量改革,还是发挥社会力量作用的增量发展,均需创造良好的政策环境,包括建立健全政府购买服务制度。在前期理论探索与实践积累的基础上,国务院于 2013 年 9 月印发实施《关于向社会力量购买服务的指导意见》,明确要求在公共服务领域更多利用社会力量,加大政府购买服务力度。为此,笔者根据青岛市财政局提供的数据及笔者进行的政府购买行业协会商会服务调研,结合国家相关政策及各地改革探索情况进行分析探讨。

1. 基本情况

青岛市政府购买服务工作初期由民政部门倡导并集中于购买养老服务及社工岗位、社区社会组织便民利民等服务,其后逐步成为政府整体推动的重要工作。近几年,青岛市政府更加重视政府购买服务工作的推进,出台了《关于加快社会组织建设和发展的意见》(青办发〔2012〕17 号),并将政府购买服务纳入《全市改革三年行动计划(2013—2015 年)》重点予以推进。内容包括:对 11 类与政府审批相关的建设领域独家经营性中介服务放开市场准入,引进高端中介机构,形成多家机构公平规范竞争的局面;在政府采购中将物业管理、后勤服务、园林绿化养护、中介等 14 类服务项目纳入政府采购目录,并进一步规范了购买程序。目前,购买服务的重点领域还包括就业、公共卫生、社会保障、残疾人服务、其他(如民办幼儿园补助制度,向企业和各类培训机构购买就业技能培训,社会组织围绕"扶老、助残、救孤、济困"等的设计公益项目,向中介机构购买年度审计、融资担保、法律顾问、管理咨询、经营管理培训等服务等)。

A. 基本情况

2013 年市财政局组织进行了包括专家参与的专项调研。调研范围为市直及各区市的机关、全额拨款事业单位与全额保障自收自支事业单位。根据国务院文件有关内容并结合政府购买服务实际情况设计了9项指标进行统计,具体包括购买主体、服务领域、基本公共服务、服务内容、使用方向、资金来源、购买金额、购买方式、提供服务的主体,其中提供服务的主体(即承接主体)细分为所属事业单位、其他事业单位、社会组织、企业、个人等类别。市直单位收到反馈购买服务有效数据的市直部门共43个,涉及131个单位,其中机关56个,参公管理单位10个,全额拨款事业单位48个,财政全额保障的自收自支事业单位17个。区、市级单位收到反馈政府购买服务有效数据的部门共207个,涉及306个单位,其中机关131个,参公管理单位9个,事业单位266个。

B. 主要特点

第一,从购买内容看,政府购买非公共服务比重较高。2012年度全市各级政府部门实际用于购买服务性支出约162472万元。其中用于购买物业、后勤、中介等政府履职所需辅助性服务占52%,超过政府购买公共服务比重。

表 9 - 2　购买内容

支出内容	全市(万元)	市本级(万元)	区市级(万元)
购买公共服务	77611	14484	63127
购买政府履职所需辅助性服务	84861	48067	36794
服务性支出合计	162472	62551	99921

第二,从购买主体看,财政全额拨款或全额保障自收自支事业单位也存在购买服务行为。2012年度全市行政及参公管理事业单位、群团组织用于购买服务支出约112876万元,占全部支出的70%。财政全额拨款或全额保障自收自支事业单位用于购买服务支出约49596万元,占全部支出的30%。

表9-3 购买主体

购买主体	全市(万元)	市本级(万元)	区市级(万元)
行政及参公管理事业单位、群团	112876	48965	63911
全额或全额保障自收自支事业单位	49596	13586	36010
合计:	162472	62551	99921

第三,从承接主体看,事业单位和企业占有垄断地位。2012年度全市政府购买服务支出中,承接主体为事业单位的约76122万元,占全部支出的46%;承接主体为企业的约66373万元,占全部支出的40%;承接主体为个人的约12830万元,占全部支出的7%;承接主体为社会组织的约7147万元,仅占全部支出的4.4%:由此可知社会组织在政府购买服务中占比重是非常之低的。

表9-4 承接主体

承接主体	全市(万元)	市本级(万元)	区市级(万元)
企业	66373	34474	31899
事业单位	76122	17336	58786
个人	12830	7786	5044
社会组织	7147	2955	4192
合计:	162472	62551	99921

C.存在问题

对调研情况进行分析,可以梳理出青岛市政府购买服务存在的主要问题:

第一,政府部门公共服务的提供和投入对社会开放度低。从购买内容看,全市政府部门购买服务的支出中,用于购买物业后勤、中介等政府履职所需辅助性服务占52%,政府购买非公共服务比重偏高。非公共服务主要是为部门自身服务的,部门大量资金用于购买非公共服务,原因或者是管的过多或者是行政成本偏高。对以上数据进行深入分析,则可得出各部门更依赖于单一投入和直接提供公共服务模式,政府公共服务对社会力量开放度较低。

第二,公共服务提供主体的多样化和竞争性不充分。从承接主体看,差额拨款、自收自支事业单位与企业承接的购买服务支出分别占46%和40%,而社会组织仅占4.4%。由于企业主要提供物业后勤、中介等非公共服务,事业单位在政府购买公共服务中具有垄断地位,导致其他社会主体参与度低。此外,向个人购买服务行为约占7%,大多为编外用工,存在一定的劳动法律风险。

第三,公共服务购买主体"政""事"职责划分不清晰。从购买主体看,不适宜作为购买主体的公益类事业单位购买服务支出约占30%,这表明机关、事业单位在政府购买服务的职责划分不清晰,政事关系、管办关系没有理顺,主管部门在对全社会、全行业各类单位提供公平环境方面关注不够。同时,事业单位功能定位不清晰,存在"越位"行使主管部门职权的问题。此外,由于事业单位改革滞后,事业单位治理机制尚不完善,管理运行效率不高,作为承接主体容易产生公共服务效率低的问题。

第四,其他问题。一是财政补贴是政府购买服务的主要方式,占到43%。财政补贴方式虽在节约政府对服务设施、设备直接投入和减轻"养人"负担等方面有一定优势,但需进一步完善补贴单位准入审核标准、服务质量评价体系才有助于提高资金使用效率。二是单位自行购买所占比例高达21%,反映了政府采购目录调整滞后于购买需求,对服务类项目特别是公共服务项目未能及时予以规范。

2.行业协会商会

政府购买服务最初特指购买社会组织服务,但青岛的情况是包括行业协会商会(在问卷图表及行文中,为压缩字数可简称协会)在内的社会组织获得的购买服务份额只占4.4%。笔者2010年、2014年两次进行的调查显示,均未有一家行业协会商会认为曾参与过政府购买服务。因此,笔者结合对行业协会商会的两次调研对这一问题进行更深入、系统地描述分析。

A.基本情况

第一,行业协会商会比政府具有更强烈的参与政府购买服务的意愿。2014调查中91个行业协会商会除两个表示没有意愿外,非常强、比较强、一般分别有36、28、25个,按照5级量表计算出的平均值为4.05(假如所有调查对象选择比较强烈则为4),总体看,行业协会商会参与政府购买服务意愿是比较强烈的。

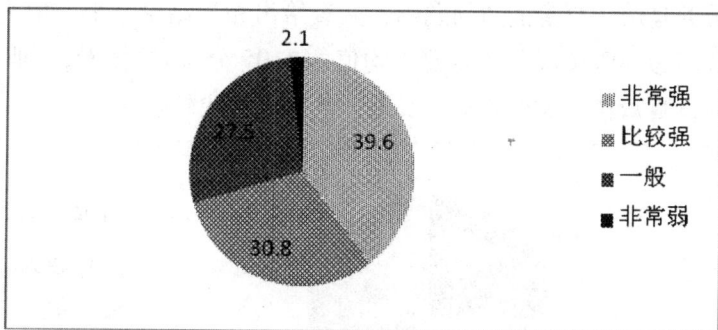

注:"比较弱"选项选择率接近0,图表未显示。

图9-1 贵组织参与政府向协会购买服务的意愿

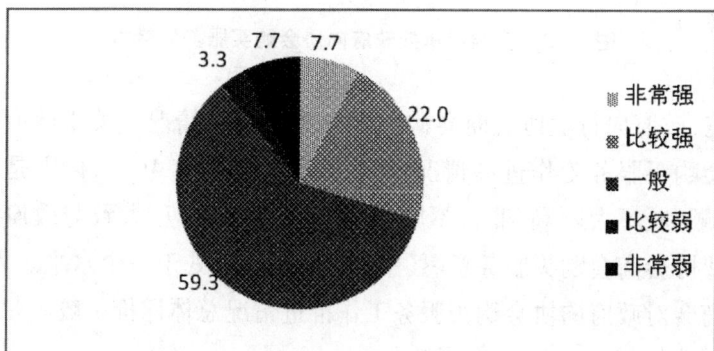

图9-2 政府部门向协会购买服务的意愿

那么,来自政府方面的购买服务态度如何呢? 图9-2显示,行业协会商会对政府部门向协会购买服务的意愿,多数选择一般(59.3%),其次为比较强,有趣的是选择非常强与非常弱均为7.7%,另有少量选择比较强(3.3%)。平均值为3.18,明显低于行业协会参与商会购买服务意愿4.05的平均值。

第二,行业协会商会对自己参与政府购买服务的能力评价较为积极。虽然两次问卷调查均未有行业协会商会参与过政府购买服务,但不参与政府购买服务是由于自身能力问题吗? 调查给出相反结论。平均值为3.99,虽然略低于参与购买服务的意愿平均值的4.05分,但总体看,行业协会商会自认为自身承接政府向协会购买服务的能力是比较强的。

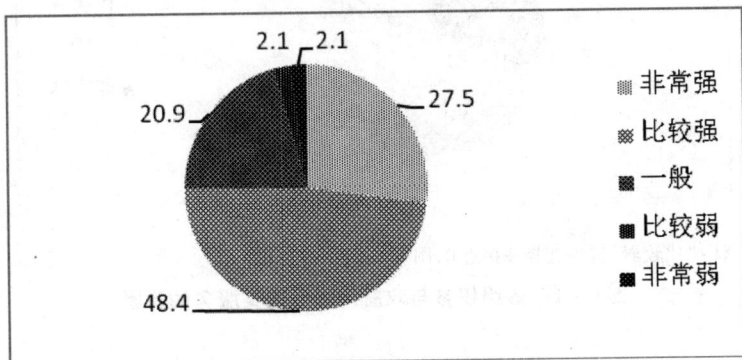

图9-3　贵组织承接政府向协会购买服务的能力

第三,政府向行业协会商会购买服务工作推进情况。关于政府向行业协会商会购买服务工作进展情况,多数选择一般(60.4%),以下是比较顺利、非常顺利、不太顺利、非常不顺利。平均值为3.17,大致与政府有关部门向行业协会商会购买服务意愿(平均值为3.18)处于一个水平。因此,行业协会商会对政府向协会购买服务工作推进情况总体评价一般。

B. 初步概括

概括前述调研情况,可得出以下基本结论:一是调查显示未曾发生过政府购买服务的情况(这是行业协会商会资金缺乏的原因之一);当然,不排除没有回答问卷的行业协会商会参与过政府购买服务,但这属于小概率事件,可忽略不计。二是行业协会商会对购买服务的态度比政府的态度更积

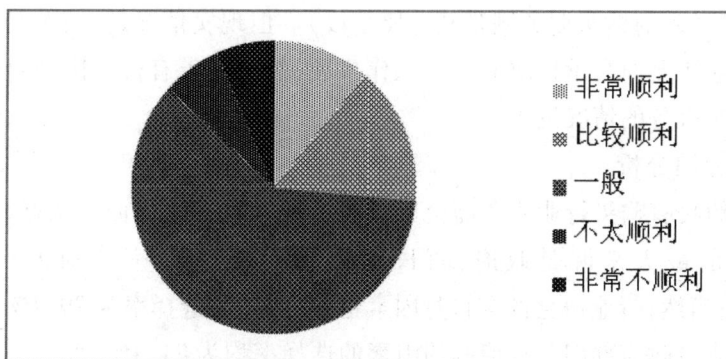

图9-4 政府向协会购买服务工作进展

极,并对政府推进政府购买服务的意愿、政府向协会购买服务工作的推进总体评价不高。上述问题的严重性在于:

第一,在我国,行业协会商会的定位是作为沟通企业与企业特别是政府与市场、政府与企业的桥梁,是政府管理经济的助手。改革开放以来很长一段时间,我国政府改革一个重要内容是由部门管理向行业管理转变,政府部门不再依据产品设置而是依据行业设置、甚至按照大部制原则综合设置,由此政府一方面将一些政府经济管理部门改为行业性组织,另一方面将诸多原由政府行使的一些行业管理职能交由行业性组织。同时,政府职能转变(包括职能向行业性组织转移)是大趋势,如仅 1998 年国务院机构改革就将 200 余项职能移交协会,2007 年发布的《关于加快推进行业协会商会改革和发展的若干意见》进一步要求"把适宜于行业协会行使的职能委托或转移给行业协会"。

第二,随着经济发展特别是民营经济发展,大量自下而上的商会产生,它们在反映诉求、提供服务、规范行为中发挥的作用越来越大,而这些作用是市场经济得以有效运行的重要条件。传统上上述工作通常由政府部门承担,但这些工作适宜于向行业协会商会转移,对于转移到行业协会商会的行业管理、协调、服务等职能(表 8-21、表 8-22 显示,无论是官办协会还是民办协会均承接一些政府转移、交办事项),应根据费随事转原则予以相应财政支持(政府购买服务则是其重要手段)。但现实情况是:两次调查显示虽然行业协会商会承接政府一些工作事项,然而尚未有行业协会商会参与政府购买服务的情况发生。

C.原因分析

制约政府购买行业协会商会服务因素的来自多个方面。调查显示:制约因素的最大来源是政府部门,其次是环境,选择率分别为65.9%、61.2%;当然,行业协会商会自身因素也不可忽视:选择率为29.4%。官办协会对来自政府部门与环境制约因素的选择率均为71.4%,而民办协会的选择率则是来自政府部门的制约因素略高于环境:63.0%:55.6%(表9-5)。

表9-5 政府购买协会服务的制约因素来源

选项	官办协会		民办协会		全部协会	
	频次	应答人数百分比	频次	应答人数百分比	频次	应答人数百分比
政府部门	20	71.4%	34	63.0%	54	65.9%
协会	9	32.1%	16	29.6%	25	29.4%
环境	20	71.4%	30	55.6%	50	61.2%
其他	3	10.7%	2	3.7%	5	5.9%
总计	52	185.6%	82	151.9%	134	162.4%

下面分别具体探讨来自政府、环境及行业协会商会自身制约因素。

第一,来自政府的制约因素分析。来自政府的制约因素排序如下:政府更愿意将相关服务交由政府部门、事业单位选择率明显高于其他选项,达到61.3%;政府没有可购买协会服务相关资金、政府部门对行业协会商会做好相关服务缺乏信心、政府没有可购买协会服务相关项目、政府更愿意将相关服务交由企业与其他社会组织选择率接近,分别为48.8%、42.5%、41.3%、38.8%。

表 9-6 来自政府的制约因素

选项	频次	应答人数百分比
政府没有可购买协会服务相关项目	33	41.3%
政府没有可购买协会服务相关资金	39	48.8%
政府更愿意将相关服务交由政府部门、事业单位	49	61.3%
政府更愿意将相关服务交由企业、其他社会组织	31	38.8%
政府部门对协会做好相关服务缺乏信心	34	42.5%
其他	3	3.8%
总计	189	236.3%

第二,来自环境的制约因素分析。从环境方面分析,缺乏政府购买行业协会商会服务的良好政策环境是位列第一的选择,选择率达到79.8%;其他为行业协会商会比其他组织参与政府购买服务竞争力低(50.0%)、社会各方对行业协会商会能力、诚信等评价不高(36.9%)、其他(1.2%)。

表 9-7 来自环境的制约因素

选项	频次	应答人数百分比
缺乏政府购买协会商会服务的良好政策环境	67	79.8%
协会商会比其他组织参与政府购买服务竞争力低	42	50.0%
社会各方对协会商会能力、诚信等评价不高	31	36.9%
其他	1	1.2%
总计	141	167.9%

第三,来自行业协会商会的制约因素分析。调查显示来自行业协会商会自身制约因素排序是:与政府相关部门缺乏沟通、联系(66.7%)、社会公信力不高(52.0%)、缺乏承担、运作政府购买服务能力(42.7%)、业内代表性不高(34.7%)、参与政府购买服务意愿不高(30.7%)、财务、信息披露等制度不健全(24.0%)。承接能力与购买意愿分列第三、第五位,选择率均低于50%,可以认为不是主要的制约因素,这恰恰与前述调查显示的行业协会商会对自身参与政府购买服务承接能力、购买意愿比较强相比形成

反差。

表 9 - 8　来自协会自身的制约因素

选项	频次	应答人数百分比
缺乏承担、运作政府购买服务能力	32	42.7%
社会公信力不高	39	52.0%
业内代表性不高	26	34.7%
与政府相关部门缺乏沟通、联系	50	66.7%
财务、信息披露等制度不健全	18	24.0%
参与政府购买服务意愿不高	23	30.7%
总计	188	250.7%

D. 延伸分析

政府购买服务工作如何推进？首先看看行业协会商会对推进政府购买行业协会商会服务工作重点的看法。

表 9 - 9　推进政府购买协会服务工作的重点是

选项	频次	应答人数百分比
提高协会承接、做好政府购买服务能力	60	65.9%
提高协会社会公信力、代表性	52	57.1%
政府优先向协会购买服务	58	63.7%
政府部门、事业单位、企业、协会等公平竞争	53	58.2%
加强政府购买协会服务制度建设、优化政策环境	57	62.6%
政府相关部门与协会加强沟通、联系	55	60.4%
社会各方面重视协会培育发展工作	50	54.9%
其他	1	1.1%
合计	386	424.2%

调查显示：所列选项除其他外选择率均十分接近并超过 50%：提高协

会承接、做好政府购买服务能力（65.9%）、政府优先向协会购买服务（63.7%）、加强政府购买协会商会服务制度建设、优化政策环境（62.6%）、政府相关部门与行业协会商会加强沟通、联系（60.4%）、政府部门、事业单位、企业、协会等公平竞争（58.2%）、提高协会社会公信力、代表性（57.1%）、社会各方面重视协会培育发展工作（54.9%）、其他（1.1%）。工作重点涉及到政府、环境、协会自身等多方面，说明推进政府购买服务、消除各种制约因素需要从政府、环境、协会自身等多方面入手。

表9-10　不同成立方式协会对推进政府购买服务工作重点的选择

选项	选择	不同成立方式组织		合计
		官办协会	民办协会	
提高协会承接、做好政府购买服务能力	频次	20	38	58
	应答人数百分比	66.7%	65.5%	
提高协会社会公信力、代表性	频次	14	37	51
	应答人数百分比	46.7%	63.8%	
政府优先向协会购买服务	频次	17	40	57
	应答人数百分比	56.7%	69.0%	
政府部门、事业单位、企业、协会等公平竞争	频次	14	37	51
	应答人数百分比	46.7%	63.8%	
加强政府购买协会服务制度建设、优化政策环境	频次	20	36	56
	应答人数百分比	66.7%	62.1%	
政府相关部门与协会加强沟通、联系	频次	19	35	54
	应答人数百分比	63.3%	60.3%	
社会各方面重视协会培育发展工作	频次	17	32	49
	应答人数百分比	56.7%	55.2%	
其他	频次	1		1
	应答人数百分比	3.3%		

分类统计显示:民办协会与官办协会对大多数选项的选择率都是接近的。相对而言,选择率相差超过 10 个百分点的只有 3 个:政府部门、事业单位、企业、协会商会等公平竞争(63.8% :46.7%)、提高协会社会公信力、代表性(63.8% :46.7%)、政府优先向协会购买服务(69.0% :56.7%),说明民办协会比官办协会更关注购买服务平等竞争、自身公信力与代表性提升以及政府在购买服务时将协会置于优先位置。从深层次分析,这些差异与不同协会商会成立基础、存续时间、与政府的关系有关。官办协会成立时间相对较长,与政府部门的关系密切(甚至尚未与政府部门脱钩、与政府部门所属事业单位“一套人马两个牌子”等),由于存续时间长,加之有些协会以前甚至至今依然可依托行政部门提升自身权威与代表性,对于购买服务平等竞争、政府应优先向行业协会商会购买服务、提升自身公信力与代表性的关注度、认可度相对较低。民办协会成立时间相对较短,特别是近几年大量成立的多属于民间商会,行业覆盖面小,其行业公信力与代表性尚处于提升过程中,而且这些自下而上形成的组织与政府部门关系显然没有官办协会密切,对于购买服务平等竞争、政府应优先向行业协会商会购买服务、提升自身公信力与代表性等问题更加关注。

(三)制度构想

在传统国家事业体制下,公共服务通常由政府包办(主要是通过举办事业单位提供)。由于缺乏市场竞争压力,资源以计划与行政指令方式分配,降低了资源配置效率,并导致公共部门机构膨胀、人浮于事、公共资源浪费以及权力寻租等问题。随着改革开放不断深化,公共领域逐渐引入市场机制、社会机制,公共服务提供方式发生了重大变化,而政府向社会力量购买服务成为政府提供公共服务的一种新模式。我国学者对这一模式从市场化、社会化、去行政化等不同角度进行诠释,[1]但大都认为其通过引入市场机制而具有提高资源配置效率、提升公共服务水平、密切政社关系等作用。当然,政府购买服务本身并非完美无缺,一方面该模式的实施存在交易成

① 彭少峰、张昱:《政府购买公共服务:研究传统及新取向》,《学习与实践》2013 年第 9 期。

本、代理风险、逆向选择、资源向大机构或与政府关系密切机构集中等问题。另一方面,公共服务通过政府部门(包括事业单位)生产与提供也是一种可行的选择,实际上很多国家的教育、卫生等公共服务大多由公共部门直接提供。然而,公共部门提供服务并非必须采取行政化管理、财政按人头拨款方式运行,尤其是针对我国长期实行政府包办、事业单位垄断性提供等现实,建立健全政府购买服务机制对于推动政府职能转变、深化事业单位改革、整合利用社会资源、培育市场主体、发展社会组织等具有重要现实意义。但政府向社会力量购买服务还处在不断探索、逐步完善过程中,如何更好地发挥市场作用并有效规避风险,需要创设三个制度基础:一是结合行政体制改革加快推进政府职能转变;二是适应公益服务创新形成规范、高效、市场化的政府购买服务机制;三是围绕构建现代社会组织体制着力培育发展行业协会商会等社会组织。在此基础上转变治理观念、改变行为模式、完善体制机制。

1. 转变观念,强化意愿,厘清购买服务范围

深化行政体制改革,转变政府治理理念,合理界定购买服务的范围,解决"不愿买"、"买什么"问题,是建立健全政府购买服务机制的基础性工作。

第一,结合转变职能为中心的行政体制改革解决"不愿买"问题。针对调查显示的政府购买服务意愿不高,更习惯运用传统方式配置资源、提供服务问题,应通过创新政府治理理念、治理方式,理顺政府与市场、政府与社会关系,促使政府及公务人员意识到改革的必要性、不可逆性,进而结合政府职能转变调整传统的行为与管理模式,自觉强化推进购买服务意愿。

第二,创新并加强预算、编制管理。"理性人"自利性与现代官僚体制"预算最大化"、"机构最大化"内在冲动,使公共部门及"服务提供"存在非正常扩张趋势,这要求政府建立有效自我约束机制,强制性提升购买服务意愿,从而为社会参与公共服务特别是政府向社会力量购买服务提供职能空间:一是加强对部门购买非公共服务支出的管控,实行与部门经费安排挂钩的绩效考核办法,促使部门主动减少人为增加的非公共服务职能。二是严格行政、事业单位机构编制管理,明确要求政府新增公共服务项目(特别是

新增的临时性、阶段性事项)尽可能由社会力量提供,而非通过新设机构、增加编制从而扩张公共机构方式提供。三是结合机构改革将传统的"行政生产"转为"外部购买",如湖北省将乡镇"七站八所"剥离事业体制、改制为社会组织,建立"以钱养事"公益服务新机制。

第三,结合经济发展水平和公共服务的需求变化情况,在科学界定政府公共服务职能、比较"公共生产"与"外部购买"各自的优势基础上,明确购买服务内容,解决"买什么"问题。一是根据中央相关政策精神,按照市场化方式可以提供、社会力量能够承担标准,重点围绕《国家基本公共服务体系"十二五"规划》规定的9大领域44类80个基本公共服务项目,确定政府购买服务事项,制定政府购买服务指导目录。二是根据社会公益服务需求不断增长趋势,及时调整、增设政府购买公共服务项目;同时,在确定购买服务事项时注意发挥协会的中介作用,更准确了解服务需求。三是转变政府职能、简政放权,清理超出政府职责范围的公共服务项目,解决政府"管的过多"的问题;特别是对非基本公共服务逐步减少直接投入,优化支持方式,积极引导社会力量投入和承接公共服务,形成政府与社会力量共建共治局面。

2. 确定购买主体与承接主体,明确权责关系

依法、合理确定购买主体与承接主体并明确各方在政府购买服务中的权利与责任,解决"谁来买"、"向谁买"问题,是推进政府购买服务的两大前提条件。

第一,针对政府机关、事业单位等"多头购买"现状,依法明确购买主体范围,解决"谁来买"问题。政府购买服务的主体应是各级行政机关和具有行政管理职能的事业单位,以及党的机关、纳入行政编制管理且经费由财政负担的群团组织。事业单位应依据分类改革要求,明确公益类事业单位作为公益服务提供者而非购买主体的定位,解决调查显示的事业单位"越权"代行政府购买职权问题。

第二,严格承接主体的范围和资质要求,解决"向谁买"问题。政府购买服务的承接主体应是能够承担民事责任的独立法人,包括依法在民政部

门登记成立或经国务院批准免予登记的社会组织,在工商管理或行业主管部门登记成立的企业、机构等社会力量;对于非法人机构(如备案制社会组织、独立法人协会下的所谓"二级协会"等)及公民个人,结合市场经济发展、信用体系建设特别是建立现代社会组织制度进展,分类分步解决其作为承接主体资格问题。

第三,结合事业单位分类改革明确各类事业单位的角色定位。一是将行政管理类事业单位作为购买主体,将有条件转为企业或社会组织的事业单位、公益二类事业单位纳入承接主体范围。二是改革事业单位经费支持方式,在科学分类基础上采取财政保障、经费补贴、购买服务等多种财政支持方式。公益一类事业单位一般采取财政保障方式而不作为承接主体参与购买服务,以防止"两头占"——一边花钱购买服务、一边通过财政拨款养人办事的现象发生,从而为社会力量预留空间。三是探索根据提供公共服务数量、质量情况调增或调减经费投入,通过改变激励机制提高事业单位管理水平与服务绩效。

第四,将部分行业协会商会改造成枢纽型社会组织。大陆法系国家存在一些与国家职能存在制度化关系、属于公法人的协会,由于我国既无公私法之分,也无所谓"公法社团",社会组织等除非法律法规授权与委托不能成为行政主体。但协会地位特殊,应创造条件将其改造成枢纽型社会组织,发挥其在购买服务中的中介、"二传手"作用:一是委托协会了解、征集行业发展、服务需求、企业经营与信用等基本信息;二是通过政会合作或者政府直接将特定行业购买服务事项交由协会承办;三是对协会自身举办、服务业内企业的会展、培训、资质认定及公共服务平台建设等,优先纳入购买服务目录予以支持。从而通过密切政会关系、加强协会能力建设等方式,落实重点培育和优先发展的政策要求。

3. 创新方式,完善机制,提高购买服务效益

通过完善信息公开、监督管理、绩效评估等机制,创新购买方式,解决"如何买"的问题,不断提高政府购买协会服务效益。

第一,通过"阳光操作"提高政府购买服务的公开性、透明度。制定并

及时更新政府购买目录,对政府公共服务项目,按照一定的条件和标准(如适宜社会力量提供、服务具有可量化性、社会存在一定数量规模承接主体等)逐步纳入政府购买目录;及时向社会公布购买服务项目的内容、规模、流程以及对承接主体的资质要求和绩效评价标准等信息;同时,根据有关法律法规公开财政预算及政府部门和有关单位的政府购买服务活动的相关信息。

第二,完善监管机制。针对协会等社会组织运行尚不规范和企业天然"逐利"本性等现实问题,应以提高服务公益性、公平性、有效性为目标,通过完善项目申报、预算编制、信息发布、组织购买、合同签订、项目监管、绩效评价等的规范化运行机制,细化服务质量评价体系,强化服务质量控制,加强资金使用规范性,并将政府购买服务的参与主体、行为过程纳入年检、评估、执法等监督体系。

第三,加强绩效评价。建立由购买主体、服务对象及专业机构等组成的综合性评审机制,积极推进第三方评估工作;强化绩效评价的激励约束功能,公开评价结果并作为以后编制购买服务预算和选择购买服务承接主体的重要参考依据。

第四,创新购买方式,强化竞争机制,提高政府购买服务的效益。可按照政府采购法要求,对承接主体采用公开招标、邀请招标、竞争性谈判、单一来源采购等多种方式购买服务;根据服务项目需求特点,可采取购买、委托、租赁、特许经营、战略合作等形式购买服务;对可以由政府和协会等社会力量共同提供的公共服务,可实行政府补贴方式,节约政府"养人"和服务基础设施、设备资金等方面的投入;对内容明确、有大量服务提供者如养老、护理、心理辅助、教育培训等软服务,可推广消费券方式进行采购;①对社会组织开展公益和社会服务项目,可采取公益创投的方式,由其根据社会需求自主设计服务项目、政府提供相应资金,从而及时发现并满足多样化的公益服务需求。

---

① 王力达、方宁:《我国政府向社会力量购买服务问题研究》,《中国行政管理》2014年第9期。

4.拓宽服务提供渠道,加强承接主体能力建设

政府之所以更倾向于将服务事项转交事业单位等公共部门,既有"肥水不流外人田"的传统思维、政府供养公共部门存在财政压力等原因外,还有体制外社会力量特别是社会组织良莠不齐、能力不足、公益性低等现实问题。这需要优化环境,引导竞争,培育各类承接主体并加强自身能力建设,解决"谁服务"问题。

第一,优化市场环境。推进公平准入,鼓励各类社会力量依法进入公益事业领域,促进公益服务市场有序发展;对社会力量兴办的公益事业,在设立条件、资质认定、税收政策和政府购买服务等方面与公办事业公平对待;改变政府更愿意将相关服务交由政府部门、事业单位问题,按照公开、公平、竞争原则选择承接主体,建立事业单位、企业、社会组织等公平竞争、制度化的市场环境。

第二,打破国家"包办"。对传统事业单位垄断的公共服务项目,结合事业单位分类改革,破除其垄断地位,每年从中拿出一定比例的服务事项向社会组织等社会力量开放准入,通过公平竞争择优购买;这既可提高公共资源配置效率,又有助于提升各类承接主体竞争能力。

第三,确定两个优先。一是优先将社会组织纳入购买服务承接主体。培育发展社会组织是实施政府购买服务最初动因之一;而"以志愿求公益"的社会组织已是公益服务的重要"替代机制"乃至"优先机制",但目前各类社会组织在购买服务中的比重较低。因此,应在加强社会组织建设、提升其服务能力与社会公信力的同时,提高其承接政府购买服务的比重。二是优先发展和重点培育发展行业协会商会、公益慈善类、科技类、城乡社区服务类社会组织。对上述四类组织特别不仅要落实直接登记要求,更应按照建立现代社会组织体制要求,引导其加快健全权责明确、协调运转、有效制衡的法人治理结构;着力培育一批治理机制健全、作用发挥突出、公益属性鲜明的协会品牌,通过示范带动作用促进社会组织整体发展;优化发展环境,通过转移政府职能、参与购买服务等方式重点予以职能、资金等支持,并在人才培养、土地使用、税费减免等方面给予特殊政策优惠,通过行业协会商

会等四类组织优先发展带动社会组织的整体发展。

　　健全制度对政府购买服务乃至形成中国特色公益服务体系是非常重要的。但制度的建设、运行乃至构想是人与组织实施的,如果没有"公益人"及公益组织存在,制度的公益性从而何来? 反过来,如果制度公益缺失,"公益人"及公益组织如何发挥作用乃至如何形成? 因而公益制度、组织公益与"公益人"存在复杂的依存、互动关系,三者在公益服务体系中均不可或缺,体系的构建需要制度、组织、人的公益性同时不断强化。

参考文献

中文著作:

1. 陈昌盛、蔡跃洲:《中国政府公共服务:体制变迁与地区综合评估》,中国社会科学出版社 2007 年版。

2. 陈金罗等:《中国非营利组织法的基本问题》,中国方正出版社 2006 年版。

3. 成思危:《中国事业单位改革——模式选择与分类引导》,民主与建设出版社 2000 年版。

4. 范恒山:《事业单位改革:国际经验与中国探索》,中国财政经济出版社 2004 年版。

5. 高丙中、袁瑞军主编:《中国公民社会蓝皮书 2008》,北京大学出版社 2008 年版。

6. 国家民间组织管理局:《民办非企业单位自律与诚信问题研究》,中国商业出版社 2007 年版。

7. 国家事业单位登记管理局、国务法制办政法劳动司编:《事业单位登记管理须知》,团结出版社 1999 年版。

8. 国务院法制办政法司、民政部民间组织管理局:《〈社会团体登记管理条例〉、〈民办事业单位登记管理暂行条例〉释义》,中国社会出版社 1999 年版。

9. 黄恒学:《中国事业管理体制改革研究》,清华大学出版社 1998 年版。

10. 黄恒学:《分类推进我国事业单位管理体制改革研究》,中国经济出版社 2012 年版。

11. 贾西津等:《转型时期的行业协会——角色、功能与管理体制》,社会科学文献出版社 2004 年版。

12. 金锦萍:《非营利法人制度研究》,北京大学出版社 2005 年版。

13. 金锦萍、葛云松主编:《外国非营利组织者法译汇》,北京大学出版社 2006 年版。

14. 景朝阳:《民办非企业单位导论》,中国社会出版社 2011 年版。

15. 康晓光:《权力的转移——转型时期中国权力格局的变迁》,浙江人民出版社 1999 年版。

16. 李健等:《事业单位登记管理暂行条例释义》,中国法制出版社 1999 年版。

17. 李军鹏:《公共服务型政府》,北京大学出版社 2004 年版。

18. 刘俊生:《中国人事制度概要》,清华大学出版社 2009 年版。

19. 李亚平、于海编选:《第三域的兴起——西方志愿工作及其志愿组织理论文选》,复旦大学出版社 1998 年版。

20. 刘培峰:《结社自由及其限制》,社会科学文献出版社 2007 年版。

21. 卢玮静等:《基金会评估:理论体系与实践》,社会科学文献出版社 2014 年版。

22. 马庆钰:《中国非政府组织管理与发展》,国家行政学院出版社 2007 年版。

23. 秦晖:《政府与企业之外的现代化——中西公益事业史比较研究》,浙江人民出版社 1999 年版。

24. 宋大涵:《事业单位改革与发展》,中国法制出版社 2003 年版。

25. 苏力等:《规制与发展:第三部门的法律环境》,浙江人民出版社 1999 年版。

26. 陶传进:《社会公益供给——NPO、公共部门与市场》,清华大学出版社 2005 年版。

27. 王名:《中国民间组织 30 年——走向公民社会 1978－2008》,社会科学文献出社 2008 年版。

28. 王名等:《社会组织与社会治理》,社会科学文献出版社 2014 年版。

29. 王名等:《英国的非营利组织》,社会科学文献出版社 2009 年版。

30. 王名扬:《英国行政法》,中国政法大学出版社 1987 年版。

31. 王名扬:《法国行政法》,中国政法大学出版社 1988 年版。

32. 王名扬:《比较行政法》,北京大学出版社 2006 年版。

33. 王浦劬、[美]莱斯特·M. 萨拉蒙:《政府向社会组织购买公共服务研究:中国与全球经验分析》,北京大学出版社 2010 年版。

34. 王千华、王军:《公共服务提供机构的改革——中国的任务和英国的经验》,北京大学出版社 2010 年版。

35. 王绍光:《多元与统一——第三部门国际比较研究》,浙江人民出版社 1999 年版。

36. 徐家良:《互益型组织:中国行业协会研究》,北京师范大学出版社 2010 年版。

37. 于小千:《管办分离公共服务管理体制改革研究》,北京理工大学出版社 2011 年版。

38. 俞可平等:《中国公民社会的制度环境》,北京大学出版社 2006 年版。

39. 张康之、李传军:《公共行政学》,北京大学出版社 2007 年版。

40. 张雅林:《公益服务的体制创新——中国事业单位改革研究》,中国社会出版社 2003 年版。

41. 张志坚:《中国行政管理体制和机构改革》,中国大百科全书出版社 1994 年版。

42. 郑国安等:《非营利组织与中国事业单位体制改革》,机械工业出版社 2002 年版。

43. 中国(海南)改革发展研究院:《政府转型——中国改革下一步》,中国经济出版社 2005 年版。

44. 中央机构编制委员会办公室:《行政改革大趋势》,经济科学出版社

1993 年版。

45. 左然:《中国现代事业制度构建纲要——事业单位改革的方向、目标模式及路径选择》,商务印书馆 2009 年版。

国外著作:

46. [美]埃莉诺·奥斯特罗姆:《公共事物的治理之道》,上海三联书店 2000 年版。

47. [美]埃莉诺·奥斯特罗姆等:《公共服务的制度建构》,上海三联书店 2000 年版。

48. [美]B.盖伊·彼得斯:《政府未来的治理模式》,中国人民大学出版社 2001 年版。

49. [美]保罗·A.萨缪尔森、威廉·D.诺德豪斯:《经济学(12 版)》,中国发展出版社 1992 年版。

50. [美]查尔斯·沃尔夫:《市场或政府——权衡两种不完善的选择》,中国发展出版社 1994 年版。

51. [美]道格拉斯·C.诺思:《经济史中的结构与变迁》,上海三联书店、上海人民出版社 1994 年版。

52. [美]戴维·奥斯本、特德·盖布勒:《改革政府—企业精神如何改革着公营部门》,上海译文出版社 1996 年版。

53. [德]迪特尔·梅迪库斯:《德国民法总论》,法律出版社 2000 年版。

54. [美]E·S.萨瓦斯:《民营化与公私部门的伙伴关系》,中国人民大学出版社 2002 年版。

55. [美]格罗弗·斯塔林:《公共部门管理》,上海译文出版社 2003 年版。

56. 国际行政科学学会等:《国际行政科学评论》,中国人事出版社 2011 年版。

57. [德]哈贝马斯:《公共领域的结构转型》,学林出版社 1999 年版。

58. [德]汉斯·J.沃尔夫等:《行政法(第三卷)》商务印书馆 2007

年版。

59. [荷]荷兰社会文化规划署编:《欧洲公共部门绩效评估——教育、医疗、法律及公共管理的国际比较》,国家行政学院出版社2005年版。

60. [德]黑格尔:《法哲学原理》,商务印书馆1995年版。

61. [英]简·莱恩:《新公共管理》,中国青年出版社2004年版。

62. [美]乔治·弗里德里克森:《公共行政的精神》,中国人民大学出版社2003年版。

63. 经济合作和发展组织:《分散化的公共治理:代理机构、权力主体和其他政府实体》,中信出版社2004年版。

64. [英]克里斯托弗·胡德等:《监管政府——节俭、优质与廉政体制设置》,三联书店2009年版。

65. [美]莱斯特·M.萨拉蒙等:《全球公民社会——非营利部门视界》,社会科学文献出版社2002年版。

66. [美]莱斯特·M.萨拉蒙等:《全球公民社会——非营利部门国际指数》,北京大学出版社2007年版。

67. [法]莱昂·狄骥:《公法的变迁·法律与国家》,辽海出版社、春风文艺出版社1999年版。

68. [德]马克斯·韦伯:《社会学的基本概念》,上海人民出版社2000年版。

69. [美]尼古拉斯·亨利:《公共行政与公共事务》,华夏出版社2002年版。

70. [澳]欧文·休斯:《公共管理导论》,中国人民大学出版社2001年版。

71. [美]彼得·德鲁克:《非营利组织的管理》,机械工业出版社2007年版。

72. [英]乔治·伯恩等:《公共管理改革评价:理论与实践》,清华大学出版社2008年版。

73. [法]让·里韦罗、让·瓦利纳:《法国行政法》,商务印书馆2008

年版。

74.[荷]桑德拉·凡·蒂尔:《半公营机构:趋势、原因、结果》,社会科学文献出版社 2008 年版。

75.世界银行东亚和太平洋地区减贫与经济管理局:《中国:深化事业单位改革,改善公共服务提供》,中信出版社 2005 年版。

76.[法]托克维尔:《论美国的民主》,商务印书馆 1996 年版。

77.[美]文森特·奥斯特罗姆:《美国公共行政的思想危机》,上海三联书店 1999 年版。

78.[美]文森特·奥斯特罗姆等:《美国地方政府》,北京大学出版社 2004 年版。

79.[英]威廉·韦德:《行政法》,中国大百科全书出版社 1997 年版。

80.[英]希尔维亚·霍顿等:《公共部门能力管理—欧洲各国比较研究》,国家行政学院出版社 2007 年版。

81.[日]盐野宏:《行政法》,法律出版社 1999 年版。

82.[日]增岛俊之:《日本的行政改革》,天津社会科学院出版社 1998 年版。

83.[美]詹姆斯·M.布坎南:《自由、市场和国家》,三联书店 1989 年版。

84.[美]詹姆斯·M.布坎南:《民主财政论》,商务印书馆 2002 年版。

85.[美]詹姆斯·N.罗西瑙:《没有政府的治理》,江西人民出版社 2001 年版。

86.[美]詹姆斯·P.盖拉德:《21 世纪非营利组织管理》,中国人民大学出版社 2002 年版。

中外论文:

87.柏良泽:《公共服务研究的逻辑和视角》,《中国人才》2007 年第 3 期。

88.薄贵利:《论服务型政府建设的战略目标与战略重点》,《国家行政学院学报》2012 年第 4 期。

89. 崔之元:《美国二十九个州公司法变革的理论背景》,《经济研究》1996 年第 4 期。

90. 福建省事业单位登记管理局:《事业单位法人治理结构模式研究》,《发展研究》2006 年第 9 期。

91. 高小平:《新时期行政改革的重点:创新体制建设服务型政府》,《行政论坛》2012 年第 1 期。

92. 葛云松:《法人与行政主体理论的再探讨——以公法人概念为重点》,《中国法学》2007 第 3 期。

93. 龚维斌:《社会体制的溯源及其内涵》,《中国行政管理》2013 年第 10 期。

94. 管仲军:《面向现代公益事业组织的事业单位分类改革研究》,《北京行政学院学报》2014 年第 2 期。

95. 黄恒学、宋彭:《正确认识公益事业体制及公益事业单位改革》,《北京行政学院学报》2013 年第 3 期。

96. 黄文平:《深化公益事业管理体制改革构建公益服务新格局》,《中国机构改革与管理》2014 年 Z1 期。

97. 胡建森、邢益精:《公共利益概念透析》,《法学》2004 年第 10 期。

98. 胡薇:《政府购买社会组织服务的理论逻辑与制度现实》,《经济社会体制比较》2012 年第 6 期。

99. 蓝志勇、胡威:《论人力资源管理工作中公务员的专业化问题》,《中国行政管理》2008 年第 6 期。

100. 李立国:《改革社会组织管理制度,激发和释放社会发展活力》,《求是》2014 年第 10 期。

101. 刘继同:《公立医院管办分离的性质、含义、形式与基本类型》,《中国医院管理》2008 年第 28 期。

102. 马怀德:《公务法人问题研究》,《中国法学》2000 年第 4 期。

103. 马凯:《积极稳妥地分类推进事业单位改革》,《国家行政学院学报》2012 年第 2 期。

104.沈荣华:《国外大部制梳理与借鉴》,《中国行政管理》2012 第 8 期。

105.宋世明:《公益服务机构发展的国际经验》,《决策探索(下半月)》2012 年第 12 期。

106.唐亚林、鲁迎春:《基于 PSG 胜任力框架的英国公务员能力建设推进战略及其启示》,《中国行政管理》2011 年第 12 期。

107.王东明:《分类推进事业单位改革 不断满足人民群众公益服务需求》,《求是》2011 年第 17 期。

108.王澜明:《事业单位改革的历史与现状》,《红旗文稿》2006 年第 15 期。

109.阳盛益、郁建兴:《温州市行业协会与行业商会的比较研究》,《中共浙江省委党校学报》2007 年第 5 期。

110.方流芳:《从法律视角看中国事业单位改革——事业单位"法人化"批判》,《比较法研究》2007 年第 3 期。

111.张海、范斌:《我国政府购买公益服务偏好问题分析》,《华东理工大学学报(社会科学版)》2014 年第 1 期。

112.张崇和:《积极稳妥推进改革 大力促进公益事业发展》,《行政管理改革》2012 年第 5 期。

113.张茅:《突出重点难点 进一步深化医疗卫生体制改革》,《行政管理改革》2012 年第 12 期。

114.赵锡斌、查竞春:《论政府职能的第二次转变——政事分开、管办分离改革的理论与实践》,《武汉大学学报(哲学社会科学版)》2007 年第 3 期。

115.赵泳:《论民办非企业单位的培育发展》,《中国民政》2009 年第 3 期。

116.中国科技发展促进中心"中国事业单位改革与非营利组织建设课题组":《中国事业单位改革:回顾与展望》,《新视野》2004 年第 1 期。

117. 周义程:《公共利益、公共事务和公共事业的概念界说》,《南京社会科学》2007 年第 1 期。

118. 周志忍:《大部制溯源——英国改革历程的观察与思考》,《行政论坛》2008 年第 2 期。

119. 朱光明:《关于政事分开的几点思考》,《中国行政管理》2005 年第 3 期。

120. [挪]Tom Christensen,Per Lagreid:《后新公共管理改革——作为一种新趋势的整体政府》,《中国行政管理》2006 年第 9 期。

121. Charnes,A.,W. W. Cooper,and E. Rhodes, "Measuring the Efficiency of Decision Making Units," European Journal of Operational Research, 1978 (2):429 - 444.

122. Banker,R. D.,A. Chrnes,and W. W. Cooper, "Some Models for Estimating Technical and Scale Inefficiencies in Data Envelopment Analysis," Management Science, 1984(30):1078 - 1092.

123. Chrisitian M. Rpgerson, "Supplier Diversity:a New Phenomenon in Private Sector Procurement in South Africa", Urban Forum, 2012(23): 279 - 297.

124. Jennifer M. Brinker, and Derick W. Brinker, "Government - nonprofit Relations in Comparative Perspective:Evolution, Themes and Direction," Public Administration and Development, 2002(22): 3 - 18.

125. Richard M. Walker,Gene A. Brewer,George A. Boyne,and Claudia N. Avellaneda, "Market Orientation and Public Service Performance:New Public Management Gone Mad?" Public Administration Review, 2011 (5): 707 - 717.

126. Butler S.,R. letza,and B. Neale, "Linking the balanced scorecard to strategy," Long Range Planning, 1997(2):242 - 253.

127. White, G., "Prospects for Civil Society in China: A Case Study of Xiaoshan City," The Australian Journal of Chinese Affairs, 1993(29):63 - 87.

后 记

    终于在 2014 年的最后一天完成书稿。如果不是深夜,隔窗远望可以看见大海、海岛及胶州湾对面的西海岸;而背后连绵十余里并将城市分割的浮山,已深深地融入月隐星稀的夜幕,静默地等待新的一年到来。

    思绪回到 20 年前、京郊雁栖湖边的一座小楼。笔者敬重的张德信、徐理明二位先生指导马力宏、陈德刚、孙学玉及本人,整理原人事部和国家行政学院举办的实施国家公务员制度骨干培训班讲义,以供有关部委培训机构和地方行政学院培训使用,其内容涉及国家公务员制度、政府机构改革及工资制度改革等。20 年过去,张老师、徐老师的教诲犹在耳边,与力宏、德刚、学玉诸兄研讨切磋情景也常浮现眼前,而本书一些想法的端绪其实来自那些教诲、讨论。时光荏苒,徐老师已仙逝,张老师一如既往关注学术进展并奖掖后学;力宏、德刚、学玉诸兄早已成果累累,即使工作领域有所调整,也都在各自岗位卓有成效地服务社会。

    我国在 2011 年明确了形成中国特色公益服务体系目标。公益服务体系是以政府为主导、以事业单位为主体、社会力量广泛参与、市场积极发挥作用的现代公益服务体系。对其探讨涉及政府改革与公共服务能力建设,社会组织培育发展,市场机制完善及其在公益服务中的作用,特别是事业单位分类改革等诸多问题。

    20 年前笔者在雁栖湖边关注的重点还是政府体制、公务员制度等问题。进一步地调查与思考,笔者意识到我国的政府与事业单位、民间组织等在公共管理、公共服务方面存在复杂关系与密切互动,上述关系、互动源自深层次体制因素并成为政治、经济、社会、文化诸体制具有鲜明中国特色的重要特征。1998 年出版的《政府行政改革》曾专列一章粗略梳理事业单位改革问题，2000 年前后又形成了一些关于民间组织（第三部门）的文章。其后，围绕上述问题进行了一些更具体、系统的调查与研究。近年来，受聘中编办研究中心兼职研究员、中国社会组织促进会专家委员会委员等，使笔者能更便捷、及时得到政府部门、学术界的相关工作与研究动态；通过一些国际性学术交流及赴境外考察，开阔了视野，了解境外相关理论与实践。

本书是笔者承担的国家社会科学基金项目"事业单位管办分离机制创新与绩效评估研究"（批准号：11BZZ039）研究成果。该项目 2014 年 6 月结项后，青岛市社科规划办公室特立项 2014 年度青岛市社会科学规划项目（批准号：QDSKL140724）给与出版资金，支持本书的写作、出版。

本书的研究、写作得到东北大学娄成武教授，北京大学王浦劬教授、周志忍教授，清华大学王名教授，中国人民大学朱立言教授、张康之教授，国家行政学院薄贵利教授、龚维斌教授、马庆钰教授、马宝成研究员、李军鹏教授，中央党校刘春教授、肖立辉教授，中国行政管理学会高小平研究员、鲍静研究员、沈荣华研究员、解亚红研究员，中国人事科学研究院吴江教授、柏良泽研究员，厦门大学朱仁显教授，北京行政学院董武教授，上海行政学院陈奇星教授，深圳行政学院傅小随教授，中国海洋大学蔡勤禹教授，青岛大学赵普光、赵新彦教授等学界前辈与同仁多方面的关心、支持，在研究选题、框架结构甚至在一些具体问题方面通过多种形式给予笔者许多有益的指点、建议，笔者衷心表示感谢！

我的同事徐文涛博士、朱艳鑫博士、刘玫副教授、高莲莲博士，中国石油大学李辉博士等为本书写作提供了诸多支持，一些数据处理、图表完善等工作是在他（她）们协助下完成的。在问卷等调查过程中，黑龙江行政学院的王丽教授、甘肃行政学院的王俊莲教授、重庆行政学院的谢菊教授、武汉行政学院的王谦主任、温州行政学院的缪来顺主任等同仁，以及青岛市编委办、人社局、民政局等相关部门给与诸多帮助。此外，笔者研读并参考了许多同行的研究成果、实务部门的改革经验，使笔者可以站在学术及改革前沿进行研究。在此，笔者深表谢意！

　　形成基本服务优先、供给水平适度、布局结构合理、服务公平公正的中国特色公益服务体系，是党中央、国务院为推进改革开放和社会主义现代化建设确定的重大战略部署。自该部署提出后的三年多时间，现实改革探索取得重要进展，学界理论研究取得诸多成果，但笔者迄今尚无检索到有专门论著出版。笔者愿通过调查、研究、写作为现实改革与理论探讨尽绵薄之力。然受研究时间、研究能力等所限，本书在体系架构、资料收集、问题阐述等方面疏失、舛误之处一定不少，恳请理论工作者、实际工作者与读者批评、指正。

赵立波

2014 年 12 月 31 日于青岛

责任编辑:陈寒节

装帧设计:朱晓东

图书在版编目(CIP)数据

中国特色公益服务体系研究/赵立波 著. -北京:人民出版社,
2015.9

ISBN 978 - 7 - 01 - 015008 - 6

Ⅰ.①中…   Ⅱ.①赵…   Ⅲ.①公用事业 - 研究 - 中国

Ⅳ.①F299.24

中国版本图书馆 CIP 数据核字(2015)第 142220 号

中国特色公益服务体系研究

ZHONGGUO TESE GONGYI FUWU TIXI YANJIU

赵立波 著

人民出版社 出版发行

(100706 北京市东城区隆福寺街 99 号)

北京龙之冉印务有限公司印刷 新华书店经销

2015 年 9 月第 1 版 2015 年 9 月北京第 1 次印刷

开本:710 毫米×1000 毫米 1/16 印张:25.25

字数:391 千字 印数:0,001—1,500 册

ISBN 978 - 7 - 01 - 015008 - 6 定价:62.00 元

邮购地址:100706 北京市东城区隆福寺街 99 号

人民东方图书销售中心 电话:(010)65250042 65289539